ANNA HAAG

»Denken ist heute überhaupt nicht mehr Mode«

Anna Haag (1888–1982) war Schriftstellerin, Journalistin und Politikerin. Nach 1945 engagierte sie sich für den Wiederaufbau und zahlreiche soziale Projekte. Für die SPD saß sie als Abgeordnete im Landtag von Württemberg-Baden, sie konzipierte das Recht auf Kriegsdienstverweigerung im Grundgesetz. 1958 erhielt sie das Bundesverdienstkreuz 1. Klasse.

Die Herausgeberin:
Jennifer Holleis, geb. 1980, ist Journalistin, Übersetzerin und Dolmetscherin. Sie beschäftigt sich seit 2012 mit Anna Haags Tagebüchern.

Anna Haag

»Denken ist heute überhaupt nicht mehr Mode«

Tagebuch 1940–1945

Herausgegeben und mit einem Nachwort
von Jennifer Holleis

Mit 11 Abbildungen

RECLAM

Zur Einführung

Ich habe drei Kinder: Ludowike, Cläre und Martin. Ludowike und Cläre sind verheiratet. Die Erstere lebte bei Beginn dieser Aufzeichnungen im Norden Deutschlands. Cläre, die mit einem Engländer verheiratet ist, lebt in Birmingham. Sie hat ein Töchterchen Mary. Martin ging vor dem Krieg als 16½-jähriger Junge zum Studium nach England und konnte bei Kriegsausbruch nicht mehr zurückkehren. Das Angebot, englischer Bürger zu werden, lehnte er ab, weil er das Leben seiner Eltern nicht gefährden, d. h., weil er sie vor dem Zugriff der Gestapo bewahren wollte. Er wurde interniert. Die Aufzeichnungen beginnen leider nicht mit dem ersten Kriegstag.

1940

11. 5. 1940. Wozu wohl ein Mozart, ein Beethoven, ein Goethe gelebt und ihre Werke geschaffen haben, wenn wir Heutigen nichts anderes wissen als töten und zerstören?

Mai 1940. In der Straßenbahn: »Da weint man nicht, da ist man stolz!« (Eine Mutter weint; der Sohn, ein Fallschirmjäger, ist beim Absprung tot an einem Baum hängen geblieben.)

19. 5. 1940. Nicht die gelegentliche und zu allen Zeiten als Begleiterscheinung des normalen Lebens eintretende Niedertracht ist es, die mich im Innersten aufwühlt, sondern die Tatsache, dass bei uns zu Lande gegenwärtig die Niedertracht zum Prinzip erhoben ist.

22. 5. 1940. Nie in meinem Leben habe ich meine Ohnmacht so schmerzvoll empfunden wie in den gegenwärtigen Tagen. Meine drei Kinder müssen sich ohne meine Hilfe durch die dunklen Straßen des Lebens durchfinden. Wie wird es Martin gehen als Zivilinterniertem in England? Wie wird Cläre sich zurechtfinden? Wird ihre Ehe mit einem Engländer nicht getrübt werden durch die Ereignisse? Wie wird Ludowikens Ehe werden? Wird ihr Mann nicht doch noch der braunen Pest verfallen? Er will doch Karriere machen, Karriere um jeden Preis. Es ist mir, als habe ich, als haben meine Kinder jede Heimat verloren.

23. 6. 1940. Man müsste sich doch denken können, dass verantwortungsbewusste Frauen, Frauen, die im Leben stehen, die, von seinen Stürmen zerzaust, wacker standgehalten haben, die Klarheit über allerlei Menschliches bekommen haben, Frauen, die sachlich sind, ohne Eitelkeit, weil sie dazu gar keine Zeit haben – doch solche Frauen durch ihre Mithilfe bei der Leitung der

Staatsgeschäfte wohltuend auf die Entwicklung des Staates und auf das Wohlbefinden seiner Bürger wirken müssten.

28. 6. 1940. Mein Weg von der Straßenbahnhaltestelle in meine Wohnung führt mich am Haus des Herrn Apotheker vorbei, dem Vater eines vier Monate alten Säuglings. Da höre ich nun zu jeder Tages- und Nachtzeit beim Vorübergehen, wie die Mutter dem Kind als Schlaflied singt: »... denn wir fahren, denn wir fahren gegen Engelland – Engelland!«

10. 7. 1940. Frau Apotheker sagte: »Das sind so die letzten Zuckungen der Herren Engländer, der letzte Verzweiflungsschrei.« Sie meinte damit die nächtlichen Besuche einzelner englischer Flieger, die wir auch in unserer Stadt erleben.

15. 7. 1940. Cousine Pauline in Baltimore hat Cläre und ihr Kind eingeladen, das gefährdete England zu verlassen und zu ihr zu kommen. Ich bin ihr so dankbar für dieses Anerbieten.

12. 8. 1940. Cläre will mit ihrem Kind *nicht* nach Baltimore. Sie will ihren Mann nicht verlassen. So schrieb Cousine Pauline aus Baltimore. Ich habe mir das sowieso gedacht. Was mag den armen Kindern bevorstehen! Das ist der Gedanke, ist die Sorge, die mich durch die Tage und Nächte begleitet. Und nicht helfen, nicht einmal raten zu können! Alles geschehen lassen müssen, wie es geschehen wird!

Martin sei am 29. 6. noch in seinem Internierungslager in England gewesen, schreibt Pauline. Sie erzählt ferner von dem »Sportfest« und dem »Bunten Abend«, bei denen Martin mitgewirkt habe. Man wundert sich, dass solche Veranstaltungen möglich sind in englischer Gefangenschaft! Wenn man das erzählt, so wird einem erwidert, Martin habe bestimmt unter Zwang schreiben müssen, um den Eindruck zu erwecken, dass die Internierten gut behandelt werden.

18. 8. 1940. Gestern wurde Birmingham bombardiert. Arme kleine Mary! (Enkeltochter) Hoffentlich bleiben den lieben drei Menschen solche Schrecken in Zukunft erspart. – Wie ich darum bete!

Zwischen dem 20. und dem 25. August soll die Invasion Englands tatsächlich erfolgen! Die Leute sagen so. Ob sie Recht haben? Ein Urlauber erzählte in der Straßenbahn, eben sei telegrafiert worden, er solle sofort zu seinem Truppenteil zurückkehren. Er ist nicht entzückt davon. Er freut sich nicht auf die »bevorstehenden Abenteuer«, nicht auf die »Größe der Aufgabe«. »Schluss« solle man endlich machen, sagt er. »Man möchte schließlich auch mal wieder was anderes tun«, fügt er hinzu. Armer Kerl! »Etwas anderes tun« möchtest du? Wie kannst du so etwas laut in der Straßenbahn sagen? Du hast Glück, wenn es niemand an der »geeigneten Stelle« meldet. Sonst holt man dich vielleicht morgen und bringt dich an einen ganz »ungeeigneten« Platz.

9. 9. 1940. Traurig bin ich, so traurig! »Luftangriff auf London! Warschau und Rotterdam übertroffen«, meldet die Zeitung. Niemand in England kann trauriger sein, schmerzerfüllter als ich. Arme Cläre! Arme Kinder! Armer Bub! Ludowike spielt die »Mondschein-Sonate« von Beethoven. So viel Trost in diesen weichen Harmonien liegt: Ich kann nur weinen, weinen. Das Schreckliche ist losgebrochen. Wie wird es enden! Was soll aus der Menschheit werden?

12. 9. 1940. Ninive und Babylon seien zerstört worden und nie wieder auferstanden. London – überhaupt England – erwarte dasselbe Schicksal. Die St.-Pauls-Kathedrale, der Buckingham-Palast – neben tausend anderen Gebäuden – sind bombardiert worden. »Das Gewinsel um Mitleid aus London« sei lächerlich; denn was wir tun, sei nur »Vergeltung üben«. So und ähnlich schreiben die Zeitungen. Hitler sagte, er wolle die englischen Städte »ausradieren«.

Zu wie viel Leid-Erlebnis haben Mütter ihre Kinder geboren! Wie fern, wie unwahrscheinlich fern ist die Zeit, dass meine drei klein waren, und doch war es einmal wahrhaftige Wirklichkeit! Wie bange ist mir oft um euch, ihr Lieben, die ihr in einem Lande wohnt, das »vernichtet werden muss«, wie mir zwei frühere Schulkameraden Martins kürzlich schrieben und wie ich es alle Tage in den Zeitungen lese! Ob ihr wohl betet? So, wie ihr in eurer Kindheit mit mir gebetet habt, wenn ich an euer Bett trat, um euch »gute Nacht« zu sagen. Was waren das für schöne Zeiten voll harmonischen, sicheren Glücks! Viel zu wenig habe ich sie genutzt! Jede Minute möchte ich zurückrufen und sie noch einmal mit eindringlicher Bewusstheit nacherleben, ganz dem glückvollen Augenblick hingegeben.

17. 9. 40. Heute habe ich Musik gehört. Aus dem Radio allerdings nur. Und nur ganz kurz. Aber es war mir, als komme ich in ein fernes, wunderschönes Märchenreich, so wie mir als Kind zu Mute gewesen wäre, wenn ich einen der edelsteinübersäten Paläste gütiger Feen hätte betreten dürfen. Es war ein Erlebnis, das ich nicht beschreiben kann. Der Eindruck, den die paar süßen Harmonien heute auf mich machten, beweist mir, dass ich in all dem Jammer, der Sorge, ob all des Hastens und Jagens um des Tages Notwendigkeiten tatsächlich *vergessen* habe, dass es überhaupt etwas so Köstliches gibt wie Musik! Warum gibt es das? Und daneben – –? Nein, man kann das nicht zusammenreimen, und wenn man tausendmal nach einer Erklärung dafür fragt, warum die Menschen so gut sind, so wunderbar, so unbegreiflich verehrungswürdig in ihrer Fähigkeit, bunte, herrliche Dinge in die Welt zu zaubern – und warum sie daneben ungeheuer viel Intelligenz aufwenden, um alle die von ihnen geschaffenen Köstlichkeiten wieder zu vernichten oder sie mindestens ihres Sinnes zu berauben. Denn wer könnte noch einen beglückenden Sinn in einem Kunstwerk – welcher Gattung es auch angehöre – finden, wenn morgen eine Bombe es oder dich oder dein Liebs-

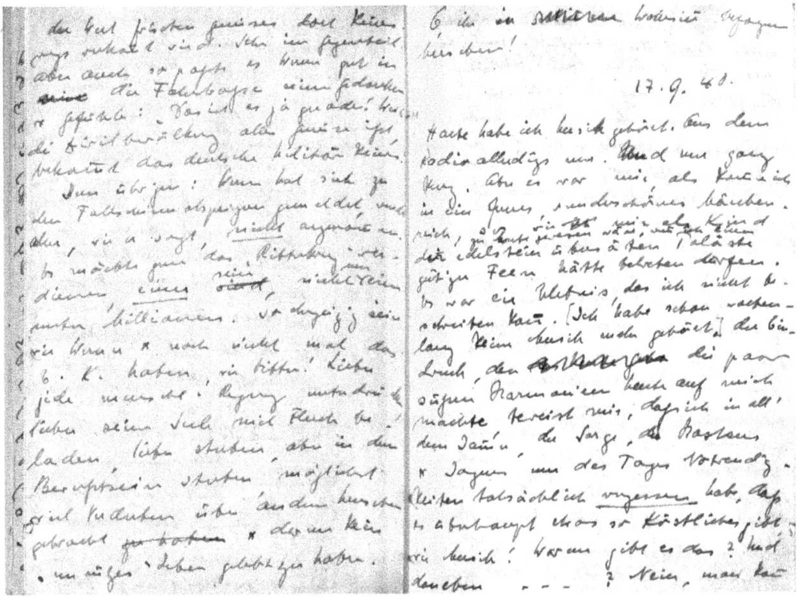

Eintrag vom 17. 9. 1940, der mit den Worten beginnt: »Heute habe ich Musik gehört. Aus dem Radio allerdings und auch nur ganz kurz. Aber es war mir, als käme ich in ein fernes, wunderschönes Märchenreich.« Musik gab den Haags stets viel Trost und ist ein wiederkehrendes Element in Anna Haags Tagebuchaufzeichnungen.

tes zerschmettern kann, wenn man weiß, dass in jeder Minute tausendfaches Elend von Menschen über Menschen gebracht wird. »Vernichtung« ist der Gott des Tages! Ihn beten wir an, nur ihn. Und wehe dem, der es wagt, abseits zu stehen bei diesem Götzendienst!

Heute kam ein Brief von einer Missionarsfrau: Ihr Mann, der mit Martin interniert war, sei in Schottland; andere hätten ihre Ankunft in Kanada gemeldet. Wo ist mein lieber, lieber Bub? Wo er auch sei, er sei in »Gottes Hand«, schrieb mir die Frau.

18.9.40. Immer ungestümer sehne ich mich nach einem Leben im Geist, nach einer Zeit ohne Ende, in der ich das Herrliche, das Menschen geschaffen haben, in mich aufnehmen könnte und selbst vielleicht noch ein bisschen hinzuzufügen vermöchte. Einer Zeit ohne Ende, in der ich mir über tausend Dinge klar werden könnte, die hinter Wänden mir verborgen bleiben. Ich möchte die Gründe aufsuchen, die schuld sind, dass die Menschheit immer und immer wieder von dem hohen Sockel, auf dem sie sich dank ihrer unvergleichlichen Taten geschwungen hat, in eine so verabscheuungswürdige Tiefe stürzt. Das sei »Naturgesetz«? Nein! Alles, was Menschenwerk ist, *kann* geändert werden! Und dieses schandbare »Menschenwerk«, das »Krieg« heißt, und das man mit Girlanden, mit falschen, verlogenen Idealen schmückt und so den kurzdenkenden Menschen als eine »große Sache«, als eine »edle Sache« darstellt – dem will ich die Girlanden abreißen, wenn mir noch irgendein bisschen Kraft bleiben sollte nach diesem »Stahlbad«.

Eine niederdrückende Erkenntnis: Es gibt erschreckend wenig Menschen in deutschen Landen, die unter der Freiheitsbeschränkung leiden, nichts sagen zu dürfen. Warum? Man könnte versucht sein zu antworten: »Weil sie nichts zu sagen *haben*!«

21.9.40. Heidelberger Arbeitshäuser, Bruchsaler Schloss und – Bethel bei Bielefeld (ein Heim für Schwachsinnige) bombardiert! Eine merkwürdige Zusammenstellung und Auswahl der Engländer. Man kann das nicht verstehen und kommt zu ketzerischen Gedanken: warum, wieso und *ob* überhaupt – –.

Frau Dr. Z., Frau M. und ihre Schwester, Frau L., haben mich besucht. Die Erstere ist durchaus überzeugt, dass wir in vierzehn Tagen spätestens den Engländern den »Fuß auf ihren eigensinnigen Nacken« setzen können, dass die Invasion hundertprozentig gelingen wird. Die anderen beiden sind etwas skeptischer. Insbesondere, was Russland anbetrifft. Ihre in Riga wohnhaft gewesene Schwester hat offenbar allerlei erzählt, wie sich die »tiefe«, die »ewige« Freundschaft der Russen für uns in Wirklichkeit äußert. Es scheint ihnen fast sicher, dass Russland über kurz oder lang für den »Bluthund«, wie Hitler Stalin in *Mein Kampf* freundlicherweise tituliert, gründlich heimzahlen wird.

23. 9. 40. Ich habe vom Büblein (Martin) geträumt. Ich habe ihm »gute Nacht« gesagt. Das »Gutenachtsagen« und ein paar Minuten auf seinem Bettrand sitzen und plaudern, oder auch nichts sagen: das war doch »einst« eigentlich fast immer der Glanzpunkt des Tages gewesen. Liebes, gutes, armes Büble! Liebe, arme Mama! Wie viel müssen wir entbehren und durch welch dunkle Täler führt uns die grausame Zeit! Und liebes, gutes, armes Däxle (Cläres Kosename), mit deinem süßen Kindchen, was magst du alles für Bangnisse durchleiden! Ein englisches Kinderschiff sei torpediert worden und zwei Drittel der Kinder seien ertrunken. Wie sehr habe ich in den letzten Tagen gewünscht, du möchtest doch mit Mary nach Amerika abgereist sein, und wie sehr bange ich jetzt, ob du mit dem lieben Kind am Ende gar auf diesem Schiff warst! Was für Gefühle mögen in dir toben, du liebes Kleinele (Cläres Kosename), wenn du noch lebst und täglich und stündlich um die Deinen zitterst! Wie sehr wollen wir alle zusammenstehen nach dem Krieg, dass ein solcher Jammer sich nicht wiederholen kann, damit auf eure Kinder nicht wieder dasselbe Elend wartet! Der Krieg wird doch um Gottes Barmherzigkeit willen einen solchen Ausgang nehmen, dass man wirken kann für eine andere, bessere, vernünftigere Welt! Wir werden doch nicht für den ganzen Rest unseres Lebens mundtot gemacht bleiben, stumm sein müssen, nicht hinausschreien dürfen: »Menschen, ihr törichten Menschen, warum lasset ihr euch dieses Elend gefallen! Welchem Götzen opfert ihr alles, was euch das Leben lieb und wertvoll macht!«

24.9.40. Ein furchtbares Flüstern geht um! Irre und Gemütskranke werden umgebracht. Auch den Sohn einer hiesigen Dame, der aus Liebeskummer schwermütig geworden war, soll das Schicksal ereilt haben. Dabei war er keineswegs verrückt. Ein Bruder fiel im Weltkrieg als Flieger (Pour-le-Mérite-Träger), ein anderer (Meteorologe) tut jetzt an der holländischen Küste Dienst, obgleich er im Weltkrieg seine Hand verloren hat. Und der »Verblichene« oder »Erlöste« war ebenfalls im Weltkrieg.

Ein Freund meines Mannes sagte, man habe die Namen der Insassen der Altersheime angefordert. Welch unerhörte Barbarei! Sollte solches möglich sein in deutschen Landen?

29.9.40. Herr und Frau B. waren da. B's Worte liegen wie eine Zentnerlast auf meinem Manne und mir. Dieser verlässliche, klardenkende Freund, der immer durch und durch Demokrat war, sagt, die Invasion Englands werde, sobald der dafür günstige Nebel einsetze, vom Stapel gehen. Er hat keinen Zweifel, dass auch dieses Unternehmen gelingen wird. Es sei alles so fabelhaft vorbereitet, selbst der Gaskrieg. England *könne* nicht widerstehen. Was es uns allerdings nützen werde? »England muss alles bezahlen!« »Iss und trink, der Engländer berappt's«, das sei das geflügelte Wort beim Kommiss, wo man allüberall nur den Reichtum Englands hineinhause, den wir jetzt täglich durch unsere Bombenabwürfe und nach der Invasion durch unsere Panzer und schwere Artillerie vernichten.

Frau B. meinte, ich solle abstrahieren von all dem »großen Geschehen« der Gegenwart. Ich soll – so viel müsse man einer Mutter schließlich erlauben – nur dem *einen* Wunsch leben: »Mögen meine Kinder und wir nach dem Krieg gesund uns wiedersehen!« Nein, liebe Freundin. Ich kann freilich gar nichts ändern. Aber das eine kann ich doch tun: mir selber treu bleiben und dem, was ich dank meiner unverbogenen Vernunft und meinem gesunden Instinkt als gut und recht und menschenwürdig erkannt habe. Nein, nein, nein! Ich will nicht »zu leicht befunden« werden, will nicht vor mir selber schamrot werden müssen, ich will unerschütterlich festhalten an den ewigen Menschheitsidealen, will nicht, wie leider so viele, auf der Schaukel stehen und bald auf die eine, bald auf die andere Seite mein Gewicht verlegen! Nur an meine Kinder soll ich denken und an mein persönliches Glück und Unglück? Freilich denke ich an meine Kinder, und wer sie kennt, weiß, wie viel Glück sie mir bedeuten und welchen Reichtum! Aber was sollten meine Kinder in dieser »entgötterten« Welt? Wie sollen sie sich zurechtfinden? Wird es ihnen noch der Mühe wert sein, in ihr zu leben? In einer Welt, in der niemand mehr Verständnis hat für ein Gedicht von Mörike oder ein Heine'sches Liebeslied? Wo es ist, als seien solche Kunstwerke völlig sinnlose Aneinanderreihungen von Wörtern! Wo es keine »Wissenschaft an sich« mehr gibt, sondern nur »Zweckwissenschaft« mit dem einen Zweck, möglichst vollkommene Vernichtungsmaschinen herzustellen! Wo die »Ehrfurcht vor dem Leben« nur so lange besteht, bis die Mutter ihr Kind aus ihrem Schoß herausgequält hat, wo man aber Hunderttausende, nein Millionen Menschenleben hinmordet, ohne mit der Wimper zu zucken. Und wo sich Menschen für diese »Tat von historischer Bedeutung« vergotten lassen, umjubeln, anbeten!

4.10.40. Immer nichts von den Kindern! Andere haben bereits Nachricht bekommen von ihren internierten Angehörigen. Sie seien in Kanada. Ein Dampfer mit Internierten sei von einem deutschen U-Boot versenkt worden! Ach Gott! Man muss ganz still werden. Aber darf ich denn klagen? Millionen Mütter der Welt tragen schweres Joch. *Mein* Mutterglück? Das Büblein muss wenigstens nicht *morden*!

Gestern habe ich dem »deutschen Gottesdienst«, der Bekanntgabe des Wehrmachtsberichtes, angewohnt. Im Schlossgarten-Café, als um fünf Uhr der erwähnte Bericht durch den

Lautsprecher bekannt gegeben wurde! Peinliche Stille! Andächtige Gesichter und leises, ehrerbietiges Löffeln des Kuchens, des Eises! Ah! Wie fein ein Vanille-Eis, eine Punschtorte schmecken, wenn man »nebenbei« erfährt, dass in London ganze Straßenzüge in Schutt und Asche gelegt, dass Tausende von Frauen und Kindern umgebracht worden und fünf Schiffe mit Mann und Maus und wertvoller Ladung versenkt worden sind! Wie gut wird man da schlafen! Will man sich nicht noch einen Kuchen spendieren auf diese Freudenbotschaft hin?

5.10.40. Heute kam aus Amsterdam eine enthusiastische Karte von einem in der Flugzeugindustrie beschäftigten jungen Ingenieur. Er nächtige im selben Hotel, in dem der Reichsmarschall abzusteigen pflege, schreibt er!

Ob der naiv Begeisterte überhaupt ein Auge zutun konnte vor erhabenen und erhebenden Gefühlen?

13.10.40. Vorgestern ein durchs Rote Kreuz befördertes Brieflein von Cläre! Das Büblein sei in Kanada, sie selbst erwarte ein zweites Kind! Lieber Herr und Gott, beschütze die Kinder in ihrem schweren, schweren Leben! Ein Trost, ein sehr schwacher allerdings ist, dass man sagt, die Invasion sei vorläufig abgeblasen! Der Krieg scheint sich ostwärts weiter zu fressen. Ob England dadurch entlastet wird? Eine kleine dankbare Hoffnung glimmt in mir und tausend anderen Klarsichtigen auf.

15.10.40. Ein Telegramm von Cousine Pauline aus Baltimore! Martin safely in Kanada! Sie will sich seiner annehmen, die Gute! Es ist mir, als reiche mein Arm plötzlich wieder zu meinen Kindern, sie zu beschützen. Pauline will die Fühlung mit den Kindern nicht verlieren, auch wenn sie einmal mir selbst nicht mehr schreiben könnte. Was für ein Glück! Irgendein Mensch kümmert sich um Cläre und Martin.

16.10.40. Gipser Z. sagte mir heute, sein Sohn sei in Urlaub dagewesen (Panzerwagenführer). Er habe den Krieg satt. »Wie alle«, fügte der Mann bei. Wie? Können Helden wirklich mal genug bekommen von Krieg und Graus? Das gibt leise Hoffnung.

17.10.40. »*Ach wie nichtig, ach wie flüchtig, ist des Menschen Leben* – –« Grundstimmung für heute und ach, für so viele vergangene und sicher auch für zukünftige Tage! Wenn ich nur dem armen Däxle Kraft senden könnte! Aber da sitze ich, weine und sorge mich und versuche daneben – wie lächerlich aussichtslos! – an meinem heiteren Roman weiterzubauen. Welch nutzloses Beginnen! Wie ein Kind, das spielt, beziehungsweise das man zum Spielen veranlasst, damit es »seine Zeit ausfüllt« und einigermaßen ausgeglichen durch die Tage lebt.

20.10.40. »Birmingham bombardiert«, berichtet der Wehrmachtsbericht fast jeden Tag. Gott erbarm's!

23.10.40. Freundin Ottilie schreibt mir soeben, dass der Dampfer, auf dem Missionar M. war – Lagergenosse Martins in Lingfield – torpediert, Herr M. aber gerettet worden sei. Ob unser armes Büblein auch auf diesem Dampfer war? Auf jeden Fall: angekommen ist mein Kind in Kanada! Was für eine »große« Zeit! Zufall, wer am Leben bleibt! Glücksfall, wer, am Leben geblieben, noch an einen Sinn des Lebens glauben kann.

25.10.40. Immer warte ich auf »das Wunder«, das mir einen Augenblick – ach, wenn auch nur einen winzigen Spalt! – aus diesem Kriegsjammer gewähren würde! »Fünf *oder* zehn Jahre!« schreiben nun unsere Zeitungen. Ich hoffe auf »das Wunder«!

26.10.40. Mein Sohn muss wenigstens nicht töten! Was für ein Trost. Außerdem: kein Unteroffizier »*Himmelstoß*« kann auf ihm herumtrampeln und ihm befehlen, England und seine Freunde dort und seine Freunde in der Welt zu »vernichten«. »Vernichten, Vernichtung!« das sind die Worte, die täglich in jeder Zeitung stehen, die unter Jubelgeschrei in Dichtungen verherrlicht werden, und in Briefen an mich von Freunden Martins zu lesen sind! Wir singen das »Hohe Lied der Vernichtung!« Welch eine Herausforderung Gottes! Wie lange wird er zusehen? Gott wird nicht ewig schweigen. Das ist mein Glaube, und das hilft mir vielleicht – vielleicht –, diesen entsetzensvollen Widersinn zu überleben.

27.10.40. »Haben Sie es gehört im Radio: Der Führer hat sich mit *Franco* an der spanisch-französischen Grenze getroffen?«, ruft mir Frau Apotheker zu, ein Seufzer hingerissener Ehrfurcht entquillt ihr, ein verklärender Schein von Gott-Anbetung überhellt ihr Gesicht. »Ich danke dir, Gott, dass du uns diesen Gott gesandt hast!«, so fühlt sie. »Und sei, bitte, nicht böse, wenn ich den Gott Nummer Zwei über dich selbst stelle! *Seine* Taten *sehe* ich, *erlebe* ich, während die Deinen für mich im Dunkeln bleiben. Darum ist mein Hauptgott, mein direkter Gott, *Er*, der Führer, den du mir gesandt hast, usf.« So ungefähr lautet das verzückte Gebet solcher Frauen. Es gibt, gottlob, auch andere! Man müsste sonst gar verzweifeln.

29.10.40. Wenn ich mal lache, einen Scherz mache, wie es so meine Art ist, oder mich gar zu ein paar Singtönen vergesse, dann denke ich plötzlich: »Was mögen meine Kinder in dieser Minute möglicherweise zu dulden haben? Und Millionen andere Menschen! Was mag mein Sohn inmitten dieser Masse Mit-Internierten körperlich oder seelisch leiden?« Jäh wandelt sich mein Singen in das Gebet: »Gott, gib den Kindern Kraft, sich und ihre Wesensart zu behaupten und hilf, dass sie hernach noch so viel Lebensmut haben, um am Neubau einer besseren Welt ihr Teil mitzuhelfen!«

Seit gestern hat die deutsche »Neuordnung« auf Griechenland übergegriffen. Der deutsche Rundfunk und die Presse bringen erst die *Vorbereitung*, die propagandistische Vorarbeit, aber noch nicht die Tatsache. Warum das? Auch im Fall Rumänien hörte man erst eine Woche später davon und dann – bis heute – auch nur einen sehr kleinen Teil der *wirklichen* Ereignisse. Schlechtes Gewissen? Phantasie erschöpft, Herr Dr. *Goebbels*? Furcht, die alte Walze könnte nimmer wirken? Dämmert die Ahnung, dass das deutsche Volk so ganz sachte sich daran erinnern könnte, dass »man« einen Apparat hat, um damit zu *denken*?

Eine groteske Zeit und ein furchtbares oder tragikomisches Beispiel, wie ein großes Volk jubelte, als eine kleine Horde bedenkenloser, brutaler, in ihren verbrecherischen Anlagen nicht zu übertreffender Zeitgenossen daran gingen, allen – nur sich selbst nicht – jede Freiheit zu nehmen!

9.11.40. Man wird es mit seinem Vaterland nach dem Krieg und all dem, was sich »nebenher« ereignet hat, machen müssen, wie eine Mutter mit ihrem Kind. *Noch* so viel Schlimmes kann ein Kind tun: immer wird die Mutter sich wieder zur Verzeihung und Liebe bereitfinden und zu neuen Versuchen, das Kind auf bessere Pfade zu lenken. Wenn man sich nicht zu solcher Mütterlichkeit aufraffen kann, wie sollte man das Leben inmitten dieses »Vaterlandes« aushalten, das ja längst nur noch ein trauriges Zerrbild dessen ist, was man einst darunter verstanden hat?

Heute Nacht schwere Bombenangriffe in Deutschland. Ob etwas Kriegswichtiges getroffen wurde? Man wird ja hören.

13.11.40. *Molotow* ist in Berlin! Welch ein Gepränge! O wirre Welt! Wenn ich doch endlich das wahre russische Gesicht sähe!

Draußen pflanzt der Gärtner Bäume und Büsche. Wer wird sich an ihrem Grünen und Blühen erquicken? Wirst du, liebe Cläre, werden deine Kinder auf dem schönen Rasen spielen und

Heiterkeit und lichtes Leben hinzaubern, wie wir es uns gedacht haben, als wir hier das Haus zu bauen begannen? Wirst du, lieber, guter Bub, mit deinem Schmöker dich in den Schatten der Büsche legen, zur Erhöhung der Konzentration den unentbehrlichen Grashalm in der Hand zwirbeln wie einst (ob du das immer noch tust?) und über mathematische Probleme nachdenken? Ich bin heute wieder voller Heimweh, voller Angst, voller Unruhe und komme mir vor, wie ein Tier hinter Gittern, das irgendwo einen Ausweg sucht.

Dass ich nicht mehr getan habe, nicht mein Leben hinopferte, um mich dem Ausbruch dieses Wahnsinns entgegenzustemmen! Ich habe doch so klar gesehen, was kommen wird!

14.11.40. »Aber der Führer – –.« Das ist immer der Einwand. »Der Führer« ist bereits eine mythische Gestalt im deutschen Volk, ein »böser Geist«, gegen den niemand etwas zu äußern, ja nicht einmal im Geheimen zu denken wagt, weil man – abergläubisch wie man ist – fürchtet, er könnte sich rächen, er sei ein Gott, ein böser Gott, der alles weiß und alles bestraft. Wie entsetzlich, was alles im Namen des deutschen Volkes geschieht. Tausenden, Abertausenden dämmert es, wie schauderhaft man die deutsche Ehre befleckt, wie viel Schuld wir auf uns laden – oder richtiger: wie viel Schuld andere im Namen unseres Volkes, *meines* Volkes, auf uns alle laden, wie viel Grund zum Schämen wir haben! So viel, dass wir unser Gesicht verhüllen möchten, dass niemand es mehr erblicke. Das ahnen und fühlen Millionen. Aber um Gotteswillen! Sie bekreuzigen sich nach jedem entschlüpften Wort oder gedachten Gedanken, und ihre Lippen flüstern: »Der Führer! Wenn alle wären wie der Führer und das Gute und Rechte wollten wie er! Wie genial, wie gut, wie edel: Er hat die Norweger, die Belgier, die Holländer, die Luxemburger, die Rumänen – wen noch? – vor den Schrecken einer englischen Invasion bewahrt! Wie sehr sollten ihm diese Völker danken!« usf. Vergeblich wendet man ein: »Warum hat er denn die *Engländer* nicht schuldig werden lassen und ist in allen Fällen *selbst* schuldig geworden?«

Diese irregeführten deutschen Menschen! Diese Unter-Weltbürger! Diese lächerlichen Wesen, die nichts durch sich selbst sind, die die »Nation«, das »Vaterland« brauchen, um sich zu drapieren und zu einer Art (was für eine *Ab*-Art ist das!) *Selbstgefühl* zu kommen. Wie sehr habe ich einst selbst an dieses »Vaterland« geglaubt. Und habe gehofft, hier daheim zu sein. Ein Fremdling bin ich, Fremdlinge sind wir hier, unsere ganze Familie, und nach nichts drängt mich so sehr, als irgendwie dieses »Vaterland« wegzubaden, irgendwo unterzutauchen, wieder und wieder, bis auch nicht eine Spur an mir dieses »Vaterland« verrät!

25.11.40. Birmingham ist ein zweites Rotterdam! Jubel in den Zeitungen! Ach Däxle, Kinder, wie mag euch, wie mag dem lieben Mausele zumute sein! Jede Nacht wird mir bang, so bang, und ich verzweifle ob meiner Ohnmacht, wenn ich mir die Schrecken vorstelle, die dein eigenes Vaterland über dich bringt, Kind! »Vaterland«? Nach all dem, was heutzutage geschieht, habe ich nur eine Sorge, wie zunächst meine Kinder, vielleicht aber auch noch wir beiden Alten dieses »Vaterland« loswerden könnten! Nein, das *ist* nicht mein Vaterland, in dessen Namen solche Scheußlichkeiten geschehen! *Wie* sehr habe ich mein wirkliches Vaterland geliebt!

26.11.40. Die Leute werden doch nachdenklich. Ganz wohl ist ihnen nicht. Der Gedanke einer Vergeltung taucht wieder und wieder auf in ihnen. »Aber«, so sagen sie, »die Engländer sollen Berlin zusammenhauen.« Berlin – nicht wahr – das ist weit weg! Und außerdem: ist nicht Berlin »eigentlich« schuldiger als wir? »Von *Berlin* aus wird alles angeordnet, dort wurde auch der Krieg beschlossen. Wir hier im Süden, wir haben bei den Siegen ›nur‹ mitgejubelt, und das ist verzeihlich. Also: legt Berlin in Trümmer, und der Krieg wird aufhören!« So sagen *die* »Teutschen«, die allmählich eine Gänsehaut bekommen, wenn sie sich vorstellen, was sich ereignen kann, ereignen könnte, wenn der Krieg nicht in einigen Monaten aufhört.

Ich muss immer wieder Dinge in die Hand nehmen, die ihr, liebe Kinder in der Ferne, in Händen gehabt habt. Dann sage ich mir: Das hast du tatsächlich oft und oft in deinen lieben Händen gehalten, Däxle, diese tönerne Schale auf meinem Schreibtisch, hast du, Büblein, geknetet. Tatsächlich habt ihr das, folglich kann ich mich doch nicht täuschen, dass ihr mir zugehört? Ach Gott! Wer weiß, ob ihr noch lebt! Und in welchem Jammer ihr lebt! Und ich kann nichts, nichts, gar nichts tun! Alles, jeder Versuch einer Hilfe ist unmöglich! Der letzte Krieg war grauenvoll, aber was heute geschieht, ist nicht zu vergleichen damit.

7.12.40. Schnee draußen, Weihnachtsstimmung! Aber mich und Millionen Menschen bedrängen Kummer, Sorgen, Jammer, Zorn und Scham. Was darf alles geschehen! Und Gott sieht zu. Wie gut hat es eine Kuh! Man nimmt ihr Kalb, schlachtet es, die Mutter empfindet es nicht. Vielleicht, dass sie noch ein »Muh« hinterdrein sendet, aber dann hat sie es vergessen. Wer gibt Menschen das Recht, uns unsere Kinder zu nehmen, sie zu Verbrechen zu zwingen, sie hinzuschlachten, als ob es nicht *Menschen* wären, Menschen, um die andere weinen! Weh dem Volk, an dem sich dieser Menschheitsjammer rächt!

Und immer nichts von Cläre und Martin!

8.12.40. Je mehr ich die Nazis hasse, umso mehr werde ich selbst Nazi. Nämlich so: Sollte dieser Krieg zu Ende sein und zwar so, dass die Nazis ihn verlieren (was Gott geben möge!), dann muss bei uns *wieder* die Gewalt herrschen. Man muss alles, was sich gegen eine vernünftige Weltordnung stemmt, ausschalten. Mindestens muss man alles überwachen! In jede Schulstunde sollte sich jemand hineinsetzen und mit Luchsohren aufmerken, ob der »Revanche-Gedanke« nicht wieder hochgepäppelt und in den jungen Menschen falsches Heldentum gezüchtet wird. Ob der ewig Deutsche Kommissstiefel nicht schleunigst wieder geflickt wird, damit er »demnächst« wieder über den Erdball stolpern und alles zertrampeln kann, was an menschlich Schönem wieder aufzublühen beginnt. Tausend Augen und Ohren sollte man dann haben und gelegentlich den Mut zur Gewalt. Endlich – endlich sollte es doch gelingen, dem Wort »deutsch« wieder einen anderen Klang zu geben! Endlich uns die Scham zu nehmen, wenn wir das Wort denken oder aussprechen und anderen das Entsetzen, wenn *sie* es denken, hören, oder aussprechen! Es gibt doch auch ein anderes Deutschland. Wo ist es?

14.12.40. Man kann gespannt sein, wie lange es noch dauern wird, bis sich das deutsche Volk seines selbstgemachten Gottes gründlich zu schämen beginnt! Bis die Scham so angewachsen ist, dass jeder es für seine Ehre hält, sich öffentlich für sich selbst zu schämen darüber, dass er mitgeholfen hat, diesen Popanz zu einem Gott aufzuputzen!

Mit *Albert Schweitzers* Gedanken in seinem Büchlein *Verfall und Wiederaufbau der Kultur* bin ich sehr einig. Abgesehen davon, dass er meint, ein großer Denker solle nicht Staatsmann sein, »Staatsmänner« seien gewissermaßen die Unteroffiziere des großen Denkers. Albert Schweitzer, so sehr ich dich liebe, so falsch ist diese Auffassung! Ein großer Denker kann Jahrzehnte lang *unbemerkt* das Größte denken. Und was kann inzwischen aus der Welt geworden sein! Wir erleben es ja heute! Leider muss ein großer Denker auch nach Einfluss streben, damit seine guten Gedanken, seine ethischen Forderungen lebendig werden können. Wie sagte doch Hitler in seiner kürzlich an die Rüstungsarbeiter gehaltenen Rede? »Das Volk hat an sich primär (!) noch gar keine Überzeugung, sondern die Überzeugung wird – wie selbstverständlich überall – *gebildet*!« Die Gegenwart und jüngste Vergangenheit gibt diesem überheblichen, beleidigenden Urteil über das »Volk«, soweit es Deutschland betrifft, nur allzu Recht. Es müssen Institutionen geschaffen werden, die diese Gehirn- und Gefühlsknebelung der Massen und der Einzelnen unmöglich machen. Wir müssen Einrichtungen schaffen, welche den Appell an die niederen Instinkte der Menschen unwirksam machen (Ich meine die sogenannten »vaterländischen« Instinkte, die Mord und Zerstörung mit einer Gloriole umgeben). Wir müssen die Wirtschaft ordnen, dass jeder Arbeit und Brot hat; dann müssen wir in künstlerischen, wissenschaftlichen, religiösen, weltanschaulich-philosophischen Fragen volle Freiheit ermöglichen. Diese Freiheit aber muss behütet werden von einer starken überstaatlichen Macht, die jeden Versuch verhindert, die *wirklichen* Menschheitsideale, die im Glück *aller*, in *reichster Entfaltung allen Lebens* sich auswirkt, durch falsche zu ersetzen.

Welch einen pompösen Klang verleiht man doch heute dem Wort »Vernichtung«! Wie stolz nimmt man es in den Mund! Mit welch angenehmem Gruseln schleudert man es in andächtig zuhörende Massen und vermittelt ihnen ein pseudo-religiöses Erleben, das in Worte gefasst etwa lautet: »Wir haben den Gott der Vernichtung! Ihn beten wir an! Je grausamer und gründlicher er sein Werk vollbringt, umso erhabener der Gott. Allerdings nur so lange, als die Zerstörung Engländer, Franzosen, Belgier, Polen, Holländer, Norweger usf., nur nicht uns Deutsche betrifft.« Muss nicht eines Tages gerechterweise ein Sodom und Gomorrha vom Himmel über unser »Vaterland« hereinbrechen?

22. 12. 40. Schlaflos! Nie in meinem Leben war ich es. Verantwortungen, Sorgen aller Art konnten mich bedrücken, kranke Kinder mich dutzendmal in der Nacht benötigen: immer wieder fand [ich] sehr bald Ruhe. Aber nun ist es gründlich anders. Vielleicht liegt es tatsächlich an meiner körperlichen Verfassung, vielleicht aber auch an meinem Hass, der mich insonderheit des

Nachts befällt. Hass gegen all die Mittelmäßigen, die Speichellecker, die Mitgeher, die Nicht-Hasser. Und – soll man's glauben? – was andere erschreckt, weckt, aufwühlt, das bringt mir Schlaf: Fliegeralarm! Warum wohl? Wahrscheinlich, weil mich meine Ohnmacht all dem gegenüber, was im Namen Deutschlands – also auch in *meinem* Namen – geschieht, nicht schlafen lässt. Wenn ich aber bemerke, dass andere auf dem Posten sind und dafür sorgen, dass dieses Entsetzen aufhört, dann finde ich Ruhe.

Vom Büblein vorgestern ein Brief vom 14. September! Er hat einen Brief vom 20. Mai von uns erhalten. Der liebe, gute Bub! Gott behüte ihn mir!

Von Ludowike eine Karte! Im Heidelberger Keller hat sie das furchtbare Bombardement Mannheims mitgemacht. Zu ihrer Reise nach Norddeutschland brauchte sie drei (!) Tage. So muss es kommen und noch schlimmer! Das deutsche Volk lernt sonst nichts. Wann werden ihm die Augen aufgehen darüber, in welch schlimmen Verruf die verbrecherische Naziführung es gebracht hat?

Heiliger Abend 1940. Wenn ich an Cläre und Martin denke und mir vorzustellen suche, wie sie den heutigen Christtag wohl verbringen, so kann all mein Denken das undurchdringliche Dunkel nicht durchstoßen. Ich kann nicht ergründen, ob sie sehr traurig sind und hoffnungslos, ob Cläre voller Bangen ihrer Niederkunft entgegenlebt, ob sie überhaupt genügend Mut hat, alles durchzukämpfen, was ihrer harrt. Dass ich ihr beistehen könnte! Ich kann ja nicht mal wissen, ob sie mit Mann und Kind noch lebt! Ob ihr schönes, trautes Haus noch steht, sie noch ein »Daheim« hat! Mit welchen Gefühlen wird sie an ihr todbringendes Vaterland denken! Welch ein Unglück, dieser Krieg!

Und das Büblein? Es wird sicher in Gedanken bei uns sein heute Abend und wird hoffen, dass wir Eltern nicht gar so verzweifelt sind. Wenn ich an frühere Weihnachten denke, an jenes

z. B. wo der liebe Kerl als Weihnachtsüberraschung für mich in aller Heimlichkeit die Mozart-Phantasie auf dem Klavier spielen gelernt hat! Und *wie* gelernt. Wie viel, viel Glück war unser, und was alles haben wir zu verlieren! Oder schon verloren?

Churchill hat an das italienische Volk eine Botschaft gerichtet. Wird sie wirken, was sie wirken soll? Ein klein wenig habe ich Hoffnung. Und ein wenig, wenn auch nur ein klein wenig Hoffnung haben, heißt: nicht gar verzweifeln und mutlos sein.

Christfest 1940. Nun war also Heiliger Abend. Ich habe nicht so sehr, nur ein bisschen, geweint. Ich habe mir Mühe gegeben. Die Botschaft des Papstes! Ach, wer wird sie hören! Wie viele in Deutschland werden sie mit dem Herzen, nicht nur mit den Ohren hören? Wenn unsere Presse davon Notiz nehmen wird, dann ganz bestimmt nur in einer hohnvollen Weise. Wir sind ja menschlicher Regungen völlig entwöhnt. Wir glauben nur noch an die Macht. Wie Ludowikes Mann mir sagte: »Wozu man die Macht hat, dazu hat man auch das Recht.« Arme Tochter, armes Deutschland! Wenn sich Deutschland nicht wieder auf seine kulturelle Aufgabe besinnt, dann will ich ihm nicht angehören.

27. 12. 40. Tausend schreckliche Dinge kann ich mir vorstellen, wenn ich an meine Kinder denke. Besonders Cläres Befinden macht mir oft solchen Kummer, dass ich meinen Gedanken nur mit aller Gewalt eine andere Richtung geben und mir einreden kann, dass vielleicht alles in bester – nein, nicht in »bester« –, aber immerhin in erträglicher – Ordnung ist bei ihr und ihrer kleinen Familie. Wenn das Kind schon geboren wäre und alles gut überstanden! Wie viel, viel Liebes will ich dem Kinde und seinen Kindern tun, wenn der Krieg zu Ende sein wird! Dass ich noch Kraft haben möchte dann, um wenigstens einen kleinen Teil von all dem zu tun, was ich tun muss! Aus innerstem Herzensdrang tun muss! Eine bessere Welt helfen aufbauen und über meine Familie hinaus den Menschen Liebe geben!

1941

5.1.41. Lieber *Lindley Fraser*, ich habe Sie verschiedentlich im BBC gehört, und alles, was Sie da gesagt haben, war mir so selbstverständlich und überzeugend, es war das, was *ich* selbst denke und fühle. Ein Echo klang in mir und meinem Manne auf, wie es sich vollkommener kein Mensch wünschen kann, der sich berufen fühlt, zu wirken und an dem mitzubauen, woran nach diesem Entsetzlichen gebaut werden *muss*: an einer vernünftigen und darum besseren, glückvolleren Welt. Sehen Sie, lieber Lindley Fraser, im heutigen Deutschland ist folgende Erfahrung allzu gleich: Man kommt mit seinen nächsten Freunden, die man sehr liebhat, zusammen und bemerkt plötzlich, dass die beiderseitigen Straßen von einem gewissen Punkt ab diametral auseinanderstreben. Man versucht noch eine Zeit lang, wieder zusammenzutreffen, sich die Hände wieder reichen zu können, man gibt eine Menge Kraft für die Erreichung dieses Zieles aus; denn es ist einem so wichtig. Aber zuletzt entdeckt man doch, dass alle Mühe vergebens ist, dass man eben tatsächlich durch getrennte Straßen wandert.

Ich werde mich an Sie und Ihre Gedanken halten, Lindley Fraser. Es muss uns Wenigen hier ja jemand hilfreiche Hand reichen von drüben, von anderswo in der Welt; denn sonst wäre ja all unser Beginnen von vornherein von hoffnungsloser Trostlosigkeit erfüllt.

6.1.41. Wie wird es Cläre bei der Geburt ihres zweiten Kindes im Februar ergehen? Möge sich das Kind zur Ehre seines großen Heimatlandes entwickeln, ganz Engländer sein und doch seine Hand brüderlich *den* Deutschen entgegenstrecken, die es bei uns *auch* gibt. Wir sind ja, gottlob, nicht alle Nazis. Es gibt auch bei uns Menschen, die selbst bei den großen militärischen Erfolgen sich treu geblieben sind, und ihr Weltbürgertum dem falsch ausgelegten Deutschtum nicht für eines Gedankens Länge geopfert haben. Auch unser Sohn gehört zu diesen. Wie schrieb er doch nach Kriegsausbruch von England aus an uns? »Wenn ich mir vorstelle, dass ich, wenn ich nun in Deutschland wäre, gegen meinen Freund Philipp (Engländer) kämpfen müsste!«

Wenn ich meine Gedanken auch nur für eine Minute von der Gegenwart löse und sie in die Zukunft schweifen lasse, so ist es, als ob die Zentnerlasten, die mich drücken, sich verzehnfachen! Was muss alles getan werden! *Wie* muss es getan werden und wer wird es tun können? Aller Lebensmüdigkeit zum Trotz möchte ich dann Kraft haben, viel mehr Kraft, um mithelfen zu können, denn es wird auf jeden Mann, auf jede Frau ankommen. Es sind ja viel zu wenige, die sich und ihren Idealen treu geblieben sind. Es hat sich herausgestellt, dass es ja gar nicht *ihre* Ideale waren, dass sie nur so lange von Demokratie, Sozialismus, Freiheit der Gedankenäußerung, Friedensliebe, Weltbürgertum oder Europäertum redeten, als dies Mode war und ihren Geschäften nützlich, und dass sie zu Hunderttausenden ohne Skrupel in den Chorus einstimmten, der Hass sang, dessen zweite Strophe »Überheblichkeit« zur völkischen Religion erhob, der in der dritten Strophe die »Rassenseele« entdeckte und verherrlichte und im Schlusschor die »Gewalt« und die scheußlichsten Verbrechen mit einer Glorìole umwand, weil all das notwendig sei im Gedanken an das »Vaterland«.

Welch ein Gottesgeschenk neben allem Teuflischen, dass ein Mann wie *Roosevelt* lebt, der klaren Blick behält und über die nächste Stunde hinüber zu denken vermag!

9.1.41. Lieber Lindley Fraser, ich war in Sorge um Sie, in großer Sorge. Um Sie und um mich und um so viele hier herum. Denn wie sollten wir es angreifen, nach dem Krieg eine Brücke hinüberzubauen, wenn Sie nicht mehr lebten? Schon seit einiger Zeit habe ich Sie im BBC nicht mehr sprechen hören. Sind Sie am Ende ein Opfer des 29. Dezember geworden? Diese bange Sorge wurde größer, als der Sprecher des Londoner Rundfunks sagte, dass eine Anzahl Angestellter des Funkhauses getötet oder verletzt worden seien. Aber nun sprachen Sie gestern wieder um 15.30 Uhr in Ihrer einfachen und so überzeugenden Art. Jeden überzeugenden, meine ich!

11.1.41. Wie es bei Euch wohl aussieht, liebe Cläre? Unter den zerstörten Städten Englands liest man in unseren Zeitungen fast täglich Birmingham. Dass du doch leicht entbinden und mit einem gesunden lieben Kind belohnt werden mögest für alle Sorgen! Manchmal denke ich: wenn doch nicht jetzt – nicht gerade jetzt – sich in deinem Leib ein Kind bilden würde. Um wie viel leichter wäre alles für dich und euch alle! Aber dann wieder – das Leben ist ja voller rätselhafter Geheimnisse – dann überlege ich: wer weiß, ob dir nicht gerade diese Tatsache viel mehr seelische Kraft gibt, als du sonst hättest. Vielleicht erlebst du in Erwartung dieses Ereignisses die Tage festlicher, vielleicht tritt das furchtbare Geschehen draußen in der Welt etwas in den Hintergrund ob dieser Erwartung, vielleicht macht dich dieser Zustand hellhöriger für alles, was wirklich nottut im Leben, aufgeschlossener für die wirklichen Werte, und es bereitet dich vor für die Arbeit, die von uns Frauen nach diesem entsetzlichen Krieg zu leisten ist! Von uns Frauen, jawohl! Von dir, liebes Kind, von Ludowike, von mir, von Tausend, von Millionen anderer Frauen! Wenn die Männer uns helfen, wir wollen es dankbar annehmen. Aber wir Frauen, die wir gebären, die wir leiden um der kommenden Generationen willen, wir Frauen, wir wollen endlich einmal einen *Sinn in diesem Leiden* sehen! Wir wollen unsere Kinder zum Leben gebären und nicht zum Sterben, nicht zu Mördern oder Gemordeten! Ich sehe ein: *dieser* Krieg war noch notwendig. Insofern notwendig oder unvermeidlich, als die Menschheit aus dem letzten Blutbad noch nicht genügend gelernt hatte. Mindestens hatte sie vergessen, *Vorsicht* zu lernen. Sie hat geglaubt, eine Wiederholung solcher Schrecken sei nach diesem Erleben ausgeschlossen. Sie hat Falsches geglaubt. Sie hat außerdem völlig übersehen, wie leicht wirtschaftliche Not zu Explosionen führen kann. Daraus ergeben sich für uns, wenn wir diesen Krieg überleben, zwei Aufgaben: Erstens Gründung eines neuen Völkerbundes, hinter dem eine Macht stehen muss, deren bloßes Vorhandensein genügt, in welchem Land auch immer sich wieder kriegerische Gelüste breit machen möchten, diese im Keim zu ersticken, zweitens dafür zu sorgen, dass die Wirtschaft in allen Ländern so geht, dass nicht Millionen Unzufriedener, Überzähliger, von Arbeit Ausgestoßener die Beute von Demagogen, Phantasten, Geisteskranken, brutal Machtgierigen und Ehrgeizigen werden. Dazu helfe uns Gott, liebes Kind! Ich baue auf Eure Hilfe.

12.1.41. Ein junger Bekannter erzählt in seinem Feldpostbrief, letztes Jahr habe er es noch fertiggebracht, ernstere Dinge zu lesen, etwas von Goethe beispielsweise. Er habe sich noch konzentrieren können. Heute sei ihm das völlig unmöglich, und am liebsten möchte er alle Bücher in eine Ecke schmettern. Er könne sich absolut nicht mehr konzentrieren, denn selbst wenn sozusagen nichts los sei an der Front, so sei doch dauernd etwas los. Außerdem erzählt er, dass die Belgier und Franzosen (er steht in Belgien) recht passabel seien in ihrem Benehmen, nicht unfreundlich zum deutschen Militär, aber man merke doch deutlich, dass sie alle noch mit dem Sieg Englands rechnen. Für alles Unangenehme mache man die Deutschen verantwortlich: für Kohlen-, Kartoffel- und anderen Mangel, für das Kartensystem usf. Natürlich meint der Bekannte, die Bevölkerung benehme sich wie ein törichtes Kind, das sich an einer Stuhlkante stößt und dafür den Stuhl schlägt. Er argumentiert: »Nein, *wir* sind keineswegs schuld an dem Elend und dem millionenfachen Leid in den Ländern rund um Deutschland. Hätten die Blödiane sich uns nicht entgegengestellt!« Wir sind (nach ihm) nicht einmal schuld an der Not des *eigenen* Landes (der junge Mann ist übrigens Jurist, studierter Mann also, der auf Schuld und Unschuld sozusagen jahrelang trainiert wurde). Die allgemeine Meinung in Deutschland ist: Schuld an allem haben die Engländer, diese Krämerseelen. Wir Deutschen sind weiße Unschuldslämmer, die nichts wollen als das Glück der Menschheit. Das Glück der Menschheit? Ja – so – wie wir Deutsche es verstehen! Glück gleich Dahinvegetieren unter dem genagelten Kommissstiefel, der sofort zertritt, was sich *etwa* keimend zu anders geartetem Leben erheben möchte.

Übrigens sind in Deutschland die Schulen geschlossen. Goebbels beteuert: keineswegs wegen Kohlenmangel (der durch das Bombardement Mannheims tatsächlich sehr stark ist). I wo! Nur so … vielleicht weil es so schönen Schnee hat draußen und man zur »körperlichen Ertüchtigung« besser Schnee schippt, als dass man das Gehirn an einer Mathematikaufgabe trainiert. Wozu auch noch Mathematik und andere Wissenschaften! Brauchen wir doch alles nicht mehr! »Wir sind die Herren der Welt!« Und darum brauchen wir nichts mehr zu lernen, nichts mehr zu können, nichts mehr zu arbeiten, nur noch mit Peitsche und Revolver in der Hand aufzupassen, dass unsere Sklaven parieren. Nichts brauchen wir mehr zu verstehen als die »Kunst der Gewaltanwendung«.

18.1.41. Was mich krank macht vor Aufregung, ist die Tatsache, dass so wenig Menschen hierzulande der Gedanke kommt, wir könnten etwa den Krieg *verlieren*. Die Ansicht der allermeisten Deutschen ist die, dass wir längst den Krieg schon so gut wie gewonnen haben. Sie richten ihr Leben ganz danach ein, spekulieren auf die ewige Dauer des Dritten Reiches, flüchten sich als Lehrer z. B. in »Heeresschulen« oder zur Rüstungsindustrie; junge Menschen freuen sich auf Posten in den »Kolonien«; jeder weiß, dass »wir als Herrenvolk« allerlei Pflichten – nein, das war falsch, – nur *Rechte* haben. Man sagt: »Mit England wird's natürlich noch etwas kosten, aber im nächsten Monat schon gehen wir hinüber, wir ›schweißen‹ mit unseren Stukas dort, wo wir landen wollen, alles zusammen, kein Lebewesen wird sich mehr regen, und dann hauen wir die Engländer in acht Tagen kurz und klein, und der Friede und der totale Sieg ist da!«

19.1.41. Liebe Kinder, Pauline schrieb am 21. November aus Baltimore. In ihrem Brief erzählte sie von Martins Brief und von Deinem Brief, liebe Cläre, den Du ihr am 10. Oktober geschrieben habest. Dein Brief habe zuversichtlich und froh geklungen, Du liebes Kind! Aber wie viel ist inzwischen geschehen! Wie leide ich mit Euch! Was wirst Du der kleinen Mary sagen, wenn sie nach den Ursachen der Schrecken und Eures Jammers fragt? Ob Euer Haus verschont blieb? Pauline erzählte mir, Euer Heim liege außerhalb Birminghams und sei umgeben von offenen Plätzen. Nun ist es gar nimmer lang, bis Euer Kind geboren wird. Möge doch alles glücklich vorübergehen und Ihr ein gesundes Kind haben! Und mögen Euch weitere schwere Prüfungen erspart bleiben! Wie ich für Euch zittere! Für ganz England zittere. Nein – Nazi-Deutschland ist mein Vaterland nicht mehr, und ich bin froh, dass Du Deine Kinder in einem anderen Land gebierst, liebes Kleinele!

Büble brauche nichts, erzählte Pauline. So habe er geschrieben. Wie bin ich dankbar, dass Du, lieber Bub, nicht in diese fürchterliche Maschinerie der Zerstörung eingezwängt bist! Ja, wir haben Grund zu danken, trotz allen Jammers! Pauline hat recht.

Sonntag, 20.1.41. Ein seltsamer Besuch! Seltsam darum, weil es eine junge Geigerin – Künstlerin – ist, deren Mission es doch eigentlich wäre, edle Regungen, menschliches Fühlen durch ihre Kunst zu wecken, die aber mit wehenden Fahnen mitmarschiert! Ihr Mann – – ebenfalls Musiker – ist nun auch Soldat, hat aber Glück, darf dort, wo er ist, seinem Beruf leben. Auch sie hat seit Beginn des Dritten Reiches und insonderheit seit Kriegsbeginn eine besser gefüllte Futterkrippe, hat mehr Schüler, spielt öfter öffentlich bei den vielen Anlässen zum Festen in der »großen Zeit«. Ergo: alles ist gut im Dritten Reich. Ich habe ihr erzählt, dass die englische Post Martins Geburtstagsschokolade ihm nach Kanada nachgeschickt habe, dass es ihm im Lager an nichts mangle usf. Wie unangenehm klingt das in deutschen Ohren! Musik wäre es, würde man sagen, dass er menschenunwürdig behandelt wird. »Gut« darf die Handlungsweise der Engländer auf keinen Fall sein; also ist sie »dumm«. Man sagt: »Solche lächerlichen Trottel *können* den Krieg nicht gewinnen. Wer so dumm ist und seinen knappen Schiffsraum noch durch Liebesgabensendungen für Gefangene belastet, ist nicht wert, heute noch über ein Weltreich zu gebieten.«

24.1.41. Unser junger Bekannter im Feld schreibt aus dem besetzten Gebiet:

> »... Der Soldat ist ganz zufrieden, wenn er rauchen kann und darf. Oft bricht es ja durch, man fängt an zu schimpfen und macht sich Luft. Ich kenne keinen guten (!) Soldaten, der nicht schimpft. Aber man darf diese Schimpfereien nicht ernst nehmen, es gehört sozusagen zum guten Ton. Man schimpft und ist letzten Endes ganz zufrieden, *fast froh sogar, dass man ›Geschichte machen‹ darf*, und fühlt auch im hintersten Herzwinkel noch einen kleinen Fleck ehrlichen und stolzen Mannestums. Für mich persönlich hat der Krieg und vor allem die Zeit des Vormarsches eine ganz große Bedeutung gehabt. Ganz ehrlich kann ich behaupten, dass ich in derselben Zeit ruhigen Lebenswandels im Frieden nicht so weit (!) gekommen wäre. Ich habe unglaublich viel gelernt, und vor allem: ich habe meine ganzen Lebensweisheiten und Gedanken einfach über Bord werfen müssen. Es musste reiner Tisch gemacht werden, aber ich konnte für das Weggeworfene Besseres setzen, das zugleich *einfacher* (!) war. Ich bin froh, dass ich Soldat sein darf, denn aus dem Soldatischen

heraus kamen meine Gedanken. Und wenn ich auch sonst Schiller nicht sonderlich leiden mag, er hat die reine Wahrheit gesagt mit dem Wort: ›Der Soldat allein ist der freie Mann!‹«

Soweit der junge Mann. Soll man da weinen vor Jammer oder ist eher Mitleid am Platz über diese Massenerkrankung der Jugend? »Geschichte-machen!« Wenn ich so etwas lese oder höre, wird mir übel ob dieser grenzenlosen Überheblichkeit.

Zuweilen habe ich den Eindruck, als ob ein Massenwahnsinn das deutsche Volk ergriffen habe und als ob ein Gehirnschwund in großem Ausmaß um sich fräße. Denken ist heute überhaupt nicht mehr Mode. Wie wäre eine solche Geistesverwirrung sonst möglich, dass Deutsche beispielsweise begeisterte Verehrer Albert Schweitzers und *gleichzeitig* glühende Anhänger des Nationalsozialismus sein können! Wendet man gegen diese Zusammenstellung schüchtern etwas ein, so wird man mit einem mitleidigen Achselzucken abgetan, das etwa besagen will: »Du bist eben noch nicht so weit fortgeschritten wie ich!« Gebe Gott, dass ich nicht auch noch so weit »fortschreiten« werde! Oder: heute früh wurde im Rundfunk eine Plauderei über die »Güte« verlesen. Etwas, das so unzeitgemäß ist und so weit ab von allem liegt, was der Nationalsozialismus lehrt. Und doch – ich schwöre es – werden die Hörerinnen aufatmend gesagt haben: »Wie war das schön! Wie war das gut! Wie war das richtig!«

Gott verhelfe uns wieder zu unserem Verstand.

25. 1. 41. Liebes Kind, meine Gedanken sind Tag und Nacht bei Dir! Vielleicht verleihen sie Dir Kraft. Ich meine, Du müssest fühlen, wie ich an Dich denke, wie ich Deine Hand fasse und Dir Mut und Zuversicht zuflüstere, wie ich Dir verspreche, Deinen Kindern beizustehen, wenn Dir etwas zustoßen sollte. Ich will Deine Kinder erziehen und ausbilden, zu guten, tüchtigen Menschen heranbilden, in Deinem Sinne beeinflussen und fördern, so wahr mir Gott helfe! Möge das nicht nötig werden! Ich hoffe, dass Du alles gut überstehst, und Deine Kinder selbst auf die richtige Bahn lenken kannst. Welch furchtbare Geißel ist dieser Krieg! Und dabei steht Euch und uns das Schlimmste erst bevor! Mein Gebet ist: »Gott, verleihe England Kraft!« Ihr könnet Euch ja nicht vorstellen, was eine englische Niederlage für die Menschheit bedeuten würde! Ihr glaubet womöglich, was eure Zeitungen von den Judenverfolgungen, den Polengräueln, dem Elend in Holland, Belgien, Frankreich, Norwegen erzählen, sei *übertrieben.* Leider, leider geschieht im Namen des deutschen Volkes gegenwärtig *so* Furchtbares, dass eine Übertreibung schlechterdings nicht möglich scheint! Wie dankbar bin ich, dass Dir, lieber Bub, nicht befohlen werden kann, für die »Ehre« Deutschlands solch schauderhafte Verbrechen zu begehen.

28.1.41. Ein Kollege meines Mannes (Professor an einer Oberschule) war da. Er erzählte, dass er vor kurzem einem anderen Kollegen entwickelt habe, wie wenig er an einen englischen Sieg glauben könne, worauf dieser spontan und voller Verzweiflung dagegen gefragt habe: »Ja, hast du denn gar keine Hoffnung mehr?« Derartige kleine Blitzlichter erhellen plötzlich wieder ein Stück deutscher Straße, und man ist geneigt zu glauben, dass das »andere Deutschland« nicht nur aus mir und den Meinen und ein paar nahen Freunden besteht, sondern dass es noch *mehr* sind, die die Auferstehung deutschen Wesens von der *Niederlage* Nazideutschlands erhoffen.

6.2.41. Lieber Lindley Fraser, endlich haben Sie wieder einmal zu Deutschland gesprochen und zwar im Auftrag Wendell *Wilkies.* W. W. sagte zu Ihnen, Sie sollen dem deutschen Volk in seinem Auftrag sagen, er stamme von deutschen Voreltern ab und sei stolz darauf. Dazu kann ich nur sagen: »Es war einmal«. Die Verwirrung auf dem Gebiet der sittlichen Begriffe ist bei uns in Deutschland so weit gekommen, dass sich oft Geschwister gegenseitig wegen einander schämen. Ich kenne eine Familie mit

Voreltern, auf die jedermann stolz sein könnte. Aber diese gradlinigen, wackeren, aufrechten, demokratischen Eltern haben außer drei Töchtern, die bis jetzt nicht vom »Bazillus Nazismus« angesteckt wurden, drei Söhne, die flott im Nazistrom schwimmen. Deren Brüste sich wölben vor »deutschem Heldentum« und – um die darauf glänzenden Orden zur Geltung zu bringen. Die Schwestern können sich mit den Brüdern nicht treffen, ohne dass es zu schwersten Zerwürfnissen kommt.

Was geschieht alles unter dem Vorwand, die »deutsche Ehre« in der Welt wiederherzustellen? Ihr Engländer zweifelt wohl manchmal, Ihr wisst nicht, was an den englischen Meldungen über innerdeutsche Verhältnisse *wahr* und was Propaganda ist. Leider, leider braucht die Phantasie der englischen Propagandamacher sich nicht im mindesten anzustrengen! Denn es ist ja so, dass die wenigen verlässlichen Freunde hierzulande sich gegenseitig entsetzt fragen: »Das sind wir? Wir Deutschen?« Freilich dämmert es so allgemach auch in manchen Nazi-Oberstübchen. Dies und jenes haben sie »nicht so« gewollt, als sie vor langer Zeit in die Partei eintraten. Da ist beispielsweise die Sache mit den Irren, den Krüppeln, den Alten! Sie werden unter folgenden Argumenten beseitigt: Deutschland könne neben der gigantischen Aufgabe, England niederzuringen, keine zusätzliche Bürde brauchen, d. h.: es müsse alles von sich tun, was nur isst und nichts mehr oder nicht mehr so viel nützt als wie es isst und verwohnt. Nicht mehr schießen kann. »Tausende sind schon in den Hades geschickt worden!«, erzählt man flüsternd. Jeder kann ausrechnen, *wann* ungefähr die Reihe an ihn kommen wird; denn jeder Mensch wird einmal alt und gebrechlich und »unnütz« im nationalsozialistischen Sprachgebrauch. »Hitler ist zehn Jahre älter als ich! Ihn trifft's vor mir!«, sagte neulich ein Mann. Wohin sind wir geraten! Und weiter: die großartige Röntgenuntersuchung des ganzen Volkes! Eine fabelhafte Sache, nicht wahr? Erweist sich aber eine solche Röntgenuntersuchung als *positiv* bei einem wichtigen Arbeitstier in der Kriegsmaschine, z. B. bei einem schwer zu ersetzenden Ingenieur, so geschieht Folgendes: Der Ingenieur wird – wie alles im Betrieb – geröntgt. »Sie müssen längere Zeit ausspannen, Herr H., der Befund ist positiv«, sagt der Arzt. Der Betrieb wird verständigt, die Krankenversicherung desgleichen. Darauf wird Herr H. ein zweites Mal zum Röntgen bestellt und zu seiner Beglückung schüttelt ihm der Doktor die Hand und sagt: »Ich gratuliere Ihnen, Sie sind ja ganz gesund! Bei der ersten Aufnahme scheint ein Fehler unterlaufen zu sein.« Herr H. freut sich, ein Wunder scheint geschehen zu sein; er ist dafür so dankbar, dass die lähmende Müdigkeit, die ihn seit Wochen zu entsetzlicher Anstrengung zwingt im Geschäft, wie weggeblasen ist. Aber der »Zauber« hält nicht vor: die Müdigkeit kehrt wieder; Herr H. kann es nicht verhehlen. Sooft er es aber im Geschäft sagen will, klopft ihm der Chef jovial auf die Schulter und sagt: »Unsinn! So fabelhaft gesund wie Sie sind!« Und Herr H. darf sich weiterschinden, so lange, bis er eines Tages wie eine ausgequetschte Zitrone beiseite geworfen wird, weil er tatsächlich nicht mehr kann.

Der Leitartikel in der gestrigen NS-Zeitung ist wunderbar! Er »erklärt«, wieso die Italiener »bis jetzt« solche Misserfolge in Afrika hatten. Mein Briefträger sagte mir: »Haben Sie den Artikel in der Zeitung gelesen? Heiland Sack! Die Italiener haben ja den Ranzen schön vollgekriegt!«

8.2.41. Liebe Kinder! Ich habe in Tagebuchaufzeichnungen früherer Jahre geblättert. Wie reich war doch mein Leben! Reich, weil ich Euch hatte, Ihr lieben Kinder. Wie waret Ihr alle »rechtwinklig an Leib und Seele« und offen allem Guten! Menschliche Niedertracht war Euch unfasslich und Ihr waret aufgeschlossen dem Schönen und Großen, wo immer, aus welchem Land und von welcher Rasse auch immer es der Menschheit geschenkt worden war! Wenn Ihr doch diese schwere, schwere Zeit überstehet und wir nachher gemeinsam – Ihr mit der Kraft Eurer Jugend, wir mit der größeren Überschau, die ein Vorzug (es legt sich mir eine leichte Bitterkeit auf die Zunge bei dem Wort »Vorzug«, so angewendet) des Alters ist – mithelfen können an dem Bau der Welt, wie *wir* sie brauchen! Und viele, viele andere mit uns! Ob Du nun wohl Dein Kindchen geboren hast, Liebes? Ob es ein Junge, ein Mädchen ist? Wie es Dir geht? Ob Du stillen kannst? Was Mary zu dem Brüderchen oder Schwesterchen sagt? Wie es bei Euch aussieht? Ob Ihr verlässliche Hilfe habt? Wie sich Deine Nachbarn zu Dir als Deutsche stellen? Tausend Fragen kreisen um Euch, und kreisen um Dich, lieber Bub. Weißt Du noch, Lieber, dass Du dem Papa einmal als kleiner Bub erzählt hast, Du seiest früher im Himmel gewesen und es sei so arg schön dort gewesen? Auf die Frage Papas, warum Du dann vom Himmel fort seist, hast Du geantwortet: »Ha, weil ich halt zum Mamale gewollt hab!« Sieh, Büblein, das habe ich gerade gelesen und das wirft einen so wunderschönen Glanz über meinen Tag. Wenn ich auch oft etwas besser hätte machen können in meiner Fürsorge für Euch Kinder: Ihr habt doch das Gefühl des Geborgenseins gehabt.

Das Lautsprecherauto Polizei spricht: »Eimer für Sand bereitstellen! Jedes Haus bekommt fünf Eimer Sand zum Löschen bei Luftangriffen!« Was für eine Welt!

9.2.41. Eine Freundin, Wegbegleiterin meiner Jugendjahre, hat mich besucht. Ihr Sohn ist Hauptmann und Batteriechef. Eine Tochter ist bei den Nachrichtentruppen in Paris, wohnt in einer von deutschem Militär ausgeräuberten Villa, friert und hungert, kurz: ist »Heldin« und hilft ebenfalls die »deutsche Ehre« zu erkämpfen. Die andere Tochter ist an einen *Bessarabiendeutschen* – einen »Heim-ins-Reich«-Geführten – verheiratet. Sein Vater und ein Onkel waren die Schrittmacher »deutschen Wesens« in Bessarabien, glaubten jedoch seinerzeit, es gehe gegen Russland. Der Sohn hatte sich unter Vorwegnahme des deutschen Sieges schon im Geist in der *Ukraine* niedergelassen und sah sich als Besitzer eines Riesengutes. Nun sucht er in *Polen* ein Gut, vielmehr wird ihm, als verdienstvollem Mann, vom Reich bestimmt eines angeboten werden.

Übrigens: in den Lagern der »Heim-ins-Reich«-Geführten muss es traurig aussehen: Krankheiten, Elend, Not! Wie teuer müssen diese Verblendeten ihr Wunschbild »Vaterland« bezahlen! Verlassen ihr wirkliches Vaterland, wo sie seit Generationen wohnten und zu Wohlstand gekommen waren, ein Land, das fruchtbar und schön ist und wo sie sich wohlfühlten, um dem Trugbild eines gewandten Gauklers nachzujagen. Entsetzlich, sich all das vorzustellen!

Aber dies wollte ich nur nebenbei festhalten. Was ich eigentlich niederschreiben wollte, ist folgender kleiner Teil unserer Unterhaltung:

»Meine Tochter war wenige Tage nach der Bombardierung Bremens in Bremen. Allerdings nur über Nacht«, sagte meine Freundin. »Aber sie ging noch durch allerlei Straßen, konnte aber von den im Zuge von Reisegefährten erwähnten Zerstörungen nichts entdecken. Da und dort waren Bretterverschläge. Ja, es ist ganz fabelhaft, was da alles geschieht! Sofort wird aufgeräumt, und das Zerstörte mit Brettern vernagelt.«

»Darum offenbar bemerkt die Bevölkerung nichts?«

»Ist ganz wundervoll! Unsere Propaganda ist wirklich einzig dastehend! Was da geleistet wird! Ich war ja in Düsseldorf. Alle Schäden werden sofort verborgen, und die Stimmung wird fabelhaft hochgehalten – ganz groß! Das machen uns die Engländer nie nach!«, sagte die Gute ergriffen und stolz gebläht.

Nein, Gott sei Dank nicht. Das tun *wir*. Die Zerstörungen in unseren Städten, die Zerstörungen in unseren Gehirnen, die Zerstörungen in unseren Herzen, alles vernageln wir mit Brettern! Nicht, um die Welt, sondern nur um uns selbst zu täuschen.

Dieser Tage wurde eine Straßenbahn in unserer Stadt mitten auf der Fahrt von der Polizei angehalten. Zwei Herren wurden herausgeholt und verhaftet, weil sie abfällig über die Führer-Rede getuschelt hatten. Ein ihnen gegenüber Sitzender, der es gehört hatte, war ausgestiegen und hatte die Polizei angerufen.

Die Besitzerin eines Gasthauses wurde ebenfalls verhaftet, weil eine Gesellschaft von Frauen sich in ihrer Wirtschaft über den Führer und seinen Krieg und die »Radikalkuren« an den armen Kranken und Gebrechlichen unterhalten hatte. Die Wirtin hatte abschließend gesagt: »Wenn nur das Münchner Attentat ihn mitsamt der ganzen Gesellschaft in die Luft gestäubt hätte!« Ein weiblicher »Judas« war offenbar unter dem Damenkranz gewesen, hatte die Wirtin denunziert, und die Wirtin samt einer Anzahl anderer Frauen wurde verhaftet. Das sind so die alltäglichen reizenden Ereignisse, die uns das Gefühl köstlichen Geborgenseins in unserem lieben Vaterlande vermitteln.

10.2.41. Jedes Haus bekommt fünf Eimer Sand zum Löschen der Brände bei Luftangriffen. Eine Bekannte sagte ergriffen: »Wir sollten noch viel dankbarer sein dafür, dass so für uns gesorgt wird!« Also, auf deutsches Volk, sei dankbar!

Ein in der Nachbarschaft wohnender Architekt war da. »Nichts Neues, Herr N.?«, frage ich. Er erzählt, er habe einen Brief bekommen von einem Freund in Rumänien. Es seien nun phantastisch viele deutsche Truppen dort. Ich stelle mich dumm und frage: »Ja, was wollen wir denn dort? Am Ende nach Bulgarien? Werden die Bulgaren sich nicht wehren?«

»Wir sind schon drin!«, sagte er geheimnisvoll. »Die Bulgaren garantieren und schützen wir eben.«

»Vor wem?«

Ein Lächeln (das deutsche Lächeln), geheimnisvoll und vieldeutig, war die Antwort. Als ich auf die riesigen Luftschutzbauten zu sprechen kam, sagte er: »Das geht laufend weiter! Da bauen wir in zehn, in fünfzehn Jahren noch dran! Man muss sich doch vorsehen. Das ist für künftige Kriege.«

»Wie? Ich denke doch, wir führen diesen Krieg, damit keiner mehr kommt?«

»Ja, eben! Deshalb müssen wir sorgen, dass die anderen nicht wieder aufmucken können, sich rüsten und sich wehren.«

»Aber«, sage ich, »wir kämpfen doch wegen des ›Schandvertrages von Versailles‹? Dann war der ja gar nicht so schlimm, wenn er uns die Möglichkeit gelassen hat, wieder aufzurüsten. Dann wird der Vertrag mit den von uns besiegten Völkern ja viel schlimmer?«

»Nein, wissen Sie, das gibt dann einen *gerechten* Frieden! Aber aufrüsten? Sich gegen uns auflehnen? Ausgeschlossen!«

Ja, ja! Einen »gerechten« Frieden, wie es der Deutsche versteht.

11. 2. 41. Der Sand ist noch nicht da. Aber wisst ihr, ihr lieben Kinder, warum ich mich auf ihn freue? Weil ich mir vorstelle, dass er nach dem Krieg irgendwo im Garten liegen wird und dass deine Kinder, liebes Däxlein, mit ihm spielen werden.

Gestern waren R's da. Er hält den Krieg gegen Russland für bevorstehend. Das würde euch in England entlasten, so hoffe ich. Was soll noch werden!

12. 2. 41. Besuch! Ein Mensch aus einer längst entschwundenen Zeit, früherer Schüler meines Mannes (Schüler vor anderthalb Jahrzehnten). Er hat sich auf seinen Lehrer besonnen. Warum das? Warum gerade jetzt? Er sagte: »Weil L's überragende und klare Intelligenz uns die schwierigsten mathematischen Probleme zu überhellen vermochte, weil ich es als Unfug empfinde, dass ein solcher Mann nicht an einer Universität lehrt, wo sein Platz wäre, weil – weil – « Ich aber hätte dem jungen Mann (er ist Jurist) auf den Kopf zusagen können: »Lieber R. P., was du mir da erklärst, ist *nicht* der einzige Grund, warum du deinen Lehrer aufsuchst. Ich weiß, viele junge Menschen denken seiner in dankbarer Verehrung, weil sie viel bei ihm gelernt haben. Aber was *dich* in diesem Augenblick die umständliche Reise zu uns machen und einen vollen Tag deines Urlaubs opfern lässt, ist Folgendes: Du willst wissen, wie wir fühlen und denken, ob wir uns treu geblieben sind, was wir zum heutigen Deutschland sagen, und ob wir zu *den* Menschen gehören, mit denen man ›nachher‹ wieder beginnen kann.«

Und ich hatte Recht. Der Gast war noch keine fünf Minuten in unserer Stube, da wusste ich um ihn und er um uns Bescheid. Es ist so, man kramt in der Sammlung seiner Bekannten. Man erinnert sich an Menschen, die sich längst aus unserem Gesichtskreis verloren haben, an solche Menschen, die unter Umständen eine »Hoffnung« bedeuten können! Und zuweilen hat man Glück: man findet jemand. Jemand, der all das ablehnt, was heute im Namen Deutschlands geschieht, der sich schämt, der leidet, der seine Heimat verloren hat und sie nirgends mehr finden wird; denn hier ist er nicht mehr daheim, und draußen in der Welt *kann* er es nicht sein. Draußen in der Welt wird man ihn anspeien, weil er Deutscher ist! Deutscher sein, heißt hasserfüllte Ablehnung wecken!

»Wir wollen hoffen, dass wir uns zum Kriegsausgang beglückwünschen können.« Damit verabschiedete sich der »Soldat in einem Panzerregiment« von mir.

Eben hörte ich im *Beromünster Sender* Mendelssohn'sche Musik. Klänge aus entschwundener Zeit! Ich erzählte meiner Tochter, wie ich selbst einmal im Züricher Sender einen heiteren Reisebericht vorgetragen habe. Wie ich durchnässt ankam, weil wir (mein Mann und ich) mit dem Fahrrad reisend von Baden nach Zürich im Regen geradelt waren, wie meine ohnedies zweifelhafte »Eleganz« durch den im Hotel entlehnten Regenschirm, der nur an drei Stangen angenäht war, keineswegs gehoben wurde, und wie der Ansager, als er meinen Namen in das Wartezimmer rief, erstaunt war, dass bei dieser Namensnennung nicht die Dame im Pelzmantel sich erhob, sondern ich »armes Hascherl«. Was für glückvolle Zeiten hat man schon erlebt!

14.2.41. Immer keine Nachricht von Euch Kindern! In meiner Not jage ich hierhin und dorthin. So war ich gestern in D. Es hielt mich nicht mehr daheim, ich raste durch den nebelverhangenen, tropfenden Wald zu Leuten (Nichtariern) in dem benachbarten Ort, von denen ich zufällig gehört hatte, dass eine Tochter von ihnen als Emigrantin in Birmingham lebe. Die Eltern hatten auf Umwegen eine Depesche von ihr auf Weihnachten bekommen, eine Nachricht also von der Zeit *nach* den Bombardements. Und wir haben nichts, immer nichts. Ich kann es nicht begreifen. Warum schreibt Ihr nicht auf dem Weg über Schweizer Freunde oder amerikanische Verwandte?

Gestern kam eine Karte von Onkel W. und Tante F. Wir sollen uns nicht sorgen; wenn es Euch nicht gut ginge, würden wir Nachricht haben. So ein Geschwätz! Ach, wenn ich endlich all diesen unschuldigen Lämmern einmal sagen darf, dass sie alle *mit* schuld sind an dem Meer von Leid. Sie haben es vollgeschöpft, und nun stehen sie außen am Rand und genießen, wenn auch mit einigem Gruseln und Schrecken, das Ertrinken der Unglücklichen. Ich habe früher einmal Onkel W. angeschrien: »Du bist schuld, dich, dich mache ich verantwortlich, wenn unseren Kindern etwas zustößt! *Ihr* treibt zum Kriege, ihr Mörder!« Ich hoffe, dass ihm diese Worte jetzt genügend oft in den Ohren widergellen, dass er sie seit 1936 oder 37 nicht vergessen hat. Wie kam Tante F. zum Nationalsozialismus? Sie erzählte, dass sie sich dadurch für Hitler begeistert habe, dass sie Fähnlein geschwenkt habe, und siehe da: durch diese symbolische Handlung fühlte sie sich plötzlich erfüllt von nationalsozialistischem Geist.

14.2.41. abends. Lieber Lindley Fraser, gestern Nacht (22 Uhr) haben Sie endlich wieder einmal ein paar Worte gesprochen. Wie die Welt *nach* dem Kriege aussehen soll! Ach Gott! Nach dem Kriege! Sie sagten das, als ob das tatsächlich wieder wirkliche Wirklichkeit werden könnte! Werden würde, nein *wird*, sein wird! Ich kann Ihnen nur eines sagen: wenn ich dann noch Kraft haben werde, noch ein wenig Kraft, dann will ich mitarbeiten, mitschaffen an dieser Welt, die ein anderes Gesicht haben soll. Es ist einem unbegreiflich, dass das deutsche Volk in seiner großen Mehrheit dem heutigen Begriff »deutsch« zujauchzt. Ein feiner Redner sprach gestern Nachmittag 2.30 Uhr über die Frage: »Was wir in England über Hitler denken.« Er sagte genau dasselbe, was ich nach der letzten Rede dieses Clowns über ihn gesagt habe: »Ein Mensch, der so viel *Misserfolg*, eingestandenen Misserfolg in seiner Staatskunst aufzuweisen hat, ist ein *Nichtskönner.*« Er wollte *Frieden* (nach seinen Reden) und hat nun den *Krieg*! Er wollte *Freundschaft* mit *England.* England wurde sein *erbittertster Gegner.* Er wollte den *Bolschewismus vernichten*, und nun war dieser bislang (vielleicht ist es auch künftig hin) seine *einzige Stütze.* Er wollte das *Familienleben* kultivieren und hat es so zerrüttet, dass das Familienleben dem deutschen Volk bald gar kein Begriff mehr ist; er wollte den *Lebensstandard* heben und hat nun erreicht, dass man nicht einmal mehr die allerselbstverständlichsten Bedürfnisse (ein Paar Stiefelsohlen etwa) befriedigen kann. Er wollte – ach Gott, was »wollte« er nicht alles! Er sagte ja von sich selbst (in seiner vorletzten Rede vor den Rüstungsarbeitern), es werde sich ja inzwischen herumgesprochen haben, was für bedeutende Gedanken er habe!! Was für ein aufgeblasener Bursche! Das Einzige, was er erreicht hat, ist die Beseitigung der Arbeitslosigkeit, dafür aber sind wir nun Sklaven, lauter Lasttiere, denen viel zu viel aufgebürdet ist. Im Wesentlichen sind die Frauen diese Lasttiere und die Männer, die noch zu Hause sind. Diese müssen für das große Heer von *Arbeitslosen in Feldgrau* mitschuften. Was »Clown Adolf der Große« – der seiner ganzen Geistesverwirrung nach als Erster im Grafenecker Krematorium »pulverisiert« (zu Asche nämlich) hätte werden sollen – nach seinem großen Krieg machen will mit diesem Heer Arbeitsloser, darüber könnte er heute schon graue Haare bekommen, falls er darüber nachdächte. Aber das tut er ja nicht! Wer wird auch *denken*! Denken tun doch nur die, die nicht zu handeln vermögen! Er aber »handelt«. Schmach über unser Volk, dass es einem solchen Scharlatan Recht über Leben und Tod, über Gut und Böse gegeben hat! Wenn ich mir klar zu werden versuche, wieso dies möglich war, so möchte ich kurzweg sagen: »Massenwahnsinn«, gegen den auch die sogenannten »Intellektuellen« nicht gefeit waren. Aber man kann bestimmt auch einige *Gründe* angeben. Zunächst war es das Militär, das in diesem die Mengen betörenden Hanswurst die Möglichkeit neuen Aufstiegs für die Militärkaste witterte. So unterstützte es ihn und schmückte ihn nachträglich mit dem Eisernen Kreuz I. Klasse, um sein Auftreten in der Öffentlichkeit dekorativer zu gestalten. Dann waren es die Herren Industriellen! Holla! Dieser Hitler da, dieser Krakeeler wollte ja gegen den Kommunismus anrennen. – Tolle Sache! – Also: Die Schwerindustrie unterstützt ihn! Wenn dieser Schreier zur Macht kam, winkte Aufrüstung. Geschäft! Geschäft! Prosperity! Also! Die Millionen einbezahlt in das Spielchen, um Milliarden zu gewinnen!

Der Bauer? Selbstverständlich! Ein Mann, der mit solchem Donnerwort die »Autarkie« forderte, musste unterstützt werden! Denn »Autarkie« heißt doch Ausschaltung des billigen ausländischen Weizens, ausländischen Obstes, der ausländischen Eier und der ausländischen Butter! Das heißt: hohe Preise, schwindelnd hohe Preise für ein Pfund Butter!

Die Arbeiter? Na ja, die Arbeiter! Versprach dieser Tausendsassa nicht, die Arbeitslosigkeit zu beseitigen, die Klassengegensätze auszuwischen, ein Volk zu zimmern, in dem keiner Vorrechte vor dem anderen haben sollte, es »gleichzuschalten« in allen seinen Bedürfnissen, Gewohnheiten, in seinem *Denken* vor allem natürlich! Nicht mehr Reiche und Arme wird es geben, *ein* Volk, ein völlig gleiches Volk! Hurra! Wer wollte einem solchen Heiland nicht zujubeln!

Und die »Intellektuellen«? Soweit sie nicht wirklich intelligent waren, strömten sie herbei. Natürlich verschrieben sich der »Bewegung« die vielen, vielen jungen Akademiker, die in der schrecklichen Zeit der Arbeitslosigkeit nirgendwo eine Möglichkeit sahen, ihre Kraft und ihre Kenntnisse einzusetzen. Es *musste* einfach einmal anders werden! Nun, »anders« ist es ja geworden: aber Arbeit, *ihre* Berufsarbeit dürfen jetzt die wenigsten verrichten, irgendwo in der Welt exerzieren sie, tun Sinnloses, wenn nicht gar Schreckliches! Und die wirklich »Intellektuellen«, die zugleich schon in fester Stellung waren, nun, die hielten sich zunächst abseits, fühlten sich angewidert durch den proletenhaften Volksheiland Hitler. Als er aber zur Macht gekommen war, da flogen auch sie ihm teilweise zu, und als man bemerkte, dass es unmöglich war, vorwärtszukommen ohne Nazi-Posaune in der Hand, nun: da wurde das Häuflein der Aufrechten immer kleiner. Jetzt sind es nur noch wenige, die *nicht* dazugehören, die nicht den Nazijargon in ihren Gesprächen führen, die nur gerade so weit »mit«-gehen oder nicht laut dagegen anrennen, als es zur Erhaltung ihres Lebens notwendig ist. Gerade dieses kleine »Häuflein« wird es aber sein müssen, das nachher im Verein mit guten Helfern allüberall in der Welt das neue Deutschland wieder aufbauen muss.

22.2.41. Eigentlich hätte man als Deutscher tagaus, tagein nichts anderes zu tun, als sich zu schämen! Heute früh meldete der Beromünster Sender, dass England dem zerstörten Santander zwei Getreideschiffe sende. Auch Deutschland sende Hilfe: das zweite deutsche Truppenkontingent (!) sei bereits in Santander eingetroffen. Ich sage gar nichts darüber. Es ist so entsetzlich traurig! Ich leide außer meinem Leiden um meine Kinder Millionen andere Leiden! Um die Menschen in England, die sich im Keller verkriechen und letzten Endes *doch* umkommen, um die deutschen Soldaten, die die Invasion machen müssen, um die griechischen und italienischen Soldaten!

26.2.41. Lieber Lindley Fraser, Sie haben die »Führer«-Rede kommentiert gestern. *Gut* kommentiert. Es wäre zwar noch viel zu sagen zu diesem undisziplinierten Toben *eines Geisteskranken.* Aber Ihr Engländer *könnt* offenbar ein solch unflätiges Geschimpfe nicht entsprechend beantworten. Gottlob, dass Ihr es nicht könnt, und dass Ihr bei aller Eindeutigkeit Eurer Entgegnungen vornehm bleibet. Aber gerade dafür hat ja unser »Führer« kein Organ. Jeden, der dem Anstreicher aus Braunau nicht in seinem eigenen Jargon antwortet, hält er für »geistig beschränkt«. Und »das Volk« jubelt ihm zu! Wissen Sie, was ich und die Meinen möchten? Unser »Deutschtum« abstreifen wie schmutzige Wäsche, in ein Bad steigen und gründlich gereinigte frische Wäsche, d. h. eine andere Nationalität anziehen. Manchmal – nein oft – verzweifle ich völlig am deutschen Volk. Und dann erfasst mich wieder Mitgefühl und Erbarmen, und die alte Liebe erwacht wieder in mir, die Heimatliebe. Mir kommt die Stelle aus der Bibel in den Sinn, wo Gott auf die Fürbitte Abrahams für Sodom sagt: »Finde ich zehn Gerechte zu Sodom, so will ich um ihrer willen der Stadt vergeben.«

28.2.41. Jubel, Glück, Dankbarkeit, Freudentränen! Eine *neue* Nachricht von Euch! »Michael ist geboren! Alles in bester Ordnung!« Dass ich nicht zu Euch eilen kann, Euch beistehen, mich mit Euch freuen, das Kindchen pflegen und betreuen!

Nun sind viele Sorgen von Euch und von uns genommen. Wir wollen dankbar sein, Du liebe Cläre, könntest nun, wenn es käme mit den Luftangriffen doch mit Deinen Kindern irgendwo aufs Land, wo Ihr nicht gefährdet wäret. Ich hoffe ja, dass das nicht nötig werden wird. Denn so sehr die Nazis das Maul aufreißen über das, was sie vorhaben, so zweifle ich doch an der Ausführungsmöglichkeit für die geplanten Taten. Wenn ein Oberstleutnant (vorgestern geschehen) in unserer Stadt sieben Stunden suchen und von einer Tankstelle zur anderen telefonieren muss, bis er endlich irgendwo tanken kann, da kann ich mir nicht denken, dass sich derartige Hemmungen nicht da und dort und überall bei unseren über den halben Erdball zerstreuten Truppen zeigen werden.

Wie sehr sich Papa freut und wie auch er voll Dank ist für die Nachricht, das habe ich ja noch gar nicht vermerkt. Ich lief Ludowike entgegen, als sie mittags kam: »Michael ist da! Michael ist da!«, rief ich und weidete mich an ihrem fragenden Blick. Und dann erklärte ich und sagte rasch: »Irgendetwas Gutes, Rechtschaffenes will ich jetzt tun, jetzt im Augenblick will ich in meinem Glück Dankbarkeit zeigen!« Und so rannte ich weg zur Beerdigung von Herrn F. (des Käufers unseres Hauses in F.). Papa hatte mir, um der damit verbundenen Gemütsbewegung willen, abgeraten hinzugehen. Aber ich musste meinem Herzen folgen. Als ich in die Straßenbahn stieg, stieg er aus. Ich flüsterte ihm zu: »Michael ist da! Neun Pfund! Alles in bester Ordnung! Und nun: sei nicht böse, ich muss doch zur Beerdigung von Herrn F.«

29.2.41. Lieber Lindley Fraser! Ich habe einen Enkelsohn! Einen englischen Enkelsohn! Wissen Sie, was das bedeutet? Das bedeutet für mich zuvörderst eine Erlösung von banger, banger Sorge. Ich weiß, meine Lieben haben die scheußlichen Angriffe auf Birmingham im November vorigen Jahres überlebt, und da das Kind neun Pfund wiegt (!), kann ich wohl auch schließen, dass sich die englischen Menschen noch ausreichend ernähren können auf ihrer Insel. Das ist schon »Glücks genug«. Darüber hinaus aber bin ich in tiefstem Herzen dankbar, dass dieses Knäblein ein Engländer ist, der vielleicht einmal Ihr Schüler sein wird, lieber Lindley Fraser, und später dann in *dem* Geist für England, für Europa, für die Menschheit arbeiten wird, der die Wiederkehr solchen Grauens unmöglich macht. Dasselbe hoffe ich auch von meiner Enkeltochter Mary, die jetzt drei Jahre alt ist.

»Deutsche Truppen in der Cyreneika«! – Fett rot gedruckt brachten es gestern die Zeitungen. Der deutsche Spießer denkt: »Hurra! Nun muss *Wavell* rückwärts! Bald wird er aus Libyen, überhaupt und ganz Afrika hinausgeboxt sein!« Werden unsere Panzerdivisionen nicht ein ähnliches Erlebnis haben wie diejenigen *Grazianis*?

Noch etwas: in Berlin seien die riesigen Bunkerbauten von einem Tag zum anderen eingestellt worden. Warum? Die Stadtverwaltung stand vor der Frage: »Entweder Luftschutzbauten oder etwas zu essen.« Für beides reichen weder Transportmittel, noch Arbeitskräfte. Da entschieden sich die Herren »für etwas zu essen«, denn wenn die Menschen erst verhungert sind, brauchen sie ja keine Luftschutzunterstände mehr.

5.3.41. Ich habe dieser Tage mit einem Zahlmeister, der in Urlaub da ist, ein paar Worte gesprochen. Er spricht sehr geschwollen von dem sicheren deutschen Sieg. Er sagt: »Die Türkei wird froh sein, wenn wir uns ihrer Erbarmen und sie unter unseren Schutz nehmen. Gleich wie Bulgarien. Dasselbe gilt fraglos auch für Jugoslawien. England hat endgültig ausgespielt auf dem Balkan. Und Russland? Na – das wird klug daran tun, seine Finger wegzulassen! Im Übrigen: auch Russland hauen wir leicht zusammen! Die Invasion Englands? Fraglos: sie wird gemacht! Wir gehen hinüber. Opfer? Freilich, ja. Aber was bedeutet das? Gar nichts. Wir werden den Tommi so gründlich schlagen, dass er gerne klein beigibt! Menschen? Ach du lieber Gott! Menschen genug. Alle die Menschen in den besetzten Gebieten – alle Menschen von fast ganz Europa – müssen für uns arbeiten! Sabotage? Gewiss. Aber diese Herrschaften wird man eben in Zukunft weniger mit Samthandschuhen anfassen. Man wird ihnen schon beibringen, dass der deutsche Michel auch noch andere Eigenschaften besitzt, außer seiner vornehmen Gutmütigkeit. Hunger? Na – *warum* haben sie Hunger in den besetzten Gebieten? Können sich bei ihren englischen Freunden bedanken! Man wird übrigens die ganzen Küstenstriche von der Zivilbevölkerung räumen, damit Blinkfeuer hinüber als Zeichensprache für die Herren Engländer ausgeschlossen ist.« – So der Zahlmeister. Ich bin gespannt, ob er nach acht Tagen Urlaub noch ebenso forsche Töne finden wird. Bei seinem letzten Urlaub um die Weihnachtszeit begab sich nämlich Folgendes: Die ersten Tage sprach er ähnlich siegessicher; er war »geschult« vom Militär, war abgesperrt gewesen von jeder anderen Meinung, war durch das Trommelfeuer der Propaganda immun gegen jede Art von Zweifel. Aber – als der rundliche Herr Zahlmeister ungefähr eine Woche zu Hause war, umwölkte sich seine deutsche Soldatenstirn sichtlich; er sprach zu mir in belämmertem Ton und hatte ernsteste Bedenken hinsichtlich des Wagnisses einer englischen Invasion. Der Mann hatte wohl zu Hause ab und zu sein Ohr an das 49-Meter-Band (Kurzwelle) angelegt und einige Aufklärung erhalten. Ich will versuchen, ihn in einigen Tagen wieder zu sprechen. Ob auch diesmal das 49-Meter-Band ihn »umstricken« wird? Das Schreckliche ist, dass sich der Deutsche stets »gut« vorkommt bei all diesen Raubzügen. Man wendet einen ganz verruchten, aber äußerst wirkungsvollen Trick an. Der Deutsche möchte ein anständiger, ordentlicher Kerl sein; darum sagt man ihm: wenn du anständig sein willst, dann wirst du dein Leben aufs Spiel setzen für die herrliche Neuordnung. Du wirst die armen unterdrückten (vom englischen Geldsack) Völker *befreien* und wirst helfen, dass sie unter deutsche »Obhut« kommen.

Soeben habe ich durch mein Fenster Folgendes beobachtet: Einer Gruppe von circa 30 Soldaten wurde im Angesicht der Landschaft ein Kartenbild erklärt. Ein winziges Büblein – vielleicht vierjährig – trieb sich scheu in der Nähe der rauen Männer herum. Was geschah? Erst schlich sich einer weg und nahm die warme Kinderhand in die seine, dann ein zweiter, dritter, vierter, bis schließlich der erklärende Vorgesetzte nur noch mit einer »dünnen Schicht« Zuhörender umgeben war, die kameradschaftlich die »Orgien« deckten, die die Weggeschlichenen da leise feierten. Jeder wollte den kleinen Mann mal streicheln, ihn ein wenig auf den Arm nehmen, ihn am Öhrchen zupfen, in die

Backe kneifen, ihm verstohlen ein Bonbon geben, das liebe Kinderhändchen anfassen, die fragenden Kinderaugen sehen. – Ach, was sind wir doch für närrische Menschen, wir Deutschen! Es kam mir vor, als nähmen alle diese feldgrauen Männer ein Bad in kindlicher Unschuld!

6.3.41. Mein Mann erzählte: eine Kollegin von ihm, fromm und nationalsozialistisch zugleich, lässt in ihrer Klasse allmorgendlich beten, bzw. sie betet *selbst*. Über dieses Beten nun regt sich ein Teil der Klasse derart auf, dass sie die Hände nicht falten, vielmehr mit vom Körper gereckten Armen und gespreizten Fingern dabeistehen und so demonstrativ vorführen, dass, wer ein rechter Deutscher ist, nicht betet, kein »Knecht«, auch kein Gottesknecht ist! Was haben wir alles zertrümmert, jeden Ansatz zur Ehrfurcht vor dem Unerklärlichen, vor Gott! Wir sind »wir« und außer uns ist nichts! Entsetzlich!

Dieselbe Lehrerin wird nun von der Klasse verklagt. Als gute Nationalsozialistin war sie beauftragt, den Weltanschauungsunterricht zu erteilen. Man wirft ihr vor, sie habe in diesem Unterricht gesagt, Hitler sei ein schlechter Schüler gewesen, er sei sogar sitzen geblieben. Die Lehrerin verteidigte sich und sagte, das habe sie wohl gesagt, habe aber hinzugefügt: »Und trotzdem ist der Führer der größte Baumeister Europas geworden!«

8.3.41. Lieber Lindley Fraser, haben Sie einen Begriff von unserer Jugenderziehung? Man will die Jugend zu »Führernaturen« erziehen, zu »harten« Menschen mit verschrobenem Ehrbegriff. Diese Jugend demoliert alles, sie hat einen unbezähmbaren Drang zur Zerstörung! Und kommt sich dabei »groß« vor! So sind zahllose Bänke in unserem schönen Wald mit Gewalt zertrümmert oder so widerlich verunreinigt worden, dass es niemand mehr gelüsten wird, darauf zu rasten. Als die Hitler-Jugend (HJ) kürzlich für irgendein HJ-Heim sammelte, sagte eine Bekannte zu dem HJ-Führer: »Ich habe geglaubt, heute würden die jungen Leute richtig und gründlich erzogen! Ich gebe euch nichts, ihr habt ja all die schönen Bänke zertrümmert!« (Natürlich erschrak sie sofort über ihren eigenen Mut, zog die Börse und »spendete« *doppelt*, um ihre Worte ungesagt zu machen.) Der junge Mann antwortete: »Natürlich werden heute die jungen Burschen von uns erzogen und gründlich gezwiebelt. Aber nicht so zahm! Wir brauchen Männer, die, wenn's hart auf hart geht, auch mal was entzweischlagen können und nicht vor Zimperlichkeit nichts zuwege bringen.« Also: *Vorschule* in der Heimat für das Benehmen in besiegten oder zu besiegenden Ländern.

9.3.41. Im Anschluss an meinen Feuerlöschkurs hat man uns den »Warschau-Film« gezeigt. (Man soll es ja nicht wissen lassen, sagte der Kursleiter, dass die Bilder aus Warschau stammen, aber er könne es uns vertraulich mitteilen.) Ich kann zu diesem Film nun *eines* sagen: Wenn diese Teufelssaat einmal aufgehen wird, die Deutschland mit seinen Bomben dort gesät hat, dann gnade Gott uns Armen! Wenn ich an die hunderttausendfache Qual denke, die wir dort entfacht haben, an die armen Mütter, die mit ihren Kindern auf den Armen umkommen mussten, an die himmelschreienden Leiden und Schmerzen, an die Tatsache, dass die Menschen nun in dieser zerstörten Stadt in den Kellern hausen, sofern diese nicht auch verschüttet oder eingestürzt sind.

Gottlob: das »England-Hilfe-Gesetz« ist nun endlich angenommen!

10.3.41. Wenn man meint, die Weltverwirrung sei auf ihrem höchsten Gipfel angelangt, so tauchen plötzlich neue Möglichkeiten auf, und kein Mensch kann voraussagen, ob dieses entsetzliche Geschehen nicht in einem Kampf aller gegen alle enden wird. Frankreich will seine Handelsschiffe durch seine Kriegsflotte eskortieren lassen: das bedeutet Krieg Frankreichs gegen

England! Denn England kann unmöglich zulassen, dass der Blutegel Deutschland das aufsaugt, was unter Umständen nach Frankreich kommt. Unsere Religion ist: jedes Mittel ist heilig, das uns unseren Zweck erreichen lässt. Ich bin in tiefster Seele betrübt, ich zittere für die Engländer und mich jammern die armen Griechen. Gestern hatte ich Besuch von einem Schulkameraden unseres Sohnes; er kam soeben aus dem in der Tschechei abgeleisteten Arbeitsdienst zurück. Als ich davon sprach, dass wir nun dabei seien, den Griechen einen Fußtritt zu verabfolgen, schämte er sich nicht, wie ich leise gehofft hatte, vielmehr leuchteten seine Augen auf, und er meinte: »Die werden schnell am Boden liegen! Da haben wir dann zwei Fliegen mit einem Schlag: die Griechen sind hin, und den Italienern haben wir gezeigt, was *wir* können.« Obwohl die Tapferkeit die Tugend ist, die bei uns am höchsten gewertet wird, so ist sie bei einem anderen Volk, beispielsweise bei den Griechen oder den Engländern die verabscheuungswürdigste Niedertracht, die man mit Stumpf und Stiel ausrotten muss.

Der junge Mann meinte, mit der Türkei hätten wir keinen Zwist. Papen habe das nachdrücklichst versichert, worauf ich unvorsichtigerweise antwortete: »Vielleicht kriecht die türkische Regierung auf diesen Leim! Ich könnte mir nicht denken, dass wir wegen des kleinen Griechenlands – eine Handvoll Menschen nur – auf dem Balkan einen solchen Apparat in Bewegung setzen. Vielmehr glaube ich, dass wir beabsichtigen, durch die Türkei nach Mosul vorzudringen, um uns eine weitere Treibstoffversorgung zu sichern.«

»Aber das wäre doch entsetzlich weit«, meinte der Jüngling, und seine Augen vergrößerten sich für eine Sekunde schreckhaft bei der Vorstellung, dass *er* am Ende mit ausersehen sein könnte, die Erdöllager in Mosul zu Deutschlands Ehre und Treibstoffversorgung erobern zu helfen. Ich sagte, dass wir es doch nicht dem Zufall überlassen dürfen, ob England die Petroleumquellen in Rumänien, von denen sich unser Kriegsbetrieb heute nährt, durch Bombenwürfe in Brand steckt und dadurch unsere Treibstoffversorgung lähmt.

»Bah, das werden die Engländer auf keinen Fall fertigbringen! Diese Erdölfelder haben wir hundertfach gesichert! Da wird sich kein Tommi heranwagen.«

»Möglich«, sagte ich, »aber wir haben uns schon ab und zu getäuscht. Selbst unser verehrter Luft- und Reichsmarschall hat vorausgesagt, dass kein englischer Flieger im Ruhrgebiet oder sonst in deutschen Landen werde Bomben werfen können.«

»Die können ja auch verschwindend wenig Bomben abwerfen im Verhältnis zu dem, was wir ihnen verabreichen.«

»Gut. Aber die amerikanischen Lieferungen –.«

»Kommen viel zu spät! Außerdem: wir werden alles torpedieren. Es wird nicht viel die Insel erreichen.«

»Angenommen, Du habest Recht, so werden wir trotzdem nach einer weiteren Treibstoffversorgung suchen müssen. Wird Russland neutral bleiben?«

»Die Russen haben ohnedies die Hosen voll! Dass eine Abrechnung mit Russland kommen muss – als *letzter* Krieg sozusagen – das ist klar. Aber jetzt schenken wir Russland meinethalben die Dardanellen oder Persien oder beides, um es – wenn wir von diesem Krieg etwas ausgeruht haben – ihnen mitsamt der Ukraine, den Randstaaten und was wir so noch brauchen, damit endlich Dauerfriede wird, wieder abzunehmen.«

»Pfui, Wilhelm! Benimmst Du Dich nicht, wie unsere Zeitungen von den Engländern sagen, dass sie sich benehmen? Wir lesen doch jeden Tag in der Zeitung, dass England immer Länder verschenkt, die *anderen* gehören, um sich die Gunst der Beschenkten zu verschaffen. Das werden *wir* doch nicht nachahmen!«

Er wurde ein bisschen rot und sagte: »Das ist kluge Politik! Der Führer ist darin Meister!«

»Nur glaube ich, dass die Russen nicht ganz so dumm sind, wie wir sie einschätzen. Sie werden schon den richtigen Augenblick nicht verpassen, um uns an die Gurgel zu springen. Und zwar noch in diesem Krieg.«

Nein, das passte dem Jungen nun wieder ganz und gar nicht! Es ist so: jeder Deutsche bekommt täglich x-mal eine Rechenaufgabe zu hören, in der alles wunderbar aufgeht, dank dem »übergöttlichen Gott Hitler«! *Er* denkt für uns, *er* hat alles vorausgesagt, *er* wird alle k. o. schlagen und dann den ewigen Frieden (unter deutschem Kommissstiefel) errichten! Wenn schon unsere *Dichter* (Hans Heinrich Ehrler) in brünstigem Gestammel die »Stimme des Führers« verherrlichen, was soll man da noch sagen? »Geisteskrank!« Das sind die einzig mildernden Umstände, die dem Deutschland von heute zugebilligt werden können.

12. 3. 41. Du böser, lieber, lieber Bub! Du schreibst uns am 29. Oktober 40: wir sollen nicht glauben, dass du nicht an uns denkest, aber du wissest nichts zu schreiben, als dass es dir gut gehe, und das, so meinst du, werde uns doch bald »langweilig« werden. Büblein, Büblein! Wo wir doch nichts anderes wissen wollen als das! Natürlich *möchten* wir noch viel, viel wissen: was du denkst, wie du fühlst, was du innerlich erlebst! Aber das alles werde ich später erfahren. In jenem glückvollen Später, da ich deine liebe Hand in der meinen halte und mit dir durch unsere herrlichen Wälder streifen werde. Oder da wir wieder miteinander spielen und singen werden: »Ich hör ein Bächlein rauschen«, oder da du draußen im Garten Radieschen säen, Bäume und Büsche schneiden wirst, oder da wir auf der herrlichen Hochebene »einiges« radeln werden. Ich kann dir gar nicht sagen, *wie* dankbar ich bin, dass du all das Grauenhafte nicht *tun* – und auch nicht erleiden – musst, wozu heute deutsche junge Menschen mit dem Revolver der Gestapo hinter ihnen gezwungen werden. Könntest du einen kleinen Jungen erschießen, weil er vielleicht einen Telefondraht durchschnitten hat? Oder einen Holländer, weil er Waren versteckt hat, oder einen

Polen, weil er Radio London gehört hat? Ach, und das alles sind noch lange nicht die schrecklichsten Dinge, die deutsche Männer tun müssen.

13.3.41. *Pétain* und *Darlan* sind offenbar von allen guten Geistern verlassen, wenn sie von der »deutschen Großmut« sprechen, die bereits requirierten Weizen teilweise wieder herausgegeben haben und wenn sie androhen, englische Kriegsschiffe zu beschießen, falls sie französische Lebensmitteltransporte nicht durch die Blockade lassen. Man fasst sich an den Kopf! Hat die epidemische »Geisteskrankheit« schon nach Frankreich übergegriffen? Wie vieles strömt aus den besetzten Gebieten nach Deutschland! Man sieht in der Straßenbahn Mütter ihren Kindern französische Schokolade füttern, hört sie von Kuchen erzählen, die sie aus unvorstellbar weißem Weißmehl (aus Feldpostpäckchen) gebacken haben; in vielen Häusern gibt es französische Weine, holländische Delikatessen, belgische Spitzen, man sieht Frauen in Pelzmänteln aus Frankreich, Belgien, Holland, in Rohrstiefeln aus Polen, in Silberfüchsen aus Norwegen, in hauchdünnen Strümpfen aus Belgien usf. usf. Und da sprechen diese französischen Staatsmänner »von deutscher Großmut«.

17.3.41. Neid ist kein erhabenes Gefühl! Ich neige für gewöhnlich nicht dazu, aber nun bin ich doch zuweilen neidisch, schmerzhaft neidisch: auf alle die nämlich, die nicht als Deutsche geboren worden sind, die nicht an der Hitler-Schmach mitzuschleppen und die später das Recht haben, die Welt neu ordnen zu helfen.

Kollege R. war vorgestern da. Völlig niedergeschmettert! Er glaubt nun an den Sieg Englands, den er an sich wünscht, aber der – wie er fürchtet – uns unser bequemes Leben und den angenehmen Nachtschlaf kosten wird. Nach der Niederlage Frankreichs hatte er England keine Chancen mehr gegeben. Er hatte sich damit getröstet, dass der Krieg dann wenigstens bald für uns Süddeutsche beendet sei. Nun – durch die Amerika-Hilfe – wird England zu Gegenschlägen ausholen können, die uns alle recht schmerzen, ja Gut und Blut kosten können. Er ist ein Nihilist und ein bequemer Herr und – so viel geistige Gemeinsamkeit wir haben – wir unterscheiden uns doch in diesem Punkt grundlegend. Zwar würden wir auch lieber nicht zugrunde gehen bei dem Strafgericht über Deutschland und würden das »Nachher« – soweit wir Kraft und Möglichkeit haben – noch gerne helfen gestalten. Aber, lieber wollen wir Schlimmes, ja Schlimmstes auf uns nehmen, und das Gute und Menschenwürdige, die Freiheit siegen sehen, als unseren »angenehmen Nachtschlaf« behalten.

19.3.41. Eine Nachbarin, kinderlose Dame, Frau eines hohen Beamten, sagte gestern zu mir: »Ich möchte nur einmal in meinem Leben so glücklich sein wie Sie!« Warum erschien ich ihr so unvorstellbar glücklich? Wegen der Depesche, die Michaels glückliche Geburt ankündigte und wegen Deines lieben Briefes, Büblein, in dem Du uns erzählst, dass Du Flugzeugtechnik und Aerodynamik und Mathematik studierst in Deiner Gefangenschaft. Ich sei doch die glücklichste Mutter, meinte sie.

Ach ja – wenn dieser entsetzliche Krieg mal zu Ende wäre, könnte man das wohl zugeben. Aber so habe ich viel, viel zu verlieren.

Vorgestern war O. S. da, Zahlmeister. Nun, er ist nicht ganz so blöd wie viele deutsche junge Männer. Er findet es beispielsweise »ekelhaft«, dass man nicht mehr ins Ausland reisen darf oder kann. Ich sagte ihm, er könne doch Dreiviertel von Europa *ohne* Pass bereisen, und demnächst werde auch England ein deutscher »Gau« sein, was dann noch zu jammern sei? Aber es schien mir, als wolle er nicht in einen »deutschen Gau«, sondern lieber nach England oder Frankreich reisen.

Onkel A. ist offenbar immer noch mächtig Optimist. Er hat den vollen Sieg noch immer im Hosensack! Seine Frau hätte eigentlich in einer Munitionsfabrik arbeiten sollen. Aber – wie das so ist bei den Oberhelden – man hat alle Hebel in Bewegung gesetzt, damit sie einen »feineren« Posten bekam. Fabrikarbeit? Granaten machen? Das ist für die einfachen Leute! Die »besseren« verschießen sie bloß! Na warte! Wenn ich mal reden darf! Ich werde der Gesellschaft für fünf Pfennige die Wahrheit sagen. Das ganze Elend verdanken wir ihnen! Die haben alle ausgegeigt nachher, so Gott will!

21.3.41. (Brief an Lindley Fraser). Frühlingsanfang! Sie aber, Lindley Fraser, haben uns gestern in der Sendung um 22 Uhr symbolisch »Platzregen und Orkane« vorausgesagt und uns geraten, auch dann unseren Spruch zu leiern: »Wir danken unserem Führer!«

23.3.41. Noch eine kleine Betrachtung über die »heldische deutsche Jugend«. Das Jungvolk in der Hitlerjugend hatte letzte Woche wieder einmal Altpapier zu sammeln. Eine Frau rief aus der Waschküche: »Ich habe heute keine Zeit, Papier für Euch herzurichten, ich habe große Wäsche!« Als die Frau später aus der Waschküche in ihre Wohnung hinaufstieg, fand sie die Rache der Lausbuben (sprich: »deutsche Helden«) im Treppenhaus: sämtliche dort aufgestellten Sand- und Wassereimer waren über die Treppe hinab ausgegossen. Aber nicht genug! Andern Tages fand die Frau große Flächen der Hauswand mit Rot überschmiert! Daraufhin wandte sie sich an die Polizei. Was aber antwortete man ihr? Die Polizei sehe sich außerstande, in dieser Sache einzuschreiten! Natürlich! Wieso auch! HJ ist doch weit mehr als Polizei!

26.3.41. Ein Schwiegersohn ist in der Regel ein Mensch, zu dem die Schwiegereltern sehr nahe Beziehungen haben. Ein *deutscher* Schwiegersohn jedoch – *unser* Schwiegersohn – ist vor allen Dingen deutsch und heldisch (er war zwar noch nicht an der Front), und natürlich ist er überzeugt vom deutschen Sieg, hundertprozentig überzeugt! Er entwickelt im Gespräch die Invasion Englands, lässt Fallschirm-, Luftlande- und andere Truppen landen, schwelgt in deren Heldentum, erzählt, dass man vorher mindestens drei Wochen lang die Engländer mit Luftangriffen so zermürben wird, dass sie nicht mehr wissen, was »vorn« und was »hinten« ist. Er weiß, dass wir selbstverständlich alle amerikanischen Lieferungen torpedieren (der Führer hat's ja gesagt, nicht wahr?), dass wir Afrika wieder erobern werden (gleichzeitig mit der Invasion Englands, denn wir sind unerhört stark!). Der Schwiegersohn nimmt mir übel, wenn ich sage, dass die Italiener ihr Kolonialreich fast ganz verloren haben. Ich sage: »Die Italiener sind ja demnächst eingekreist in Abessinien, sie haben nur noch einen Hafen am Roten Meer. Sie können bald nimmer raus!« Er antwortet überheblich: »Die wollen gar nicht raus! Die ziehen sich ins Innere zurück, wo sie sich verteidigen werden. *Wir* werden aus den Lüften als Retter erscheinen! Wir werden alles wieder erobern und noch mehr dazu!«

Wir! Wir! Wir!

Ich habe vor des Schwiegersohns Ankunft die Antenne entfernt, damit er nicht auf den Verdacht kommen solle, ich höre Radio London, und ich habe auch sonst noch entsprechende Vorsichtsmaßregeln ergriffen. Das ist »deutsches Familienglück« im Jahre des Heils 1941!

28.3.41. Gottlob, der Schwiegersohn ist »vorläufig« abgereist. Und wenn er uns auf der Rückreise aus den Bergen noch einmal beglücken wird, werden wir verreist sein. *Ein* Tag Zusammenlebens hat unserer Tochter, die seit einigen Monaten in das Elternhaus zurückgekehrt ist, wieder genügt, ihr ganzes Elend aufzudecken. Scheidung ist vorläufig unmöglich. Ludowike ist ganz in seiner Gewalt, denn sie hat ihm gegenüber über den deutschen Gott Hitler und seine Nebengötter, über den Willen Hitler-Deutschlands zum Krieg, über seine Grausamkeit den Juden und dann den kleinen besetzten Ländern gegenüber ihrer Empörung nur allzu deutlich Ausdruck gegeben. Ein Elend! Was soll werden, wenn Lord *Halifax* Recht behält mit seiner düsteren Voraussage, dass der Krieg noch zwanzig Jahre dauern werde?

29.3.41. Da war ich nun heute bei einer jungen Frau, die ein Jahr (oder länger?) in Birmingham gelebt hat. Ihr Mann war Ingenieur bei Luccas. Sie erzählte mir, wie viel Liebes man ihr in England erwiesen habe, und als ich bedauerte, dass die beiden Völker sich nun auf Leben und Tod bekämpfen, schien sie geneigt, das zuzugeben. Aber sie nahm die Miene einer strengen Mutter an, die ihr verstocktes und sich fehlentwickeltes Kind züchtigen muss. Sie sprach davon, dass die Engländer nicht nachgeben, dass wir eben die Invasion machen müssen, wenngleich wir manchen uns sympathischen Engländern den Kriegsschreck ersparen möchten. Aber – nichts zu machen: wir müssen England vernichten!

In diesem Gehirn dämmert die Frage nicht, ob wir das überhaupt können. Und auch keine Spur von Scham und Schmerz und Gram über das Entsetzen, das wir über die Menschheit bringen. Ein widerlicher Hochmut füllt diesen hübschen Frauenkopf. »Wir sind Deutsche, wir haben die Menschheit zu erziehen, zu züchtigen, neu zu ordnen, man hat sich uns zu fügen, so wie Kinder oder Dienstboten unserem Willen sich unterzuordnen haben! Was wir beginnen, gelingt! Wir sind von Gott als Zuchtrute erwählt, wir müssen unsere Mission durchführen, und je leichter es England uns macht, umso besser für dieses Land. Bleibt es aber halsstarrig, so dürfen wir kein Erbarmen kennen!«

Gott stehe England bei!

Ich komme noch um am Ekel vor solchem Hochmut! Und nichts sagen dürfen! Solch einem Gänschen nicht sagen dürfen, wie erbärmlich es ist, sich in der Gastfreundschaft eines Landes zu sonnen, sich verwöhnen zu lassen und nachher in den Hassgesang gegen dieses Land mit einzustimmen!

29.3.41. (Brief an Lindley Fraser). Das war gestern ein Tag! Jugoslawien erklärt den Krieg an Deutschland! *Keren, Harrar* genommen! Der australische Premier hat recht: »Die Sonne scheint.« Die mir bislang als »zuverlässig« erschienene Bekannte Frau K. machte ein langes Gesicht bei den Nachrichten. Sie hat sich verraten. Ich kann nun auch mit ihr nicht mehr reden. Nur noch mit ihrem Mann. Sie selbst hört zwar auch eifrig Radio London (sooft ihre Kinder aus dem Hause sind und keine Gefahr besteht, von ihnen erwischt und denunziert zu werden). Aber ein deutscher Sieg wäre ihr lieber; es wäre so bequem, denn ihre Kinder hätten mehr Chancen, es gäbe Feste und frohe Stimmung! Eine andere Bekannte wunderte sich heute früh über die »Langmut des Führers«, der nicht in den nächsten fünf Minuten in Serbien einmarschiert ist.

Ich möchte ein Drama schreiben: *»Peter«! Ich meine den jungen Serbenkönig.* Ich würde ihm die Wesensart meines Sohnes geben, der ein fanatischer »Rechts-Vertreter« und bereit ist, um der Gerechtigkeit willen sich Freunde zu Feinden zu machen. Es gibt noch viele solche Gerechtigkeitsfanatiker in Deutschland. Und diese werden es sein, die Deutschland seinen Platz in der Völkerfamilie wieder erobern werden. Das Wort »Vaterland« war mir verhasst. Ich hielt es mit dem armen *Tucholsky* und sah in dem missbrauchten Begriff »Vaterland« die Quelle allen Völkerelends, aller Kriege. Nun aber frage ich mich: Was wäre, wenn Ihr Engländer, wenn die Griechen, die Serben ihr »Vaterland« nicht so liebten und verteidigten? Wenn Ihr keinen Patriotismus hättet? Es wäre um die menschliche Kultur geschehen, endgültige Finsternis bräche herein.

31.3.41. Ein Brief von Martins Schulfreund Hermann! Er lernt auf der Insel Rügen Bomben werfen. Ich habe ihm gleich geantwortet, und ich hoffe, dass ihm der Brief sein Handwerk – wenn er es demnächst über England versucht – etwas vergällen wird. Ich habe ihm erzählt, wie gut Martin in seinem Internierungslager behandelt wird, habe von Cläre und ihrer Familie berichtet. Vielleicht zögert seine Hand, wenn er über Birmingham fliegt, und er stellt sich vor, was Cläre ihren Kindern sagen wird, wenn sie nach den Urhebern des Schreckens fragen werden.

31.3.41. Weiter gute Nachrichten: die italienische Flotte besiegt, die Evakuierung der Deutschen und Italiener aus Jugoslawien! Traurig ist der Zusammenstoß zwischen englischen und französischen Schiffen. Man meint, Frankreich – das geistig so lebendige und früher so hochstehende Frankreich – habe seinen Verstand völlig verloren. Oder ist es Manöver und Tarnung? Will Frankreich den deutschen Gewalthabern seinen »guten Willen« zur offenen Feindschaft mit England demonstrieren? Nur dann wäre die Sache verständlich und zu verzeihen. Bei uns zulande spuckt man aus vor dem »serbischen Gesindel«! »Von so einer Bande ist ja nichts anderes zu erwarten.« »Zigeuner sind's!« »Unbedingt Ordnung schaffen!« »Warum nicht in der nächsten Minute einmarschiert?« »Führer viel zu rücksichtsvoll.« »Warum steht Belgrad noch?« »Alles zusammenschmeißen!« Das sind die Gesprächsfetzen, die man auffängt. Sooft ich zu hoffen beginne, das deutsche Volk werde sich wieder auf sein besseres Ich besinnen, dass es doch *auch* hat, erlebe ich derart ernüchternde Dinge. Sie überzeugen mich, dass wir noch großer Leiden bedürfen, um das Menschliche wieder in uns zu entdecken. Vorläufig denkt der Gefolgsmann Hitlers nur an Deutschlands »göttliche Sendung«, nicht aber an das Leid und den Jammer, den Nazi-Deutschland über die Menschheit gebracht hat. Wir müssen in eine abgründige Tiefe stürzen, bis wir endlich unsere Überheblichkeit, unseren widerlichen Hochmut ablegen werden.

1.4.41. Zeitungen und Radio sprechen von »Volkszorn«, der sich empört darüber, dass wir Jugoslawien gegenüber eine so undeutsche Geduld an den Tag legen. Wir lassen uns (deutschen Zeitungsmeldungen nach) provozieren und bleiben bei den grässlichsten Drohungen Volksdeutschen gegenüber in sanfter Ruhe. Aber wehe, wenn der Tag der Rache angebrochen sein wird! Mit dieser Vorstellung tröstet sich dann der Durchschnittsdeutsche. Diese Vorstellung kühlt bzw. bändigt seinen furor teutonicus noch so lange, bis – bis – ja – bis wir die Segnungen der »neuen Ordnung« auch nach Jugoslawien bringen dürfen, wie wir sie nach der Tschechei, nach Polen, Rumänien usf. gebracht haben.

6.4.41. Ein Brief vom Büble! Draußen tobt Weltuntergangswetter, aber in meiner stillen Stube ist Sonnenschein: Du, lieber Bub, bist immer noch der gleiche Schelm – wir haben es aus der Bemerkung schließen können: »Keine Angst, ich habe mich schon bedankt!« (bei Tante Pauline nämlich für das Dollargeschenk). Wir sind froh, dass Du munter zu sein scheinst, und dankbar, dass Du ein bisschen Geld hast.

7.4.41. Der »Tag der Rache« ist nun schon da. Gott sei den armen Griechen, den Jugoslawen und Euch Engländern gnädig! Was ich gelitten habe, als Bengasi von den englischen Truppen aufgegeben wurde! Was ich nun leide, wo ich weiß, dass jede Minute Tod und Verderben über die armen, tapferen Griechen und die würdevollen Serben bringt. Hier muss ich sitzen und warten und das Grauenvolle sich abrollen lassen! Ich bin dankbar, dass meine jüngere Tochter ihre Kinder England schenkt, und dass die ältere ihrem Manne erklärt hat, in diese Welt keine Kinder hinein zu gebären. Er kann sie anzeigen. Er ist »Patriot« genug, es zu tun. Eine schreckliche Welt. »Eine teuflische Welt!«, klagte mir gestern Abend ein Vater, der völlig in der Hand seiner Kinder ist, der keinem sagen darf, was er denkt, der keinem der Kinder irgendetwas verbieten kann, weil er schon »zu viel gesagt« hat und dem »heldischen« Nachwuchs ausgeliefert ist. Verbietet er einer Tochter, mit ihren Freunden und Freundinnen die ganze Nacht durch zu lärmen, so dass er schlaflos liegen muss, so läuft er Gefahr, dass sich diese »heldisch-deutsch« rächt und an »geeigneter Stelle« im Interesse des »Vaterlandes« auf die Beziehungen ihres Vaters zu den englischen Radiosendungen aufmerksam macht. Sagt er seinem Sohn – einem Pimpf (HJ) ein Wörtle gegen seine rohen Spiele, so – – –. Es ist ein Elend!

Karfreitag 1941. In ein Mäuseloch möchte ich mich verkriechen, wenn ich daran denke, dass ich zu dem Volk gehöre, das nun ohne Zaudern Belgrad vernichtet hat. Wehe, wenn die Engländer stark genug sein werden, zurückzuschlagen! Wenn ich mir überlege, ob tatsächlich dieser *eine* Verbrecher – unser »Gott Hitler« – schuld an all dem Jammer auf Erden ist, so muss ich immer wieder sagen, dass bestimmt eine große Zahl gleichgerichteter Willen in unserem Volk vorhanden sein müssen, dass vor allem die Generale, die Offiziere überhaupt, diese »Religion« zu der ihren gemacht haben, und dass das dumme Volk es nachbetet. Wohin werden wir noch kommen, wenn England nicht bald stark genug ist, diesen Verbrecher zu zerquetschen! Unser Bekannter K. leidet offenbar wie wir. Er hält sich, obgleich die Sonne scheint und er an solchen Tagen sonst in seinem Gärtlein hantiert, in seiner Werkstatt unter der Erde verborgen. Er bastelt – trotz Karfreitag. Zuweilen höre ich Hammerschläge. Auch er scheint verzweifelt zu sein, die deutschen Erfolge auf dem Balkan scheinen ihn genauso zu quälen wie uns.

Heute Nacht kommt unser Schwiegersohn, und wir besinnen uns, wie wir ihm und seinem von Heldenmut triefenden Geschwätz morgen aus dem Weg gehen können. Was für eine Zeit!

15.4.41. Wir waren im Film. Als wir die Sache überstanden hatten, sagte ich: »Welcher Gram, Deutsche zu sein!« und meine Tochter Ludowike ergänzte: »Wie stolz wären wir, wenn wir *Neger* wären!« Da war zuerst die *Wochenschau*, in der man das große Geschehen in Jugoslawien und Griechenland miterleben durfte. Entsetzlich! Aber hinter uns schwelgten die Zuschauer in »Deutschtum«. »Was sind wir für Kerle, nicht wahr! Das soll uns ein anderes Volk nachmachen!« Nein, *das* macht uns niemand nach, und deshalb werden wir möglicherweise den Krieg *doch* gewinnen! Welch ein Aspekt für die Zukunft! Der eigentliche Film hieß *Hochzeitsnacht* und spielte in den Ötztaler Alpen. Um der Landschaft willen wollten wir den Film ansehen. Was man aber gezeigt bekam, war ein Appellieren an das erotische Empfinden der Zuschauer, war das hohe Lied auf die »Freinacht«, war eine Aufforderung, sich wahllos zu paaren. In was für eine Tiefe sind wir abgesunken!

20.4.41. Wir sind sehr betrübt, denn auch in Griechenland werden die Engländer wahrscheinlich nicht mehr lange widerstehen können. Wir wissen: alles, aber auch alles hängt jetzt davon ab, ob sie drüben auf ihrer Insel noch einige Monate durchhalten können. Ob die deutschen Luftangriffe auf England nicht so gesteigert werden, dass den Engländern der Atem ausgeht. Wir zittern für England und – für uns!

Wenn wir ein wenig draußen spazieren gehen, dann kommen wir nicht los von unseren Gedanken: Ob wir Deutsche tatsächlich um so viel minderwertiger sind als die Angelsachsen und die Franzosen? Ob alles, was heute ist, nur einer Fülle besonderer gleichzeitig zusammentreffender Umstände seine Existenz verdankt? Wie viel Prozent unseres Volkes von vornherein so grausam und so verlogen sind? Ob die Mehrzahl von Natur nationalistisch und kriegerisch ist oder ob die Mehrzahl nur »Mitläufer« sind? Wo man nach dem Krieg den Hebel ansetzen muss, um unser Volk von den heute geltenden Maximen zu lösen? Einen »Hebel ansetzen« kann man aber doch nur, wenn wir den Krieg verlieren. Und damit sind wir wieder am Ausgangspunkt aller unserer Überlegungen und Gespräche angelangt. Für uns hängt – fast noch mehr als für die Engländer – von dem Sieg Englands alles ab.

22.4.41. Die ganze Welt – besser: alle Gutgesinnten der ganzen Welt – blicken mit Bangen auf das tapfere englische Volk. Wird es standhalten? Wird es – um des Endsieges willen, der ihm sicher ist, wenn es noch einige Monate lang die Göring'schen Luftangriffe erträgt – die Nerven nicht verlieren? Der Untergang des Abendlandes in buchstäblicher Bedeutung – hängt nun am englischen Volk!

Ich habe das *Reichsarbeitsblatt* Nr. 6, Jahrgang 1941, vor mir liegen. In diesem ist die »Vorläufige arbeitsrechtliche Behandlung der Juden« festgelegt. Scham überkommt mich, wenn ich sehe, *wie* unsere Herren Juristen die Worte und Paragrafen deuten, um aus Unrecht »Recht« auszutüfteln. Kurz gesagt: die Juden *müssen* arbeiten, denn es geht nicht an, »Arbeitskräfte nur deshalb ungenutzt zu lassen, weil sie einer fremden Rasse angehören«. – – »Besonders geeignete Arbeiten für Juden sind Erdarbeiten, Straßenreinigung, Erfassung und Sortierung von Altmaterial, Hilfsarbeiten in den Betrieben usf.« Aber den Juden steht kein Recht zu, weder in Bezug auf irgendwelche sozialen Einrichtungen der Betriebe noch überhaupt irgendein anderes Recht. Abgesondert von den »Deutschblütigen« sollen sie ihre Zwangsarbeit verrichten usf. usf.

4.5.41. Eine Stimme in der Wüste! Da habe ich vor einigen Tage[n] bei Nachbarsleuten einem mir wildfremden jungen Arzt einen Brief unseres in Kanada internierten Jungen vorgelesen, die Nachbarsleute haben noch einiges aus der Broschüre erwähnt, die das Deutsche Auswärtige Amt uns über die Gefangenenlager in Kanada und Australien gesandt hat. Die Nachbarin sagte: »Gut haben's die in Kanada! S'ist nur, dass sie nicht frei sind!«

»Nicht frei? Was sind denn die acht oder zehn Millionen bei uns?«, sagte der junge Mann.

»Ach«, fragte ich, »haben wir so viele Gefangene?«

»Ich meine nicht die Gefangenen, ich meine die Soldaten und Arbeitsdienstler! Sind die etwa frei?«

Wie *wohl* eine solche Einstellung tut! Im Verlauf des Gesprächs sagte der Arzt dann noch: »Vielleicht gewinnen wir den Krieg militärisch, *menschlich* aber gewinnt ihn England!«

Da sind auch die Frommen, die mich gelegentlich aus dem Häuschen bringen! *Sie*, die an Christus und seine Lehre glauben und sie bei jeder Gelegenheit im Munde führen, müssten sich doch schaudernd abwenden von dem, was im Namen Deutschlands heute getan wird. Aber nein! Sie suchen einen »göttlichen Sinn« hinter all dem Schrecklichen und fügen sich wie geduldige Schafe und sehen hochmütig auf die herab, die glauben, sich auflehnen zu müssen gegen den Graus, den die Frommen als »göttlichen Sinn« bezeichnen.

5.5.41. Gewiss, auch ich glaube an einen »Sinn«. Aber ich glaube erstens nicht, dass Gott Hitler als »Werkzeug« ausersehen hat, um England für seine »Missetat« zu bestrafen (wie viele naive Fromme, denen ich dann die Gegenfrage stelle: »Dann liegt wohl das Werkzeug, das Deutschland für seine gegenwärtigen Übeltaten zu züchtigen hat, auch schon wieder in der Wiege?«) Zweitens glaube ich nicht, dass der »Sinn« dieser entsetzensvollen Gegenwart sich dann erfüllt, wenn wir uns ergeben fügen und nicht einmal mehr innerlich dagegen aufbäumen. Sondern: ich glaube an den »Sinn« dieser Zeit, indem ich hoffe, dass sie viele Menschen wachrüttelt, dass sie in ihnen das glühende Wollen erweckt, nachher eine bessere Welt aufbauen zu helfen! Dass viele – viel, viel mehr Menschen als früher – sich ihrer Verantwortung dem Ganzen gegenüber bewusstwerden, dass sie sich schwören, nie mehr eine Diktatur zuzulassen, dass sie lernen: auch auf mich kommt es an, damit sich solches nicht wiederhole! Dass man sich endlich bemüht, die Wurzel aller Kriege – wirtschaftliche Not – auszurotten, dass man wachsam wird und bei den kleinsten Anzeichen, die neues Wachstum von Völkerhass offenbaren, einschreitet und nicht abwartet, bis das Unkraut einem über den Kopf geschossen ist!

Heute hat der australische Premier gesagt, es habe keinen Zweck, Hitler zu töten, das deutsche Volk müsste einmal exemplarisch am eigenen Leib erleben, was es anderen zufügt. Der Mann hat Recht. Was hülfe es, unseren »Gott« zu töten? In diesem Fall würde die deutsche Hammelherde lamentieren und sagen: »Warum hat man ihn nicht leben lassen! *Er* hätte den Krieg gewonnen!«

Gestern hat unser »Gott« wieder einmal anderthalb Stunden gesprochen. »Wunderbar!«, sagen die blöden Weiber. Ich antworte: »Wo werden *Sie* arbeiten?« Die Frauen sollen doch nun so viel arbeiten, wie in [den] USA gearbeitet wird für die Rüstung. Dass ich nicht lache! Den »besseren« Damen, die bislang so gern in Gesellschaft über den »Führer« gesprochen und ihn angehimmelt haben, ist wohl doch ein Schreck ins Gebein gefahren. Wie mich das freut! Und die Andeutung eines Kriegsjahres 1942 in seiner Rede! Es ist bezeichnend, dass die Zeitung diesen Passus der Rede heute *nicht* bringt. »Wie sage ich's meinem Kinde?« *Sefton Delmer* gab gestern Nacht 22 Uhr im Radio London einen kurzen Überblick über Hitlers Rede. Er hob genau dieselben Punkte hervor, die wir in unserer Familie als die bemerkenswertesten und aufschlussreichsten in dem üblichen meterlangen Gewäsch angesehen und gleich festgenagelt haben.

Übrigens: zu dem jungen Arzt, von dem ich gestern erzählte, habe ich nun einen Arbeiter hinzuzuzählen, auf den im entscheidenden Augenblick auch zu rechnen sein wird.

Inzwischen aber kühlen wir armen Deutschen, denen Denken und Wollen und Handeln abhandengekommen ist, unseren Zorn mit geflüsterten Witzen über Hitler usf. Was für elende Kreaturen sind wir doch! Aber vielleicht können wir doch wieder etwas gutmachen von der entsetzlichen Schuld. Was an mir liegt, soll geschehen und gleich mir ist mein Mann, sind meine drei Kinder von demselben Wollen erfüllt.

7.5.41. Gestern sagte eine junge Frau in der Straßenbahn zu mir (es ist dieselbe, deren Mann als Ingenieur bei Luccas Birmingham einige Jahre arbeitete, und die von zahlreichen Engländern viel, viel Liebes erfahren durfte): »Wir müssen ja wieder rüber …«

»Wieso?«

»Wenn wir England besiegt haben, meine ich …«

»Ach so – als Gauleiter oder so?«

(Leichtes Erröten, möglich, dass sie meinen Spott in meiner Frage fühlte.)

»Nein, zu Luccas!«, sagte sie und fuhr fort: »Das ist schon alles bis ins Einzelne vorbereitet. Es ist klar, dass unsere Firma sofort ihre Hand auf die Firma Luccas legen würde und dann kommen natürlich die Leute herüber, die sich auskennen …«

»Ah – – –«

»Aber mir ist das nicht so ganz recht. In einem besiegten Land – ich weiß nicht – vielleicht ist es doch nicht sehr angenehm –.«

»Oh«, beruhigte ich, »man wird in diesem Fall dann schon dafür sorgen, dass die etwa noch lebenden Engländer keine[n] Deutschen ihren Hass spüren lassen – –«

Ein kleiner zweifelnder Blick, ob ich das wohl ernst meine, oder ob alles scharfer Hohn sei! So ist es: diese Menschen haben den Krieg sozusagen schon gewonnen! Das Entscheidende ist längst vollbracht. »Der Zahn ist gezogen«, was noch kommt, ist höchstens noch ein bisschen »Wundschmerz«! Sie teilen die Welt auf, sie annektieren bereits die Fabriken Englands, sie sind wie Aasgeier und schämen sich nicht. Sie erzählen im gleichen Atem von der fabelhaften Gastfreundschaft der Engländer, von ihrer »Fairness«, von ihrer feinen Art, dem Fremden Angenehmes zu erweisen und können gleichzeitig höchstselbstverständlich sich im Geiste der Habe dieser selben Menschen bemächtigen! Sie argumentieren: Wir *müssen* das! Um des Friedens und der zukünftigen Gerechtigkeit willen *müssen* wir »Ordnung schaffen«.

Übrigens sagte mir die Frau eines hohen Justizbeamten, dass die Worte heute eben ganz andere Begriffe ausschlössen als früher.

Boshaft wie ich bin, habe ich auf die Bemerkung Hitlers hingewiesen, dass in diesem Jahr noch kein Friede zu erhoffen sei.

»Hat er auch nie versprochen!«, behauptete die »hohe Justizbeamtenfrau«.

»Aber ja! Alle Welt hat das so aufgefasst!«

»Das war aber falsch, Liebe! Er hat damals nur gesagt: 1941 sei das Jahr der *Entscheidung*!«

»Nun ja – wenn die Entscheidung gefallen ist: was steht dem Frieden noch im Weg?«

»Sie Hühnchen! In Frankreich ist die Entscheidung längst gefallen, aber haben wir Frieden mit Frankreich?«

»Aber die Entscheidung über den *ganzen* Krieg bedeutet den Frieden.«

»Ja – das verstehen wir nicht. Wissen Sie, mein Mann hatte gestern eine juristische Auseinandersetzung mit einem Berufskollegen über die verkehrte Auffassung, dass Entscheidung ›Aufhören der Kriegshandlungen‹ bedeute. Das ›Jahr der Entscheidung‹, das ›Jahr des Sieges‹ bedeute nicht das ›Jahr des Friedens‹ – es kommt eben tatsächlich darauf hinaus, dass wir die sorgfältig gewählten Worte des Führers falsch deuten, dass wir Worten überhaupt eine falsche Bedeutung geben, dass wir ihnen falsche Begriffe unterschieben.«

Die Frau hat recht: in Deutschland können sich Deutsche einander weniger verständlich machen, als etwa Deutsche und *Zulukaffer*!

Übrigens sprach man gestern in der Straßenbahn davon, dass wir dieser Tage »Grönland« besetzen werden. Na ja!

7.5.41. Ich habe die *Wochenschau* gesehen: Führers Geburtstag im Führer-Hauptquartier (wenn ich Arzt wäre, so würde ich anordnen, dass der Mann in ein Irrenhaus käme, denn der

Wahnsinn loht aus seinem brutalen Gesicht). Ferner haben wir den Balkan-Feldzug, Bilder vom libyschen Feldzug und – das zerstörte Belgrad gesehen! Ich habe diesem Bericht nichts hinzuzufügen. Ich bin hinausgegangen und durch den frischgrünenden Maienwald die gute Stunde heimmarschiert! Was ist das für eine Welt! Was für eine Welt! Wie soll das jemals wieder gut werden! Mein Herz ist übervoll von Jammer, und das einzige kleine Tröstlein ist mir nur: meine Kinder haben nicht teil an diesem entsetzlichen Tun! Ludowike geht abseits der deutschen Heerstraße, Cläre ist Engländerin, und mein Bub ist in Kanada interniert!

Was für ein Gewieher im Film heute, als ein »jüdischer serbischer Offizier« gezeigt wurde. Und da soll man noch an eine deutsche Zukunft glauben!

11. 5. 41. Vielleicht wird die deutsche Seele rascher wieder blank gefummelt, wenn man *das* Putzmittel benützt, das scharf genug ist. Ich meine die englischen Luftangriffe. Da war gestern beispielsweise *eine* Meinung unter den Leuten, nämlich: *wir* haben es den Engländern vorgemacht, *sie* haben nun gelernt, es nachzumachen. Sie denken dabei an das Luftbombardement Mannheims und anderer deutscher Städte! Es scheint fast, als ob viele Deutsche das, was sie anerkennen sollen, fürchten müssen. Englands Schläge gegen Deutschland nehmen zu an Wucht: entsprechend wächst seltsamerweise die Anerkennung, die diese Leute England zollen. Dieses Benehmen erinnert mich an das Verhalten eines Kindes, das *den* Elternteil mehr liebt, der den Mut und die Kraft hat, seine Unarten eindeutig zu bestrafen, als den, der allzu bereit ist, Nachsicht zu üben. Ich bin gestern in die Stadt gefahren und es war, als gehe ein Aufatmen durch viele, viele! Als ob die Tatkraft der R. A. F. [Royal Air Force] so manchem den Rücken steife und ihm Mut mache, das auszusprechen, was er seit langem, langem nur ganz heimlich dachte! »Auszusprechen« ist zu viel gesagt, aber doch irgendwie zu offenbaren, dass es nun wieder »aufwärts« gehe, dass nun bald auch »die andere Seite« Deutschlands wieder gezeigt werden dürfe, dass auch wir anderen wieder etwas sagen dürfen.

Da ist beispielsweise der Straßenbahnschaffner, der die sammelnde Hitlerjugend, die in seinen Wagen springt, um den Fahrgästen ihre ewigen Sammelbüchsen unter die Nase zu halten, kurzerhand an die Luft setzt. Hätte er das tags zuvor gewagt, ehe England gezeigt hatte, dass es keineswegs aus dem letzten Loch pfeift? Er hätte es *nicht* gewagt und wenn *doch*, dann hätte ihm der nächste beste Lüderian im Wagen am Schlafittchen gepackt und der Gestapo übergeben! Wegen Beleidigung der »Deutschen Staatsjugend«! Da ist der Briefträger, ist der Bauarbeiter, ist die Milchfrau, die alle einen Ausdruck der Befriedigung nicht unterdrücken können, die sich irgendwie in ihrer Auffassung von Recht und Unrecht bekräftigt fühlen durch die einstürzenden Straßen Mannheims! Vielleicht liege ich selbst bald unter irgendwelchen Schuttmassen eingestürzter deutscher Häuser. Aber trotzdem wünsche ich, dass die »erziehende Strafe« rasch und so lange fortgeführt werde, bis das deutsche Volk das Wort »Demut« wieder begreifen lernt und sich erinnert, dass »Mensch-Sein« etwas anderes bedeutet als das, was böse Gaukler im letzten Jahrzehnt in deutschen Landen daraus gemacht haben.

13.5.41. Es geschehen Zeichen und Wunder! Rudolf Hess (in den deutschen Zeitungen heißt er nur noch Hess) ist in England! Was hat ihn bewogen? Auftrag Hitlers? Ekel vor dem »deutschen Wesen«? Oder: wollte man sich seiner entledigen (Röhm) und gab ihm eine defekte Maschine zum Selbstmord? Eine defekte Maschine, die aus Versehen ihn bis England trug oder von irgendeinem Gutgesinnten in eine gute umgetauscht wurde? Man pflegt sich im Dritten Reich auf diese Weise seiner gefallenen Größen zu entledigen. Sie müssen verunglücken, und ihre Bestattung wird zu einem Propagandarummel, einem

»Staatsbegräbnis«, ausgebeutet. Wie dem nun auch sei, auf alle Fälle: er ist in England. Was das bedeutet? Mehr als eine verlorene Schlacht für Deutschland! Wird das deutsche Volk (das entsetzlich törichte deutsche Volk!) nicht ein wenig nachdenken? Zunächst – d. h. oberflächlich betrachtet – scheint es nicht so. »Kreuzige ihn!« Wie laut erschallt das aus den Mündern vieler, die tags zuvor noch Rudolf Hess verehrt haben – mehr fast als Göring! Oder gar als Gott Hitler selbst? Könnte Rudolf Hess hören, wie seine »Jünger« heute über ihn lästern, ihn verfluchen, seine Autogramme verbrennen, ihre Söhne, denen sie den Namen »Rudolf« gegeben haben als Verehrung für ihn, am liebsten umtaufen ließen: Ich glaube, er würde den Flug nach England noch einmal wagen.

Eben sagt meine Nachbarin (sie gehört zu denen, die Rudolf Hess ganz besonders »geliebt« haben): »Wenn er doch tot wär! Aber es scheint, dass er lebt. So kann er alles verraten!« Ihr Mann jedoch tröstete sie: »Er ist schon lange kaltgestellt! Was weißt Du von den neuesten Plänen?« Und schon wird lanciert: »Man will im Juni mit x-tausend Fallschirmspringern nach England. Das gibt einen raschen Sieg!« Sollte es *nicht* gelingen, so hat natürlich Hess Verrat geübt!

14. 5. 41. Ein junger SS-Mann, der in Polen, wie er sich ausdrückte, »im Taglohn« morden musste, sagte: entweder werde er wahnsinnig, oder er erschieße sich, oder er mache das Morden in Zukunft zu seinem Gewerbe und werde ein ganz abgrundtief schlechter Mensch! Ich rate zur zweiten Lösung, junger Mann!

In der Straßenbahn forderte meine Tochter einen Fahrschein nach *»Danziger Freiheit!« (ein Platz in unserer Stadt).* Der nächste und der übernächste Fahrgast verlangten ebenfalls »Danziger Freiheit«. Der Schaffner sagte: »Ach ja – alles will ›Freiheit‹«, und blinzelte schalkhaft dazu. Auch dieser Scherz wäre *vor* dem schweren Bombardement deutscher Städte und vor der Flucht von Rudolf Hess nicht möglich gewesen. Es sieht fast so aus, als lockere das deutsche Volk so ganz allmählich die Fesseln. Aber heute sind in der Zeitung wieder eine Anzahl *Verurteilungen* (Zuchthaus) wegen Abhörens ausländischer Sender zu lesen. Wohl zur Abschreckung, damit es uns nicht gelüste, etwas hören zu wollen, was die Engländer über die »Invasion« Englands durch Rudolf Hess sagen, (»denn wir fahren, denn wir fahren gegen Engelland«), und was Churchill darüber zu erklären hat.

15.5.41. Meine Nachbarin zur Rechten ist Bayerin, zugleich aber eine »gottesfürchtige« Protestantin und eifrige Kirchgängerin. Sie sagte zu mir: »Denken's nur, die Engländer werfen Bomben, deren Luftdruck den Menschen die Lunge zerreißt! Sie brauchen ka bisserl a Verletzung haben und gehen doch drauf! In Mannheim muss's schrecklich g'wesen sein! Mein Mann sagt: ›So ne Schweinerei kann sich der Führer unmöglich länger g'fall'n lassen! Sicher geht er in den nächsten Woch'n nach England, wenn's sein muss, mit Gas!‹«

Ich antwortete: »Ein schreckliches Morden! Möglicherweise haben *wir* bald so viele Tote unter der Zivilbevölkerung wie die Engländer!« Ich kann nicht unterlassen, immer wieder darauf hinzuweisen, dass wir ja in England unseren Wehrmachtsberichten nach … zigtausende Zivilpersonen getötet und dass wir darüber *gejubelt* haben. Es ist dieselbe Frau, die vor einem Jahr, wenn ein paar englische Flieger kamen und einige Bomben bescheidener Wirksamkeit abwarfen, sagte: »Dös san nur die letzten Zuckungen von den Engländern! In vierzehn Tag hob'n mr Fried'n!«

Da ich nun schon an meiner Nachbarschaft bin, so muss ich auch noch meine Nachbarn zur Linken vorstellen. Ebenfalls sehr fromme Leute. Aber sie haben neben dem unsichtbaren, ungreifbaren Gott im Himmel noch ihren Götzen Hitler auf Erden. Als vor einigen Tagen die Nachricht von Hess' Flucht gemeldet wurde, sagte der sanfte Nachbar zu mir: »Ich verstehe nicht: heut gibt's doch gar nichts anderes, als dass man treu zum Führer hält!« Seine Stimme klang dabei genauso sanft und fromm, wie sie immer klingt!

Ich möchte ernsthaft wissen, wie viele »Durchschnittsdeutsche« wir haben. Dieser ist ein »Allesfresser«: er ist fromm, gottgläubig, christusgläubig, hitlergläubig, vaterlandsgläubig, er ist voller Mitleid und – voll entsetzlicher Bestialität. Es schmerzt ihn, ein kleines Tier leiden zu sehen, und er fühlt sich edel in seinem Mitleid, aber gleichzeitig ist es im »höheren« (nationalistischen) Sinn notwendig, ganze Völker auszurotten, sie auf die scheußlichste Weise vom Erdboden verschwinden zu lassen – zu »vertilgen« (wie Hitler sagt).

17.5.41. Der Herr Apotheker hat gestern Abend eine Parteiversammlung besucht. Er erzählte mir, der Redner habe (knapp ausgedrückt) Folgendes gesagt: Wir brauchen die Ukraine wegen des Getreides, Ägypten wegen der Baumwolle, den Irak wegen des Öls. Ob wir die Schlacht im Atlantik *jetzt* gewinnen oder 1944 oder 1948, spielt keine Rolle. Mit Russland seien Verhandlungen im Gange, die die Besetzung der Ukraine und das Durchmarschrecht nach dem Irak zum Gegenstand habe. Mit der Türkei ebenfalls. Im Übrigen heiße es: »Und bist Du nicht willig, so brauch ich Gewalt!«

Ja – ja! Und dabei feiert man morgen den »Muttertag« in Deutschland, und alle Zeitungen sind voll des Lobs und des Dankes für die »deutsche Mutter«, die die *Helden* gebar! Gottlob, ich darf mich nicht getroffen fühlen: *mein* »Held« ist sehr weit weg vom »deutschen Heldentum«, er ist in Kanada!

Die »Invasion« Englands durch Rudolf Hess ist noch immer das Tagesgespräch! Und *wie* gedrückt sind viele der jetzt unentwegt Gläubigen; sie fassen die Sache so auf, als ob Hess *nicht* an den deutschen Sieg habe glauben können!

(Eine halbe Stunde später.) Ein Bekannter war da. Er meinte, die »Angelegenheit Hess« bedeute unter Umständen nicht nur eine verlorene Schlacht, sie bedeute vielleicht den verlorenen

Krieg! Gleichzeitig erzählte aber auch er, dass mit Russland und der Türkei ein Abkommen getroffen worden sei, wonach wir das *Durchmarschrecht* durch beide Länder nach dem *Irak* haben. Russland werde sich *nicht* zur Wehr setzen, und nicht die Türkei.

Unser Gärtner – bis vor kurzem noch ein großer Held – meinte heute: »Was sind das denn eigentlich für Menschen, die Engländer? Was die aushalten! Wir könnten nicht den zehnten Teil aushalten!« Damit hat er sehr Recht.

19.5.41. Meine Putzfrau hänselte heute auch über den »Fall Hess«. Sie meinte: »Sicher wollte er nichts Unrechtes! Vielleicht wollte er auch nach Ägypten fliegen zu seinen Eltern und musste unterwegs notlanden.« Man sieht daraus: man könnte vielen Deutschen noch ganz anderes einreden, als man ohnedies schon tut. Der Deutsche schuftet und arbeitet vom Morgen bis in die Nacht, den Denkapparat hat man ausgeschaltet (der »Führer« denkt ja für uns alle, nicht wahr!), zum Essen braucht man auch nicht mehr lange, weil es nicht allzu viel zum Essen gibt. Brauchen Sie einen Schuster, so flickt er ihnen die Schuhe, wenn Sie mit einer Fleisch- oder Brotkarte nachhelfen. Dasselbe gilt für die Schneiderin, die Putzfrau – kurz: für alle Menschen, von denen man eine Hilfeleistung benötigt! Das kann nett werden, bis wir den »Endsieg« errungen haben!

Eine junge Dame war heute zu Besuch da (Freundin meiner Tochter). Sie erzählte naiv, dass sie schon vor der offiziellen Nachricht vom Beromünster Sender (zuerst sagte sie: vom englischen Sender!) erfahren habe, dass Hess in England sei! Wie viele Menschen in Deutschland mögen sich an den »Londoner Rundfunk« klammern! Wenn die Engländer uns gelegentlich den Leviten lesen und sagen, wir alle hätten zu allem geschwiegen und trügen darum mit an der Schuld für all das Entsetzen, so tun sie uns etwas Unrecht. Was hülfe es, wenn wir uns jetzt aufbäumen würden? Gar nichts! Hitler hat genügend Maschinengewehre, um auch im Inland einige in Betrieb zu setzen! Und da er – nach seinen eigenen Worten – »der härteste Mann Europas« seit Jahrhunderten ist, wird es ihm gar nichts ausmachen, alle abzuknallen, die auch nur den leisesten Versuch machen, eine Revolution zu organisieren. Wer aber sollte dann nach dem Untergang des Dritten Reiches das »andere« Deutschland gestalten? Die Zeit für eine erfolgreiche Revolution ist noch nicht reif.

Was hat es geholfen, dass mein Mann vor der Machtergreifung im Rundfunk, in philosophischen Aufsätzen und gelegentlich in seiner Schulklasse gegen den Nationalsozialismus auftrat? Das Dritte Reich ist *doch* gekommen; mein Mann aber verlor seine Stelle und beinahe wäre ihm Schlimmeres passiert! Und ich? Auch ich habe mit meiner Arbeit in Wort und Schrift nichts erreicht, als dass ich kaltgestellt wurde, und wenn man mich nicht nach Dachau gebracht hat, so vielleicht, weil meine nach außen heitere Wesensart mir viele Freunde schuf, die mir wohlwollen (wenngleich sie mich politisch »undiskutabel« finden) oder weil irgendjemand vielleicht im entscheidenden Augenblick ein gutes Wort für mich eingelegt hat. Unsere Tochter, der eine Lehrstelle an der Hochschule für Lehrerbildung übertragen war, wurde diese Stelle *nachträglich* wieder entzogen, weil es nicht »tragbar« sei, dass »eine Tochter aus belasteter Familie« eine derartige Stelle bekleide! Sooft das Ausland uns Vorwürfe macht, muss ich denken: »Ihr habt offenbar noch nicht die richtige Vorstellung davon, *wie* eng der Maulkorb geschlossen ist, den Hitler uns umgehängt hat!«

Ich wollte vorgestern nach dem Vortrag Lindley Frasers im Radio London über den Fall Hess einen Eintrag in das Heft machen, aber ich fand keine Minute Zeit. Auf jeden Fall: mein Mann, meine Tochter und ich unterschreiben *jedes Wort*, das gesagt wurde. Und wir sind froh, wenn die Engländer sich keinen Sand in die Augen streuen lassen! Mit Spannung erwarten wir nun die Erklärung Churchills. Übrigens: die Hess-Bilder werden aus den Schulen und öffentlichen Amtsräumen entfernt. In den Kasernen schießen die Soldaten darauf!

22.5.41. »Er ist allmählich ein richtiger Alpdruck!«, sagte mir gestern eine Frau in der Straßenbahn. Der Krieg nämlich. Und sie fuhr fort zu erzählen, dass der eine ihrer Jungen heute in der Tat kein Paar Schuhe zum Anziehen gehabt habe. Sie habe ihm ein Paar von seinem Vater gegeben, damit er bei dem nassen Wetter überhaupt zur Schule habe gehen können.

»Alpdruck!« Der herrliche »Blitzkrieg«, der uns zu »Herren der Welt« machen sollte!

Aber ich fürchte, es muss noch anders, noch ganz anders kommen! Das deutsche Volk kann nicht zurückfinden zu sich selbst ohne gründliche Züchtigung.

Vor drei Jahren habe ich auf der Themse-Brücke in London mit meinem Schwiegersohn über den Begriff »Freiheit« gesprochen. Ich weiß noch, dass ich mich sehr ereifert habe, und dann Zorn mir Flammenröte auf die Wangen jagte.

»Freiheit!«, sagte mein englischer Schwiegersohn, »aber Mutter, du irrst dich, wenn du glaubst, wir Engländer hätten Freiheit! Das ist bei uns wie bei euch in Hitler-Deutschland!«

»Ihr seid doch eine undankbare Gesellschaft!«, rief ich. »Ich wünschte, du müsstest einmal ein paar Wochen als Deutscher in Nazi-Deutschland leben!«

»Gesetzt den Fall«, meinte er, »ich wäre aktiver Kommunist und meine Firma würde das erfahren, so könnte ich bestimmt nicht vorwärtskommen –.«

Da musste ich lachen: »Gesetzt den Fall, du wärest in Deutschland aktiver Kommunist, so würdest du allerdings *sehr* vorwärtskommen, vorwärts nach Dachau nämlich, wenn dir nicht Schlimmeres blühen würde! Es ist doch in England so, dass man – sofern man auf Gehalt und Anstellung verzichten und etwa als freier Schriftsteller leben würde, man doch für seine Ideale eintreten kann! Dass man sagen kann, was man für menschenwürdig und anständig und im Sinne der Vorwärtsentwicklung der Menschheit für notwendig erkennt! Welch losen Mund hat beispielsweise euer Bernhard *Shaw*! Was ich keineswegs billige, denn Shaw, so klug er ist und so sehr ich ihn sonst liebe, hat nicht erkannt, was der Nationalsozialismus für die Menschheit bedeutet!«

Mein Schwiegersohn sah nach dieser Debatte ein, dass zwischen der »Unfreiheit« in England und der in Nazi-Deutschland doch ein großer Unterschied besteht. Wenn ich nur an die Kindererziehung denke. Sein Töchterchen ist nun drei Jahre alt. Jetzt schon müsste er es den Klauen der »Braunen« überantworten, wenn er als »voll« gelten wollte! Jetzt schon müsste er es die Hitlerverschen beten lehren, wie z. B.: »Lieber Führer, bewahre uns vor der Not und gib uns unser täglich Brot!« Jetzt schon würde seinem süßen Lockenköpfchen die Nazi-Religion eingetrichtert, sein Instinkt verbogen, sein unmittelbares Empfinden zugestutzt werden! Nun – inzwischen hat er wohl auch einsehen gelernt, dass unser »Hitlerismus«, über den er sich lustig machte, nicht eine rein innerdeutsche Angelegenheit, sondern genauso schlimm – ach, noch viel schlimmer – ist, als wie *ich* es damals schon gesehen habe.

24. 5. 41. Das war vorgestern eine Aufregung! Sondermeldung: »Kreta besetzt, die Ukraine von Russland an Deutschland abgetreten! Russland dem Dreimächtepakt beigetreten!« Jubel ohnegleichen! Die Lehrer nahmen die Gelegenheit sofort wahr, um in Begeisterung das politische und strategische Genie des Führers zu feiern und die Ehrfurcht ihrer Klassen vor Gott Hitler zu festigen. Es gab aber lange Gesichter: die »Sondermeldung« erwies sich als eine *Falsch*meldung! Aber man konnte aufs Neue des deutschen Volkes Gläubigkeit mit Erstaunen beobachten: eigentlich hatte es doch Hitler gewählt, um mit ihm *gegen* den Bolschewismus zu kämpfen. Deshalb hatte es ihm doch zugejauchzt. Und nun jubelt es ihm zu, wenn er *mit* dem

Bolschewismus geht bzw. ihm Tür und Tor öffnet! Oder – wäre das deutsche Volk so kriegsmüde, so sehr kriegsmüde, dass es lieber ein Bündnis mit dem Teufel selbst einginge, als noch länger Krieg zu führen?

Ich zittere wegen Kreta!

27. 5. 41. In Kaffeehäusern, Restaurants und in Bahnhofwarteräumen werden Razzien auf Frauen gemacht. Wer sich nicht genügend ausweisen kann, wird sofort zur Arbeit abgeführt! Wird es mir morgen auch so gehen, wenn ich mich mit einigen Bekannten – wie verabredet – im Hotel Z. treffe? Alles möglich.

Als mein Mann gestern diese Dinge und gleichzeitig Beispiele für die Gefährlichkeit des Reisens in Eisenbahn und Straßenbahn berichtete, fügte er bei: »Wenn mich auf meiner täglichen Fahrt zur Dienststelle einer so jovial anredet, wie schön die Sonne scheine, wie kalt das Wetter sei, wie gut, dass es regne usf. usf., dann weiß ich Bescheid. Dann nicke ich ›freundlich‹, ziehe meine Brille heraus und vertiefe mich in ein Buch. ›Mich kriegt er nicht‹, denke ich dann.« Diese Worte kann man nur verstehen, wenn man weiß, dass fast jeder zweite Volksgenosse ein »Spitzel« ist, erfüllt von der heiligen Aufgabe, die »Volksschädlinge« hinter Schloss und Riegel zu bringen.

27. 5. 41. Soeben war die Mutter eines den Besatzungstruppen in Frankreich zugehörigen Gefreiten bei mir. Fünf Wochen habe sie keine Nachricht gehabt, ihr Sohn sei, an Ruhr krank, im Spital gelegen. Nun aber habe sie dieses bekommen. Sie gab mir das Schreiben: ein »Gedicht« von 71 Strophen. Der junge Mann macht sich darin Luft über Folgendes: 1.) Er sei nicht zum Unteroffizier befördert worden, weil er der Mätresse (einem 20-jährigen Mädel aus dem Elsass) seines Hauptmanns (eines 56-jährigen Mannes mit Bierbauch, Frau und erwachsenen Kindern) schöne Augen gemacht habe. 2.) Entsetzt er sich über die »Hurerei« und darüber, dass man angesichts solcher Unmoral noch sein »Vaterland« verteidigen solle. 3.) Sorgt er sich darüber, dass Millionen ausländischer Arbeiter und Angestellter nun in Deutschland arbeiten und leben dürfen, während der junge Deutsche weiß Gott wo in der Welt herumlungere und weiß Gott für wie lange Jahre noch festgehalten werde und vermutlich hernach nichts mehr »in der Heimat« zu suchen habe. 4.) Eine Strophe galt dem »hungrigen Magen *nach* der Mahlzeit«. 5.) Hess ist durchgebrannt.

Durch 71 Strophen holpern diese jammervollen Aussichten. Es ist derselbe Soldat, der im vergangenen Winter über den »Führer« nach Hause geschrieben hat: »Er ist mehr, er ist göttlicher als der Heiland!«

Das Kriegsschiff »Bismarck« versenkt!

28. 5. 41. Der deutsche Geheimsender sagte heute u. a.:

»Allmählich dämmert hinter mancher Stirne
nicht Hess ist der Verrückte,
Du hast die weiche Birne!«

Ein Bekannter, ein großer Architekt, katholisch, Kirchenerbauer, sagte zu mir: »Jetzt Schluss! Jetzt wär's gerade recht!« Damit meinte er den Krieg. Das klingt so, wie wenn zwei Lausbuben balgen und der bisher siegreiche, wenn er Schläge bezieht, plötzlich im Ton des Biedermannes sagt: »Jetzt hören wir auf!« Oder wie wenn man bei einer »Gaudi«, oder bei irgendeinem Vergnügen einen, dem schlecht wird, mahnt, Schluss zu machen. Man muss auch aufhören können. Das war die Wirkung der »Bismarck«-Versenkung. Wenn aber morgen die *tatsächliche* Besetzung Kretas gemeldet werden sollte – ach – dann wird das dumme deutsche Volk wieder »Hans Dampf« sein und wird vom Aufhören nichts mehr wissen wollen, solange nicht die »verruchten« Engländer mit Mann und Maus vernichtet sind!

Über die Roosevelt-Rede hat sich die deutsche Presse ausgeschwiegen. Goebbels muss sich erst besinnen.

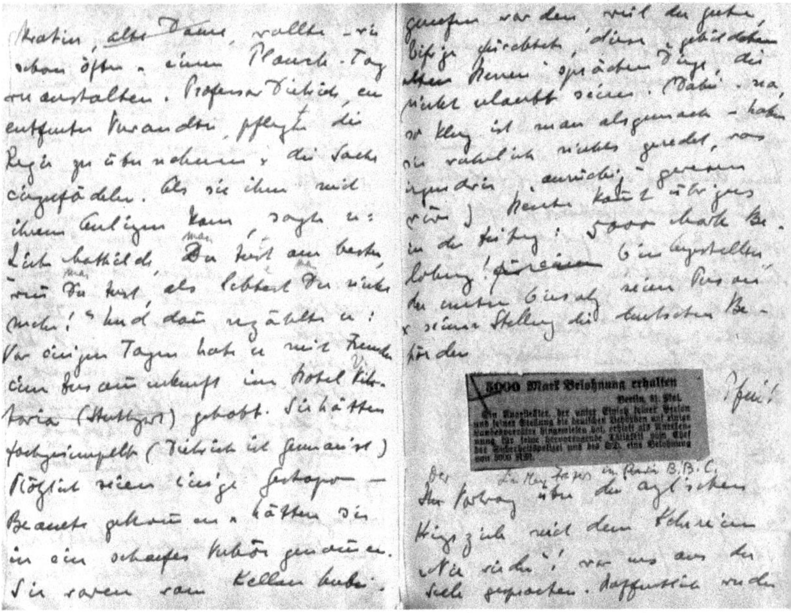

Eintrag vom 1. 6. 1941: Ein Zeitungsausschnitt über einen Angestellten, der denunziert hat und dafür mit 5000 Mark belohnt wurde. Anna Haag kommentiert: »Pfui!«

30. 5. 41. Man erzählt, es sollen *Häuser* eingerichtet werden, in denen sich jede Frau ein Kind »holen« kann. Wohin sind wir geraten!

1. 6. 41. Also doch! Kreta in deutscher Hand! Schrecklich! Manchmal bin ich den Engländern fast böse, weil sie so wenig vorbereitet waren und weil sie – weiß Gott – immer noch nicht wissen, dass für uns Menschenleben keine Rolle spielen. Für unseren Moloch opfert das Volk Dreiviertel seiner Söhne! Entsetzlich!

Eine kleine Begebenheit: Mathilde Planck, frühere Abgeordnete, Demokratin, wollte – wie schon öfter – einen Planck-Tag veranstalten. Professor D., ein bekannter Verwandter, pflegt die Regie zu übernehmen und die Sache einzufädeln. Als die ihm mit ihrem Anliegen kam, sagte er: »Liebe Mathilde, man tut am besten, wenn man tut, als lebe man nicht mehr!« Und dann erzählte er: Vor einigen Tagen habe er mit Freunden eine Zusammenkunft im Hotel V. gehabt. Sie hätten fachgesimpelt (D. ist Germanist). Plötzlich seien einige Gestapo-Beamte gekommen und hätten sie in ein scharfes Verhör genommen. Sie waren vom Kellner herbeigerufen worden, weil der Gute, Eifrige fürchtete, diese gebildeten alten Herren sprächen Dinge, die nicht erlaubt seien (dabei – na, so klug ist man alsgemach – haben sie wahrlich nichts geredet, was irgendwie anrüchig gewesen wäre).

Heute kommt folgendes Inserat in der Zeitung:

»5000 Mark Belohnung erhalten.

Berlin 31. Mai.

Ein Angestellter, der unter Einsatz seiner Person und seiner Stellung die deutschen Behörden auf einige Landesverräter hingewiesen hat, erhielt als Anerkennung für seine hervorragende Tätigkeit vom Chef der Sicherheitspolizei und des SD. eine Belohnung von 5000 Reichsmark.«

Pfui!

Der Vortrag Lindley Frasers im B.B.C. über die englischen Kriegsziele mit dem Kehrreim »Nie wieder« war uns aus der Seele gesprochen. Hoffentlich werden wir ein englisches Dominium. Aber es darf nicht länger so weitergehen wie in Kreta, sonst erlebe ich es nicht mehr.

5. 6. 41. Unser »deutscher« Schwiegersohn sagte zu seiner Frau anlässlich einer der vielen Gelegenheiten, bei denen sie wieder einmal nicht mehr schweigen konnte: »Meine Enkel werden mich einmal beneiden um diese große Zeit, die ich miterleben darf!«

»Wie? Wie willst Du denn zu Enkeln kommen? Dazu musst Du doch erst Kinder haben und Du weißt –«, erwiderte Ludowike.

Ja, er weiß, dass seine Frau Ludowike weder ihm noch der »großen Zeit« Kinder gebären will!

»Du wirst Dich nach einer anderen Frau umsehen müssen!«, fügt sie bei. »Es wird gut sein, wenn Du das bald tust und nicht Deine besten Mannesjahre vorübergehen lässt –« »Werde ich auch!«, sagte er großspurig.

»Ich werde selbständig sein, werde mein Geld verdienen, werde keine finanziellen Ansprüche an Dich stellen. Du hast es leicht, Du kannst die Ehe heute schon lösen.«

»Was? ›Großmütig‹ spielst Du Dich auch noch auf. Die ›Großmut‹ ist bei mir, dass ich eine derartige politische Anschauung überhaupt in meinem Hause dulde!«

»Du brauchst sie ja nicht in ›Deinem‹ Hause zu dulden. Ich lebe ja bei meinen Eltern.«

»– – – in meiner Familie dulde –«, verbesserte er sich.

Ach ja, das ist es: in »seiner« Familie! Zu »seiner« Familie zählt nicht nur seine Frau, dazu gehören auch seine Schwiegereltern. So schwebt dauernd das Henkersbeil über uns, jede Stunde kann der noble junge Mann hingehen und uns anzeigen, uns den Schergen ausliefern. Er weiß zu viel von uns! Wir *konnten* nicht immer schweigen. Wir *mussten* ihm sagen, was wir denken, wie wir die Sache ansehen. Schon lange zwar tarnen wir uns ihm gegenüber, so gut wir können. Aber er weiß Bescheid. Es genügt, wenn man nicht den grässlichen Zeitungsjargon über die »gemeine Bande der Engländer« gebraucht, nicht in die verzückte Anbetung des Gottes Hitler (des hässlichsten aller Götzen, »Moloch« war dagegen ein guter Gott) einstimmt, und schon kann der eigene Schwiegersohn hingehen und fünf- oder zehntausend Mark verdienen mit seinen Denunziatiönchen! O

Deutschland hoch in Ehren! Wenn doch England rasch, rasch einen Erfolg hätte, damit diesem Schlangengezücht der Schrecken ins Gebein führe.

Der Fall B. (ich habe ihn früher schon erwähnt) wurde mir gestern noch einmal folgenderweise dargestellt: B. hatte die Bahnhofgaststätte unserer Stadt. In einem der Gasträume tagte je und je ein katholischer Frauenkranz. Da die Frauen glaubten, unter sich zu sein, pflegten sie ihrer Empörung Ausdruck zu verleihen. Die Zusammenkünfte dienten als Ventil. Bei einer dieser Gelegenheiten schnappte ein Kellner etwas auf und benachrichtigte die Gestapo. Eine hitlerisch gesinnte Katholikin führt sich auch in diesen Kranz ein, sie brachte das nächste Mal einen »durchreisenden Pater« aus Köln mit: dieser Pater stieß mit den Frauen auf den Tod Hitlers an. Frau B. sagte: »Wenn nur in München das Löwenbräuhaus über ihm zusammengestürzt wäre!« In diesem Augenblick kam die Gestapo! Auch der »Pater« warf seinen Rock ab und zeigte einen Ausweis als Gestapo-Mann. Viele Frauen wurden verhaftet. Was aus ihnen wurde, weiß ich nicht. Aber was aus der Familie B. wurde: das gesamte Vermögen wurde sofort beschlagnahmt, die Frau, wie sie ging und stand, verhaftet und »auf die Seite geschafft« (sie lebt nicht mehr), der Mann hat sich erschossen, dem Sohn (Offizier im Feld) wurden die Epauletten heruntergerissen, es wurde ihm ein Revolver überreicht: entweder soll er selbst die Konsequenzen aus dem ehrlosen Verhalten seiner Mutter ziehen oder man *werde* ihn erschießen (er hat sich erschossen). Der Tochter, die eine Gaststätte in einer anderen Straße betrieb, wurde das Geschäft geschlossen. Sie kann nun betteln gehen. Es heißt, sie sei schwermütig, vermutlich wird auch sie bald irgendwo verschwinden.

Wenn ich also diese Dinge nicht selbst erleben würde, so würde ich sagen: das sind Ausschweifungen einer überhitzten Phantasie! Aber nein: das ist *die deutsche Wirklichkeit*! Und das ist nur ein Millionstel von all dem, was sich täglich abspielt. Bestie Mensch! Mit wie viel Recht ist dieser Ausdruck anwendbar auf den deutschen Menschen? Nicht auf alle! Gott sei Dank! Es gibt auch bei uns Menschen, die unaussprechlich unter diesem Zustand leiden, und es gibt noch viel mehr, die aus Schwachheit, aus Unüberlegtheit, aus falsch verstandenem Ehrbegriff und irrtümlich aufgefasster »nationaler Würde« in die nationale Unwürdigkeit oder Nichtswürdigkeit hineingeschlittert sind! Zahllose wollten die selbstverständliche nationale Haltung der Engländer nachahmen, sie beneideten sie darum – und wie es mit allen »Nachahmungen« geht; meist kommt irgendetwas Verzerrtes dabei heraus. Wenn man wieder einmal wird sprechen und schreiben dürfen: man wird in Millionen die *gute* deutsche Art wieder wecken können! Allerdings: Voraussetzung ist, dass wir den Krieg nicht nur verlieren, sondern dass wir bitter unter ihm leiden. Dem deutschen Volk muss gezeigt werden, das Gewalt wieder Gewalt zeugt, und es muss bei ihm der Sinn für das Sprichwort geweckt werden: »Was du nicht willst, das man dir tu, das füg auch keinem andern zu!« Die Hitlerbegeisterten meinen: wozu man die Macht hat, dazu hat man nicht nur das Recht, sondern auch Verantwortung im »höheren Sinn«. Weil wir etwas tun können, darum dürfen und werden wir es tun. Die Engländer *können* das ja gar nicht, darum war es ein Verbrechen von ihnen, beispielsweise Polen und viele andere kleine Länder zum Widerstand gegen uns aufzuputschen! So spricht die deutsche Logik! Darüber wäre ein ganz großes Kapitel zu schreiben!

5. 6. 41. Eine ältliche Dame, Lehrerin, begeisterte Nationalsozialistin, beschwerte sich im Lehrerzimmer darüber, dass die deutsche Presse kaum Notiz vom Ableben Wilhelm II. genommen und dass man auch von seiner Erkrankung nichts erfahren habe. Darauf sagte der Leiter der Schule, nicht ohne Schmunzeln: »Man muss sich eben einen guten Radio anschaffen, Fräulein W.!« Unvorsichtig von dem Mann, er fällt doch noch mal herein.

Wie viele Leute aber »gute Radios« haben, konnte ich heute in einem Geschäftshaus entdecken, wo – mich eingeschlossen – drei Frauen ihren »Kropf leerten«. Was wurde da alles erzählt! Dass viele Truppenteile vor Hunger den Schlaf nicht finden können, (sie bekommen zum Nachtmahl eine dünne Linsensuppe), dass Soldaten aus Afrika schreiben, wenn sie noch lange dort sein müssten, würden sie sich erschießen, dass die Afrikatruppen mehr zu leiden haben unter Hunger, Durst, alles Essen voller Sand, dass sie viele Verluste haben und nicht wissen, wie es weitergehen soll! Dass man uns verschwiegen hat, wie viele Seeleute mit der »Bismarck« untergegangen sind, dass man uns überhaupt nichts sagt, und dass wir Frauen nicht dazu unsere Kinder zur Welt bringen, dass man sie abschlachtet! usf. usf. Ich habe die eine der Frauen heute zum ersten Mal gesehen. Man sieht: es gibt auch Menschen bei uns! Auch bei uns! Und das Merkwürdige ist: man erkennt sich offenbar sofort. Natürlich kann's einem dabei auch schiefgehen, und man kann nach einer solchen Unterhaltung möglicherweise seine Heimstätte nimmer wiedersehen, sondern wandert mit seinem Einkaufsnetz ins Gefängnis. Die eine der Frauen sagte noch: »Die, die niemand dabeihaben, die haben gut Patriot sein! Aber im letzten Krieg hat man unsere Männer zuschanden gerichtet, jetzt macht man's noch schlimmer mit unseren Buben! Und sagen darf man nichts! Und schreiben darf man ihnen nicht, was man denkt, und was man sie wissen lassen möchte. Man macht kurzen Prozess mit Aufrührern! Aber – noch ein bisschen ›warten‹«. Ich fürchte, dass das »bisschen Warten« noch ziemlich lange dauern wird!

Zur »Illustration«, dass die, die niemand »dabei« haben, leicht patriotisch sein können: die Frau eines hohen Juristen fragte mich heute: »Bekommen Sie Nachricht aus Kanada?«

»Zuweilen ja. Und gottlob immer gute!«

»Scheußlich, dass ihn die Engländer geschnappt haben! Jetzt könnte ihr Junge doch auch in Kreta dabei sein. Ich meine, was ein richtiger deutscher Junge ist, für den muss das doch beschämend sein, nicht mittun zu können.«

Ich hätte der Frau gerne gesagt: »Und Sie? Sie haben keine Kinder? Sie sitzen daheim und gehen auf Reisen und nehmen Gesangstunden und laufen spazieren und gehen baden, statt dass Sie in einer Munitionsfabrik arbeiten und damit das Mindeste tun, um ihren Patriotismus und Hitlerismus durch die Tat zu beweisen! Schämen Sie sich nicht?« Aber ich habe ein paarmal geschluckt und habe gesagt: »Ich bin sehr dankbar, dass unser Junge gut behandelt wird.«

5.6.41. Wir – mein Mann und ich – müssen heute Nachmittag auf die dreiviertel Stunden entfernte Bahnstation gehen, und auf einem entlehnten Karren Möbel für uns, die dort angekommen sind, heimfahren. Der Bote ist nämlich Soldat geworden! Das Leben hört nächstens vollends ganz auf. Der Gärtner ist eingezogen, der Flaschner, der Elektriker, der Bäcker und der Fleischer!

Der Berliner Verleger, der früher meine Romane an Zeitungen und Zeitschriften vergab, schreibt mir gestern: »Ich kann mir nun sehr gut vorstellen, warum der Verlag Ihren Roman ablehnt. Ich glaube, es geschah deshalb, weil in Ihrem Roman der Berufstätigkeit der Frau allzu viel Bedeutung beigemessen wurde, gerade in dieser Zeit, die die volle Einsatzbereitschaft der Frau auf *allen* Gebieten fordert. Die Arbeit ist sehr gut geschrieben, wird aber nicht leicht verkäuflich sein. Der Roman kommt für solche Frauenblätter infrage, deren Leserschaft sich nicht aus primitiven Frauen zusammensetzt. ›Nicht primitive‹ Frauen aber sind im Dritten Reich nicht erlaubt – es wird Ihnen übrigens bekannt sein, dass ca. 1500 Zeitungen und Zeitschriften (!) ihr Erscheinen einstellen mussten.«

11.6.41. Da habe ich mir eine böse Suppe eingebrockt: eine Nachbarin (Katholikin) erzählte mir einiges, was man nicht sagen darf. Währenddem kam der Mann einer anderen Nachbarin des Weges. Die Nachbarin Nr. 1 sagte: »Der arme Mann hat auch allerlei zu leiden! Seine Frau kam gestern mit Jubelgeschrei und erzählte: Ukraine abgetreten, Kreta besetzt, Russland im Dreimächtepakt!«

Ich erwiderte, dass sie denselben Jubel auch mir verkündet und dass ich mich gefragt habe, ob diese Frau (bislang anscheinend Nazi-Hasserin!) umgeschwenkt habe. Die Nachbarin Nr. 1 antwortete: »Sie ist nicht ehrlich! Man hat mich schon mehrmals gewarnt vor ihr!«

»Dann habe ich doch richtig geurteilt!«, sage ich und gehe meines Wegs.

Nun ereignet sich heute des Dramas zweiter Akt: Die »Umgeschwenkte« fragte die Nachbarin Nr. 1 aus, nach ihrem Sohn usf. Diese sagte: »Wissen Sie, Frau K., mit Ihnen möchte ich nicht mehr über politische Dinge sprechen. Man hat mich schon mehrmals gewarnt!«

»Wer? Hu, das ist doch nur Pack!«

»Vielleicht ist es auch kein ›Pack‹!«

»Dann hat's die da unten gesagt.« (Damit meinte sie mich.)

»Die ›schneidet‹ mich schon lange!«

Auf dieses Raten antwortet die Nachbarin Nr. 1 *nichts*, was natürlich gleichbedeutend ist mit Zustimmung.

Und nun des Dramas dritter Akt: die Umgeschwenkte überhäuft mich mit Schmähworten. Und des Dramas vierter Akt kann das Konzentrationslager für mich sein! Denn die »Umgeschwenkte« ist erfüllt von Ressentiment-Gefühlen, sie hasst mich außerdem, weil ihr Mann ab und zu auf ein Viertelstündchen zu uns kommt und sich – er ist ein Mensch von unbestechlichem Urteil – mit uns über das schreckliche Deutschland von heute ausspricht. Traurig! Nicht nur Fanatiker des Nationalsozialismus können einen an den Galgen bringen, sondern auch die Gleichgesinnten, wenn sie so unbesonnen sind wie die Nachbarin Nr. 1.

15. 6. 41. Heute hatten wir wieder einmal »Tank-Gäste«. Was das ist? Nun, das sind Leute, die entweder kein Radio haben, oder die in einem Mietshaus wohnen, wo es ganz besonders gefährlich ist, Auslandsender zu hören, weil die Wände zu dünn sind! Natürlich müssen das verlässliche Menschen sein. Aber da erhebt sich gleich die Frage: »*Wer* ist heute verlässlich?« »Noch nicht umgefallen?«, habe ich heute einen Tankgast begrüßt. »Dass S' mr ôber nöt umfôll'n!«, erwiderte er lachend. Dies sei die Mahnung gewesen, die sein Tiroler Gastwirt – wo er seine Ferien verbracht hat – ihm als letzten Gruß mit auf die Heimreise gegeben habe.

Heute Nachmittag hatten wir dann einen vollgetankten Besuch (ich unterscheide zwischen Tankenden und Getankten). Die russische Sache (wird Russland sich wehren, inwieweit wird es sich wehren können, wann wird der Einmarsch erfolgen?) wurde besprochen. Dann natürlich die Frage, wie wird es nachher werden. Nachher nämlich, wenn England gesiegt haben wird. Man berät sich ernsthaft, denn »nachher« müssen doch Menschen da sein, die aufbauen *können* und die willens sind, es zu tun. Pläne, Aufgaben türmen sich. Aber dazwischen hinein erzählt der »Vollgetankte« die neuesten Witze, z. B.:

»Wir singen hier im deutschen Land,
wir fahren hin nach Engelland.
Wenn aber einer rüberfährt,
so wird er für verrückt erklärt.«

Oder: das Flugzeug Hess' sei auf einer Seite mit den Buchstaben N. S. V. bemalt gewesen (so wurde die »Nationalsozialistische Volkswohlfahrt« bezeichnet), auf der anderen mit D. A. F. (Bezeichnung für »Deutsche Arbeitsfront«). Man hat gefragt, was das bedeuten solle, und die Erklärung lautete: »Nicht schießen! Verrückt!« und: »Die andern folgen!«

Dann: Hess heißt nur noch »He«. Warum? Weil die SS nicht mehr hinter ihm stehe.

Und außerdem: beim »deutschen Gruß« zieht man an der aufgereckten Hand den Daumen ein. Was das bedeutet? »Einer ist schon weg«.

Diese Scherze sind unsere »Nahrung«. Wir sind arme Teufel, denn wir haben nur *eine* Hoffnung: die Engländer. Eigentlich nein: »arm« kann man uns in diesem Jahr nicht mehr nennen, denn unsere Hoffnung ist im Verhältnis zum Vorjahr mächtig gewachsen.

Montag, 23. 6. 41. Acht Tage lang habe ich nicht gewagt, meine Aufzeichnungen aus ihrem Versteck im Kohlenraum hervorzuholen. Viel hat sich ereignet inzwischen, viel, viel! Mir sitzt die Gestapo im Genick (dank den lieben Nachbarinnen!). Mein guter Mann sah mich bereits im KZ; er bat, er weinte, er beschwor mich, doch »klug« zu sein. Nun, die schwarze Wolke zog noch einmal über mich hinweg. Das bedeutet natürlich nicht, dass die Gefahr für immer vorüber ist! Aber vielleicht lässt sie sich bannen.

Nun ist Krieg mit Russland! Unser Nachbar – mehrere unserer Nachbarn – schwören noch am Sonnabend: »Die Verhandlungen mit Russland sind erfolgreich abgeschlossen! Russland geht zwar nicht militärisch *mit* uns, aber es fördert alle unsere militärischen Unternehmungen, es unterstützt uns, lässt unsere Truppen durchziehen nach dem Irak, es versorgt uns mit allem, was wir brauchen, mit Getreide und Öl vor allem; Russland bekommt Persien von uns, es brennt darauf, England eines auszuwischen!« Wehe, wenn ich die leisesten Zweifel geäußert hätte! Ich musste staunend zuhören, und als am Sonntagfrüh ganz Deutschland entsetzt erwachte, d. h. durch neues Entsetzen geweckt wurde, da – man höre, was die, die offizielle Flüsterpropaganda der Partei geschäftig weiterleitenden Bekannten sagten. Was jeder gute Deutsche nun sagen oder mindestens mit erstauntem Gesicht anhören muss: »Das Freundschaftsverhältnis mit Russland konnte doch nicht von Dauer sein! – Gottlob, dass der Führer endlich zupackt! Endlich, endlich geht es gegen die Bolschewiken, gegen die rote Pest! Feste druff! Na, das wird ein noch kürzerer Feldzug werden als die anderen! Das bolschewistische Russland ist revolutionsreif! Die rote Herrlichkeit wird wie ein Kartenhaus einstürzen! Wir haben unsere Gewährsmänner. Längst haben wir drüben alles vorbereitet. Ein kleiner Stoß von außen, und das riesige Russland mit all seinen Schätzen steht uns für unsere weitere Kriegsführung gegen den Westen zur Verfügung.«

Seit ich nichts mehr in dieses Heft eingetragen habe, sind auch Priester und Priesterinnen der Christengemeinschaft verhaftet, das Vermögen beschlagnahmt, die Bücher verbrannt worden usf.! Soeben bekomme ich einen Brief, in dem eine Freundin andeutet, dass offenbar eine andere kleine religiöse Gruppe, der einige alte liebe Damen vorstanden, Schlimmes widerfahren ist!

Außerdem: ich hatte über den Sonntag Besuch von meiner Schwester. Sie ist die »rechte Hand« eines Bürgermeisters. Sie haben dort Dauer-Einquartierung, da ein Truppenübungsplatz in der Nähe ist. Grausig, was sie zu erzählen weiß über die Sittenverderbnis und die Ehrfurchtslosigkeit und Grausamkeit der Soldateska. Insonderheit ist es natürlich die SS, die in den letzten Wochen die Dörfer in Entsetzen gejagt hat: alle Kruzifixe (es ist eine katholische Gegend), die in der Stubenecke der Bauern- oder Gasthäuser hingen, rissen sie herunter und zertrümmerten sie, ein großes Kreuz an einem Kirchturm holten sie nächtlicherweile herunter und warfen es in den Teich, Möbel frommer Leute warfen sie rücksichtslos durchs Fenster. Und das alles *im eigenen* Land! Wie soll das enden? Unter den SS-Soldaten waren auch holländische und norwegische *Quislinge*! Einem holländischen Quisling reiste seine holländische Braut nach. Ihre Eltern verweigerten die Einwilligung zu ihrer Verehelichung mit einem »Quisling«. Nun versuchte das Liebespaar seine Heirat in Deutschland durchzusetzen. Natürlich »erzwangen« hohe deutsche Militärstellen die Heiratsmöglichkeit. Was aber geschah? Der holländische SS-Quisling wollte nicht mehr! Wollte plötzlich nicht mehr, nachdem die Schwierigkeiten weggeräumt waren! Warum wohl? O, er hat »Geschmack« an der Abwechslung gefunden! Das ist nichts Besonderes, freilich! Im heutigen Deutschland wäre das Gegenteil staunenswert. Was aber ein Blitzlicht über die ganze Situation wirft, ist die Tatsache, dass meine Schwester beinah ins KZ kam, weil sie sagte: »So sind sie natürlich, die SSler, die Liederlichen! Hier, wie sonst wo, die Deutschen, die Holländer, die Norweger! Alles Geschmeiß sammelt sich in dieser vornehmen Gilde!« Die tat diese Äußerung einer Kollegin gegenüber. Aber diese fühlte sich offenbar in ihrer deutschen Ehre gekränkt und brauste auf.

Es ist ein Witz der Weltgeschichte, dass es Hitler gelungen ist, die »Plutokraten« mit den »Bolschewiken« zusammenzuschweißen. Ich hoffe nur eines: dass sie miteinander uns unsere Heimat wieder verschaffen werden.

4.7.41. Wir haben immer ein paar zierliche, duftige Blümlein aus dem Garten und stellen sie unter Dein Bild, liebes Däxle. Blümlein, wie sie Deiner anmutigen, grazilen Wesensart entsprechen. Wie schön wird es einmal wieder werden, wenn ihr uns besucht, und Mary und Mike im Garten auf dem Rasen *wargeln* oder die köstlichen Erdbeeren suchen. Ich darf mich nicht allzu sehr einspinnen in solche Vorstellungen. Bis sie Wirklichkeit werden können, müssen viele Ängste ausgestanden werden. Deutschland muss vor allem den Krieg nicht nur verlieren, sondern ihn vorher noch am eigenen Leib schmerzhaft zu spüren bekommen. Vielleicht lernen wir dann endlich, endlich einzusehen, was wir anderen Völkern zugefügt haben. Bis jetzt feiern wir unser »Heldentum« noch, und jeder – auch der erbärmlichste Tropf – ist angesichts unserer Großtaten von erhabenen Gefühlen erfüllt, und präsentiert sich als »Herrenmensch«.

11.7.41. Die neueste Version ist: wir sind »Kreuzfahrer« als Bekämpfer der »Gottlosen« in Russland. Ich habe noch mit keinem »Frommen« gesprochen (man muss ja so vorsichtig sein!), ich war auch noch in keiner Kirche – kurz! ich weiß also nicht, ob das deutsche Volk *so* dumm ist, dass es auch nach dieser Melodie wieder tanzt. Ich weiß nur, dass meine Nachbarin heute zu mir sagte: »Ham Sie's g'hört? 300 000 Russen g'fang'n! Jetzt miss'n mr die au wieder verhâlt'n! Wenn i jo au glaub, dass mr a ordentliche Portion davon abknallt ham!« Das sagte die junge Bayerin mit verschmitzt-heiterem Lächeln! Sie ist eine fromme Frau, sie geht jeden Sonntag zur Kirche. (»Am deutschen Wesen soll die Welt genesen!« – Heißt es nicht so?)

Aber etwas anderes: wir sahen uns gestern die neue *Wochenschau* an. Entsetzlich, entsetzlich! Feuer, Vernichtung, Tod und Verderben in Russland! Aber selbstverständlich: auf den Bildern sieht man nicht *einen* deutschen Gefangenen! Die Deutschen stehen dafür abends schwarzumrändert als gefallen in unseren Zeitungen. Die Angehörigen melden den Verlust »in stolzer Trauer«. Zurück zum Film: am Schluss desselben singen die deutschen Soldaten das »Russlandlied«. (Welcher verschwiegene Komponist mag vor Monaten schon den Auftrag erhalten haben, damit die Lieferung zur rechten Zeit erfolgen konnte?) Es heißt da im Refrain ungefähr: »Führer befiehl, wir folgen dir!« Und dazu tanzen auf der Leinwand die fürchterlichsten Bilder der Zerstörung am Auge des Zuschauers vorüber. Am Ende der Vorstellung – tatsächlich! – erhob sich Beifallsklatschen, aber – es war dünn und es blieb dünn! Nein, man konnte diesmal ruhig sitzen bleiben, brauchte keine Angst zu haben, verprügelt und als Unwürdiger an die Luft gesetzt zu werden, wie es mir zu Beginn des Krieges passiert ist. Die überwältigende Mehrzahl klatschte nicht.

Übrigens hörte ich meinen Nachbar Apotheker (er vermittelt stets die offizielle »Flüsterpropaganda« der Partei) heute einem jungen Mann erklären: »Wir drücken sie vollends zusammen (die Russen). Wir müssen unbedingt im Juli im Osten fertig werden! Vor den Nebeln müssen wir noch England erledigen!« Was hat dieser studierte Mann schon alles vorausgesagt, aber er schämt sich nicht.

18.7.41. Eigentlich würde es genügen, Zeitungsausschnitte einzukleben. Ein klein wenig logische Denkfähigkeit, etwas Phantasie, und jeder kann sich ungefähr ein Bild machen vom »deutschen« Paradies. Und doch genügt es auch wieder nicht. In der Zeitung steht natürlich nicht, dass man, um ein Pfund Kartoffeln zu bekommen, Schlange steht – zwei, drei, vier Stunden lang, um dann schließlich zu erfahren, dass von dem kleinen Vorrat soeben das letzte Pfund verkauft worden ist. In der Zeitung heißt es nur: »Keine Kartoffeln hamstern! Nur den notwendigen Bedarf decken! Volksgenosse, denke an die anderen!« usf. usf.

Es steht auch nicht darin, dass es richtige Schlägereien gibt in den Markthallen, um ein bisschen Gemüse – von Obst abgesehen –. Dass erregte Frauen vor kurzem den Oberbürgermeister in die Markthalle geschleppt haben, damit er sich diesen »Schweinestall« ansehe!

In der Zeitung stand anderen Tages nur unter der fetten Überschrift: »Mehr Gemüse und Obst für unsere Stadt« die Nachricht, dass in Zukunft mehr Gemüse und Obst unserer Stadt zugeführt werden wird, und dass es verboten sei, direkt beim Erzeuger zu kaufen. Es stand aber wiederum nicht darin, dass die vermehrte Gemüseanlieferung noch immer nicht einzutreffen beginnt, dass die Frauen stundenlang stehen um einen Salatkopf, dass sie sich raufen um eine Gurke, um ein Pfund Beeren oder Zwiebel!

Aber Todesanzeigen von »für ihren geliebten Führer« Gefallenen stehen drin! Viele, erschreckend viele! Aber es steht nicht darin, dass die Zeitungen – je nach ihrer Größe – täglich nur bis zu zwanzig solcher Anzeigen bringen dürfen, dass hohe Stapel auf den Redaktionen wartend liegen und – dass eine Anzeige 60 Mark kostet, was von vornherein ausschließt, dass die ärmere Bevölkerung den Verlust eines ihrer gefallenen Angehörigen durch die Zeitung bekannt gibt. Man erzählt auch, dass auf den Postämtern Berge von »Mitteilungen« über Gefallene liegen, dass aber pro Tag nur einige zugestellt werden dürfen.

Soeben bekomme ich eine Karte von einer nahen Verwandten. Sie schreibt wörtlich: »Ach der Krieg! Jeden Tag kommt eine schlimme Nachricht von lieben Bekannten. Oft die einzigen Söhne! Undenkbar, wenn diese russische Tank- und Menschenwalze bei uns eingebrochen wäre mit ihrem Untermenschentum!« Was soll man dazu sagen? Man kann nur still beiseite gehen und weinen! Kraft sollte man haben, Gesundheit, Jugend und gleichzeitig die Weisheit und den Überblick des Alters, um *hernach* einigermaßen Ordnung zu schaffen, bzw. zu ermöglichen, dass auch die Menschen in Deutschland zu Wort kommen, die immun sind gegen die »Deutsche« Epidemie.

Gestern sprach ich mit einem Urlauber. Er ist einer der Glücklichen, die noch im Westen sind und überhaupt noch nie »eingesetzt« waren. Was sagte er? Die Soldaten hätten die Schweinerei allmählich dick. Was gehe sie die nächste Generation an, für deren Wohlergehen angeblich sie alles auf sich nähmen?

Eine aufregende Sache ereignet sich zurzeit auf der Hochschule unserer Stadt, wo Ludowike studiert und solche Dinge erfährt. Dort studiert auch ein junger Tscheche. Einer von den wenigen mit irgendwelchen deutschen Großeltern, die die Erlaubnis bekommen haben, deutsche Bürger zu werden und zu studieren. Vielleicht haben seine Verwandten auch »Beziehungen« (ich weiß es nicht) und versuchen, diese zu Gunsten des jungen Mannes spielen zu lassen. Auf jeden Fall: der Jüngling stand schon einmal vor dem Sondergericht wegen »Spionageverdacht«. Aus »Mangel an Beweisen« kam er davon (obwohl man sonst auch ohne jeden Beweis kurzen Prozess macht); dies legt wieder die Vermutung nahe, dass er irgendwelche mächtige

Gönner haben muss. Nun aber hat er sich geweigert, Deutscher zu werden, weil er es in einem »Zuchthaus« nicht aushalten könne und hat versucht zu fliehen. Er hat einigen Mitstudierenden gegenüber erklärt: »Wartet nur ab! Ich schneide euch allen die Hälse ab, wenn der Tag gekommen ist! Glaubet ihr, ich werde Deutscher? Fällt mir doch nicht ein! So eine Schande, Deutscher zu sein!« Einer dieser »Kameraden« war so kameradschaftlich, dies an »geeigneter« Stelle (so heißt das schöne und viel gebrauchte deutsche Wort) zu melden. Ein anderer aber riet ihm, so rasch als möglich zu »verschwinden«, irgendwo in der Tschechei unterzutauchen. Wie aber bewerkstelligen? Er versuchte, einen Pass zu bekommen. Vergeblich. Er brannte so durch, wurde gefasst, zurückgebracht, verhört, und dabei sagte der unglückliche Bursche, »jemand habe ihm vertraulich mitgeteilt, dass er klug daran täte, zu verschwinden«. – So steht die Sache heute. Gestapo, und weiß Gott wer, lassen nun ihre Apparate spielen, wer dieser »Jemand« wohl sein könne! Es wird nichts nützen, alles wird nichts nützen: der junge Tscheche und der »Kamerad«, der »Jemand«, werden ihr Leben lassen müssen. Entsetzlich! Ein netter junger Mensch, der »Jemand«. Ich kenne ihn. Vielleicht ist Ludowike nicht frei von Schuld, vielleicht hat sie den jungen »Jemand« aufgemuntert, den armen Tschechen zu warnen. Sie ist so bleich, und gestern Abend sagte sie: »Wenn ich morgen früh nicht mehr aufwachen würde – eigentlich wäre das schön. –« So ist das bei uns!

Da hat soeben *Richard Crossman* in der 11-Uhr-Sendung des Radio London uns Deutschen eine sehr wichtige Rede gehalten: wir müssten aktiv sein bzw. passiv! Entweder aktiven oder passiven Widerstand leisten, wenn wir nicht einverstanden seien mit dem Hitlerismus. Wie Recht hat er, und wie falsch ist es gleichzeitig, was er rät und fordert! Denn wer auch nur den leisesten Versuch macht, »wider den Stachel zu löcken«, der wird ausgelöscht wie ein Kerzenlicht, zerquetscht wie eine Wanze, vertilgt, weggeschafft. Sollte man nicht auch denken, es wäre richtig, dass *nachher* nicht nur Nazihörige am Leben seien? Dass auch von denen, die guter Gesinnung sind, noch ein paar leben? Natürlich heißt das nicht, dass man die kleinen Möglichkeiten nicht nützen soll! Das tue ich reichlich!

Ein typisches Erlebnis hatte ich gestern Abend im Wald. Wir pflegen in der Dämmerung noch einen kleinen Gang in den schönen Wald neben unserem Haus zu machen. Auf diesem Weg begegnet uns meist ein Herr mit einem kleinen Hund. Wir kennen uns nicht, und wir kennen uns doch. Wir wissen, dass der Mann (ein Fünfziger vielleicht) über den Nationalsozialismus so denkt wie wir. Aber wir haben noch kein Wort direkt miteinander gesprochen, nur gelegentlich mit dem kleinen munteren Hündchen ein wenig gespielt. Gestern Abend nun – es war schon hübsch dunkel – sage ich zu meinem Mann: »Sieh doch! Da vorn! Das ist doch der Terrier von Herrn B.! Das ist doch – ist doch unglaublich, wie?« Was mir »unglaublich« schien war, dass dieser Herr B. anscheinend jemand umarmt hielt, den er heftig und anhaltend küsste, mit kleinen Unterbrechungen, während welcher er einen raschen Blick den dämmerigen Weg entlangsandte, auf dem wir näherkamen. Eben überlegten wir uns, ob wir nicht rückwärtsgehen oder in einen Seitenweg einbiegen wollten, um den Küssenden nicht in die grässlichste Verlegenheit zu bringen. Denn dass es seine Frau nicht war, die er im Arme hielt, dachten wir uns! Er lebt nämlich sehr schlecht mit dieser Frau; sie ist eine glühende Nazi, hat die Tochter einem SS-Mann in die Arme getrieben usf. Aber just in diesem Augenblick unseres Zögerns löste sich der »Verliebte« von seinem Objekt, und Herr und Hundchen schritten munter fürbass, uns entgegen. Wissen Sie, *wen* er umarmt hat? Einen Herrn! – Homosexuell also? O nein! Einem etwas schwerhörigen Mann, der denkt wie wir denken, hat er etwas ins Ohr gesagt, das man nicht laut sagen darf! Nicht einmal bei Nacht im Wald!

19.7.41. Ich habe mich heute darüber besonnen, wie das weitergehen und wie das enden soll. Aber es ist mir keine Erleuchtung gekommen. Der »Rausch«, den die Zeitungen, die Dichter, Künstler, die Politiker und – ach Gott – leider, leider auch so viele Frauen angefacht haben, muss sich austoben. Man erzählt bei uns: aller Kalk sei beschlagnahmt. Warum? Er werde von Flugzeugen aus auf die Schlachtfelder Russlands herausgestreut. Die Leichen werden mit einer Baggermaschine eingeschaufelt. Was wird auf uns arme Menschen noch warten! Und warum? Weil das deutsche Volk so dumm war, einen Verrückten, der sich für ein Genie ausgab, zu vergotten! Und warum wäre es bereit, solchen Götzendienst zu tun! Generalfeldmarschall von Reichenau gibt die Antwort: »Weil wir das kriegerischste Volk der Welt sind!«

Ich muss zugeben: die Gesichter sehen jetzt wesentlich ernster aus, der Hochmut, die »deutsche Überheblichkeit« ist aus vielen gewichen, Angst, nackte Angst ist an ihre Stelle getreten: Angst um den, der in Russland kämpft. »Kämpft« oder ist er bereits eingebaggert? Angst um das bisschen Essen, Angst vor dem, was kommen kann. Wir hier haben es ja noch sehr gut: wir haben bis jetzt keinen englischen Fliegerbesuch gehabt. Aber – selbst der größte Optimist fürchtet, dass auch wir bedacht werden, wenn die Nächte wieder länger werden. Und dann hört man wispern vom »Rheinland«, vom »Ruhrgebiet« usf. Und dieses Wispern beweist, dass man Bescheid weiß, dass die Wahrheit durchsickert, auch wenn die Post alle Briefe aus den zerbombten Städten zensiert!

Gestern war ich mit einer Freundin zusammen. Sie denkt wie ich. Ihr Mann ist Ingenieur und hat gerade die Aufgabe, eine neue Maschine zu konstruieren für die Herstellung der neuen Riesenbomben. Und das eile so sehr, dass der Ingenieur kaum mehr schlafen dürfe und auch noch sonntags arbeiten müsse, ich ließ ihm sagen, wenn er etwas Großes und Gutes für sein Vaterland und für die ganze Menschheit tun wolle, dann soll er doch vier Wochen krank werden. Ich werde morgen früh anrufen und erfahren, *ob* er nun krank ist!

20.7.41. »Sie spotten ihrer selbst und merken es nicht.« Dieses Bibelwort passt ausgezeichnet auf unsere Nazis, sofern sie Zeitungsschreiber sind. Da steht beispielsweise in einem langen Artikel, genannt »Das Gesicht der bolschewistischen Stadt«, folgender Satz:

»Als der Bolschewismus von jenen Gebieten verjagt wurde, hinterließ er nichts als Desorganisation,« (Frage: Was wird der Nationalsozialismus hinterlassen, wenn er von der russischen Armada ›verjagt‹ wurde?) »das Leid der zurückgebliebenen Angehörigen Verbannter und den trostlosen Jammer derjenigen, deren Väter und Männer man kurzerhand erschoss, wenn ein Lump sich fand, sie als Antibolschewisten zu verraten!« »Wenn ein Lump sich fand!« Das ist es! Genau wie bei uns! Man kann dutzend und aberdutzend dieser zusammengeklaubten Artikel lesen und in jedem *Furchtbares* finden, immer dann, wenn von den Bolschewisten Dinge erzählt sind, die haargenau das schildern, was bei uns im nationalsozialistischen Deutschland geschieht. Gleiche Brüder, gleiche Kappen!

Zeitungsnotiz vom 29. Juli 1941:

»Das Sondergericht S. verurteilte die 24 Jahre alte, verheiratete A. D. von G.: wegen verbotenen Umgangs mit Kriegsgefangenen zu *einem Jahr sechs Monate Zuchthaus* und die 34 Jahre alte, verheiratete A. A. aus S. ... wegen des gleichen Verbrechens zu *einem Jahr vier Monate Zuchthaus*. Die 30 Jahre alte, verheiratete M. W. von L. erhielt eine Gefängnisstrafe von *sechs Monaten*. Die drei ehrvergessenen Frauen wurden auch äußerlich wegen ihres schamlosen Verhaltens gekennzeichnet.

Obwohl durch warnende Maueranschläge und durch eindringliche Aufklärung in einer Betriebsversammlung aufmerksam gemacht, ließen es die drei Angeklagten an der gebotenen Zurückhaltung gegenüber Kriegsgefangenen, die im gleichen Betrieb beschäftigt waren, fehlen und knüpften intime Beziehungen zu diesen an. Man tauschte nicht nur Bilder zur ›Erinnerung‹ aus, sondern scheute auch nicht vor einem in diesem Fall besonders verwerflichen Ehebruch zurück. Bei der W. kam es nur deshalb nicht dazu, weil ihr Mann Verdacht schöpfte und seiner Frau das Ausgehen verbot.«

So viel ich hörte, hat man den Frauen die Haare vom Kopf abrasiert!

30.7.41. Bei Dornier, Friedrichshafen, arbeitet eine Strafkompanie. Soldaten werden aus irgendwelchen Gründen dieser Kompanie zugeteilt. Sie bekommen nicht genug zu essen (halbe Ration), müssen 16 Stunden am Tage arbeiten, werden schikaniert und gepiesackt und sind *doch* vergnügt! »Wer zuletzt lacht, lacht am besten!« »Zuletzt« werden vermutlich sie lachen (wenn sie sich inzwischen nicht die Schwindsucht angehungert haben), denn »zuletzt« werden sie leben und nicht in Russland modern. Natürlich können sie jeden Tag, jede Stunde wieder aus der »Strafe« entlassen und zum »ehrenvollen« Kanonenfutter werden. Aber vorläufig – – –

Ein Brief einer bis jetzt sehr »positiven« Studentin! Es dämmert ihr allmählich. Vielleicht »dämmert« es noch vielen, wenn es in Russland weiterhin hapert, aber – ich will nicht voreilig hoffen. Vielen, allzu vielen »dämmert« es noch lange nicht. Für sie sind unsere »herrlichen« Eroberungen endgültig. Sie melden sich als Beamte, Lehrer, als Siedler, als Handwerker, als Ärzte, als Advokaten »nach dem Osten« oder nach der »Westmark«. Das ist mir immer das Unfasslichste, und diese Menschen kommen mir vor wie Kinder, die im Walde einem wilden Tier begegnen und von ihm annehmen, dass es sich herrlich auf seinem breiten Rücken reiten lasse. Dumm sind die Deutschen, grenzenlos

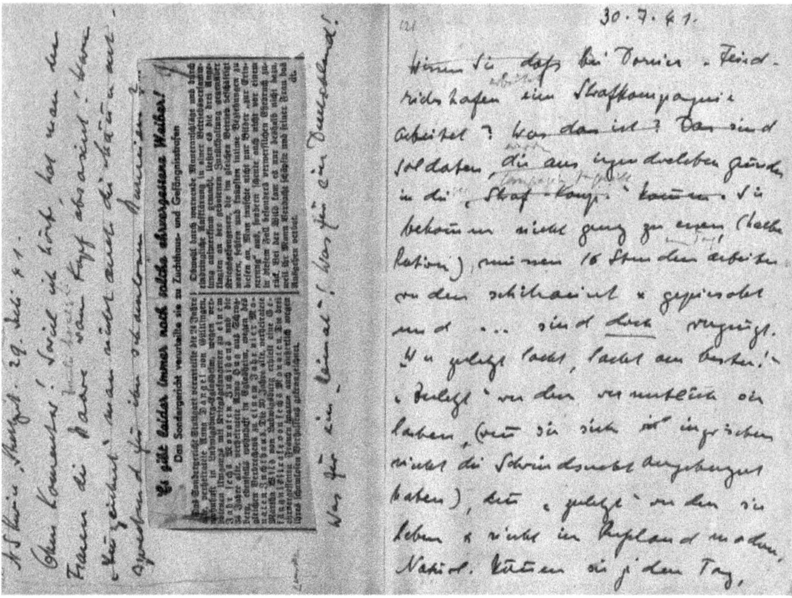

Eintrag vom 30. 7. 1941: Anna Haag kommentiert einen Zeitungsartikel mit den Worten »Was für eine Heimat!« und »Was für ein Deutschland« – ein Beispiel dafür, dass sie sich ihrem Heimatland entfremdet fühlt.

dumm! Vielleicht sind sie so engstirnig, weil sie so überheblich sind. Und widerlich schwankend! Da ist die Christengemeinschaft! Wie viele waren heute »nie dabei«, haben sich's nur »gelegentlich spaßhalber« einmal angesehen, junge Menschen, Studenten, Studentinnen, die sich auf ihre Erziehung in der Waldorf-Schule etwas zugutegetan haben all die Zeit – was ist mit denen? Knirschen sie mit den Zähnen vor wütender Empörung? Schwören sie Rache? Fühlen sie Hass, weil man von heute auf morgen ihre Lehrer und Priester ins Gefängnis geworfen hat? O nein! Nichts von alledem. Ich sprach mit einer Studentin, die seither pharisäerhaft den Kopf in den Nacken warf, als wolle sie sagen: »Ich danke dir, Gott, dass ich nicht bin wie diese Leute da!« Sie ist ehemalige Waldorf-Schülerin. Und nun? »Ach«, sagt sie, »was hat das zu sagen? Nichts, gar nichts. Wenn an der Sache (Waldorf-Schule) etwas Gutes ist, so wird sie wiederaufleben, und wenn nichts daran ist, mag sie ruhig untergehen!« Ist das »Weisheit«? Das grüne Ding kommt sich sehr weise vor mit dieser Zurechtbiegung der Angelegenheit. Ich aber sage, es ist trostlose Charakterlosigkeit. Es gibt zu viele junge Menschen, die sich heute nur noch für das Vorgeschriebene entflammen! Statt wie einst für das unterdrücke Recht und das Gute! Sie kuschen. Fast alle kuschen sie und finden befehlsgemäß *das* gut und recht, was von oben dafür erklärt wird. Sie merken nicht, wie armselig sie sind.

Da hat übrigens heute Nachmittag (14 Uhr) eine Dame vom Londoner Radio aus eine wunderschöne Rede gehalten. Noch sei es Zeit! Wir sollten dies und wir sollten jenes! Kurz: wir sollten uns endlich unserer Tyrannen entledigen! Da bekomme ich immer eine Wut, wenn ich solches Geseires höre, selbst wenn es noch so schöne Sätze sind. Was können wir hier denn tun? *Wenn* wir versuchen wollten, *jetzt* Revolution zu machen, würden die paar Menschen, die man *nachher* zur Beackerung des deutschen Geistes, zu allem, was da notwendig sein wird, braucht, um die Ecke gebracht.

19. 8. 41. Lange habe ich keine Minute Zeit gefunden für einen Eintrag. Das Leben, d. h. die Sorge um die Notwendigkeit des Lebens, frisst alle Zeit: warten, warten, warten! Und »hamstern«, wenn irgend möglich einen kleinen Vorrat schaffen und verstecken für die Zeit, die noch kommen wird! Ich weiß, dass sie kommen muss.

Wir haben verschiedene Vorträge im Radio London gehört und wie immer einen Gleichklang der Seelen erlebt. Wie anders ist doch die Stimme Englands als die der Repräsentanten des gegenwärtigen Deutschlands! Selbst wenn sie scharfen Spottes voll ist (Sefton Delmer), so ist es immer noch etwas so völlig anderes, als wenn Goebbels oder *Fritzsche* oder irgendein anderer Ableger dieser Gewächse ihren widerlichen Giftsaft verspritzen.

Dieser Tage wurde in unserer NS-Zeitung der Brief einer Frau abgedruckt, aus dem Folgendes hier festgehalten sei:

> »… mich hat das Glück schier zerrissen, dass wir in einer Zeit leben dürfen, in der die männlichste Führung Wunder wirkt. Wenn mir so ein dreckiges Mannsbild begegnen würde, das sein Leben so liebt, dass er es nie im Traume opfern möchte, dann packt es mich, und ich habe die Vorstellung, den Arm eines Riesen zu besitzen und den Jämmerling dorthin zu schicken, wo gerade die Hölle los ist …«

Auch an der »deutschen« Frau kann man verzweifeln! Zuweilen bin ich geneigt, die heutige Welt als eine »männliche« Angelegenheit zu betrachten. Wenn man jedoch so was liest, so fragt man sich, ob die Frauen es hätten besser machen können.

Vor einigen Tagen kam der Malermeister, der im Vorjahr die Arbeiten an unserem damals im Bau begriffenen Haus machte. Er hatte etwas anzustreichen.

»Nun«, fragte ich, »wie geht's? Noch nicht Soldat?«

»Ich häng ganz in der Luft, ich weiß nöt –«

»Besser, Sie ›hängen hier in der Luft‹, als Sie morden im fernen Russland.«

»Na ja, aber so ist es a ka Leben nöt! S' gibt ja ka Matrial, mr kann ja ka Arbeit nöt übernehm'n!«

»Schon, aber nach dem Krieg, da können Sie doch wieder –«

»Bah! Nach dem Krieg! Wann wird dös endlich sein!«

»Wie? Nimmer so hoffnungsvoll wie im Vorjahr? Wo Frankreich zusammenbrach? Wo Sie und alle anderen Handwerker jauchzten und sagten: ›Jetzt kochen mr den Engländern noch eine siedig-heiße Suppen –‹«

»Na ja, I hab halt nöt glaubt, dass wir tatsächlich so kriegslüstern sind, dass wir gar mit allen Händel anfangen!«

Das ist ungefähr die Einstellung vieler im Vorjahr noch hochpatriotischer einfacher Leute. Dazu das »bescheidene« Vesper, der Mangel an Bier (dem Lebenssaft der deutschen Seele), der Zwang zur Überarbeitung usf. usf. – Mit welch betontem Spott mir gestern unsere beiden Glaser »Heil Hitler« zuriefen! Es braucht nicht mehr viel und – –

Doch nein: es braucht viel! Vor allem die Möglichkeit, eine Revolution zu *organisieren*! Und die fehlt so vollkommen, dass weder Hunger noch andere Leiden etwas ausrichten können! England und Russland werden uns noch viel Leid zufügen müssen, um uns damit von außen her die Möglichkeit, uns zu erheben, zu schaffen! Von innen her ist nichts zu erwarten! Auch nicht vom Militär! Was von dort käme, wäre von vornherein eine faule Sache! *Schluss* muss werden mit der Verhimmelung des Militärs, Schluss mit dem verruchten Militarismus! Eine andere Welt muss kommen! Bei Gott, ich werde meine Jahre vergessen und helfen, sie zu gestalten.

Heute kam die Nachricht, Fritz, ein Neffe meines Mannes, Jurist, jung verheiratet, sei in Russland vermisst. Gefallen oder gefangen! Von seinem Bruder ebenfalls keine Nachrichten seit Wochen!

Auszug aus einer Anordnung der *Reichspropagandaleitung* vom August 1941:

> »Durch Mundpropaganda sind nachstehende zehn Grundsätze unter der Bevölkerung zu verbreiten: …
>
> 5. Die Sowjet-Juden in Moskau wollten den Krieg gegen Deutschland auf jeden Fall. *Es ist besser, ihn jetzt zu führen, als den Augenblick des Überfalls durch die Sowjet-Union abzuwarten.*

6. Die Endabrechnung mit England kann nicht eher erfolgen, ehe wir nicht im Osten den Rücken frei haben.
7. Die Abrechnung mit der Sowjet-Union verlängert nicht den Krieg, sondern ist Voraussetzung dafür, dass die Abrechnung mit England beschleunigt werden kann.
8. Ein Vergleich des Unternehmens Napoleons mit diesem Krieg ist vollkommen falsch.

   1) hat Napoleon seinen Kampf im Winter geführt.

   2) ist es ein Unterschied, ob man diese Entfernungen mit dem Schlitten oder mit motorisierten Truppen zurücklegt.
9. Nicht nur in Polen, Norwegen, Holland, Belgien, Frankreich, Serbien, Griechenland und Kreta, sondern bereits in den Anfangstagen der Auseinandersetzung mit der Sowjet-Union konnten wir immer wieder feststellen, *dass der Führer nicht nur der größte Staatsmann*, sondern auch der beste Feldherr der Welt ist …

Für die Verbreitung dieser Grundsätze durch *Mundpropaganda* kommen in erster Linie die politischen Leiter und die Mitglieder der Gliederungen und angeschlossenen Verbände in Frage. Die Ortsobmänner der DAF haben dafür zu sorgen, dass diese Grundsätze durch die Betriebsobmänner in den Betrieben verbreitet werden. Die Ortsgruppenleiter geben dieses Rundschreiben im nächsten Dienststellenappell bekannt.«

Pressenotiz:

»Ab 1. September Winterhilfswerk.
Das kommende Winterhilfswerk beginnt bereits am 1. September 1941. Von diesem Tage an werden auch die *freiwilligen* Opfer von Lohn, Gehalt usw. *einbehalten.*
Grundlage für die *freiwilligen* Spenden ist wieder die Lohn-

steuer. Da am 1. Oktober eine neue Lohnsteuertabelle in Kraft tritt, bei der Betriebszuschlag mit der Lohnsteuer zusammengefasst ist, wird die Spende nach der Lohnsteuer berechnet, die sich bei Anwendung der am 1. September gültigen, also der alten Lohnsteuertabelle ergeben würde. Die Spende beträgt monatlich 10 % der Lohnsteuer ohne Kriegszuschlag ...«

Kommentar zur deutschen »Freiwilligkeit«.

Ein Feldpostbrief:

»Im Felde, den 29. 7. 41
Liebe Geschwister B.! Endlich ist einmal eine Gefechtspause, in der ich dazu komme, auch Ihnen einen kurzen Brief zu schreiben. Gewiss haben Sie geglaubt, dass ich anscheinend M. ganz vergessen habe. Nach dem, was wir aber jetzt hinter uns haben, müssen wir doch sagen, M. war ein Erholungsort für uns. Wie Sie ja wissen, stehen wir nun schon die fünfte Woche im Kampf gegen Russland. Mancher Tropfen Blut und Schweiß musste inzwischen fließen. Liebe Kameraden haben wir verloren und mussten sie hier zur Ruhe setzen. Wo gehobelt wird, fallen Späne, das lässt sich nicht ändern. Wir am Leben Gebliebenen werden für die Toten mitkämpfen und arbeiten. Der Kampf hier ist schwer, da wir es nicht, wie in den bisherigen Feldzügen, mit einem ehrlichen Gegner zu tun haben. Die meisten Verluste haben uns die Heckenschützen gekostet. Es schießt hier buchstäblich aus jedem Mauseloch! Ganze Regimenter kämpfen in Zivil, lassen sich von uns überrennen und versuchen uns dann von hinten fertig zu machen. Bei Husiatyn hatten wir sogar als Sensation ein Weiberregiment gegenüber. Das konnten wir erst bei den Verwundeten feststellen, und dann wurde rücksichtslos das ganze Weibergesindel über den Haufen geschossen. Da half

kein Heulen und Zähneklappern, von Flintenweibern lassen wir uns nicht über den Haufen schießen. … So riesige Getreidefelder wie hier habe ich in meinem Leben noch nicht gesehen. Die Ernte werden wir gut gebrauchen können. … Ich glaube, dass der Feldzug hier bereits zu unseren Gunsten entschieden ist. Wir hatten bereits sieben Divisionen eingeschlossen, davon sind ein Drittel tot, der Rest verwundet oder gefangen. Die russischen Verluste sind nicht zu beschreiben. Das Übelste ist der Leichengeruch, den wir den ganzen Tag nicht loswerden. Die Russen versuchen derart plumpe Massenangriffe, dass sie weggemäht werden wie Strohhalme. Auf alle Fälle war es höchste Zeit, dass wir uns über Russland hergemacht haben, denn alle Vorbereitungen, uns in den Rücken zu fallen, waren abgeschlossen. … Die Stimmung bei uns ist vortrefflich, und die Erfolge sind groß. Sie werden später in Sondermeldungen sicher auch von unseren Leistungen hören. Jedenfalls sind wir mächtig stolz darauf, dass wir für unseren geliebten Führer und unser großgermanisches Reich kämpfen und siegen dürfen. Durch die Inbesitznahme der Ukraine haben wir die Lebensgrundlage für unser Vaterland geschaffen. … Froh sind wir bestimmt alle wieder, wenn wir in die Heimat zurückkehren können, aber erst müssen wir noch alle Feinde zu Boden werfen. …

Heil Hitler!
Ihr H. H.«

Der Schreiber dieses Briefes gehört zu jener SS-Formation, die in M. und Umgebung einquartiert war, dort alle Kruzifixe zum Fenster hinauswarf, das Kreuz vom Kirchturm im S. niederholte und in den Teich warf und an Weibergeschichten und Saufereien das Abscheulichste leistete, was sich eine schmutzige Phantasie ausdenken kann.

Sonntag, 24. 8. 41. Zwei Welten! In zwei Radiosendungen offenbarten sie sich heute: die eine sandte Radio London um 11 Uhr. Der Sprecher war *Richardson*, Unteroffizier beim Militär, in Zivil so vermute ich – Volkswirtschaftler. Wie gut sprach er, wie überzeugend, viel Anständigkeit traut er uns Deutschen immer noch zu! Er meint, in der Welt, die »frei von Furcht und Not« sein werde, in der Welt *nach* dem Krieg, müsse Arbeitslosigkeit und Krieg abgeschafft bzw. *unmöglich* gemacht werden. Wie verwandt sind alle seine Argumente den meinen! Er ruft uns auf, dabei mitzuhelfen. Uns! Er hat noch so viel Vertrauen in uns (trotz allem!), dass er glaubt, in unserem Volk gäbe es genügend Menschen, die sich zu *freier* Mitarbeit an der Verwirklichung dieses hohen Zieles eignen würden. Wie mich dieser Glaube an Deutschland erschüttert hat. So erschüttert, dass ich den Tränen nicht wehren konnte. Und heute Abend? Da kann ich's erst recht nicht fassen! Ich habe den 7-Minuten-Sender gehört. Mein Gott, was für Abgründe! »Siegfried, Gustav Eins!« (Name des Geheimsenders) berichtete von einer Anzahl SS-Offiziere, die das *E. K. I* bekamen. Warum? Weil der eine 7632 Juden und Bolschewisten »gekillt« habe, ein anderer hat 5000 abgeknallt. Nun regt sich der Sender nicht etwa darüber auf! Im Gegenteil! Er alteriert sich nur darüber, dass man solchen Henkern das E. K. I gibt und meint, die Jungen aus den »alten« Familien, in denen es heilige Tradition sei, fürs Vaterland zu sterben, würden sich im Grabe umdrehen, wenn sie erführen, *wofür* man in Deutschland das E. K. I bekommt. Im Übrigen, sagte der Sender, sei es ganz in der Ordnung, dass dieses Gesindel gekillt und völlig ausgerottet werde, die SS-Banditen seien gerade gut genug zu Henkern! Wir könnten es uns 1. nicht leisten, die Gefangenen mit durchzufüttern, und 2. bedeuteten Juden und Bolschewisten immer eine Gefahr für uns, solange sie nicht ausgetilgt seien. Weg damit daher! Aber das E. K. I? Dann müsste der Scharfrichter von Plötzensee es schon lange auf seinem Bratenrock baumeln haben!

Ein entsetzliches Sonntagserlebnis! Und dazu das Zittern um Petersburg und um die armen Menschen dort!

Sonntag, 31.8.41. Es ist zu dumm, was wir Deutschen uns erzählen und zu traurig, dass wir uns dessen nicht schämen! Heute vor einer Woche teilte mir mein Nachbar (Apotheker) mit, dass wir im Iran längst Truppen haben. »Dort gibt's die nächste Front!«, erzählte er mir mit schlauem Augenzwinkern. »Die Engländer kommen – guten Morgen – längst zu spät!« Und heute? O nein, er schlägt die Augen nicht nieder vor Scham über seine törichten Worte. Im Gegenteil, er weiß schon wieder was Neues. »Ganz gut, wenn die Engländer dort (im Iran) so viele Truppen haben! Die riegeln wir einfach ab!«

Gestern musste ich der Polizei die Anschrift unserer Tochter in England und anderer Verwandter und Bekannter im Ausland melden. Unter Androhung von Strafen! Nun, ich habe lauter gefälschte Adressen angegeben und geb's Gott wird mein Schwindel nicht entdeckt! *Ich* werde noch helfen, Adressen zu liefern für den Versuch, überall eine fünfte Kolonne zu bilden!

Eine große Freude: zwei Predigten des Bischofs von Münster, gehalten am 13. und 20.7.: Unter der Hand wurden maschinenschriftliche Exemplare verbreitet, so dass wir in Württemberg sie nun schon in aller Heimlichkeit bekommen. Natürlich ist der brave Bischof verhaftet von der Gestapo, gegen die er sich erhoben hat.

3.9.41. Auszug aus einer Zeitschrift für Studenten:

> »Der Deutsche bleibt eben immer Wehrmann im Krieg und im Frieden. Er wird immer Kämpfer sein, solange sein Volk um seinen Lebensraum und seine Existenz kämpfen muss, und ich möchte hoffen, dass dieser Lebenskampf immer währen werde. Denn nichts ist einem Volke so gefährlich wie lange Zeiten jenes Friedens, der gleichbedeutend wird mit

Wohlleben, mit Verflachung und damit Verschwinden der soldatischen Haltung des Einzelnen.«

So schreibt ein Hochschulprofessor in der für die Studentenschaft obligaten Zeitschrift *Die Bewegung* im Juli 1941.

5. 9. 41. Brief von meiner Schwester aus M.! Datum 3. 9. 41. Ein Mord sei geschehen in ihrem Ort. Man habe einen Schäfer mit durchschnittener Kehle gefunden. Die Untersuchung ergab, dass drei gefangene Russen die Tat verübt haben. Die Russen hatten Hunger, vermuteten in dem Rucksack des Schäfers, den er abseits liegen hatte, Brot; sie nahmen den Rucksack, der Mann verfolgte sie und bedrohte sie mit seinem Messer. Dieses Messer entwanden sie ihm und töteten ihn damit.

Noch einige Zitate aus dem Brief meiner Schwester über die Zustände im russischen Gefangenenlager. Sie schreibt:

»... aus dem Gefangenenlager waren 55 Russen ausgebrochen. Es handelt sich um einen *Hunger*ausbruch. Ein Wachmann erzählte mir, die Gefangenen äßen Gras und Würmer. In der nächsten Umgebung von M. wurden nach dem Ausbruch zwei von einem Bauern gefunden. Sie sagten zu dem Bauern, sie wollten ›arbeiten‹ und ›essen‹. Die beiden Gefangenen wurden in meiner Anwesenheit hier in den Arrest sehr unsanft eingeliefert. Dieser Vorgang hat mich tief erschreckt und mir wehgetan, denn die beiden sahen ganz harmlos aus. Ich ging deshalb fort und kaufte einen Laib Brot und ließ ihn durch die Wachleute an die beiden verteilen. Ein Nachbar brachte noch Kaffee. Der Laib Brot kann mir und der Kaffee dem Nachbarn den Kopf kosten. Ich weiß es; aber ich konnte nicht anders ... Wie uns übrigens nachträglich der Feldwebel erzählte, hätte einer der beiden auch Würmer, in einem Papier eingewickelt, bei sich gehabt! – Gestern hörte ich, – auch von einem Wachmann –, dass *die* gefangenen Russen, die ausgebrochen und wieder eingefangen seien, in einer Baracke ohne jedes Stroh untergebracht würden, dass sie zur weiteren Strafe mehrere Male des Nachts aufgeweckt würden, dann rings um die Wand herum über aufgestellte Leiterle (Hindernisse) springen müssten, wobei zwei Hunde hintendrein sprängen! – Beim Essen-Fassen *aller* würden sich viele ein zweites Mal ins Glied stellen, weil sie nicht genug hätten; man habe dann alles Mögliche angefangen, um dies abzustellen und sei nun schließlich auch darauf gekommen, die Hunde auf die ›Missetäter‹ zu hetzen. Ich kann nicht alle Einzelheiten erzählen. Ich kann nur zusammenfassend sagen, dass es ein un-be-schreib-li-ches Elend auf der Welt und eine Verwirrung ohnegleichen ist!! Verwirrung deshalb, weil auch sonst ganz gute Menschen (als solchen lernte ich z. B. den hiesigen Kommandoführer kennen) in solchen Fällen nicht mehr wissen, was Recht und *nicht* Recht ist. … Mit Deinem Tagebuch habe ich getan, wie Du befohlen. Ich habe die Blätter bei einem Bekannten hinter einem Mostfass versteckt …«

Wenn ich bis heute nicht gewusst hätte, was man ausdrücken will, wenn man sagt: »Mein Herz blutet«, so ist es mir heute völlig klar geworden: der Brief meiner Schwester über den »Mord«, den die armen gequälten Russen verübt hatten, und ein Brief aus *Aachen*, der von dem Bombenelend erzählt, haben mein Herz wund gerissen. Und wir? Wir können nichts tun, nichts, nichts! Soeben sagte mir eine Frau: »Ich habe überhaupt keine Hoffnung mehr! Wenn man hört, was die erzählen, die draußen sind, dann weiß man genug!« Und in dem Brief eines Pfarrers hat man mir die Stelle gezeigt: »Der ›Radiokrieg‹ (d. h. die flotten Erzählungen vom frisch-fröhlichen Heldentum, welche die Daheimgebliebenen angenehm gruseln machen) ist anders als der wirkliche Krieg!« Und trotz allem, und obgleich die Frauen Kölns laut rufen: »Wir wollen Frieden, nichts als Frieden!« – trotzdem bleibt das Böse oben, regiert uns, schickt uns in den

Tod und zwingt uns zu töten! Und zu jubeln! Und uns als »vornehmstes« Volk zu fühlen!«

Soeben war der Briefträger da. Ich habe mich verleiten lassen, die Sache mit dem Schäfermord zu erzählen, wie meine Schwester sie mir geschildert hat! Wenn er nun nicht dichthält? Es wäre das Ende? Aber – ich bin bereit!

7.9.41. Der Deutsche ist ein merkwürdiges Gewächs. Ich habe mich darüber besonnen, woher das kommt, dass er das eine Mal so blutrünstig ist und bald darauf wieder menschliche Regungen, Regungen des Mitleids in sich entdecken kann. Nun ist ja kein Mensch ganz einheitlich in seinem Gefühlsleben, aber es ist grotesk, wenn dieselben Menschen einmal mit tiefer Befriedigung feststellen, dass man »selbstverständlich« eine »gute Portion« Russen abknallen muss, anstatt sie gefangen zu nehmen und wenige Wochen hernach wieder Mitleid äußern darüber, dass man die gefangenen Russen buchstäblich verhungern lässt. Eine entscheidende Rolle bei dieser verschiedenen Einstellung spielen bestimmt die Siegesaussichten. Hat der Deutsche den Eindruck, der Krieg sei so gut wie gewonnen, so erwachen bei ihm nicht etwa edle Regungen der Großmut dem unterlegenen Gegner gegenüber. Im Gegenteil! Dann ist es »selbstverständlich«, dass der Feind die »Suppe auslöffelt«, die er sich »in seiner Verbohrtheit« eingebrockt hat! Dann feste druff! Ausgerottet das »Gesindel«! Weg! Ausgetilgt! Dann gibt's Platz! Ist ja doch nur »Ungeziefer«! Kommen jedoch bange Tage, neue Komplikationen, schwere Luftangriffe, geht's im Osten nicht recht vorwärts, oder gewinnt England ein diplomatisches Spiel, oder, wenn es aussieht, als träte Amerika in den Krieg ein (wie augenblicklich), dann gibt es viele, die plötzlich ihr weiches Herz entdecken und sagen: »Die Gefangenen sind doch auch Menschen! Wenn *wir* das büßen müssen! Wenn sich das rächt!« Aber solche Äußerungen wagen diese Leute keineswegs in der Öffentlichkeit. Sie flüstern sie höchstens einem verlässlichen Bekannten zu.

Auf jeden Fall: ich tue mein Möglichstes an »Mundpropaganda«! Mit Vorliebe nehme ich mich der »Urlauber« an, wenn ich ihrer habhaft werden kann. Es gelingt mir meist, allerlei aus ihnen herauszuholen, und ich habe noch mit keinem gesprochen, der nicht kriegsmüde wäre! Da lässt sich dann leicht ein Rat geben, ein Wink, eine Anweisung.

Warum die englischen Flugzeuge während der letzten verlockend schönen Nächte nicht mehr eingeflogen sind ins Reich? Unsere »Helden« sagen nun nicht mehr: »Weil sie keine Flugzeuge, keine Flieger mehr haben, weil sie nicht können wegen unserer Flak, unseren Nachtjägern usf.« Vielmehr sagen sie: »Die Engländer haben etwas vor! Irgendwo wollen sie Truppen landen, vermutlich in Finnland!«

Zeitungsnotiz im September 1941:

»*Der gelbe Judenstern.*
Er muss ab 19. September getragen werden.
Im Reichsgesetzblatt wird eine Polizeiverordnung veröffentlicht, durch die bestimmt wird, dass *Juden* sich in der Öffentlichkeit nur mit einem *gelben Judenstern* zeigen dürfen. Er ist sichtbar auf der linken Brustseite des obersten Kleidungsstückes zu tragen. Die Verordnung tritt mit dem 19. September in Kraft.
Der deutsche Soldat hat im Ostfeldzug den Juden in seiner ganzen Widerwärtigkeit und Grausamkeit kennengelernt. Er hat die Folgen der GPU-Gräuel und die Verelendung der Massen gesehen: Das Werk der Juden. Dieses Erlebnis lässt den deutschen Soldaten und das deutsche Volk in seiner Gesamtheit fordern, dass dem Juden in der Heimat die Möglichkeit genommen wird, sich zu tarnen und damit jene Bestimmung zu durchbrechen, die dem deutschen Volksgenossen die Berührung mit den Juden ersparen.«

Was werden sie noch alles an Grausamkeiten erfinden?

»*Merkblatt für die Haushaltungen.*
Volksgenossinnen und Volksgenossen!
Während Eure Väter und Brüder, Eure Männer und Söhne an der Front in dem uns aufgezwungenen Kriege in selbstverständlicher Pflichterfüllung Sieg auf Sieg an die Fahne des Reiches heften, schaffen unsere Arbeitskameraden in der Heimat die Vorbedingung dazu. Unsere Sorge muss deshalb den Soldaten der Front und denen der Heimat in gleicher Weise gelten.
Deshalb wollen wir den Soldaten der Arbeit, was sie für die Erfüllung ihrer Aufgaben notwendig gebrauchen, zur Verfügung stellen und Rohstoffe, die heute noch unbenutzt liegen, dem Verbrauch zuzuführen.
Nicht wenige unserer Soldaten haben, als sie einberufen wurden, Stiefel zurückgelassen. Bei der Wehrmacht sind sie neu und gut eingekleidet worden. Inzwischen liegen diese Stiefel unbenutzt in den Haushaltungen, während die Gefolgschaftsmitglieder der landwirtschaftlichen und gewerblichen Betriebe diese Stiefel für ihren Arbeitseinsatz brauchen.
Marsch-, Reit-, Berg- und Skistiefel,
die heute nicht im täglichen Gebrauch sind, sondern ungenutzt lagern, wollen wir deshalb den Volksgenossen zuführen, die sie in ihrer Arbeit und ihrem Dienst dringend benötigen.
Es ergeht deshalb an Euch die Bitte, diese Stiefel zur Verfügung zu stellen. In etwa vier Tagen wird Euer Blockleiter Euch aufsuchen und nachfragen, ob Ihr Marsch-, Reit-, Berg- oder Skistiefel abgeben könnt. …
Nationalsozialistische Deutsche Arbeiterpartei.«

21. 9. 41. Lange habe ich keinen Eintrag gemacht. Das liegt weniger an meiner kranken Hand, als an Mangel an Zeit, an Kraft, an Schwung. Es ist alles so trostlos. Die Fülle der Ereignisse drücken mich zu Boden.

Ein Arzt an einem Russenlager erzählte, wie die russischen Gefangenen gequält werden, und dass man sie verhungern lasse.

Aus einigen Feldpostbriefen: *Ein* Soldat schrieb heim: »Ich *kann* nimmer töten, liebe Mutter!« Ein anderer: »Ich werde wahnsinnig«, ein dritter: »Ich bin restlos glücklich!«, ein anderer: »Es besteht gar keine Aussicht, dass ich wieder heimkomme!« Ein junger Ehemann schrieb heim: »Ich bin so froh, dass unser kleines Kind ein Mädchen ist! Dann muss es später wenigstens das nicht leiden, was ich leiden muss!« (Der junge Vater wird sein Kind nie sehen. Er ist tot in Russland.) Ein junger Pfarrer (Sohn eines Schuhfabrikanten, o Ironie des Schicksals!) bat seine Mutter flehentlich um Zusendung von einem Paar guter Schuhe (vergebliche Bitte, denn es dürfen nur 100 Gramm an die russische Front geschickt werden). Er habe sehr kranke Füße, blutend, wund und sein Schuhwerk bestehe mehr aus Löchern als aus Leder. Aber er dürfe nicht zurückbleiben. Man habe ihm jetzt ein Fahrrad gegeben, er müsse vor mit der kämpfenden Truppe. Am gleichen Tag, als er diesen Brief schrieb, fiel er.

Auf dem Lebensmittelamt sagte ich: »Nun, im nächsten Jahr werden wir die Rationierung wohl nicht mehr haben.« Die Dame sagte: »Mein Chef eröffnete mir: eine Stelle beim Ernährungsamt sei eine Lebensstellung! Der Krieg wird noch lange dauern und nach dem Krieg wird es keine Schiffe geben, dass man in der außereuropäischen Welt etwas kaufen könnte.«

Eine Bekannte bekam die Nachricht, dass ihr Sohn in Russland vermisst sei. Gleichzeitig kam ein Brief vom andern Sohn, der ebenfalls in Russland ist. Ein sehr vergnügter und zu den Ereignissen sehr positiv eingestellter Brief. Die Mutter schrieb: »Das ist ja mein Junge gar nicht mehr! Das ist ja mein Junge gar nicht mehr!« Die Arme hat an diesem Tag zwei Söhne verloren, und die weniger schmerzende Wunde schlug der Verlust des

Totgeglaubten. Der »Junge« ist derjenige, der früher schrieb: er habe alles »über Bord geworfen«, seine ganze frühere Weltanschauung!

Wiederholt habe ich nun gehört, dass deutschen Soldaten verboten wird, sich gefangen nehmen zu lassen. Sie sollen sich im entscheidenden Augenblick selbst entleiben.

Mein Nachbar Apotheker »siegt« heute wieder auf der ganzen Linie. »Im Lauf des Monats Oktober werden wir bequem fertig mit Russland und dann wird auch England noch erledigt!«

Aus der Zeitung ausgeschnitten:

»*Todesstrafe für Rundfunkverbrecher.*

Berlin, 27. Oktober.

Zwei besonders krasse Fälle von Rundfunkverbrechen fanden in der letzten Zeit ihre Sühne durch Todesurteile, die der Schwere der Vergehen allein gerecht werden. Das Sondergericht beim Landgericht *Nürnberg-Fürth* verhandelte gegen den 1898 in Nürnberg geborenen Johann *Wild*, der sich nach der Machtergreifung systematisch unter den Einfluss marxistischer Netzpropaganda gestellt hatte, indem er die ausländischen, meist von jüdischen Emigranten inspirierten Rundfunksendungen abhörte. Das Sondergericht stellte fest, dass der Angeklagte bewussten und gewollten Volksverrat getrieben hat. Es verurteilte ihn daher zum Tode wegen eines Verbrechens gegen § 2 der Rundfunkverordnung, sowie zu einer Zuchthausstrafe von vier Jahren, wegen Abhörens von Rundfunksendungen und wegen Verbreitung von ausländischen Rundfunknachrichten.

In einem anderen Falle hatte das Sondergericht in *Graudenz* gegen die Haushälterin Pelagia Bernatowicz und mehrere Mitangeklagte, sämtlich Polen, zu verhandeln. Pelagia Bernatowicz benutzte die Abwesenheit des Arztes, bei dem sie als Wirtschafterin tätig war, um an dessen Rundfunkgerät ausländische Sender abzuhören und lud regelmäßig polnische Bekannte zu diesem verbrecherischen Treiben ein. Daher war die Todesstrafe die erforderliche Sühne.«

Wann wird für *uns* Rundfunkverbrecher das letzte Stündlein schlagen?

29. 9. 41. Wenn ich, wie das in letzter Zeit einige Male der Fall war, im Wald ein altes Volkslied singen höre, so möchte ich dies gar zu gerne als Symbol der Gesundung unseres Volkes werten; denn es gab ja Jahre, in denen *alle* diese alten süßen Lieder wie in einem tiefen Schacht versenkt schliefen, und wenn Gesang ertönte, waren es nur die Lieder der »Bewegung«, Soldatenlieder vom »schönen Tod auf blut'gem Feld« u. Ä. Aber – traurigerweise erlebe ich in der nächsten Minute wieder so viel Dummheit und Engstirnigkeit, dass meine Freude über den mutmaßlich beginnenden Gesundungsprozess stirbt wie ein zu früh erblühtes Blümlein im Frühjahr. Da spricht man mit vermeintlich gleichgesinnten Deutschen, man ist glücklich, endlich verwandtem Denken und Fühlen zu begegnen, das Herz taut auf: »Seid umschlungen Millionen!« Mit einem Mal aber geht der Vorhang wieder runter, das Herz schließt sich wieder in sich wie eine Mimose bei Berührung. Der Gesprächspartner, der die Sekunde vorher sich etwa über die Judenbehandlung aufgeregt und Hitler einen »gemeinen Verbrecher« genannt hat, erzählt mit dem typisch deutschen Blick und Ton von den »Schlawinern«, den Italianos, von den Schlappschwänzen, von der Gesellschaft, die überhaupt nichts leistet und längst aufgehört hätte mit dem Krieg, wenn der Deutsche nicht hinterher wäre, von General Rommel, der mit Recht an der libyschen Front italienische Offiziere habe erschießen lassen usf. Ein solcher Gesprächspartner entsetzt sich über die Behandlung oder Misshandlung russischer Kriegsgefangener und darüber, dass man jungen Mädchen oder Frauen in *öffentlicher* Schaustellung auf den Marktplätzen der jeweiligen Städte die Haare abschneidet und ihnen ein Plakat umhängt: »Ich bin ein ehrloses Mädchen«, wenn sie eine kleine Liebelei mit einem gefangenen Franzosen oder Polen haben oder ein ernstes Verhältnis mit beabsichtigter Heirat nach dem Kriege oder auch, wenn sie aus purem augenblicklichen Mitleid oder einer Art generöser Geste einem armen Burschen ein paar Zigaretten schenken oder ein Stück Brot! Das entsetzt diese »Gleichgesinnten«, und sie empören sich darüber. Gleichzeitig aber »fürchten« sie, dass wir den Krieg verlieren könnten (statt dass sie Gott danken!) und jammern, dass unsere armen Soldaten möglicherweise wieder alles »umsonst« durchmachen müssen, falls wir den Krieg verlieren. O sancta simplicitas! »Alles umsonst«, alles umsonst wäre, wenn wir den Krieg gewännen! Unser *einziger*, aber auch wirklich unser einziger, jedoch unerhört großer Kriegsgewinn wäre die Tatsache, dass wir ihn *verlören*! Nur dann »gewinnen« wir ihn! Aber die deutsche Massenseele denkt in ihrer lächerlichen Überheblichkeit stets um ein paar Millimeter zu kurz. Ich wünschte, das Denken wäre wie Gummi und ließe sich bei Bedarf noch das winzig bisschen dehnen, das noch fehlt. Aber meine diesbezüglichen Anstrengungen sind meist so vergeblich, dass ich ermattet meinen Versuch aufgeben muss.

Ein junger, uns bekannter Flieger, von Göring persönlich dekoriert für 100 Feindflüge nach England, hat bei seinem ersten Flug im Osten sein Leben für »Führer, Volk und Vaterland« hingegeben. Ich ließ mir von seinen Angehörigen darüber erzählen: seine Maschine sei zerschossen gewesen, er habe seinen Vorgesetzten gefunkt, die Maschine könne entweder auf russischem Gebiet noch normal landen, dagegen halte sie niemals mehr den Rückflug in die deutsche Linie aus. Der Befehl sei gekommen, die Maschine der deutschen Front zuzusteuern und eben dann abstürzen zu lassen, wenn sie nicht mehr gehorche.

Die vier jungen Menschen befolgten den Befehl und – waren alle vier tot! Auf meine Frage, ob wir junge Menschenleben so übrig hätten, antwortete mein Nachbar Apotheker: »Ein rechter Soldat stirbt lieber, als dass er sich gefangen gibt!« Dieser alte Knacker hat in jeder Hose und Westentasche mindestens ein halbes Dutzend Medikamente und Mittelchen, mit denen er *sein* Leben zu verlängern hofft. Aber diese alten Herren berauschen sich an hohen Worten, und sie sind es vielfach, die die armen Jungen ins Verderben hetzen!

3.10.41. Ein Schriftleiter unserer NS-Zeitung schreibt heute:

> »*Stern des Ärgernisses.*
> In der Straßenbahn saß unter anderen Volksgenossen ein Hauptfeldwebel mit seiner Frau und seinem Kind. In einer entfernteren Ecke ein Jude. Der Wagen füllte sich mehr und mehr. Die Soldatenfrau nahm ihr Kind, um Platz zu schaffen, auf die Knie, Jüngere standen vor Älteren, Männer vor Frauen auf. Es ging alles nach den ungeschriebenen Gesetzen des Wohlverhaltens und der volksgemeinschaftlichen Übereinkunft, bis die Soldatenfrau bemerkt, dem Juden könne es, glaube sie, nichts schaden, wenn er Platz mache. Darauf erhoben sich mehrere Stimmen, die nichts weniger meinten, als dies, dass ›*der Jude auch ein Mensch*‹ sei, woran noch niemand gezweifelt hat, zumindest nicht in anthropologischem Sinne. Der Hauptfeldwebel, vom Osten in kurzem Urlaub in der Heimat weilend, war so erstaunt, dass er sich nicht einmal zu entrüsten vermochte. So kam er am Tag darauf in die Schriftleitung unserer Zeitung und machte seinem Herzen Luft. ›Und da kommt man nun in die Heimat‹, sagte er, ›und weiß, dass unser braves Volk hinter unserem schweren Kampf steht und merkt, dass für Einzelne der gelbe *Judenstern zum Ärgernis* geworden ist. Wissen Sie, das begreife ich nicht. Das könnte auch kein einziger Soldat fassen, der im Os-

ten gegen die bolschewistisch-jüdische Wespe die Heimat verteidigt. Mehr habe ich nicht zu sagen.‹

Der beweiskräftigen Sprache des Hauptfeldwebels (, so fährt der Berichterstatter fort,) habe ich nichts hinzuzufügen, es sei denn dies: ein probates Mittel gegen falsches Mitleid und falsche Menschlichkeit ist der von mir lange geübte Brauch, den Juden überhaupt nicht zu sehen, durch ihn hindurch zu blicken, als wäre er aus Glas oder weniger als Glas, als wäre er Luft, selbst dann, wenn der gelbe Stern nicht auf ihn aufmerksam machen möchte.

Schi.«

Gottlob, dass es Deutsche gibt, denen der Judenstern ein Ärgernis ist!

7.10.41. Der feine Schriftleiter der NS-Zeitung gibt neues Ärgernis durch eine Zweitauslassung über den »Stern des Ärgernisses«. Er schreibt:

»*Es ist doch schlimmer.*

Unter der Überschrift ›Stern des Ärgernisses‹ erzählte ich in der Nummer 271 unserer Zeitung vom 3. Oktober das Erlebnis eines Hauptfeldwebels, dessen Frau in der Straßenbahn von Beifahrern deshalb gerügt wurde, weil sie meinte, dass es einem in der Ecke sitzenden Juden nicht schaden könne, wenn er Platz mache. Unsere Leser erinnern sich der Folgerung, die ich aus diesem betrüblichen Tatbestand, maßvoll genug, gezogen habe. Eine große Anzahl von Anrufen und Leserbriefen hat mir indessen bewiesen, dass ich mich im Irrtum befand, als ich annahm, falsches Mitleid und schlecht angewandte ›Menschlichkeit‹ gegenüber besternten Juden seien Einzelerscheinungen. Aus der Fülle der Beweise die Tatsache, dass es doch schlimmer ist, als ich ahnte, greife ich heute einige heraus: ›In meiner Ortsgruppe‹, schreibt eine ältere Frau, ›sind zwei jüdische Altersheime. Jeden Abend stelle ich fest, dass zu der Zeit, da die Geschäfte schließen und der stärkste Verkehr herrscht, auch die alten Jüdinnen die Straßenbahn benützen und wie ihnen bereitwillig Platz gemacht wird. Nun ja, sie tragen ihre Handtaschen auch so geschickt, dass man den Stern nicht sieht.‹ Eine andere Stelle: ›In der Ameisenbergstraße ging ein Jude, ihm entgegen eine Frau ohne Stern. Diese lief auf den Juden zu, streckte ihm die Hand hin und sagte im Brustton tiefen Mitgefühls: ›Es gehört wahrlich mehr Mut dazu, diesen Stern zu tragen, als in den Krieg zu ziehen‹, worauf ihr der Jude gerührt die Hand schüttelte und sagte: ›Ich danke Ihnen herzlich für dieses Wort.‹ Und das gibt es heute noch in unserer Stadt!‹«

Ob es nicht später einmal noch eine andere Lösung gibt: nämlich, dass diese Herren »Schi« und Konsorten an die Wand gestellt werden?

12.10.41. Wenn ich bis heute noch nicht gewusst hätte, dass der deutsche Bürger, sein Hunger, sein Durst, seine Nacktheit völlig belanglos sind, dann weiß ich's jetzt. Ein ausgezeichneter deutscher Beamter hat es mir gesagt. Ein solcher Beamter, vor dem man steht in heller Angst und mit grundlos schlechtem Gewissen. Schwitzen tut man, und irgendwo in fernen Winkeln gräbt das Gedächtnis nach irgendwelchen Missetaten. Denn welcher Mensch vermöchte in Deutschland zu leben, ohne zum »Verbrecher« zu werden, ohne das Gesetz zu übertreten, ohne irgendein Verbot oder Gebot zu ignorieren. Das war immer so. Aber heute ist es das Grundgefühl, das Gefühl, das jeden beherrscht.

Die Sache ist, kurz gesagt, die: der Mantel am Fahrrad meines Mannes ist unreparierbar. Ein neuer Mantel? I wo! Bezugsschein nötig. Also: Reise zum Wirtschaftsamt in der Hauptstadt!

»Ausgeschlossen«, sagte der Beamte.

»Das Rad brauche ich dringend notwendig zur Fahrt nach meinem anderthalb Stunden entfernt liegenden Grundstück.«

»Dann erst recht ausgeschlossen! Grundstück liegt nicht mehr auf der Gemarkung unserer Stadt!«

»Wie stimmt das zur ›Erzeugungsschlacht‹? Jeder soll bauen und pflanzen und für die Ernährung mitsorgen!«

»Quatsch! Hat alles nichts zu sagen.«

»Volksernährung?«

»Unsinn! Nur das Heer! Alles für das Heer! Was glauben Sie, wenn wir nicht diesen Standpunkt einnähmen, dann hätte das Heer nicht das, was es braucht, und die Russen wären längst im Land!«

Mein Mann schüttelt den Kopf und denkt, dass unser Nachbar K. nicht so Unrecht hat, wenn er zu sagen pflegt: »Die lassen uns noch Baumrinde fressen!«

Nebenbei gesagt: nach einer zweiten Reise und heftigerem Ansturm und Ablieferung des alten Mantels fiel die deutsche Beamtenfestung doch, und der Bezugsschein für den Fahrradmantel war in unserer Hand. Aber alles ist so grenzenlos »einfach«! Den größten Teil seiner Zeit und seiner Kraft muss man opfern, um sein bisschen Leben kümmerlich zu erhalten. Und dabei leben wir doch in »der herrlichen, der großen, der wunderbaren Zeit, um die uns unsere Enkel noch beneiden werden«.

13.10.41. Unser Nachbar K. kam von einer Sitzung. Teilnehmer an der Besprechung waren ein Arzt, ein Chemiker und ein Gewerbelehrer. Bei der Besprechung wurde erzählt: im russischen Gefangenenlager in Frankfurt äßen sich die – – –

Nein, ich muss anders beginnen: Gestern hörten wir von Freunden, dass die gefangenen Russen zu Tausenden umgebracht würden, dass man ihre Kleider und Stiefel dem deutschen Militär gäbe, dass man die Kadaver »natürlich« auch noch verwerte. Als ich das hörte, dachte ich: Schlimmeres kann es nicht mehr geben. Aber im Deutschland der »großen Zeit« ist alles möglich. Die drei oben erwähnten Herren waren in Frankfurt gewesen und brachten von dort die Nachricht mit, dass die im dortigen Gefangenenlager lebenden Russen sich gegenseitig aufäßen! Entsetzen? O nein! Lächeln auf den Gesichtern der drei Herren, und auf die Feststellung, dass die besagten Russen *Hunger* haben, erwiderte der Arzt: »Ist ganz in Ordnung! Wir können uns einfach *nicht leisten*, den Russen mehr zu essen zu geben. Warum haben sie den Krieg angefangen!« *Wer* hat den Krieg angefangen? Ach so – natürlich die Russen! Es war mir geschwind, als – als hätte Deutschland angefangen. Aber ich weiß nun meine Lektion wieder richtig! Polen hat angefangen, Russland hat angefangen! Das Gesindel bekommt seinen Lohn! Weg mit ihm! Lebensraum für uns!

Das ist der im Lande kursierende Goebbels'sche Sprachschatz.

13.10.41. abends. Bachkantaten in der Kirche! Wir gingen hin; es war ein Erlebnis. Richtiger: es *wäre* ein großes, ein erhebendes Erlebnis geworden, wenn das Volk, dem ich angehöre, nicht ein immer größeres Fragezeichen für mich würde! Da saß also das Gotteshaus dick voll von *wirklich* freiwilligen Besuchern. Es erhob sich sofort für mich die Frage: »Wie? Wenn der Besuch einer Parteiveranstaltung ebenso ›freiwillig‹ wäre, würde dann der Raum auch so voll sein?«, und die glückvolle Antwort kam unmittelbar: »Nie! Nein!« Da saßen sie also, die Menschen, und lauschten ergriffen:

»Er ist mein Gott,
Der in der Not
Mich wohl weiß zu erhalten,
Drum lass ich ihn nur walten!«

und:

»Eine feste Burg ist unser Gott – –«

Und als der letzte Vers mit seinen hellen Trompetersignalen verklungen war, die Menschen noch ein paar Minuten ergriffen still sitzen blieben, die Kirchentore geöffnet wurden und die Gebannten sich allmählich anschickten, das Gotteshaus zu verlassen, da sammelte der Dirigent in aller Eile noch einmal seinen wuchtigen Chor und die Instrumentalisten, und hinaus klang's, weit in die Stadt:

»Das Wort sie sollen lassen stahn
Und kein Dank dazu haben!
Er ist bei uns wohl auf dem Plan
Mit seinem Geist und Gaben!
Nehmen sie den Leib,
Gut, Ehr, Kind und Weib,
Lass fahren dahin,
Sie haben kein Gewinn:
Das Reich muss uns doch bleiben!«

Und alle, alle in der Kirche stimmten mit ein, und es klang wie ein Schwur und wie eine Drohung, und ich dachte beseligt: »Sieh, unser Volk hat sich wieder gefangen! Sich wiedergefunden! Es hält Einkehr und Umkehr!«

Aber da hörte ich einen dieser ergriffenen Mitsänger auf der Heimfahrt in der Straßenbahn sagen: »Ist doch ganz in Ordnung! Weg mit den Bestien, den Untermenschen, dem Gesindel!« Und damit meinte er das, was man im Namen Deutschlands an den russischen Gefangenen tut.

Da habe ich gewusst, der fromme Deutsche ist wohl geneigt, gelegentlich für seinen *Glauben* eine Lippe zu riskieren! Er will seinen Glauben *behalten*, o ja, will sich als guter, als frommer

Mensch fühlen, aber – aber er ist kaum einmal bereit, in der Tat *die* Haltung einzunehmen, die dieser Glaube ihm eigentlich als sittliche Pflicht auferlegt, sofern diese Haltung *der* widerspricht, die von oben herab als *die* deutsche Haltung geprägt worden ist. Er hat zwei Götter: *den* Gott, den man ihn in seiner Kindheit anbeten lehrte, und den Gott, der heute die Gesetze macht! Und er gibt jedem einen Brocken. Er gebärdet sich als Märtyrer und sagt: »Du, Gott von heute, komm mir meinem guten, lieben Gott von gestern nicht zu nahe! *Alles* darfst du, heutiger Gott, verlangen: meinen NSV-Beitrag, meine Parteispenden, ich will keine einzige deiner roten Opferbüchsen übersehen, in Wort und Tat will ich dich rühmen und deine Gesetze und Vorschriften achten. – Nur eines – nein, eines darfst du nicht verlangen: du darfst mir meinen Glauben nicht verbieten! Sonst werde ich ungemütlich!«

Ungemütlich? Er denkt nicht daran! Er macht eine Faust in die Hosentasche, er singt aus voller Kehle im Gewühl der vollen Kirche, wo schon die Tore offenstehen und man in einer Sekunde in die dunkle Nacht hinaustreten und entwischen kann: »Das Wort sie sollen lassen stahn – – –« Aber nachher? Ach, da besänftigt er sein von so viel streithaftem Mut bekleckertes Gewissen mit den Worten: »Ist ja ganz in Ordnung – – –« Kurz: er gibt jedem seiner Götter das »Seine« und fühlt sich geborgen dabei: ihm kann nichts passieren, weder im Diesseits, noch im Jenseits; denn hier und dort ist er seinem Gott untertan; an den jenseitigen *glaubt* er und dem diesseitigen *dient* und *hilft* er.

Man möchte eines Morgens aufwachen und wissen: alles, alles war ein höllischer Traum! Man möchte wieder lachen können, unbeschwert über all den Schnack im Menschenleben lachen. Aber ich kann nicht mehr so lachen. Selbst wenn eine komische oder humoristische Situation mir unmittelbares Lachen abnötigt, so bleibt doch stets ein Weh in meinem Herzen. Lachen, dass einem Backenmuskeln und Zwerchfell schmerzen, teilhaben an des Lebens Heiterkeit! Niemals mehr werden wir

Deutsche von heute daran teilnehmen dürfen! Wir Deutsche, die nicht zu denen gehören, die *zwei* Götter haben! Wir Deutsche, die unter der Last des Entsetzens ihre Tage hinschleppen, die Verantwortung fühlen für das Grauen und doch im Grunde nicht dafür verantwortlich sind, die entrinnen möchten, weg, fort, die mit Donnerstimme in das sogenannte »Vaterland« hineinbrüllen möchten: »Deutschland erwache zur Erkenntnis deiner Schande!«

Ein Soldätlein war da, Mitstudent von Ludowike, ein begabter, aber etwas verschrobener Junge. Man hat ihn im Arbeitsdienst ruiniert. Schließlich wurde ihm das »Glück« zuteil, wieder eingezogen zu werden und so des »Fronterlebnisses« auch teilhaftig zu werden. Auch »dabei« sein, auch ein »Held« sein, auch »hernach« seine Laufbahn nicht verhunzt zu sehen, weil man nicht mit »dabei« war. So ging sein Wünschen. Nun ist er »dabei«, in bescheidener Art bis jetzt. Er ist am Kanal; er kann nicht verstehen, dass die Engländer noch keine Invasion machen, denn sie, die Deutschen diesseits des Kanals, seien wenige, und die wenigen hätten zwar Gewehre, aber keine Patronen. Sie könnten also bei einem nächtlichen Alarm zwar anlegen und zielen, aber nicht schießen. Und »Luftherrschaft«? Lachhaft! *Jetzt* seien zwar wieder einige Jäger da, aber lange hätten sie überhaupt keine gehabt. Alles an der Ostfront! Seine »Fronterlebnisse«? Treuherzig erzählte er: »Einmal ist eine ›Spitfire‹ so tief über den Lastwagen geflogen, auf dem wir fuhren, dass wir uns alle geduckt haben, denn wir hatten mächtig Angst. Man ist da nämlich gleich tot oder sonst was. Wir konnten den Piloten sehen. Aber er hat – komischerweise nicht geschossen. Entweder er hatte auch kein ›Pulver‹ oder – auch Angst wie wir!« (Drollige Vorstellung, wie die Helden diesseits und jenseits »Angst« voreinander haben!)

Sein zweites »Fronterlebnis«: »Ich wurde operiert. Blinddarm! Ich lag in einem Lazarett, das mit dem Bahnhof und einer Fabrik einen Komplex bildete (Lazarette liegen mit Vorliebe so).

Die Komplexe wurden gebombt, und ich hörte ordentlich das Sausen der fetten Brocken, und da krümmte ich mich unwillkürlich in meinem Bett ganz klein zusammen, obgleich das lächerlich sinnlos ist. Aber was macht man nicht aus Angst für blödes Zeug!«

Also »Angst«! Angst haben diese Kinder, die »Helden« sein wollen.

14.10.41. »Wie wird es sein, wenn die *Scham* aufzuleben beginnt? Wenn wir erwachen aus dem Blutrausch, dem Bann der Niedertracht entrissen, nüchtern, sehend werden?« Dies fragte ich heute Ludowike. Sie aber antwortete: »Nichts wird sein! *Wer* wird sich auch schämen! Die, die dazu fähig sind, die schämen sich auch heute schon. Die anderen? Puh! Ich bin frei von jeder Illusion!« »Frei von jeder Illusion!« Was für ein trauriges Wort aus jungem Munde!

14.10.41. abends. Ihr lieben Kinder in der Ferne! Wenn ich Euch in diesem Tagebuch auch lange nicht persönlich angeredet habe, so bedeutet dies keineswegs, dass ich nicht an Euch dächte, Euch nicht mit meiner ganzen Liebe und allen mütterlich fürsorgenden Gedanken umgäbe. Ihr seid am Morgen mein erster und in der Nacht mein letzter Gedanke. Und dann bete ich. Ich bin zwar nicht naiv genug zu glauben, dass man dem lieben Gott nur sagen dürfe, was man für Sorgen hat und ihn bitten, er möge doch helfen. Wenn ich in dieser Art »fromm« wäre, würde ich manche Kraft sparen. Aber das innige Denken an Euch und an all das, was mich bewegt, bedrückt, mit Angst, Trauer, Entsetzen und – Scham erfüllt; das alles fasse ich doch als eine Art »frommen Gebetes« auf. Und obgleich ich ebenso weit entfernt bin, die Lehren der Christian Science allzu ernst zu nehmen, wonach Gedanken allmächtig sind, so gewähren mir meine innigen Gedanken an Euch doch eine Art Trost und fast die Überzeugung, dass sie für Euch eine Kraft bedeuten, die Euch hilft, Schweres durchzukämpfen. Wenn Ihr nur immer Euch bewusstwerden könntet, wie innig mein Leben, der Sinn meines Lebens, mit Eurem Schicksal verbunden ist! Ich glaube, es werden auch über Euch verzagte Stunden kommen, in denen Verzweiflung und Gefühle des Losgerissenseins alles überwuchern, auch das bessere Wissen, dass Euer Elternhaus Euch mit unveränderter Liebe und Fürsorge umgibt – wenigstens in Gedanken –. Du, liebes Däxle, wirst ja – so Gott will – das Losgerissensein nicht in dem Maß empfinden, wie vielleicht Martin. Ich hoffe, Du hast Wurzel geschlagen in dem Land, dem wir alle anzugehören tiefste Sehnsucht haben. Aber Heimweh nach uns und vertrautem früheren Leben wird Dich trotzdem zuweilen beschleichen. Umso mehr, als Du ja gar keine Vorstellung davon haben kannst, was aus Deinem Vaterland geworden ist.

Wir haben neben unseren innigen Wünschen für Euch Kinder in der Hauptsache nur noch einen: »Gott sei der Menschheit gnädig und lass Deutschland diesen Krieg verlieren!«

Du lieber Sohn, quälst Dich vielleicht auch mit Heimweh. Möglicherweise schlägst Du Dich gar mit einer Art törichter Scham herum, wenn Du Dir vorstellst, was Millionen anderer junger deutscher Männer nun aushalten und – tun müssen! Glaube nie, Lieber, das »Aushalten« sei das Schlimmste; wenn es gälte, für eine gute und anständige Sache Gefahr und Entbehrungen auf sich zu nehmen, dann wäre ich die Letzte, Dich von Mittaten abhalten zu wollen. Aber wenn Du kommandiert wärest, Hunderte, Tausende gefangener Russen, armer unschuldiger Polen, Frauen und Kinder abknallen zu müssen, oder wenn Du eine Streife auf dem Schlachtfeld machen und *die* deutschen Verwundeten töten müsstest, die sich nicht zum nächsten Verbandsplatz schleppen können, oder, wenn Du den armen Leuten in Frankreich, Belgien, der Tschechei, Serbien usf. noch das bisschen Essen oder Kleidung oder das Paar derber Schuhe wegnehmen müsstest, das sie noch haben: nein, Lieber, wir alle, Du am allermeisten, wollen dankbar sein, dass Deine Seele von diesem Morden, Stehlen, Plündern unbefleckt bleiben darf und Du »gesund« zurückkehren und Deinem Vaterland mehr nützen kannst durch ehrenvolle Leistung, als wenn Du seine *Unehre*, seine Schmach im Namen des »Führers« vergrößern hülfest. Du hast zu beweisen helfen, dass echte deutsche Art etwas anderes ist, als das, was unsere After-Dichter, After-Gelehrten und After-Politiker jetzt besingen, erklügeln und darstellen!

Aus einem Brief meines Schwager F. G. vom 21. 9. 41:

> »Seit 7. 8. haben wir eine Haushaltshilfe. Sie kam vom Samariterstift Obersontheim und scheint mit einem gelinden Schwachsinn behaftet. Sie wurde arbeitsfähig gesprochen und entging damit dem Schicksal der ›Nichtmehrleistungsfähigen‹. Apropos: Ob diese moderne Methode wohl auch auf die Beamten als zeit-geld- und kraftsparender Ersatz für Ruhegehalt angemeldet werden wird?«

15. 10. 41. Ich bin nun wieder in jener entsetzlichen Gemütsverfassung wie im Mai und Juli des Sommers 1940, wo ich immer voll banger Angst horchte, ob der Straßburger Sender noch zu vernehmen sei, und wie im Herbst voriges Jahres, wo ich immer zu zittern begann, wenn ich Radio London suchte und fürchten musste, auch er sei verstummt. Nun geht es um Moskau! Ich hätte nie geglaubt, dass ich jemals um Moskau zittern könnte, denn die bolschewistische Diktatur war mir, wie jedes Regierungssystem, das die Freiheit unterdrückt, im Innersten zuwider. Aber im gegenwärtigen Augenblick geht die schlimmste Bedrohung der Humanität auf der Welt vom Nationalsozialismus aus, und ich habe die große Hoffnung, dass durch das Zusammengehen mit dem freiheitsliebenden England das russische System sich nach der demokratischen Seite hin wandeln wird. Doch unabhängig von solchen Überlegungen packt mich das Mitgefühl. Die armen, armen Menschen in Moskau! Wäre es nicht gut, Gott würde über Nacht zwei Meter tiefen Schnee fallen lassen? Oder auch nur einen halben Meter? Aber Gott tut noch immer nichts, er hat so viel, viel Zeit! Ich bin krank vor Aufregung, und wenn es mir nicht gelingt, mich zu mäßigen, so werde ich nicht allzu lange durchhalten können. Und eigentlich will ich das doch! Ich will meinen Sohn, meine Tochter, meine Enkelkinder wiedersehen; ich will im Verein mit diesen Lieben und mit anderen helfen, das bessere Deutschland aufzubauen, ein Deutschland, das sich als würdiges Geschwister den anderen Völkern angliedert. Was für eine Aufgabe!

Zeitungsausschnitt:

> »Der Reichsminister für Ernährung und Landwirtschaft hat angeordnet, dass eine Verteilung von *Bohnenkaffee kurz vor Weihnachten* ... erfolgt ...«

»Da sieht man mal wieder, *wie* gut unser Führer ist, wie viel Gemüt er hat und wie er ans Kleinste denkt und sich anstrengt, ›seinem‹ Volk eine Weihnachtsfreude zu machen!« Ich könnte schwören, dass solche und ähnliche rührende Redensarten von vielen Leuten, besonders von noch nicht aufgewachten Frauen, geführt werden. Mindestens wird heftig Agitation damit getrieben. Wegen 60 Gramm Kaffeebohnen sollte man auf den Knien rutschen und dankerfüllt den Hosensaum unseres geliebten Führers küssen! Grotesk! *Wie* viel Grund zur Dankbarkeit wir haben! Das wird uns täglich eingebläut. Sooft das Leben schwer ist (und das ist oft, ist dutzendmal am Tag), wird einem vorgehalten, dass man keineswegs das Recht hat, es so »gut« zu haben, dass wir noch unverdientes Glück unser Eigen nennen, wenn wir überhaupt einen Fetzen auf dem Leib haben oder eine Kartoffel für unseren Kochtopf, oder dass man unseren Mantel noch nicht beschlagnahmt oder unsere Bettdecke uns noch gelassen hat. Freilich: wenn man mich heute splitternackt auszöge, dem

Hunger und der Kälte völlig preisgäbe: ich hätte keine Möglichkeit, mich zu wehren! Vermutlich würde man auch dann noch von mir erwarten, dass ich in Dankbarkeit und Ehrfurcht vor meinem Gott »Führer« erbebe!

Eine Bekannte, die dieser Tage aus Berlin kam, weil sie das Leben dort nicht mehr ertrug, erzählte, dass zwei Soldaten, Söhne aus befreundeten Familien, Selbstmord verübt haben, weil sie nicht mehr an die Ostfront zurückwollten! »Vater, Mutter! Ich *kann* nicht mehr!« Und die Eltern mussten den armen Jungen zureden, doch zu gehen! Da gingen sie – in ihr Zimmer und machten ihrem Jammer ein Ende. Was mag in ihnen vorgegangen sein! Wie mag es den Eltern zumute sein! Ach Gott, wie gut haben wir es doch dagegen! Wenn nur unser lieber Bub keine dummen Streiche mehr macht und keine Entdeckungsfahrten mehr außerhalb des Lagers unternimmt!

Freunde von uns waren da. Er sagte: »So viel wird man hoffentlich gelernt haben, dass man den Frauen nach dem Krieg keine politische Freiheit mehr gibt!« Was soll man dazu sagen? Ich mache mir ja keine großen Illusionen über »uns Frauen«. Viele, viel zu viele sind dem Rattenfänger nachgelaufen! Aber zunächst ist die ganze »Bewegung« doch eine rein männliche Angelegenheit gewesen. Männer sind dröhnenden Schrittes durch die Straßen marschiert in ihren braunen Uniformen – nicht Frauen! Männer haben Saalschlachten ausgetragen, um ihrem Nationalsozialismus Geltung zu verschaffen, Männer haben im Reichstag Stühle und Tintenfässer und weiß Gott was demoliert, nicht Frauen! Männer ließen das Reichstagsgebäude anzünden! Männer haben den Krieg herbeigeführt! Das weibliche »Wahlvieh«? Es war bestimmt nicht schlimmer als das männliche! Ich behaupte das Gegenteil. Auf jeden Fall: vor dem Krieg 1914–18 hatten die Frauen *kein* Wahlrecht, und der Krieg kam doch! Waren auch hier die Frauen schuld? Ich werde dafür eintreten, dass sich künftig beide Geschlechter in die Regierung teilen.

Der Londoner Radio hat am Sonntagabend die Stimmungsmache bei uns vor Ausbruch des Krieges ganz richtig wiedergegeben. Damals (1939) sagte bei uns alle Welt: »Die Engländer ›kneifen‹ doch wieder!« Das war nämlich die offizielle, von der Partei lancierte und von allen und jedem überheblich nachgeplapperte Ansicht. Sie wurde selbst dutzendmal entgegengehalten von meinen eigenen Verwandten, meinem deutschen Schwiegersohn und anderen Nahestehenden!

Ich blätterte wieder ein wenig in *Die Psychologie der Massen*. Hat der Verfasser [Gustave] Le Bon das deutsche Volk visionär erschaut, als er sein Buch vor vielen Jahren schrieb? Nein – wir sind noch dümmer, wir benehmen uns *noch* lächerlicher als Le Bons »Masse«.

23.10.41. Wie wird man den *Hass* steuern können, den wir durch unsere Schreckenstaten züchten? Ich habe heute das Gefühl, dass die Wasser über uns zusammenschlagen und die Unschuldigen mit den Schuldigen ertränkt werden. Ich glaube auch, dass eine *Bartholomäusnacht* von ungeahnten Ausmaßen kommen wird. Jeder Franzose, jeder Belgier, Holländer, Tscheche, Jugoslawe, Grieche, Norweger usf. wird je einen deutschen Soldaten aufs Korn nehmen! Mit dem Bewusstsein, im Namen der Gerechtigkeit zu handeln! Und wird dabei doch manchen umbringen, der eher sein Freund als sein Feind ist, der unglücklicher ist als *er* über die Schandtaten Hitlers. Das Morden wird noch lange nicht enden!

23.10.41. Es müsste *bald* sein. Bald sollten die deutschen Heere am Rande ihrer Kräfte sein, solange eine deutsche Gesundung noch möglich scheint. Vorher wird *nie* aufhören: die »Umwertung aller Werte«, die Verherrlichung der Brutalität und ihre Umprägung in »höchste Tugend«! In den »Ordensburgen« wird der Nachwuchs gezüchtet, der »Führer-Nachwuchs«. Die Jungen dort werden gepeitscht, damit die Lust zur Grausamkeit in ihnen geweckt und gezüchtet werde. Es ist ja erfahrungsgemäß so, dass der Deutsche aus schlimmen Erlebnissen immer das Verkehrte lernt. Die »deutsche Logik« schließt: »Ich bin seinerzeit geprügelt worden und war empört darüber, folglich werde ich bei der Erziehung der jungen Generation erst recht prügeln.« Hat einer beim Kommiss Furchtbares erlebt durch seinen Unteroffizier »Himmelstoß«, so ist er *seinen* Rekruten gegenüber, sobald er selbst es zum ausbildenden Unteroffizier gebracht hat, nicht etwas milder, menschlicher. Ganz das Gegenteil! Man könnte fast sagen, der einzige Bibelspruch, den wir Deutsche ganz verstehen und gerne oder freudig befolgen, sei der: »Denn welchen der Herr liebhat, den züchtigt er!«

24.10.41. Schon so lange keine Nachricht von Dir, lieber Bub! Dass von Däxle nichts kommen kann, das weiß ich ja, und ich warte darum auch nicht. Nachricht von Cläre und Familie erhalten wir ja durch Dich. Du hast doch hoffentlich nicht noch einmal Karl-May-Gelüste bekommen und einen abenteuerlichen Fluchtversuch gemacht? Du beneidest vielleicht gar die, die nun im Osten stehen. Beneide sie nicht, lieber, törichter Bub! Wisse, dass weitaus die Mehrzahl der deutschen Soldaten jubelnd einen Marsch von mehreren tausend Kilometern Länge antreten würden, wenn er in Richtung Heimat ginge! Wisse auch, dass viele Urlauber einfach nicht mehr an die Front zurückwollen, dass es der Überredungskünste ihrer Angehörigen, der Väter und Mütter, braucht, die sich sagen: »Bleibt mein Junge zu Hause, so ist er sicher des Todes! Geht er wieder hinaus in den Graus, so bleibt doch ein Fünklein Hoffnung, dass er ›einst‹ zurückkommt!« Und doch fruchten oft diese Überredungskünste nichts, und der Junge geht in seine Stube und erschießt sich! Lieber, als weiter töten, als länger diese Verrohung, diese Bestialität mitansehen und mittun und mitleiden zu müssen! Ein guter Gott hat Dich von all dem ferngehalten. Unbeschwerten Gewissens kannst Du hernach Deine Arbeit beginnen. Wie wenige junge

Männer werden »unbesudelten Gewissens« die friedliche Zukunft beginnen und helfen gestalten können! Es ist so traurig, alles, alles ist so furchtbar traurig! Es ist viel, viel schlimmer geworden, als es mir meine schweren Vorahnungen gezeigt haben. Und darum ist es so wichtig, dass es noch deutsche Menschen gibt, die *hernach* reinen Herzens sind und das deutsche Schicksal guten Gewissens helfen gestalten können. Das deutsche Volk ist nun einmal da, und die Welt wird uns »assimilieren« müssen! Vielleicht macht man es mit uns auch so, wie wir »hochkultivierten« Deutschen es mit Juden, Polen, Russen, Tschechen, Serben machen! Ich will Dir keine Einzelheiten erzählen davon. Es ist zu entsetzlich. Aber Du kannst es Dir später bestimmt von dem und jenem berichten lassen. Und was für Grauenhaftes Dir Ungläubigem auch erzählt werden wird, es wird noch lange nicht an die Gesamtwahrheit heranreichen! Sieh, ich bin dankbar, gewiss bin ich es, dass Du all das Furchtbare nicht *leiden* musst! Aber – es ist mein heiliger Ernst, was ich jetzt sage – ich bin noch viel dankbarer dafür, dass kein Mensch, kein Hitler, kein General, kein Unteroffizier, kein SS-Häuptling *Dir*, meinem behüteten, guten, hochanständigen, gerecht denkenden Sohn zumuten kann, an diesen *barbarischen Taten* teilzuhaben. Nicht, dass Du weniger *leiden* musst als die meisten jungen Männer, macht mich dankbar gegen Gott, sondern dass Du nichts von alledem *tun* musst, was heute im Namen Deutschlands getan wird! Wenn dieses Blatt deutscher Geschichte einmal geschrieben wird, dann verhüllen wir unser Haupt vor Schmerz und Scham. Vielleicht – vielleicht, lieber Sohn, ist es gut, Du streifst Dein Deutschtum ab und wirst Amerikaner oder Engländer. Andererseits ist Deutschland da, und man wird Menschen brauchen, die unserem Volke wieder auf einen anderen besseren Weg helfen. Ich lege die Frage der »Auswanderung« Dir hier in diesen Blättern deshalb vor, weil ich ja nicht weiß, ob ich noch leben werde, wenn Du wiederkehrst, ob ich noch mit Dir sprechen kann. Allerdings: ebenso unsicher ist es auch, ob

Du diese Aufzeichnungen je finden wirst oder ob sie nicht samt unserem Hab und Gut zerbombt sein werden. Ich bin so dankbar, dass Cläre und Familie zurzeit wenigstens keinen Fliegerbesuch haben! Vielleicht ist der Krieg rascher zu Ende, als wir annehmen: die Truppen im Osten scheinen Entsetzliches zu leiden zu haben. Abgesehen vom unmittelbar Kriegerischen frieren und hungern sie, und Epidemien (Fleckfieber z. B.) halten reiche Ernte. Der russische Winter kann uns – trotz dem prahlerisch aufgerissenen Goebbels-Maul – das Rückgrat brechen! Außerdem fürchte ich, dass sich eine europäische »Bartholomäusnacht« vorbereitet. Was Urlauber angstvoll vom Westen, von Norwegen, von der Tschechei, von Serbien, von Griechenland erzählen; das alles überzeugt mich, dass es zur gegebenen Stunde durchaus möglich sein wird, dass jeder Franzose, jeder Norweger usf. je einen Deutschen »umlegt«. Entsetzlich!

24.10.41. Ich frage mich: *Wie* lange darf das noch so weitergehen, dass im Namen Deutschlands Verbrechen über Verbrechen an der ganzen Menschheit – ja an Hunderttausenden von Deutschen selbst – begangen werden dürfen? Was nun in Frankreich mit den Geiseln wieder geschieht – ich möchte mein Antlitz verhüllen vor Scham und Schmerz!

25.10.41. Wie ich die alten Knacker hasse! Die pensionierten »Herren Akademiker«! Riskieren die große Klappe, diese klapprigen Männchen und machen in Heldentum. Gestern im Hotel Z. war's. Am Nachbartisch – ich sprach mit meiner einzigen ganz aufrichtigen, ohne Vorbehalt gleichgesinnten Freundin – setzten sich neben uns ein halbes Dutzend dieser alten »Helden«, die, wenn das Scheusal Hitler und die bestialische Militärclique den Krieg gewinnen, raschestens ihre letzte Reise nach *Grafeneck* tun dürfen und hernach zur »Knochenverwertung« oder in die »Fettschmelze« kommen (je nach ihrer Körperlichkeit). Sie pafften ihre Zigarren (aus Frankreich, aus Belgien, aus

Holland) und alsbald schwirrte das Wort »Beutesekt« durch den Raum. »Das war natürlich Beutesekt!« »Dort gab es auch Beutesekt!« usf. Die alten Männerbusen blähten sich sichtlich, und die weißen Schnurrbartzipfel wehten im Hauch der Erregung, und die Köpfe wurden rot, und wenn die Hände das Glas an die Lippen führten, so zitterten sie und vergeudeten das kostbare Nass, einen Wein, der »natürlich« auch »Beutewein« war. Es ist so: das deutsche Volk lebt von der »Beute«.

Ich bin voll von hasserfüllter Ablehnung und grenzenlosem Nichtverstehenkönnen! Ein Fremdling im eigenen Land!

Meine Freundin musste ein holländisches Ferienkind aus einer holländischen Nazi-Familie nehmen. Das Kind hat den Veitstanz und ist in einer Weise unterernährt, dass es ihm übel wird, wenn es ein Butterbrot bekommt. Was für eine edle Menschensorte sind wir doch! Erst plündern wir ein Land aus und dann holen wir uns ein paar arme Kinder von dortigen Parteigängern und füttern sie heraus. Und bei solchem Tun fühlen wir uns edel – o so unaussprechlich edel!

25.10.41. abends. Ihr Lieben in Feindesland! Wann werde ich Euch wiederhaben und lieben dürfen! Zunächst ist mir befohlen, Euch zu hassen! Denn Ihr seid ja zufrieden! Aber ich hasse ganz andere Dinge. Dass ich Euch liebe, ist naturbedingt. Und dass ich Eure Umgebung, die Menschen, die Gebräuche bei Euch, Eure Anschauung von Welt und Dingen höher achte, als das, was sich zurzeit als *meine* Heimat kundtut, wer will mir das verargen! Ich hasse, hasse, hasse alles, was sich gegenwärtig als »deutsch« ausgibt! »Deutsch« ist nämlich etwas ganz anderes, als das, was man zurzeit dafür hinausschreit in die Welt! Ihr liebt trotz allem Eure »deutsche« Oma, ja?

30.10.41. Stadtpfarrer D. von der M.-Kirche erzählte seinen Konfirmandinnen, dass er eine schwere Aufgabe gehabt habe: er habe der Erschießung zweier Deserteure beiwohnen bzw. ihnen den letzten Trost geben müssen. Zwei blutjunge Burschen, die ein unwiderstehliches Heimweh und das unüberwindliche Grausen vor dem Tun- und Leidenmüssen heimgetrieben hat. Lieber Lindley Fraser! Ich will hernach helfen, helfen, helfen, und Sie sollen mir und uns anderen, die guten Willens sind, beistehen, dass sich all dieser Irrsinn nicht wiederholt! Der einzige »Sinn« in diesem »Unsinn« kann ja doch nur der sein, dass wir lernen, was nottut!

Ich war gestern mit Freunden bei Freunden eingeladen. Aber es war nur ein teilweises Verstehen, und das Zusammensein gipfelte für mich in der sehr traurigen Erkenntnis, dass ich mich auch von sogenannten *guten* Freunden noch meilenweit entfernt befinde. Gewiss! Sie alle verurteilen das Entsetzliche. Sie sind nicht »deutsch« im schlimmen Sinn. Aber sie können sagen: a) »Die armen Soldaten würden ihnen leidtun, wenn wir den Krieg verlören und all das übermenschliche Heldentum ›*umsonst*‹ gewesen wäre.« b) Sie können ohne seelische Erschütterung, ohne dass sich ihr ganzes Sein auflehnt, von einem Kompromiss-Frieden sprechen! Es ist ihnen sicher, dass wir entweder den Krieg gewinnen werden oder dass es zu dem »gewaltigsten Kompromiss« der Weltgeschichte kommen wird. c) Sie behaupten, der Tod der Hunderttausende sei für diese keine sehr schmerzvolle Sache. Die Soldaten nähmen in einer Art völligen Weltentrücktseins alles gleicherweise hin, Leben oder Tod! Todesangst? Keine Rede davon! d) Sie trösten sich damit, dass sie, die ihr Leben in so früher Jugend *hinopfern*, dadurch nach ihrem Tod in einen »höheren« Himmel einkehren als wir anderen.

Ich bin religiös. Aber wenn ich sehe, wie ein Glaube die Menschen so verwirren kann, dass sie dem Grauenvollsten gegenüber *persönlich* gestimmt werden, dann muss ich diesen Glauben als verwerflich bezeichnen, selbst wenn er sich als »Christentum« ausgibt. Diese Leute sagen: »Wir sind Christen. So, wie Christus sein Leben geopfert hat für die Menschen, so opfern jetzt die Millionen das Ihre für die Welt.« Sie sehen nicht, dass Christus sein Leben wirklich *geopfert*, d.h. freiwillig hingegeben hat für seine Lehre, während die Millionen Heutiger keine Opfernden, sondern Hingeopferte sind, dass sie nicht gefragt werden, nichts zu sagen, nichts zu fühlen, nichts zu denken, für nichts einzutreten, sondern als allerhöchste Tugend Kadavergehorsam zu zeigen haben!

Ich habe gestern etwas Erschütterndes gesehen: eine Gruppe von ungefähr hundert Franzosen, die zur Arbeit nach Deutschland verfrachtet waren. Da saßen sie in der Bahnhofshalle auf ihren Koffern: gut gekleidete, schlecht gekleidete Männer jeden Alters – von 16–60! Wahrscheinlich werden sie nach Oberndorf zu Mauser oder nach Untertürkheim zu Daimler gebracht, um dort helfen, die Waffen für die weitere Unterdrückung ihrer französischen Brüder und Schwestern zu schmieden.

Ein bejammernswerter Anblick, diese Menschen, denen das Nichtverstehenkönnen auf den Gesichtern geschrieben lag. Arbeits-Sklaven! Losgerissene Blätter, vom Sturm hierher gewirbelt in eine Welt, die sie nichts angeht, die sie hassen, in der sie nie werden Fuß fassen können. Wie traurig ist doch alles! Und draußen wirbelt der Schnee und deckt die Erde mit einem weißen Leichentuch.

31.10.41. Unsere Tochter Ludowike hat das mathematische Staatsexamen gemacht. Obgleich die höheren Schulen fast keine Lehrkräfte haben, wird sie jedoch *nicht* in den Schuldienst übernommen: Warum? Weil sie der Partei, in diesem Fall der NS-Frauenschaft, *nicht* angehört. Auf der Schulbehörde sagte man zu Ludowike: »Examen? Nebensache! Bringen Sie uns den Beweis Ihrer politischen Unbedenklichkeit, also den Mitgliedsausweis der NS-Frauenschaft!«

Wir haben unser Testament abgeändert. Wir hatten verfügt, dass, wenn keine direkten Nachkommen von uns mehr leben sollten (in dieser Kriegszeit ist ja alles möglich!), unser Nachlass einer pazifistischen Organisation zugewendet werden solle. Das ist verboten und würde zur Folge haben, dass – wenn ich oder mein Mann stürbe und das Testament eröffnet würde, der Überlebende ins Zuchthaus käme, und das Vermögen eingezogen würde! Vielleicht würde man den Toten noch einmal töten. Denn: töten, töten, töten! Das ist die Parole im heutigen Deutschland und in den Ländern, die wir mit unserer neuen Ordnung – beglückt haben.

2.11.41. Wenn wir den Krieg gewännen – das Herzblut stockt mir bei dem Gedanken – hätten wir da noch eine Poesie? Vielleicht, ja, aber es wäre eine »blutgetränkte« Poesie von klirrenden Waffen, stampfenden Pferden, ratternden Panzern und sich heiser schreienden Kriegern! Das wäre unsere Poesie. Hätten wir Musik? Vielleicht! Komponiert aber würden nur Märsche, Märsche, Soldatenlieder, Heldengedichte! Hätten wir Maler, Bildhauer? Vielleicht. Was aber würden sie schaffen? Schlachtenbilder und lebende und sterbende Krieger. So würde es in unserer Kultur aussehen. D.h.: es ist *jetzt* schon so. Aber das wäre dann ein Dauerzustand. Alles, was sonst hervorsprießen möchte aus deutschem Gefühlsleben, würde zertrampelt. Kein Mensch hätte Muße, das ganze Leben ginge im Marschtritt.

Vorgestern fragte ich in einem Antiquariat nach einem Band Tolstoi. Man sah mich an, als sei ich direkt von einem anderen Planeten in den Buchladen geschneit.

»Tolstoi? Aber das ist doch streng verboten!«

Aber natürlich! Warum auch nicht! Wenn wir Tolstoi läsen, könnten wir vielleicht auf den komischen Gedanken kommen, dass auch in Russland Menschen leben mit fühlenden Herzen, Menschen, die ihr Glück und Leid durchs Leben tragen wie wir, Menschen, die zu bekriegen wir eigentlich nicht die mindeste Ursache haben!

Nachher ging ich in den Film. Neben der Kasse stand ein Admiral oder so was. »Bitte, beginnt der Film schon um 16½ Uhr?«, fragte ich, und tat, als nähme ich an, es sei einer jener blaubefrackten Portiere des Filmtheaters. Als Antwort wurde mir ein Blick aus stahlhartem Auge. Ein niederschmetternder Blick! Ein Blick, der sagte: »Und so was läuft noch frei herum im deutschen Lande? Wie soll man da den Krieg gewinnen!«

Ich war mir meines Fehlgriffs sofort bewusst, konnte mir aber die Bemerkung: »Ach – Sie sind nicht der Portier? Entschuldigung!« nicht versagen und drückte mich seitwärts ins Gewühl. Shocking! Einen hohen Marineoffizier mit einem Portier zu verwechseln!

4.11.41. Jemand flüsterte mir zu, man bringe nun die Juden weg von unserer Stadt. Die armen Menschen seien der Auffassung, dass dies nur eine Etappe sei auf dem Weg nach Grafeneck!

Immer wieder wird erzählt, dass die deutschen Soldaten an der Kanalküste kaum ein paar Schuss Munition haben und dass sich alle darüber wundern, dass die Engländer nicht kommen. Warum tut Ihr Engländer so wenig? Gebt unseren Großmäulern doch mal eine klatschende Ohrfeige, an deren Schall die blöde Hammelherde von einem deutschen Volk erwacht! Ach, es kribbelt mir in allen Fingern, und ich muss immer wieder an mein kleines Londoner Erlebnis im Jahre 1938 denken. Wir saßen an einem Sonntagvormittag im Mai in King's Garden, vom lieblichsten Frühling umgeben. Eine Biene krabbelte verdrossen auf unserer Bank und war nicht zum Fliegen aufzumuntern. Verschlafen blieb sie hocken. Ein fragender Blick in das Gesicht meines Schwiegersohns ließ diesen die Antwort formen: »Eine echt englische Biene!«

Man spricht davon, dass man im nächsten Frühjahr die englische Insel in Giftgas ersticken würde, und Leute munkeln, dass wir ein neues Gas haben, das alles töten wird in England! Nun mag das übertrieben sein, aber ein Körnchen Wahrheit ist meist bei diesen Gerüchten.

Ein junger Soldat sandte mir aus Frankreich ein Pfund Butter. Mein erstes Fresspaket aus den deutschen »Beuteländern«. Der junge Mann wollte mir eine Freude machen. Hätte er es doch nicht getan! Die »Freude« war »schlechtes Gewissen«.

Fünf Grad Kälte! Dicker Nebel draußen! Wie viel Hunderttausende deutscher Soldaten wird der »geniale Führer« vor Moskau dem russischen Winter opfern! Arme deutsche Mütter!

6.11.41. Sich vorzustellen, dass Millionen Menschen nun in dieser Winterkälte ohne Obdach sind, auf der Flucht mit ihren Kindern vor dem deutschen Schrecken! Wollen wir, müssen wir nicht unsere ganze Kraft einsetzen, um zu verhindern, dass sich das jemals wiederhole? Ich will gewiss, gewiss das Meine tun! Was für Berge von Arbeit! Alles muss von Grund aus geändert werden: die Erziehung in Haus und Schule und Hochschule vor allem. Welch grauenvolle Irrlehren pfropfen heute Eltern und Lehrer in die Jugend, obwohl sie meist selbst nicht daran glauben! Warum? Weil sie wissen: wenn sie sich nicht zum Diener der »deutschen« Lehren machen, wird ihnen der Mund ein für alle Mal verschlossen.

Meine Freundin, deren Sohn vor Moskau steht, schreibt gestern: »Wann endlich wird Gott sprechen? Oder – ist der so früh eingetretene Winter, da noch Obst und Trauben hängen, Gemüse und Rüben nicht eingebracht sind, sein erstes ernstes Wort?«

15.11.41. Ein Luftpostbrief von Martin! Und zwar schon vor einer Woche! Mit einem Bildchen von meiner Enkeltochter! Was für ein strahlendes, das Leben bejahendes, harmonisches Geschöpf! Wisst Ihr, was ich möchte? Lange genug leben möchte ich und lange genug frisch bleiben, um dieses süße Kind heranwachsen zu sehen und ihm meine Liebe als Kraft mit ins Leben zu geben. Ob dieser Wunsch mir erfüllt werden kann?

15.11.41. abends. Man hat gestern einen Kollegen meines Mannes beerdigt. Zunächst war angeordnet worden, dass die Schüler geschlossen in Uniform teilnehmen sollen an der Feier (nicht wahr, die »Uniform« ist ja bei den allermeisten deutschen Jungen der *einzige* gangbare Anzug). Da aber wurde es verboten. Warum? Weil ein Geistlicher der *Bekenntniskirche* am Grab sprechen würde!

Und dabei haben wir doch gar keinen Kirchenkampf! Keinen Religionskrieg! Hat nicht der »Führer« am 9. November erst gesagt: »Im deutschen Reich – und nach unserer Auffassung kann jeder nach seiner Fasson selig werden!«

Es ist ein trauriges, ein sehr trauriges Kapitel deutscher Geschichte, das jetzt gerade geschrieben wird. Man wird es einmal überschreiben müssen:

»Verlogenheit und Barbarei«.

Was tut man den Juden zurzeit wieder an! Innerhalb von zwei Stunden müssen sie ihr Haus verlassen. Mitnehmen? Was sie tragen können. Wohin sie kommen? Von hier zunächst nach H., wo sie zusammengepfercht werden. Aus vielen Städten kommen sie direkt nach Polen. Was weiter mit ihnen geschehen wird, das mag Gott wissen! In Frankfurt haben sich an dem Tag des Abtransportes 25 dieser armen Menschen umgebracht. Wie ein Gefangener rüttle ich an den Stäben meines Gitters.

Der letzte Vortrag im Londoner Radio über die hinter der Partei stehenden, unsichtbaren Schuldigen an dieser Weltkatastrophe war so richtig, dass es mir ein Trost war. Ein Trost deshalb nämlich, weil mir diese Ausführungen beweisen, dass noch viele maßgebende Engländer ein völlig klares Bild haben von der deutschen »Psyche« und davon, dass es eine Herkulesarbeit sein wird und dass man weit, weit unten – schon bei den Kinderliedern und Kinderfibeln – wird anfangen müssen, wenn man den in der Bibel verheißenen »neuen gewissen Geist« wecken will: neue, gute, menschheitsumspannende Ideale anstelle der von Germanentum, Herrenmenschentum, Rassenseele, Landsknechtstum usf.

Ein Beauftragter der »UFA« (Film-Produktion) hat mich aufgesucht und zur Mitarbeit aufgefordert. Er erzählte viel. U.a., dass in den deutschbesetzten nordischen Ländern, wo die »Ufa« auch Filmtheater einzurichten hat (Propaganda), kein Mensch in diese deutschen Filme geht! Das nenne ich Haltung. Man könne diese Menschen eben in Gottesnamen nicht mit Gewalt zwingen, sich dies und das anzusehen, sagte der Mann. Und so lange wir keine Filme produzieren wie die guten amerikanischen Filme, seien wir mit unseren Filmen »im Eimer« (wie der Berliner sagt).

Ist das nicht nett? Dieser Mann schien mir überhaupt mit einer seltenen, im Deutschland von heute ungewohnten Vernunft begabt. Nun, er heißt auch »Wozniak«. Klingt doch wunderbar deutsch, nicht?

Einer Frau fiel ihr einziger, heiß geliebter Sohn im Osten. Weinend schleicht sie durch die Tage. Aber – hasst sie den Führer? Ach nein. Sie vergöttert ihn nach wie vor und sagt: »Er ist der genialste Mensch, der seit Jahrhunderten auf Erden wandelte.« Und dabei ist das keine »dumme« Frau! Und doch so dumm! »Deutschdumm«. Anders kann man das nicht bezeichnen.

Ein bitteres Erlebnis! Ich erinnerte mich an eine mir durch eine Reihe von Jahren befreundete Lehrerin. Sie war eine glühende Nazi-Hasserin und beschützte einen jungen begabten Juden. Außerdem: sie ist Katholikin. Allerdings beugte sie sich seinerzeit nicht dem straffen Kirchenzwang. Aber – so dachte ich, das entsetzliche Geschehen der Gegenwart wird vielleicht ihren Groll gegen die katholische Kirche gemildert haben, sie wird in ihr doch vielleicht eine Kraft sehen, die *gegen* das Nazi-Verbrechertum Front macht. Ich suchte sie nach Jahren der Trennung auf in der Hoffnung, dass wir uns noch immer verstehen möchten. Aber schon nach wenigen tastenden Worten musste ich erkennen, mit welch falschen Voraussetzungen ich hingekommen war. Dass sie vor drei Jahren noch für die Juden eintrat (wenn auch nur in der Stille), das wollte sie gar nicht mehr wahrhaben. »Wenn man sich je von seinem guten Herzen zum Mitleid hat verleiten lassen, so ist das alles verschwendet gewesen! Die verdienen es ja nicht anders! Was ich zum Krieg sage? Dass wir ihn unter allen Umständen gewinnen müssen.« So redet eine Frau, eine Lehrerin, die unter der Diffamierung des Lehrerberufs und der Frau durch den Nationalsozialismus mehr leidet als irgendjemand! Wiederum: eine begabte Frau, die aber nicht erkennt, dass all das, was sie hasst, worunter sie leidet, zur *dauernden* Einrichtung werden würde, wenn wir den Krieg gewännen und die Nazis blieben. Man fasst sich an den Kopf und fragt: »So man das sieht am grünen Holz, was soll am dürren werden!«

Hier der typische Roman eines »besseren« jungen Deutschen: Musterschüler, Musterknabe, von den *frommen* Eltern (Vater hoher Schulmann) zum Ehrgeiz aufgestachelt, macht Abitur mit »Sehr gut«, tritt als *Abstinenzler* in eine Verbindung ein, beweist aber da schon seine »treu-deutsche« Wesensart (gemeint ist die Freude an der Brutalität) dadurch, dass er die jungen Füchse nacheinander einen – zwei – drei »Ganze« saufen lässt. Als »Bursche« oder »Alter Herr« hat er ja das Recht dazu! Er studiert »Jus«. Sein Examen fällt weniger glänzend aus, als er und die noch ehrgeizigeren Eltern erwartet haben. Es blieb ihm also nicht die Laufbahn eines Richters, sondern die im Verwaltungsdienst. Aber – keine Angst! Der junge Mann macht seinen Weg trotzdem. Er war gerade so lange fromm, als es ihm nützte. Als es »unzweckmäßig« war, trat er aus der Kirche aus und in die SS ein! Auch der Vater trat schleunigst in die Partei ein. Die Alkohol-Gegnerschaft legt Karlchen ebenso ab, denn nicht wahr: die Kameradschaftsabende bei der SS sind doch etwas anderes als die in der Verbindung! Da gilt's selbst seinen Mann vor dem Bierhumpen zu stellen – es gilt: überall mitzu*tun*! Wir finden den schönen, flotten jungen Karl während des Kriegs bereits als

Landrat im Protektorat Polen. Dort verlobt er sich mit der Tochter des reichen Justizdirektors. Und nun ist Karl Leutnant bei einer Flakbatterie in Norwegen. Er war im Urlaub hier und hielt sich für berufen, Vorträge über Norwegen zu halten. Und was sagte er von den Norwegern? »Dieses degenerierte, hochmütige Volk! Auf die Schnauze sollte man ihnen jeden Tag eins geben!«

Was sollen wir nach dem Krieg mit diesen jungen Deutschen tun? Werden *sie* es nicht wieder sein, die nach dem Krieg alle Neuordnung, jeden Versuch wahrhaftiger innerer Abrüstung wieder sabotieren werden? Werden sie nicht wieder sich jeder Möglichkeit bemächtigen, den nächsten Krieg vorzubereiten?

19. 11. 41. Ich hörte, der Sohn meines Bruders, Leutnant bei der Luftwaffe im Osten, sei verwundet und liege im Lazarett in Warschau. Seit zwei Jahren habe ich diesen Bruder nicht mehr gesehen, obgleich wir in derselben Stadt wohnen. Wir haben Angst voneinander: er vor meinen Anschauungen, die ihn seine innere Ruhe kosten. Er möchte – kann er doch so schwer – die Welt durch eine nationalsozialistisch gefärbte Brille sehen und dabei stört ihn meine Rede. Ich habe Angst vor ihm, weil ich weiß, dass er gelegentlich eine Bemerkung von mir weiterplappern könnte.

Aber nun habe ich mich doch überwunden, bin hingegangen, um nach dem verwundeten Neffen zu fragen. Und da hörte ich Folgendes: Des Neffen Flugzeug sei furchtbar beschossen worden, die Insassen verwundet, und nur mit Mühe sei es ihnen gelungen, noch auf einem deutschen Flugplatz zu landen. Hier seien die Verwundeten von einem Sanitätsauto in Empfang genommen und in ein Feldlazarett gebracht worden. Es habe sich erwiesen, dass die Operationen zu schwierig seien und zu langwierig, und so habe man meinen Neffen im Flugzeug ins Lazarett nach Warschau gebracht. Aber auch dort habe man ihm erklärt, die Entfernung der vielen Granatsplitter, die er im linken Oberarm und linken Schulterblatt habe, sei eine viel zu zeitraubende Arbeit. Die Splitter würden sich mit der Zeit schon von allein herausschaffen. Und nach drei Wochen Lazarett habe man ihn wieder an die Front entlassen.

Was sieht man daraus? Man braucht die Flieger dringend an der Front, und man braucht die Lazarette für den sich unaufhörlich hereinwälzenden Strom verwundeter Soldaten! Schrecklich! Wie lange wird das deutsche Volk all das weitertragen?

Aber mein Bruder (Reserveoffizier, im Ersten Weltkrieg) sagt: »Wir *dürfen* diesen Krieg nicht verlieren! Wir müssen ihn gewinnen! Ich gehe selbst noch an die vorderste Front mit meinen 57 Jahren. Was soll werden, wenn wir diesen Krieg verlieren?«

Dieser Bruder ist keineswegs ein England- oder Franzosenhasser. Das Gegenteil ist der Fall. Zeit seines Lebens hat er geliebäugelt mit fremden Sprachen und hat Reisen hinaus gemacht, soweit seine bescheidenen Verhältnisse dies zugelassen haben. Er ist auch gescheit genug, vieles klar zu sehen. Und ist doch ein törichter, dummer Bub, trotz seiner 57 Jahre!

19.11.41. abends. Das schönste Weihnachtsgeschenk ist mir die »Lange Welle 1500«! Dass London nun auch auf dieser Welle sendet, wird es vielen ermöglichen, nun auch zu hören. Denn »Kurzwelle« einzuschalten, ist eo ipso verboten. Und es geht das Gerücht, dass man feststellen könne, in welcher Gegend Kurzwellen eingeschaltet sind, und dass dann leicht herausgefunden werden kann, *wer* es ist, der Goebbels so ungehorsam ist, und Kopf und Kragen riskiert.

20.11.41. Ein junger Bekannter, der bei seinem letzten Urlaub zu mir sagte: »Man hätte müssen noch vierzehn Tage in die Franzosen hineinschießen! Dann wären sie heute kirre!« – schreibt aus Russland, er habe den Krieg satt, satt, satt! Seine Nachricht vom 29. Oktober, die er ausnahmsweise einem »Fieseler Storch« mitgeben konnte und die aus diesem Grund rasch ankam, besagte, dass sie bis heute noch keine *Winterausrüstung* bekommen haben!

21.11.41. Ich bin in der Nacht noch einmal aufgestanden, um den Bericht über Libyen zu hören! Was England berichtet, klingt tröstlich. Aber es stimmt so wenig mit dem deutschen Wehrmachtsbericht zusammen! Bei uns spricht man von wirkungsvollen »Gegenangriffen« und tut so, als ob die Sache fast schon erledigt wäre. »Wie die englische Offensive ausgehen wird, darüber sind wir keinen Augenblick im Zweifel«, hieß es. Nun – darunter kann man sich dies und jenes vorstellen. Auf alle Fälle aber sollen die Worte den Eindruck erwecken, als ob die Engländer einer neuen beschämenden Niederlage entgegengingen.

26.11.41. Zu *Papen*:
Zuweilen kann ein Staatsmann seinem Volk durch Dummheit mehr nützen, als wenn er ein wenig klüger wäre. Ich freue mich, dass dieser Herr in Ankara wieder mal aus der Schule geplaudert und dem spanischen Journalisten in seinem Interview das erzählt hat, was England wissen will, nämlich: dass in Russland nicht alles so gegangen ist, wie unser Gott Hitler im »Voraus einkalkuliert« hat.

Gestern waren zwei Wachtmeister da, junge Burschen. Sie kamen direkt von der Front östlich von Petersburg. Sie – gleich vielen anderen, die Ingenieur werden wollen – werden zum Studium beurlaubt. Sie sind nun über fünf Jahre beim Arbeitsdienst und beim Kommiss. Im Ganzen haben sie drei Wochen (!) studiert. Nun sollen sie im Prestissimo-Tempo die Wissenschaft in sich saufen. Fünfunddreißig Wochen-Stunden! Dazu militärischer Drill (sie sind kaserniert). Sie werden en masse abgefüttert, leiblich und geistig. Es scheint, dass sie die geistige Fütterung weniger vertragen als die leibliche: Sie sind allen strengen Denkens entwöhnt durch die fünfeinhalbjährige Dauer sturen

Vegetierens. Sie haben den Anschluss verpasst und suchen nun Hilfe in Mathematik bei meiner Tochter. »Brrr!«, sagten sie, sich schüttelnd, als ich fragte, wo sie als Soldaten gewesen seien! »Brrr! Im Osten! Östlich von Petersburg.«

»Ist nicht viel los dort«, sagte der eine, ein Berliner, und meinte damit, dass es nicht erquicklich sei, als Soldat dort sein zu müssen.

»Und überhaupt jetzt! Bei der Kälte! Wir danken! Was man da so in den *Wochenschauen* (Film) gezeigt bekommt von den Stapeln Wintersachen – na, ich kann Ihnen sagen –«. Aber da blickte er auf, erschreckt, und fügte bei: »Na, wenn's dann in unseren nächsten Semesterferien gegen England geht, wollen wir auch wieder dabei sein!« Es war offensichtlich, dass er den Eindruck verwischen wollte, den seine zuvor geäußerten Ansichten über die russische Kälte und die mangelnde Wollkleidung hinterlassen hatten. Denn, so ist es doch bei uns, keiner kann dem anderen trauen. Der junge Mann kennt uns ja nicht und weiß nicht, ob wir nicht hingehen und ihn verraten werden.

Ich erzählte den jungen Leuten noch, dass wir einen Sohn in Gefangenschaft in Kanada haben.

»Na – und haben Sie Fühlung mit ihm?«

»Ja.«

»Und was schreibt er dann so –«

»Es geht ihm sehr gut, er hat alles, was er braucht, und noch Dinge darüber hinaus.«

»Die Engländer sind wohl ziemlich anständig, was? Ich meine – im Verhältnis zu dem, was man so in den Zeitungen liest –?«

»Musterhaft! Die Behandlung ist vorbildlich.«

»Na also! Seien Sie froh, dass er dort ist.«

Damit war das Gespräch beendet.

Der Mann, der die Wasseruhr abliest und das Geld kassiert, also ein recht kleiner städtischer Beamter, machte gestern seinem

Herzen auch Luft, als er bei mir kassierte. Die Christen- und die Judenverfolgung vor allem ist es, die ihn grämt, die Behandlung russischer Gefangener, die Ermordung tausender Unschuldiger. Er erzählte von einem Verwandten, einem SS-Mann, der berichtet habe, dass er 500 Juden, Frauen und Kinder, in Polen habe abknallen müssen, dass viele nicht tot gewesen seien, und dass man gleich andere auf sie geworfen habe, und dass er einfach nicht mehr könne –.

Er erzählte von einer hiesigen Jüdin, die sich aus ihrem Fenster gestürzt habe, weil sie hätte abtransportiert werden sollen, und Freund L. wusste zu berichten, dass die Tochter einer alten gebrechlichen jüdischen Dame nach Polen transportiert worden sei. Einige Frauen hätten sich mit Einwilligung des Bürgermeisters der alten Dame etwas angenommen, ihr die nötigste Handreichung erwiesen. Diese Frauen seien von Nachbarinnen bei der Partei angezeigt worden. Die Partei habe entschieden: diese undeutsche und würdelose Handlung habe sofort zu unterbleiben. Andernfalls werde den Frauen die Rente gesperrt (die Männer sind im Feld).

So lässt man also die alte Jüdin in ihrem Bett verkommen, und je früher sie stirbt, umso besser. Ach du mein Gott! Ist denn nirgends, nirgends Hilfe! Wenn es auch nur ein Quäntchen Wert hätte, ich würde mich auf den Marktplatz stellen und die deutsche Schande laut hinausschreien. Aber bevor ich auch nur *einen* Satz beendet hätte, wäre ich gepackt und hinter Schloss und Riegel gebracht oder gar umgelegt worden. Ein nutzloses Opfer!

Von einem russischen Gefangenen in der Nachbarschaft wird erzählt, dass die armen Kerle vor Entkräftung beim »Essen«-Fassen umfallen. Wer umgefallen sei, werde gleich gepackt und in den nebenan stehenden Güterwagen geworfen, ob er noch lebe oder schon tot sei. Übel wird mir, krank werde ich, angesichts dieser und anderer entsetzensvollen Tatsachen!

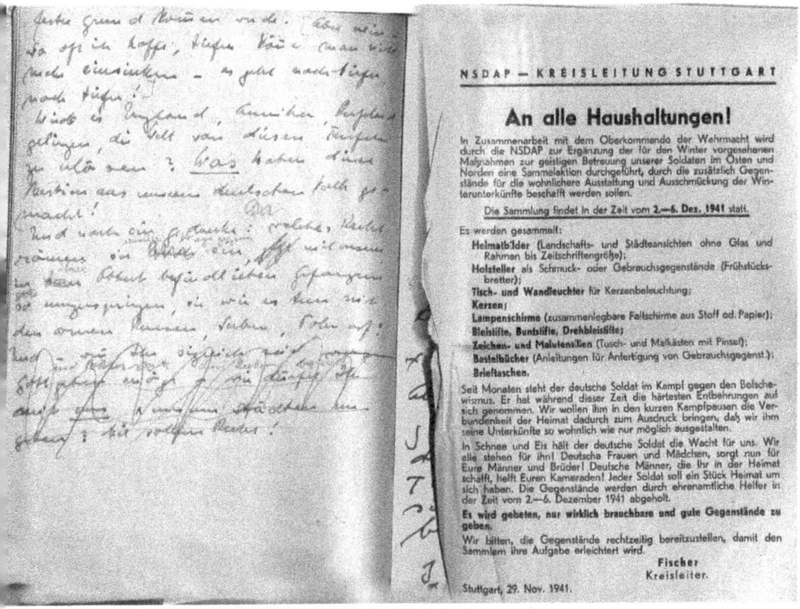

Eintrag vom 30. 11. 1941: Links kommentiert Anna Haag »Was haben diese Bestien aus unserem deutschen Volk gemacht!«. Rechts sieht man ein Poster der Kreisleitung Stuttgart, das zu einer Sammelaktion für die »geistige Betreuung« der Soldaten im Osten und Norden aufruft.

30. 11. 41. Kein Tag, an dem nicht irgendetwas und für irgendetwas gesammelt würde! Aber (nach Ribbentrop): »Der Krieg kann ja 30 Jahre dauern!« Studenten, die Unterricht in Mathematik von unserer Tochter haben, haben gestern erzählt, dass sie weder Rechenschieber noch Drehbleistift, noch Vierfarbenstift, ja, nicht einmal genügend Hefte und Papier ergattern können.

Habe ich nicht von jenem stolz geblähten Ehepaar erzählt, von dem der männliche Teil oberster Richter am Sondergericht in Warschau wurde? Der saubere Herr scheint ein Haar in der polnischen Suppe gefunden zu haben. Er verschanzt sich hinter Krankheit, hat Urlaub, ist hier, und seine Frau sagte mir gestern, als ich sie auf der Straße traf und sie begrüßte: »Hoffentlich wird mein Mann wieder hier angestellt. Er verträgt nämlich die *Kost* nicht in Warschau!« Gebe Gott, dass noch viele die »Kost« nicht vertragen!

7.12.41. Weiss Ferdl (der populärste Humorist Deutschlands, Münchner, angeblich ein »alter Kämpfer«) sei auf die Bühne gekommen, in der einen Hand ein Stück Holz, in der anderen einen großen Koffer voller Akten. Das Publikum lacht, worauf Weiss Ferdl sagt: »Ja, Sie lachen, aber so viel Eingaben hab ich machen müssen, dass i dös Stückerl Holz da verbrennen darf.«

Ein andermal kam er in völlig zerschlissenen, schwer gestopften und geflickten Kleidern. »Was lacht's denn? I bin Euch bloß um drei Jahr voraus!«

Wieder ein andermal: auf dem Rücken einen Schinken, vorn einen Kartoffelkorb, in der Hand einen leeren Sack. »Dös da (er deutet rückwärts) ist die Vergangenheit, dös (der Kartoffelsack) die Gegenwart und dös (der leere Sack) die Zukunft.«

Wahrscheinlich hat Weiss Ferdl all diese und viele andere Scherze gar nicht gemacht, sie werden ihm nur angedichtet. Das Volk braucht ein Ventil. »Wie geht's?«, fragt einer in der Straßenbahn. Der Gefragte antwortet:

»Zum Kotzen.«

»Ja, hast denn noch was im Magen dazu?«

Aber die Zeit ist gegenwärtig fast zu grimmig, als dass man noch derartige Scherze machen möchte. Zwar: viele, viel zu viele haben noch immer nicht gemerkt, was gespielt wird.

Ich habe heute im Radio London die Rede unseres Bischofs Wurm gehört. Und da frage ich mich: 1.) Wieso hat die evangelische Kirche so lange geliebäugelt mit der Bewegung? 2.) Würde sie ihre Stimme auch erheben, wenn zwar die »*Kirche*« *nicht* angetastet würde, aber dieselben Grausamkeiten an Juden, Polen, Serben, Russen usf. verübt würden wie jetzt, wenn der Krieg in seiner ganzen Scheußlichkeit weiterginge? Ich fürchte, die Kirche würde versagen, noch einmal versagen! Bei uns geht es ja leider offenbar nicht um das Christentum, um die christliche Ethik mit ihrer Lehre von der Liebe, der Barmherzigkeit und Duldsamkeit, sondern es geht um die Kirche und ihre Pfarrer.

Die junge Frau und das fünfjährige Töchterchen hat man nun auch weggeschafft mit dem großen Schub. Ich meine die Jüdin, deren Mann in Amerika ist, für die längst Ausweispapiere, Geld, Einreiseerlaubnis usf. da sind! Wohin die Armen kommen? Ich werde noch ein Narr, wenn ich mir all das Fluchwürdige vergegenwärtige, das zurzeit im Namen Deutschlands auch in meinem Namen (!) geschieht. Warum kommandieren die Generale ihre Soldaten nicht in Richtung Heimat? Man sollte denken, sie müssten doch vor Ekel ersticken! Und *sie* hätten die Macht.

8.12.41. Nun steht es schwarz auf weiß in den Zeitungen: »Die Fortsetzung der Operationen und die Art der Kampfführung im Osten sind von jetzt ab durch den Einbruch des russischen Winters bedingt usf.«

Ich kann nicht sagen, *wie* froh ich bin, und *wie* ich es dem schwer leidenden russischen Volke gönne! Wenn Russland, England, Amerika dann doch bis zum Frühjahr für eine kräftige Offensive vorbereitet sind! Freilich! An das Leiden, das dies für uns bedeutet, darf ich nicht denken. Indessen: sei's drum! Das *muss* kommen.

Nun ist auch Japan im Krieg! Was wird noch alles kommen!

10.12.41. Gelähmt vor Entsetzen! Haben die Japaner Bomben, von deren Wirkung weder Amerika noch England eine Ahnung hatte?

10.12.41. abends. Nun hat Hitler auch Amerika den Fehdehandschuh zugeworfen. Ich fürchte, Ihr Kinder seid mir nun *noch* ferner gerückt! Keine Kunde wird uns und Euch mehr erreichen. Keinen Gruß und keinen Rat kann ich Euch mehr senden! Und wenn Du, liebes Däxle, Deinen Kindern von der Großmutter und dem Großvater und der Tante Ludowike etwas erzählst: weiß der Himmel, was die kindliche Phantasie sich darunter vorstellen wird!

»Wird alles dunkel um mich her, die Seele müd und freudenleer« – Das habe ich heute zitiert, als ich vergeblich um eine elektrische Batterie für unsere Taschenlampe Schlange stand. Dieser Vers erfüllt sich bildlich verstanden und buchstäblich aufgefasst immer mehr. Und die Katastrophe in Russland! »An schwindelndem Abgrund führe ich das deutsche Volk vorbei« hat Hitler, dieser Nichtsnutz aus Braunau, einmal in einer seiner Reden gesagt. Das war noch vor dem Krieg. Ich weiß es noch wie heute. In mir bäumte sich damals alles auf. Mag dieser Tagedieb für *sich* Wege an schwindelnden Abgründen vorbei wählen. Aber doch nicht für Millionen anderer! Die ganze Welt – nicht nur uns dumme, ihm zujauchzende Deutsche, hat er nun in den Abgrund gestürzt!

12.12.41. »Sie spotten ihrer selbst und merken es nicht!« Wie ist es möglich, dass ein Volk wie das deutsche, ein Volk, das doch in seiner Gesamtheit intelligent ist, sich von solchen Popanzen mund- und denktot machen lässt? Die Rede Gott Hitlers gestern war doch wieder ein Grauen! Schade, dass die menschliche Geschichte nicht noch zehntausend Jahre weiter zurückreicht: Dieser Mensch würde immer noch reden, weitere Großtaten germanischen Wesens herausknobeln, sich daran berauschen und sich einbilden, *er* habe all das vollbracht! Er ist ein Geisteskranker – nicht ein Haar anders, als jener, der sich einbildet, der Schah von Persien zu sein. Nach nationalsozialistischer Methode gehört er längst zum Vergasen nach Grafeneck geschickt! Ob dieser wilde, von Deutschland entfesselte Krieg aus Ressentiment-Gefühlen entstanden ist? Eine Tatsache besteht auf jeden Fall: In keinem Land war die Verhimmelung von Ausländern und die Überschätzung ausländischer Waren größer als bei uns. War ein Mensch aus Frankreich oder England oder auch nur aus der Schweiz: Sofort war das allgemeine Interesse für ihn wach. Man war bereit, ihm geistigen, seelischen und vor allem finanziellen Reichtum ohne weiteres zuzutrauen. Und den Waren Schönheit und Qualität. Ist das heute anders? Ein Beispiel: Eine Frau hat eine hübsche Handtasche; eine andere betastet sie neugierig und sagt geringschätzig und mit einem Seufzer: »Nur Wachstuch! Ja, ja – man bekommt nichts Rechtes mehr –«, worauf die andere: »Ja Wachstuch. Aber die Tasche ist aus Paris – –« Was geschieht nun? Nun ist die Tasche plötzlich nicht mehr »nur« aus Wachstuch. Vielmehr antwortet die andere: »Dacht ich mir's doch gleich! Bei uns – –«

Aus der NS-Zeitung:

> »Kundgebungen der Partei verschoben.
> Die Kreisleitung teilt mit: Die für die nächsten Tage anberaumte Versammlungswelle der NSDAP im Kreis fällt mit Rücksicht auf die politischen Ereignisse aus. Auch die große Kundgebung in der Stadthalle, auf der am Samstag der Gauleiter Murr sprechen sollte, findet nicht statt.«

Da stimmen die von Goebbels ausgearbeiteten Vorträge für die »Welleriche« (Wellen-Redner) wieder einmal nimmer! Hitler hat mit seiner Kriegserklärung an Amerika und mit seinen Sätzen über den bevorstehenden »Winterschlaf« in Russland das ganze schöne Konzept verdorben. *Wie* dieser »Winterschlaf« wohl werden wird? Umgaukelt von süßen Träumen? Ich glaube auch hier nicht an Hitler und bin der Meinung, dass die Russen noch genügend »Überbleibsel« ihrer »vernichteten« Armeen haben, um diese »Träumereien« empfindlich zu stören.

13.12.41. Zeitungsnotiz:

> »*Postdienst nach USA eingestellt.* Der gesamte Postdienst mit USA und seinen Besitzungen, einschließlich den Philippinen, ist eingestellt. Ferner werden Sendungen nach Süd- und Mittelamerika, den Faroer [sic], Grönland, Island nicht mehr befördert.«

»Postdienst nach USA eingestellt!« Ungeschminkt stehen da die Worte. Was aber bedeuten sie für uns, liebe Kinder? Ihr könntet auf dem Mars leben, die Trennung könnte nicht vollkommener sein! Ob wir uns wiedersehen? Wann wir uns wiedersehen? Ob Hitler uns – Papa und mich und Ludowike – auch »in Schande« sterben lässt wie so viele, viele? Niemand kann sagen, welches Schicksal den erwartet, der als Deutscher im »wunderschönen Vaterland« lebt.

14.12.41. Ludowike hat gestern die Leiterin der hiesigen Ortsgruppe der NS-Frauenschaft getroffen. Während ihrer Unterhaltung erfuhr sie das Merkwürdige, dass diese Frau ähnliche oder dieselben Menschheitsideale hat wie Ludowike, dass sie aber von der fixen Idee besessen ist, wir (das deutsche Volk) hätten die entsetzliche Aufgabe, zunächst mit eisernem Besen diesen Saustall von Welt auszufegen, damit nachher das Gute, Schöne, Edle, Herrliche aufblühen könne.

20.12.41. abends. Ein Soldat, der zwar nun fünf Jahre beim Kommiss ist (zwei Jahre aktiv, anschließend Hitlers »Blitzkrieg«), aber noch nie an der Front war, sondern stets da, wo der Kampf vorüber war und es galt »einzukaufen«, sich und die Seinen, Verwandte und Bekannte möglichst für drei Menschenalter mit Hemden, Kleidern usf. auszustatten, hat mich besucht. Er ist zurzeit in Frankreich. Seine Mutter, eine einfache Bürgersfrau von gewaltigem Umfang, versucht seither, die Eleganz gazellengeformter Französinnen zur Schau zu tragen.

Er berichtete wegwerfend: »Seit die Kerle aus dem Osten kommen, ist's nimmer gemütlich in Frankreich.« »Die Kerle« sind die im Osten abgelösten deutschen Soldaten, die sich im Westen etwas ausruhen sollen. »Und wie die aussehen!«, fuhr der frisch gelockte, wohlriechende Urlauber in eleganter Zivilkleidung fort. »Ich kann Ihnen sagen: da schämt man sich als deutscher Soldat! Und alles – einfach alles kaufen die zusammen! Und was das Schlimmste ist: die verblödeten Hammel zahlen jeden Preis! Jeden Preis! Wie eine wilde Horde fällt sie über alles her!«

»Verblödete Hammel!« So werden die in Russland an Leib, Seele und Geist zerfetzten armen Menschen nun getauft!

Ich fragte den Soldaten nach der Stimmung der französischen Bevölkerung.

»Die *ehrlichen* Franzosen sind durchaus für England. Für Deutschland sind nur die, die einen unmittelbaren Vorteil davon haben!«

Die Attentate auf deutsche Militärpersonen regten ihn auf! »Wenn sie wenigstens den Gouverneur oder irgendeinen anderen Schuldigen (!) abmurksen würden! Aber so einen Zahlmeister oder einen anderen x-Beliebigen! Das ist ja gerade, wie wenn sie *mich* umlegen würden!« Bei dieser Vorstellung sprang Grauen in seine Augen! Ihn, den »Unschuldigen«, könnte es sogar treffen.

Ich sagte, die Franzosen werden sich eben jeweils an den halten, der ihnen gerade geschickt in die Quere kommt. Dass weitere Geiselmorde bis jetzt aufgeschoben seien, nennt er eine »Großmut« des Führers.

Da muss ich mich nun doch fragen, ob der junge Mann tatsächlich so ein »Unschuldiger« ist und nicht vielmehr auch einer von den Vielzuvielen, die zwar nicht für den Krieg in der Form sind, wie die deutsche Armee ihn jetzt in Russland und Libyen erlebt, aber doch für einen wie ihn dieselbe Armee den Franzosen, Polen, Belgiern, Holländern, Griechen, Jugoslawen usf. usf. beschert hat! (Womit ich natürlich keineswegs gesagt haben will, dass es in der deutschen Armee nicht genug arme Tropfen gibt, die »englisch« denken, aber »deutsch« handeln müssen und die todunglücklich sind und die Stunde herbeisehnen, in der sie endlich das Gewehr umkehren dürfen, um ihre wahren Feinde niederzuknallen!)

Gestern traf ich den Schriftsteller V. Ich sprach ein paar Worte mit ihm, obgleich eine Novelle, mit der er vor kurzem einen Preis erhalten hat, zwar nicht gerade den Nazismus verherrlicht, doch aber den Militarismus glorifiziert hat. Ich habe diesen Mann einmal als »Pazifist« gekannt. Er trug die Uniform eines Hauptmannes. Er sagte: »Wissen Sie schon: *Brauchitsch* ist weg! Herzleiden! Den obersten und alleinigen Befehl hat jetzt Hitler –«

»Na«, sage ich etwas tastend, »dann – dann wird ja der Endsieg – –«

»Meine ich auch!«, fällt er mir ins Wort, und eines fixiert scharf des anderen Mienenspiel. Seine Untersuchung des meinigen scheint ihn beruhigt zu haben, denn in beißendem Spott fährt er fort: »Dann werden ja die Gewehre in Russland wieder schießen – Sie gingen nämlich nicht mehr los – Kälteeinwirkung! Dann werden alle eingefrorenen Autos und Panzer wieder zu fahren beginnen! In Russland geht es ja gar nicht gut! Wissen Sie das?«

Ich gab zu, dies vermutet zu haben. Und er erzählte weiter, dass Brauchitsch im Oktober *Winterquartiere* habe beziehen wollen usf. usf. *Warum* ich ihn *eigentlich* anredete, war die Tatsache, dass auch er, gleich mir, von der Ufa aufgefordert war, Filmvorschläge einzureichen. Er sagte: »Na, da können wir warten! Ich kenne den Betrieb! Vor zwei Jahren war ich mitbeteiligt bei der Herstellung eines Films. Man hat uns da in Berlin den englischen Rembrandt-Film vorgeführt, damit wir sähen, wie wir es *nicht* machen sollten. Dabei – na – ich kann Ihnen sagen: der Film war großartig, und wir könnten uns gratulieren, wenn wir etwas Ebenbürtiges fertigbrächten.« (Worauf wir mit einem gegenseitigen uns verstehenden Lächeln auseinandergingen).

Wir waren dann noch bei Freunden mit deren Freunden zusammen. Wovon spricht man? Von der Sehnsucht nach dem deutschen Zusammenbruch! Von *Mölders*, von *Udets* Tod. Sind es Legenden oder Tatsachen, die man darüber erzählt? Von den theatralischen, verlogenen »Staatsbegräbnissen« derer, die man auf irgendeine Weise »umgelegt« hat. Sehr betrübt war man über die Engländer, dass sie die Ankunft Hess' in England gemeldet und nicht gewartet hatten, bis sein »Staatsbegräbnis« in Deutschland mit Pomp begangen worden war. Seine »Überreste« seien nämlich schon gefunden und das »Staatsbegräbnis« bereits angeordnet gewesen! Um den köstlichsten Witz der heutigen Weltgeschichte habt Ihr Engländer also die Menschheit gebracht!

Dass Deutschland ohne »Preiskommissar« ist, wurde auch erzählt. Der Schwiegersohn des Preiskommissars Wagner habe zur Hochzeit gedrängt. Wagner habe eingewilligt unter der Bedingung, dass die Trauung kirchlich vorgenommen werde. Wagner sei frommer Katholik. Der Bräutigam habe gesagt, er wolle die Zustimmung Himmlers dazu einholen. Himmler habe die Sache Hitler erzählt. Hitler habe am 9. November im Bürgerbräu, bevor er mit einer Rede begonnen habe, gesagt: »Es ist ein Verräter unter uns! Ich fordere ihn auf, den Saal zu verlassen!« Worauf Wagner aufgestanden und hinausgegangen sei. Ob Wagner noch lebt? Man weiß es nicht. Man weiß nur, dass er sein Amt nicht mehr bekleidet.

Ich habe auch gehört gestern, dass hier im Hotel S. die »Folterkammer« der Gestapo sei.

22.12.41. Woll- und Pelzsachen sind abzugeben! O, wird das den armen, hübschen, pelzmantelschwenkenden Frauen und Mädchen wehtun! Zu keiner Zeit hat man so viele, so elegante, so teure Pelzmäntel gesehen wie jetzt in der armen Kriegszeit! Pelzmäntel und hohe Rohrstiefel! Lauter Beuteware! Nicht wahr, es war doch so schön, einen Schatz oder Bräutigam oder Gatten in Polen, Frankreich, Belgien, Holland zu haben! Herrlich war der Krieg da! Das reinste Weihnachten! Er bescherte einem heißbegehrte Dinge, an die auch nur zu denken eine Verwegenheit gewesen wäre. Schön war der Krieg! Groß! Federnden Schrittes ging man in seinen hohen Stiefeln, seinen seiderauschenden Kleidern, der wonnigen Unterwäsche und dem prächtigen Pelzmantel, erfüllt von erhebendem Herrenmenschen-Bewusstsein, durch die Straßen. Und nun? Nun soll all dies sein wie eine schillernde Seifenblase! Zerplatzt! Aus!

Voll von Humor scheint der Krieg zu sein! Da sieht man in der *Wochenschau* Bilder, die das »Einzigartige« des Soldatenlebens, das Humorvolle, Lustige überzeugend dartun: Ein tief verschneiter Unterstand im Osten trägt beispielsweise die Bezeichnung »Zur fidelen Laus«. Da wiehern die Zuschauer vor Vergnügen, überlegen keine Sekunde, *wie* wenig fidel das Leben in der »fidelen Laus« für deren Bewohner in Wirklichkeit ist. So wenig »fidel«, dass wir unsere Schränke und Schubladen durchstöbern müssen, ob sich nicht irgendwie noch etwas findet, das die Ärmsten in der »fidelen Laus« vielleicht vor dem Erfrieren bewahren könne.

Nun werden die Wohnungen der abtransportierten Juden ausgeräubert. Pfui! Was für eine widerliche Räuberbande sind wir doch! Tun solche Dinge und schämen uns nicht, fühlen uns dabei als Herrenvolk, das »Ordnung« in den »europäischen Saustall« bringt!

Früher – in meiner Jugend – ja, da hatte ich auch allerlei Illusionen über das »deutsche Wesen«. Als beispielsweise im Dezember 1916 die Deutschen in Bukarest einzogen und die verängstigten Rumänen zähneklappernd und weinend in Gruppen zusammenstanden, da ging ich hin zu ihnen und sagte: »Aber so weint doch nicht! Es sind doch die Deutschen, die kommen! Es wird niemandem etwas zuleide getan werden. Im Gegenteil!« Das war meine tiefinnerste Überzeugung. Ich will die einzelnen Erlebnisse hier nicht aufzählen, die mich schon damals zwangen, meine hohe Meinung von uns »Deutschen« ziemlich herabzuschrauben. Aber alles, was damals geschah und den deutschen Namen schändete, war nichts im Verhältnis zu dem, was heute geschieht! Alle schlechten Anlagen sind entfesselt durch die »Führung« und das Beispiel unserer Über-Verbrecher!

Weihnachten 1941. Sollte Bengasi fallen, stifte ich einen Guglhupf. Das habe ich vor ungefähr vierzehn Tagen zu Freunden gesagt, und nun kommt als Weihnachtsgeschenk die Nachricht von der Rückeroberung Bengasis. So wird am nächsten Sonntag mein Guglhupf steigen und ein paar undeutsche Deutsche werden die Rommel'sche Niederlage feiern.

Kann man sich vorstellen, dass in irgendeinem anderen Land als in Deutschland Folgendes möglich wäre: Vorgestern klingelte es an unserer Türe. Wer kam? Unser Schwiegersohn, Ludowikes Mann. Seine Frau lebt seit zwei Jahren bei uns, da die politischen Meinungsverschiedenheiten ein weiteres Zusammenleben unmöglich machten. Er jedoch wollte sich bis jetzt um keinen Preis scheiden lassen. Es waren schlimme, schlimme Auseinandersetzungen. Er will die Frau nicht freigeben. Er will die schöne Wohnung und die schönen Möbel nicht mehr aufgeben, sagt er. Kurz: er will mit Ludowike verheiratet sein, falls sie sich nur bereit erklärt, während ihrer Ferien zu ihm zu kommen oder mit ihm zu verreisen, damit der Schein gewahrt bleibe. Er habe erfahren, dass Ludowikens antinationalsozialistische Einstellung bekannt geworden sei und dass er deshalb nicht vorwärts kommen könne im Beruf. Kurz und bündig: er drohte, dass er seine Frau und uns denunzieren werde, falls wir auf einer Scheidung bestünden und falls seine Frau nicht zu ihm zurückkehre.

Da fuhr ich ihn an: »Wenn Du Ludowike und uns ins Unglück bringen willst, dann sei versichert, dass auch ich besorgt sein werde, Dich ans Messer zu liefern, denn auch *ich* weiß einiges von Dir …«

Er, so sagte er, er aber habe Unterlagen.

»Auch ich habe Unterlagen, und wenn Du diese Schuftigkeiten nicht sofort widerrufst, werde ich alles einem Rechtsanwalt übergeben.«

Damit verließ ich das Zimmer. Nach einer Weile kam er zu mir in die Küche und tat, als habe er keineswegs »gedroht«. Wenn man es aber auf eine Kraftprobe ankommen ließe, dann würden wir weitaus den Kürzeren ziehen. Aber er möchte die Sache ja so ordnen, dass *er* sich politisch reinwaschen könne und dass es gleichzeitig doch Ludowike nicht schade.

Nun wissen wir nicht, was kommen wird. Auf jeden Fall schwebt wieder einmal ein Schwert über uns. Den Schwiegersohn kann nur die Angst, er selbst könnte am Ende etwas abkriegen, davon abhalten, das Messer niedersausen zu lassen.

26. 12. 41. 75 % meiner Zeit und Kraft verbrauche ich, um mich und die Meinen vor Hunger und vor den »Bestien« zu schützen, vor jenen »Bestien«, die rundum leben, goldene Brillen auf unschuldigen Gesichtern tragen, auf zwei Beinen gehen, und sich von ferne gebärden, als seien es Menschen. Wer aber diesen Burschen traut, den zerfleischen sie, lecken sich hernach wohlgefällig das bluttriefende Maul und lassen sich einen Orden anheften, fotografieren und in den Zeitungen für ihre heldisch-vaterländische Denunziantenarbeit feiern. Sind wir unentrinnbar mit diesem giftigen Gewürm verfilzt? Wir Alten – nun, wir können ja abtreten, aber die Jungen? Ludowike wird als politisch Unzuverlässige niemals über die Grenze kommen, nicht einmal unter dem Vorwand einer kleinen Reise. Hierher ist sie festgenagelt, hier wird sie zermahlen werden.

27.12.41. Wir waren bei »Erbhof-Bauern«. Es sind bestimmt rechtliche und kluge Menschen, die glauben, das Beste zu wollen. Umso mehr hat es uns erschüttert zu hören, welche Pläne man in bäuerlichen Kreisen propagiert und dass die Bauern sich positiv zu diesen Ungeheuerlichkeiten stellen. Die Bauern wissen, dass man den Osten systematisch entvölkert, um dort unsere deutschen kleinen Bauern auf staatlichen Gütern anzusiedeln. Wer bei dieser »Aufräumungs-Aktion« mit dem Leben davonkommt (Russen, Polen), wird Knecht auf den von unseren Bauern bewirtschafteten Gütern. Eigentum dürfen Polen und Russen nicht mehr besitzen. Der Erbhofbauer erzählt: »Für die Landwirtschaft innerhalb Deutschlands sind schon vor dem Krieg 41 Milliarden ausgesetzt worden, damit man gesunde Ställe bauen, Traktoren usf. anschaffen und die Bauernwirtschaft rentabel gestalten könne. Viele kleine Bauern werden bei uns zwangsenteignet, damit man große Güter schaffen kann. Diese Enteigneten bekommen dann als Ersatz für ihr kleines Bauerngut einen stattlichen Hof im Osten, im Warthegau, in Polen, in Russland.«

Dies und noch anderes erzählte uns der Erbhofbauer, der zwei Söhne bei den Fliegern hat. Er erzählte es ohne seelische Erschütterung, allerdings mit einem leisen Unterton des Bedauerns, dass wir mit unseren deutschen Händen *vor* dieser herrlichen Zeit noch einige schmutzige Arbeiten verrichten müssen und mit der entschuldigenden und das sich regende Gewissen beschwichtigenden Zwischenbemerkung: »Wenn man was Großes schaffen und eine neue gute Ordnung einführen will, darf man nicht über Kleinigkeiten stolpern. Wo man hobelt, fallen Späne.«

So vergiftet sind die deutschen Gehirne! In einer Weise umnebelt, dass sogar rechtschaffene Menschen diese ungeheuerlichen Ideen mit einem Schein von Größe glorifizieren und sie in einem »feinen und guten Herzen« bewegen.

»Wie aber, wenn wir den Krieg verlieren?«, fragte ich den Erbhofbauern, »wie, wenn die dann etwa eindringenden Russen und Engländer unsere jetzige deutsche Moral zu der ihren machen, uns abmurksen den Tausenden nach, die Überlebenden zu Heloten stempeln?«

»Das ist es ja«, sagte der Mann, »wir *müssen* diesen Krieg gewinnen, sonst – – –« und in schweren Gedanken fügte er hinzu: »Die Dinge sind schon viel zu weit gegangen. Wir *müssen* ihn gewinnen …«

Wir hatten gestern Gäste, Menschen unseres Sinnes, u. a. Freund R., der das Kriegsende für die erste Hälfte des nächsten Jahres voraussagt, weil sich Deutschland der Erschöpfung nähere: nichts mehr anzuziehen, nichts mehr zu essen, keine Rohstoffe mehr, um zu fabrizieren.

Freund L. zweifelte daran, indem er sagte: »Hitler schlachtet von uns sieben, die wir hier um den Tisch sitzen, fünf und füttert die zwei übrigen damit!« Als Zyniker, der er ist, fügte er unter grimmigem Lachen bei: »Hoffentlich bin ich dann unter den Ge- und nicht unter den Verspeisten.« Aber trotz dieser furchtbaren und durchaus möglichen (wenn auch nicht im Verhältnis 7 : 2) Entwicklung graut es L. vor einer deutschen Niederlage. Auch er hat Angst vor der Rache. Wie, wenn durch englische Besatzungstruppen bei uns das Geiselwesen eingeführt würde, so wie wir es in den besetzten Ländern gehandhabt haben? Wenn die Juden gerächt würden? Wenn die Polen auf Strafe bestünden? Wenn die Angehörigen der nach Tausenden zählenden verhungerten russischen Kriegsgefangenen Vergeltung verlangten?

27.12.41. Blütenlese aus einem Leitartikel:

> »Der Freimaurer Roosevelt, in seiner geistigen Haltung nicht wesentlich verschieden von Stalin, versucht nun natürlich wie Churchill unsere Spielregeln der brutalen Kriegführung nachzuahmen …«

> »Wie wir unseren Gegnern durch bessere Waffen, durch die Strategie und die Tapferkeit unserer Soldaten überlegen sind, so überragen wir sie erst recht durch die *Brutalität unserer Kriegführung* ...«

> »Es ist notwendig, die letzten Reste liberaler Fäulnis, wo sie noch vorhanden sein sollten, vollends auszubrennen ...«

Ich glaube, das ist hundertprozentig gelungen.

1942

4.1.42. Wollsammlung! Skisammlung! Kohlenferien! Betriebsstilllegungen wegen Kohlenmangel! Vor mir liegt eine Verordnung des Wirtschaftsministeriums. Darin heißt es: »Die Kohlenversorgung der Industrie ist infolge der in den letzten drei Monaten erfolgten außerordentlich geringen Zuteilungen in eine sehr kritische Lage gekommen …«

Mein Nachbar erzählte mir gestern: »Seit Brauchitsch weg ist, sind im Osten vollends alle Hemmungen gefallen.«

»Wieso?«

»Alle gefangenen Chargen, vom Unteroffizier aufwärts, werden bei der Gefangennahme sofort erschossen. Alle Juden, Frauen und Kinder werden erledigt. Und mit der Zivilbevölkerung räumt man ziemlich auf.«

Der Mann fügte dann bei: »Wenn man sich das vom menschlichen Standpunkt aus überlegt, kann man innerlich nicht mehr mitgehen.«

»Aha – wie sollte man sich diese Dinge sonst überlegen?« Brauchitsch sei religiös gebunden gewesen, Katholik, erzählte der Nachbar, er habe daher »notwendige militärische Maßnahmen« (Kindermord? Frauenmord? Gefangenenmord?) nicht ergriffen. Er sei christlich vergiftet. Mitleid und Barmherzigkeit, das sind Dinge, die ein Volldeutscher heute über Bord wirft.

6.1.42. Liebe Kinder! Heute erwarten wir Ludowikes Mann! Schreckliche Aussicht!

Ob unser für den Krieg so begeisterter Schwiegersohn wohl auch seine Skier abgeliefert hat? Ob er, zu Hause angekommen, seinen Schafpelzmantel abliefern wird? Er hat schon jubiliert, dass er nun über die Zeit der Sammlungen verreist sei, also – selbst wenn er wollte – nichts abgeben könne. Und nun ist der Termin verlängert. Pech! Wie mich das alles anekelt! Schließlich kann man noch eine Art von böser »Achtung« haben vor einem *wirklichen* Nationalsozialisten, vor einem, der sich auch den bitteren Konsequenzen nicht verschließt und nicht nur für andere, sondern auch für sich selbst die richtigen Folgerungen zieht und sich schwere Entbehrungen auferlegt. Aber es gibt wenige, sehr wenige solche! Maulhelden! Denunzianten! Raubzügler in anderer Völker Länder, Geldmacher übelster Sorte im Inland, Ausbeuter anderer, »Edel«-Mörder aus russischer Berufung, die ohne Gruseln, aber mit einem Gefühl stolzer seelischer Größe von Massakers, Tschechen, Serben, Polen, Juden, Russen erzählen können, an denen sie selbst teilgenommen haben.

Ihr möget denken, ich male in der Erregung zu schwarz. Nein, Ihr Lieben. Ich bin in keiner Weise »erregt«, ich bin nur furchtbar traurig und ekelerfüllt! Was ich da niederschreibe, trifft die tatsächliche Wahrheit noch lange nicht. Ihr, die Ihr in der Ferne lebt all die Jahre, traget ein anderes Bild von Eurer Heimat in Euch. Ich weiß das. Es ist auch nicht so, dass Euer Bild falsch wäre. Aber die moralische Abwärtsentwicklung des deutschen Volkes in seiner Gesamtheit, das fast dürstige Aufsaugen der falschen Ideale (Rasse, Herrenmenschentum, Weltmission usf.) mit all ihren scheußlichen Folgen beweisen, *wie* hörig ein Volk werden kann, dessen Gliedern jede Möglichkeit genommen ist, selbst zu denken. *Ein* Mensch, *ein* Parteiapparat denkt für alle. Alle Gedanken werden filtriert und in die Gehirne der Masse hineingegossen. Und da es gleichzeitig so eingerichtet ist, dass derjenige, der sich diesem »Gedankengut« widersetzt, verhungern oder im KZ oder Zuchthaus umkommen muss, so legen die allermeisten den eigenen Denkapparat gehorsam still, denn man will ja leben und lieben und essen und trinken.

Nur seit der Wollsammlung scheint beim einen oder anderen der eingerostete Denkapparat sich wieder knarrend in Bewegung setzen zu wollen. Aber – keine Angst! Das Geknarre wird binnen weniger Tage wieder aufhören, wenn nicht im Osten sich weiteres Entsetzen vollzieht.

6.1.42. Gestern hatte ich Besuch von einer Arztfrau. Ihr Mann amtet in einem Flecktyphus-Lazarett im Osten. Der Mann ist Anthroposoph. Anlässlich der Auflösung dieser Bewegung und der Verhaftung der Priester wurde nun auch bei dieser Arztfrau Haussuchung gehalten, Körbe, gefüllt mit Büchern, wurden mitgenommen, sie wurde auf die Gestapo beordert und hatte dort zu unterschreiben, dass sie keinem Menschen etwas von der Haussuchung mit allem Drum und Dran erzählen werde. Sie wurde einem Kreuzverhör über ihren Mann unterworfen. Sie selbst ist der Gesinnung nach auch Anthroposophin, ist aber nicht eingeschriebenes Mitglied. Sie sagte bei der Gestapo: »Aber ich bekomme doch diese Bücher später wieder?« und deutete auf die Körbe. »Das sind doch alles kulturell wertvolle Schriften.«

»Das meinen Sie in Ihrer Froschperspektive. Das ist geistiges Gift. Es wird eingestampft.«

Sie selbst hat man wieder freigelassen (sie hat drei Kinder). Aber ihr Gatte in dem Flecktyphus-Lazarett bekommt nun das Gehalt eines Oberarztes statt das eines Oberstabsarztes. Die Flecktyphusepidemie, so erzählte sie, greife entsetzlich um sich. Für nichts sei gesorgt. Zunächst habe die Epidemie nur unter der Bevölkerung und unter den Gefangenen gewütet, und je mehr da gestorben seien, umso befriedigter sei man gewesen. Aber nun seien erschreckend viele unserer Soldaten davon befallen.

Kann es nicht so kommen, dass Deutschland mit denselben Geißeln gezüchtet wird, mit denen es den Körpern anderer Völker Wunden schlug? Die Arztfrau rief: »Wie kann das deutsche Volk so blind sein, so gläubig, so dumm!« Das war die stets wiederkehrende verzweiflungsvolle Frage der Frau. Sie fügte bei: »Ich glaube: wenn Gott Hitler heute von ihrem *roten* Kleid sagt: ›Was für ein prächtig *grünes* Kleid‹, so jauchzt die Menge: ›Heil! Heil!‹ Und wenn es ihm in einer Stunde einfällt, dasselbe Kleid als himmelblau zu bezeichnen, so werden die Heilrufe wiederum nicht enden.«

Von einem jungen Arztkollegen erzählte sie: »Im Ärzteverein haben kürzlich einige besonnene ältere Ärzte Bedenken geäußert. Da ist dieser junge Hund aufgestanden und hat gesagt: ›Bitte, unterlassen Sie ihre Kritik. Ich bin sonst verpflichtet, Sie anzuzeigen.‹ Was für eine wunderschöne Heimat! Kann man sich da nicht wohl und ganz geborgen fühlen?«

9. 1. 42. Die Frommen in unserer »Volksgemeinschaft« beruhigen sich über das, was heute im Namen des deutschen Volkes geschieht. Sie sagen: »Gott hat uns als furchtbares Werkzeug ausersehen. Wir müssen Gottes Willen tun. Es fällt uns schwer, aber wir wollen und müssen Gott gehorchen und die ›Mission‹ erfüllen, die er uns zugedacht hat.« Was für ein verzwirbeltes Denken. Übrigens: das Christentum scheint augenblicklich wieder das Hätschelkind der Nazis zu sein. Es ist wie ein Katz- und Mausspiel. Jetzt gerade lässt die Katze die Maus wieder springen. Warum? Weil es augenblicklich nicht »opportun« erscheint, sich zu den an Machtwillen gewinnenden äußeren Feinden auch noch einen Feind im Inneren zu schaffen. Und die Kirche? Ich fürchte, sie wird sich benehmen wie ein verprügelter Hund, den man hernach mit zärtlichen Worten an sich lockt. Schweifwedelnd, demütig, dankbar, dass man mit der Züchtigung aufgehört hat, wird sie ankommen und dem göttlichen Führer ihre unbedingte Ergebenheit dartun. Und die Söhne Deutschlands werden weiterhin morden müssen und gemordet werden. Sie werden erfrieren, verhungern, ausbluten oder in Fieberdelirien verenden.

10. 1. 42. Zur Erholung sei mal was Nettes erzählt. Unser heldischer Schwiegersohn kam vom Gebirge und erzählte: »Die Skigäste dort haben zum großen Teil ihre Bindungen und die Stahlkanten abgeschraubt und die Bretter abgeliefert, also lauter unbrauchbare Skier.« Mit bösem, aber stolzdeutschem Blick fügte er hinzu: »Das grenzt an Sabotage und muss zur Kenntnis an geeignete Stelle gebracht werden.«

»Und Du, hast Du Deine guten Skier abgegeben?«

»N-n-n-noch nicht. Ich habe nämlich vor Jahren irgendwo bei irgendwem noch ein Paar alte Skier stehen lassen. Sie sind zwar kaputt gewesen, aber wenn sie repariert sind, werde ich die abgeben. Ski ist Ski, nicht wahr? Und ich sehe nicht ein -- Es ist ganz in der Ordnung, meine ich, wenn der Berliner seine Skier abgibt, der mit den Bergen an sich nichts zu tun hat. Aber wir hier im Süden --«

Ja, er ist ein vollkommener Nationalsozialist: »Mein Nutz geht vor Dein Nutz!« Im Übrigen, er hat Pech gehabt. Die Wollsammlung ist verlängert worden, und er hat gehofft, so lange verreist zu sein.

»Wirst Du Deinen pelzgefütterten Mantel abgeben?«

»Wo denkst Du hin? Aber ich werde schon etwas finden --«

Er wird zweifellos etwas finden, etwas Gestopftes, vielfach Ausgebessertes. Hauptsache ist, dass auf seiner Quittung steht: »Ein Paar Socken abgeliefert« usf.

Wie sagte doch der tapfere Bischof, Graf Galen: »... an innerer Verrottung zugrunde gehen.« Wenn er dabei auch an etwas anderes dachte, so passen diese Worte doch haarscharf auch auf großmäulige Nazis, die Opferfreudigkeit als selbstverständlich nur *bei anderen* voraussetzen.

Eben war die bereits früher erwähnte Frau des Warschauer Sonderrichters da. Ihr Gatte hatte es nur zehn Wochen in Polen ausgehalten. Nicht etwa, so versicherte sie mir treuherzig, weil er täglich Todesurteile am laufenden Band hat vollstrecken lassen müssen, vielmehr weil die Ernährung, die Unterkunft und die Umgebung derart enttäuschend war und ringsum Seuchen, nicht wahr, Flecktyphus und nun die Erfrierungen. »Es ist eine Schande, dass nicht gesorgt wurde für unsere Soldaten. Im Oktober schon hätte man sorgen müssen. Warum musste Brauchitsch gehen? Wegen seinem Leichtsinn erfrieren nun Millionen Soldaten!«

Also. Brauchitsch ist es, nicht Hitler. Wieder einmal fein gefingert, Joseph Goebbels.

11. 1. 42. Wenn man nun von allen Seiten Einzelheiten des Entsetzens im Osten erzählt bekommt, wenn man hört, wie Verwundeten-Züge ankommen, die Männer zerlumpt und in erbarmungswürdigem Zustand, wie ein Junge sich die Nase geschnäuzt und sie in den Fingern gehabt habe, abgebröckelt vor Frost, wie dem und jenem die Beine, die Hände amputiert werden mussten, dann möchte man weinen, weinen ohne Ende. Welche Katastrophe!

Jetzt sind in allen Gasthäusern die Wäschebestände aufgenommen worden. In den Lazaretten des Ostens liegen die Verwundeten auf Stroh, arme Teufel. Wie viele mögen unter ihnen sein, die unschuldig sind an dem ganzen Menschheitsjammer.

13. 1. 42. Meine Putzfrau, ein vom Arbeitsteufel besessenes Weib, das sich keine Zeit gönnt, über Dinge nachzudenken, das aber instinktiv Hitler nie gewählt hat und heute stolz ist darauf, erzählte mir folgenden Witz: »Meine Nachbarin hat einen Kuchen gebacken, so braun wie Hitler, so fett wie Göring, so knusprig wie Goebbels und – – so mürbe wie das Volk.«

Gestern jammerte eine Dame bei mir. Sie beschimpfte Hitler als größenwahnsinnig und forderte leidenschaftlich den Abbruch des Krieges. Warum? Weil sie um ihr Hätschelkind, um ihren Erben und Neffen zittert, der als blutjunges Soldätlein im Osten ist. Wird er hungern? Wird er frieren? Wo wird er die Nacht zubringen? Was macht er eben jetzt? So denkt und sorgt man in der Regel, wenn man eine deutsche Mutter, Braut, Frau oder Tante ist. Aber *heute*: juchhuh! Heute kam ein Brief vom Herrn Leutnant. Er hat das E. K. I bekommen. Das Tantengesicht strahlt, fort sind alle Ängste. Brust heraus, Fahnen heraus! Horst-Wessel-Lied! Marschtritt! Ah, alle diese Gefühle, gottlob man hat sie wieder – –!

Aber für wie lange?

15.1.42. Meine Nachbarin erzählt, ihr Schwager, Waffen-SS, habe aus dem Osten geschrieben, seine Füße seien so erfroren, dass ganze Wülste zu den Stiefeln heraushängen. Er ermahnt sie, wenn sie wieder mal im Radio höre, wie gut für die Truppe im Osten gesorgt und wie gut die Stimmung sei, dann soll sie ein Beil nehmen und den Lügenkasten zusammenhauen.

Der Sohn meiner Gemüsefrau schrieb seiner Mutter unter dem Datum des 26. Dezember, sie möge ihm doch um Gottes Barmherzigkeit willen Handschuhe senden. Er habe bis heute keine bekommen. Die Frau schluchzte: »So muss man mit seinen Kindern umgehen lassen.« Sie erzählte, sie habe bereits zwei Paar weggeschickt, der Sohn habe sie nicht erhalten. Ein weiteres Paar besitze sie nicht, nirgendwo seien Handschuhe zu kaufen.

Andere Mütter erzählen, dass ihre Söhne schreiben, ihre Finger- und Fußnägel werden schwarz und fallen ab, aber sie dürfen nicht ins Lazarett. Arme Kerle!

Mein optimistischer Nachbar Apotheker sieht offenbar nun auch trübe. Wenigstens so lange, bis die nächste offizielle Flüsterpropaganda ausgegeben sein wird. Er sagt die Landung amerikanischer Truppen voraus. Ich glaube, es erschiene ihm weit sympathischer (gleich mir), Engländer und Amerikaner würden einrücken anstatt der Russen. Abgesehen von meiner ganz persönlichen Einstellung bin ich überzeugt, dass Deutschland nur das eine wünschen kann, nämlich so rasch als möglich das Ende des Krieges.

16.1.42. Ich war heute in der Stadt. Ich suchte Briefpapier. Im fünften Geschäft endlich schien Erfolg zu winken, jedoch mit der Einschränkung, dass ich entweder fünf Briefbogen *oder* fünf Umschläge bekommen könne.

Die Frage nach Klosettpapier trug mir einen Blick ein, der besagte, »Leben Sie eigentlich auf dem Mond?«

17.1.42. Ein kleines Erlebnis in der vollgepfropften Straßenbahn: Eine Frau fragte einen Mann: »Habt Ihr Nachricht von Wilhelm?« »Vor vier Wochen«, sagte der Mann und dann erhebt er jäh seine Stimme zum Schreien, wirft einen hasserfüllten Blick auf den danebenstehenden Hauptmann in pelzgefüttertem Mantel und von wohlgepflegtem Aussehen: »Heim will er, nichts als heim. Drei Jahre steht er draußen. Heim wollen sie alle!«

Kann dieser Hauptmann etwas dafür, dass die Soldaten nicht heim dürfen? Bestimmt nicht. Aber das Erlebnis zeigt, dass die Volkswut sich eines Tages vielleicht doch erhebt. Eine echte Volkswut, nicht die von dem tüchtigen Goebbels so oft organisierte, die ihm ermöglicht hat, seine eigenen Verbrechen an den Juden auf die Schultern des Volkes abzuwälzen.

27.1.42. Die Schulleistungen einer Lehrerstochter lassen merklich nach. Mein Gatte sagte zum Vater: »Vielleicht gibt ihr das schlechte Zeugnis Auftrieb, sich etwas mehr anzustrengen.«

»Anstrengen! Noch mehr anstrengen!«, schrie der Vater zornerfüllt. »Dienst, Dienst, Dienst« (im BDM). »Wenn endlich mal ein Gesetz zum Schutze der Jugend erlassen werden könnte. Der erste Paragraph müsste das Verbot dieser … dieser Jugendorganisation enthalten.«

Der Mann hat Glück, wenn niemand anderes diese Bemerkung hörte. Eine Frau sagte letzte Woche: »Die armen Soldaten.« Schon musste sie wegen dieser Bemerkung vorreiten bei der hiesigen Parteileitung. Eine andere Frau sagte, den Krieg hätten wir nicht gebraucht. Sie äußerte dies im Gespräch einer Frau gegenüber, die furchtbar jammerte, weil ihr Sohn in Russland war. Und diese jammernde Mutter ging hin und zeigte die andere an! Die Gestapo holte sie ab, ihre Angehörigen wissen heute – nach zwei Monaten – noch nicht, wohin sie gebracht wurde!

2.2.42. Seit zwei Wochen bin ich ziemlich krank, aber seit der »Führer«-Rede am 30. Januar geht es mir besser. Die Brüllerei hat mir zu einem Schwitzbad verholfen. (»Wo man schwitzt, ist noch Hoffnung«, sagte ein berühmter Arzt. Da ich nicht zum Schwitzen zu bringen war, schien etwas »wenig« Hoffnung vorhanden. Aber die »Führer«-Rede hat's geschafft.)

Ich habe Lindley Frasers Kommentar zu Hitlers Rede gehört, ich habe auch Thomas Manns Botschaft gehört (über die 800 holländischen Juden, die zu Giftgas-Experimenten nach Deutschland gebracht worden seien). Was Lindley Fraser sagte, was Thomas Mann, was Richard Crossman oder Richardson sagen: all das ist in meiner Sprache gesprochen. Das verstehe ich unmittelbar; es ist das, was ich denke, was ich fühle, wie ich mich zur Welt einstelle. Aber was die meisten deutschen Menschen sagen, das macht mir physisch übel. Zuweilen kann ich es nicht ertragen, wirklich nicht! Das ist keine Phrase. Und dann ist alles so hoffnungslos. Und ich weiß, dass – auch wenn wir den Krieg verlieren – ich keine Heimat mehr hier haben werde. Alle Illusion ist weg.

Da schreibt ein junges Mädchen in unserer Stadt an Goebbels, dass hier noch so viele Frauen in Pelzmänteln herumlaufen, und verlangt, dass dagegen »eingeschritten« werde. Ferner: sie regt sich auf, dass manche Juden ihren »Stern« verstecken, den Arm davorlegen, und dass andere gar so unverschämt sind, ihn mit einer Geste des Stolzes zu tragen! Sie verlangt, dass kein Jude mehr in der Straßenbahn fahren darf! Für diese heidnische Haltung wird sie in der Zeitung gefeiert.

Im Nachbarhaus lamentiert eine Tante, eine begeisterte Nationalsozialistin, wie übel ihr armer Neffe, ein SS-Soldat, an der Ostfront dran sei. Nichts zu essen usf. usf. Die Putzfrau, die auch bei mir arbeitet, sagte: »Herrschaft nochmal! Dann sollen sie doch Schluss machen! Entweder man ist SS-Soldat und begeistert und tut mit, oder man macht Schluss!« Betretenes Schweigen. Da sagt die fünfzehnjährige Tochter des Hauses: »Schluss machen? Das kann der Führer nicht! Der Führer hat den Engländern so und so oft die Friedenshand hingestreckt! Man hat auch seinen Stolz! Jetzt sollen sie ausfressen, was sie sich eingebrockt haben!« Man achte darauf: »*sie* sollen ausfressen«, nicht »wir«! Der Durchschnittsdeutsche ist so sehr daran gewöhnt worden im Laufe der letzten Kriegsjahre, *andere* leiden zu machen, andere leiden zu wissen. Es ist ihm so selbstverständlich geworden, dass »andere« leiden, zu leiden haben, dass er noch gar nicht fassen kann, dass nun auch *wir* zu leiden beginnen.

Aber nicht das wollte ich eigentlich sagen, vielmehr: nachdem also die junge Tochter dieses gewaltige und abschließende Wort von der ausgestreckten Führerhand gesprochen hatte, mussten alle schweigen. Auch der Vater, und sogar insbesondere der Vater, der der eindeutigste Antinationalsozialist ist, den wir kennen. Ein sehr kluger Mensch und unwandelbar in seinen Wertungen. Dieser Mann (zwischen 50 und 60) darf also seiner vorlauten Tochter nicht sagen: »Schweig! Das verstehst Du nicht!« Denn er muss damit rechnen, dass diese naseweise Tochter hingeht und ihn in ihrer Jugendgruppe denunziert. Und die Putzfrau muss sich schleunigst korrigieren und sagen: »Ich habe gemeint: »*alle*«, alle sollen Schluss machen! Auch die Engländer und Russen!« Sie muss den Eindruck verwischen, als ob sie gemeint hätte, der deutsche Soldat soll entweder »Heil« schreien und leiden, ohne zu klagen, oder er soll das blöde »Heil«-Schreien und damit aber auch sein Soldatenhandwerk einstellen. Die arme Putzfrau hat nun Todesangst, das junge Mädchen könnte irgendwo etwas über sie äußern. Es ist schon so: von früh bis spät läuft der Deutsche mit schlechtem Gewissen herum.

11.2.42. Zeitungsnotiz:

»Der am 28. Juli 1897 in Mühlhausen, Kreis Konstanz, geborene Leo Bohnenstengel, den das Oberlandesgericht wegen

Zersetzung der Wehrkraft, Vorbereitung zum Hochverrat und Rundfunkverbrechens zum Tode verurteilt hat, ist am 10. Februar hingerichtet worden. Bohnenstengel hat versucht, mit Hilfe der Feindpropaganda die deutsche Wehrkraft zu zersetzen.«

Zwei Bekannte schrieben heim (aus der Ukraine), dass von einer Reihe von Divisionen nur noch 1500 Mann übrig seien. So seien die Abgänge durch Gefallene, Kranke (Seuchen) und Erfrorene! Sie erzählten ferner, dass in der Ukraine »möglichst« alles »ausgerottet« werden müsse, vor allem alle Jugend!

Ein großer »Heil«-Schreier schrieb heim, das sei kein Krieg mehr, das sei nur noch ein fürchterliches Gemetzel! Nun ist es plötzlich kein »Krieg« mehr! Was *ist* denn »Krieg«? Doch ein Gemetzel! Nichts anderes! Nur, dass wir sieghaften deutschen Siegfriede bislang mehr die »Schlächter« als die Geschlachteten waren.

Zeitungsnotiz:

»Felddienstuntaugliche Ski.
Unter der Überschrift ›Kopfzerbrechen um felddienstuntaugliche Ski‹ gaben wir am letzten Sonntag an dieser Stelle einem Volksgenossen auf seine Anfrage, ob er die moralische Berechtigung habe, mit seinen frontuntauglichen Brettern einen Spaziergang zu machen, die Antwort, die subjektive moralische Berechtigung liege wohl vor, doch würden wir ihm empfehlen, ein Schild mit der Aufschrift: ›Bitte um Nachsicht – Ski felddienstuntauglich!‹ anzuhängen. Inzwischen haben wir die Sache noch einmal bedacht, auch mit maßgebenden Männern darüber gesprochen, und sind zu dem Ratschluss gelangt: es ist für Inhaber von frontuntauglichen Ski doch besser, auf den ›sanften Heimatspaziergang im Schnee‹ zu verzichten, und zwar im Blick auf das Gemein-

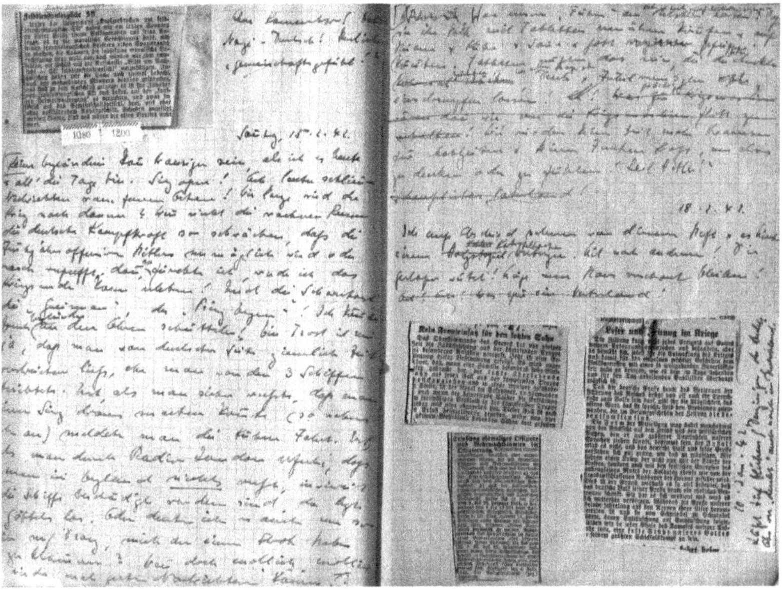

Eintrag vom 15. 2. 1942: Man sieht deutlich, wie Anna Haag ihre eigenen Aufzeichnungen (mit einem blauen Stift) überarbeitet hat.

schaftsgefühl, dem, mit oder ohne aufklärenden Anhängeschild, Schaden zugefügt werden könnte. Und das wären die alten Bretter nicht wert.«

Ohne Kommentar!

15. 2. 42. Was unser »Führer« am liebsten hätte, wurde ich heute gefragt, worauf ich sagte: dass er »sein Volk« mit Tabletten ernähren und auf Hühner und Kühe und Sonne und Gott pfeifen könnte. Tabletten müssten da sein, die Übermuskeln züchten, im selben Maße aber Denk- und Gefühlsvermögen einschrumpfen lassen. Wir würden keine Zeit mehr brauchen für Mahlzei-

ten und keinen Funken Kraft, um etwas zu denken oder zu fühlen. Heil Hitler!

18. 2. 42. Diese Aufzeichnungen wandern mit anderen bedenklichen Blättern hinter einen großen Holzstapel! Die Gestapo wütet! Wer weiß, wann sie bei uns Einlass begehrt. Lebt wohl, Kinder! Wir sind dankbar, von Cläre Nachricht (vom Januar) zu haben. Aber Du, lieber Sohn, bist wie verschollen!

19. 2. 42. Eine Bekannte fragte ein junges Mädchen im Vorübergehen: »Wie geht's auch Ihrem Bruder?« »Ha danke!«, rief die junge Schöne strahlend im Weitereilen, »dem geht's gut, der ist in Kanada in Gefangenschaft!«

27. 2. 42. Ich hatte einen Besuch von einer sehr frommen Frau. Unter Schaudern erzählt sie einige ihr bekannt gewordene Einzelheiten über die Schandtaten gegen Juden, Polen und Russen. Aber sie kann sich nicht entschließen zu wünschen, dass Deutschland den Krieg verliere. Als Grund gibt sie die Furcht vor der Rache der Juden an!

Wie soll man da noch auf die »Christen« hoffen dürfen in Deutschland! Ihre Angst und Feigheit ist stärker als ihr Christentum und ihr Sinn für Gerechtigkeit. Ich fürchte: wenn wir uns auf sie verlassen, dann sind wir verlassen.

28. 2. 42. Ein anderer Besuch! Ein junger Mann. Er ist ein Vierteljahr beurlaubt zum »Referendar-Dienst« in der Schule. Da er Mathematiker ist, ist man versucht anzunehmen, der junge, blonde Blauäugige verfüge über logisches Denkvermögen. Wir wissen, er war in seiner Pennälerzeit glühender Nazi und hat nicht nur die Mutter (der Vater ist im Ersten Weltkrieg gefallen), sondern auch die demokratischen Großeltern ins Hitler-Lager gebracht. Wir nehmen jedoch an, dass seine Erlebnisse im Krieg ihn von der jugendlichen Schwärmerei geheilt haben. Schon nach wenigen Worten wissen wir: »Ungeheilt!« Er sagt, sie alle seien ungern gegen Russland gezogen nicht, weil Russland nicht der eigentlichste Feind des Nationalsozialismus in Deutschland wäre, sondern weil sie vor allen Dingen gerne mal die »Teufelsbrut« über dem Kanal ausgehoben hätten! Wie viel Geduld und Langmut und diplomatische Kunst habe der Führer aufgewendet, um England als Bundesgenossen zu gewinnen! »Aber diese Brüder wollten einfach den Krieg mit Deutschland! Wenn *die* geahnt hätten, dass diese Gemeinheit ihnen ihr Empire kostet, hätten sie sich anders entschlossen, ich garantiere! Die Russen sind voller Angst vor ihrer GPU. Das sind nämlich schauderhafte Zustände dort! Da darf kein Mensch sagen, was er denkt! Jeder ist umgeben von Spitzeln! Und das Schreckliche ist, dass niemand vom anderen weiß, ob er nicht ein Spitzel ist! Dort ist es möglich, dass der Nachbar den Nachbarn anzeigt, der Bruder den Bruder, der Sohn den Vater.«

»Genau wie bei uns«, warf ich ein. Er lächelte nachsichtig. Was mich an dieser unter Abscheu gegebenen Darstellung der russischen »Volksgemeinschaft« erschütterte, war die Tatsache, dass dieser junge Mann, der doch als Mathematiker für logisches Denken gut veranlagt war, nicht bemerkte, dass er mit seiner Beschreibung grauenvoller russischer Zustände nichts erzählte, als *das*, was im nationalsozialistischen Deutschland ebenso unerträgliche Wirklichkeit ist!

4. 3. 42. Freund L. war da, einer unserer sehr wenigen »lebenslänglichen« Freunde, mit dem wir allezeit in *wesentlichen* Dingen übereinstimmen konnten. Er ist ein durchaus geistiger Typus, dazu *geistreich* und von jener seltenen Art Menschen, denen es das größte Vergnügen macht, sich über sich selbst lustig zu machen, und die sich ganz besonders dann amüsieren, wenn die sehr gescheiten Herren Akademiker-Kollegen etwa das, was sie sagen, ernst nehmen und sie entsprechend nieder einschätzen und – von ihnen abrücken. Dabei ist er derjenige, der die sehr »Gescheiten« allesamt in die Tasche steckt, wenn es darauf ankommt.

L. ist aber im Dritten Reich ein sehr ängstlicher Herr geworden, er grüßt mit stramm gerecktem Arm und überlauter Stimme »Heil Hitler«, spricht von »unserem göttlichen Führer«, und wer ihn nicht kennt, könnte annehmen, er meine das ernst. Zum Teil ist diese Art Spott, zum Teil aber auch »Mimikri«. L. hält es beispielsweise so: wenn er sich vor unserer Haustüre oder vor der seinen von uns verabschiedet, so brüllt er mit dem feierlichsten Gesicht, in einer Art Ekstase: »Heil Hitler!« so, als beendeten wir damit ein ehrfürchtiges Gespräch über unseren »göttlichen Führer«. Er nimmt wohl an, damit die Nachbarschaft zu täuschen und bei ihr den Eindruck zu erwecken, als denke, fühle, rede, tue er nur nach Hitlers Geboten. Die Psycho-Analytiker würden das als Ausdruck des schlechten Gewissens deuten und L., falls sie Hitlerianer wären, ins Kittchen stecken. Aber die Psychoanalyse ist gottlob eine »jüdische Erfindung«, wird also von unseren Germanskis abgelehnt, und dadurch kann mancher entschlüpfen, der »eigentlich« längst in Dachau oder Welzheim sitzen sollte. L. ist *so* vorsichtig, dass, wenn er je etwas über das sagt, was mit Hitler und Krieg zusammenhängt, er es so vorbringt, dass der Dummkopf genauso gut das Gegenteil in dem herauslesen kann, was L. wirklich meint. Ich bin ihm natürlich ein Schrecken. Selbst wenn wir gemeinsam bei hundertprozentig Gleichgesinnten sind und ich mir erlaube, in ungeschminkter Art die Dinge beim Namen zu nennen, so wird er aschfahl, tut, als befalle ihn ein schreckliches Zittern, wirft Blicke nach Tür und Wänden und Fenstern, ob nicht irgendwo ein Lauscher sei, und sagt: »Um Gotteswillen, Freundin! Verschleiert! Verschleiert!« Und er ergeht sich in düsteren Voraussagen, nach welchen ich demnächst in irgendeinem KZ über meine Unvorsichtigkeit nachzudenken Zeit oder auch keine Zeit mehr haben werde.

Besagter L. also fuhr vor einer Woche in der Straßenbahn. Ein Jude mit dem Stern steigt ein. Einer unserer vielen Höchst-Arier fährt auf: »Juden haben die Straßenbahn nicht mehr zu benützen!« Das sei eine Beleidigung! Der Kerl müsse hinausgeworfen werden! (Nebenbei: der »Kerl« stieg an der nächsten Haltestelle unverzüglich und wahrscheinlich nicht ungern aus.) Ein anderer Mann mischte sich ein und behauptete: »Solange die Gestapo den Juden die Benützung der Straßenbahn nicht verbietet, haben wir Zivilisten kein Recht, einen Juden zu belästigen.« »Judenknecht! Judenknecht!«, schrie der erboste Edel-Arier, und es entspann sich ein furchtbarer Streit zwischen den beiden Männern, in welchem der »Judenknecht« immer wieder behauptete, *er* sei ein älterer »Antisemit« als der, der sich in seinem arischen Empfinden durch die Nähe eines Juden schwer verletzt fühle. Aber es sei nicht seine und nicht des anderen Sache, Juden aus der Straßenbahn hinauszuwerfen, solange dafür keine polizeiliche Verpflichtung bestehe usf. Die beiden stritten und schrien einander noch lange an, nachdem der Jude längst den Wagen verlassen hatte. Natürlich drohte der in seinem »deutschen Empfinden« Verletzte mit Anzeige und gebührender Strafe! Der Streit schien sich zu einem Handgemenge auszuwachsen, da rief L., sie sollen doch gefälligst endlich aufhören! Der Jude sei ja längst ausgestiegen und ein Grund zu weiterem Lärmen sei somit überhaupt nicht gegeben.

Mit diesen Worten hat der angsterfüllte L. in einem »unbewachten Augenblick« etwas so »unverschleiert« als denkbar gesagt und die Wut des Ober-Ariers stürzte sich in der Sekunde auch auf ihn! »Judenknecht« nannte ihn dieser, drohte ihm mit dem Stock und schwur, seinen Namen feststellen zu lassen; das Weitere werde sich dann finden.

5.3.42. Ludowikens Prüfung für das »künstlerische Lehramt« beginnt morgen mit einer Lehrprobe an einer dritten Klasse (ungefähr 13–14-jährige Mädchen). Weinend vor Zorn kam sie gestern heim. Als Lehrprobe hat sie das Lied einzuüben: »Kein schönerer Tod ist in der Welt / als wer vorm Feind erschlagen, / auf grüner Heid im freien Feld; / darf nicht hör'n groß Wehklagen: / im engen Bett nur Ein'r allein / muss an den Todesreihen, / *hier* kündet er Gesellschaft fein, / fall'n mit wie Kräuter im Maien.« / usf. Sie hat sich gewunden und gewehrt, hat gebeten, ihr doch ein anderes Lied auszusuchen. Es sei kein Lied für Mädchen, der Text sei zu altertümelnd, dass allein das Bewältigen des Textes zu viel Zeit in Anspruch nehmen werde. Und da ihr für die Lehrprobe nur zwanzig Minuten insgesamt zur Verfügung stehen usf. usf.

Zwecklos! Im Gegenteil! Der Prüfende verlangt noch von ihr, dass sie auch über den *Text* sprechen und den Kindern seine Herrlichkeit klarmachen soll. Ludowike sagte: »Aber Herr G., der Text spricht ja für sich! Was soll ich da noch hinzufügen?«

»Ich erwarte, dass Sie darüber sprechen. ›Spricht für sich selbst‹, sagen Sie? Spricht er auch für Sie? Es gibt ja auch Pazifisten und so Leute aus der Friedensliga, die den Krieg als etwas Schlimmes, Unwürdiges brandmarken! Sie haben doch davon gehört? Oder nicht?«

»Fragen Sie Ihre Mutter – –«

Sadist! Es ist derselbe Mann, der seinerzeit Ludowikens Anstellung an der Hochschule für Lehrerbildung bei der Behörde mit der Begründung hintertrieben hat: Ludowike sei Tochter aus einer belasteten Familie und es sei »untragbar« (das neue, ach so viel gebrauchte Wort), ihr eine solche Stelle zu geben!

»Großes Hoffen gibt große Ruh«, sagt Silvio *Gsell.* Wenn ich das »große Hoffen« haben kann, dass über kurz oder lang Hilfe kommt, dann kann ich auch die große »Ruh« finden. Aber es kommen so viele, viele hoffnungslose Tage!

Da ist nun der englische Luftangriff auf Paris! Was sage ich dazu? Ja, oder ein entsetztes Nein? Ja, weil ohne große Leiden das viel größere Leiden nicht aufhören kann; nein, weil es Franzosen sind, die da ihr Leben lassen müssen. Wann werden die englischen Bomben über jene deutschen Städte fallen, deren Jubel über die Bombardierung Coventrys sich seinerzeit schamlos laut äußerte?

28.3.42. Vier Engländer haben soeben im Londoner Rundfunk die Frage zu beantworten gesucht: »Was ist wahrer Patriotismus?« Dabei dachten sie an uns Deutsche, die teilweise in einem Zwiespalt seien. Viele Deutsche, so meinten sie, wünschen zwar von Herzen den Untergang der Nazibande, gleichzeitig aber leiden sie unter der Vorstellung, Deutschland könne den Krieg verlieren. Wie recht haben sie damit! Sogar Männer, die zu Beginn der Hitlerzeit die »Heuberg-Freuden« (KZ.) gekostet haben, verirren sich in diesen Zwiespalt. Vor wenigen Tagen sprach ich mit einem solchen Mann darüber. Er war soeben von einer Geschäftsreise nach Berlin zurückgekehrt. Er sagte: »In Berlin ist man hasserfüllt gegen die Nazis. Aber ––: erstes Gebot ist für die Berliner, den Krieg zu gewinnen! *Nachher* werde man die Galgen für diese Gauner rasch bereitgestellt haben!«

»Diese Auffassung billigen Sie?«, fragte ich ihn.

»Gewiss! Man müsste ja nicht Deutscher sein!«, war seine Antwort.

»Dann sind Sie ein schlechter Deutscher, lieber Freund!«, entgegnete ich. »Und ein törichter Deutscher dazuhin!« Und ich versuchte, ihm auseinanderzusetzen, dass ein deutscher Sieg den endgültigen Sieg der Nazis bedeuten würde. Dass eine Zeit grausigster Gräuel über uns käme, dass die Kranken, die Alten, die Unfruchtbaren (soweit sie nicht mehr als Arbeitssklaven ausgesaugt werden können) rücksichtslos »beseitigt« würden, dass alles, was man unter »Liebe« versteht, und zwar »Liebe« zwischen den Geschlechtern und allgemeine Menschenliebe, endgültig begraben werde, dass Kunst nur noch die Dirne nationalsozialistischer Ideen sei, dass niemals mehr weder ein freier Gedanke, geschweige denn ein freies Wort gedacht oder ausgesprochen werden könne, dass – ach, was brauche ich das alles hier aufzuzählen, wo es doch jedem Einsichtigen völlig klar ist! Erschüttert hat mich an dem kleinen Erlebnis die Tatsache, dass der Nationalismus oder Patriotismus Geist und Gemüt von Menschen verwirrt, die ihrer Veranlagung und ihren Erlebnissen nach doch ganz anders urteilen müssten. Als ob es möglich wäre, nach einem für Deutschland siegreichen Ausgang des Krieges den deutschen Gott Hitler vom Thron zu stürzen! Wie töricht ist doch das deutsche Volk in seiner Großzahl.

Aber ich kann Ihnen versichern: es gibt auch andere Deutsche! Solche, die vor allen Dingen »Menschen« sind, und die darauf brennen, alle Deutschen wieder als »Menschen«, als Weltbürger zu sehen! Menschen unter Menschen! Ich gehöre zu diesen, mein Mann, meine Tochter, bestimmt auch unsere andere Tochter und unser ferner Sohn! Wir haben auch einige Freunde, die sich Mut bei uns holen, oder bei denen wir uns Mut holen können.

Ich will etwas erzählen, das Ihnen imponieren wird. Aber Sie werden mit mir sagen: »Schade um den Mann!«

Bei einem Ersatzbataillon ließ der Kompanieführer die Kompanie antreten. Er teilte mit, dass seine Frau und sein Kind durch einen englischen Luftangriff ums Leben gekommen seien. »Wer ist an all dem Jammer schuld«, fragte er die Kompanie. Schweigen. »Wer ist schuld? frage ich. Antwort!« Schweigen. »Adolf Hitler!«, schrie der Offizier, zog seine Pistole, setzte sie an die Schläfe und drückte ab.

»Sehen Sie, dieser Mann hat eine ganze Kompanie durch sein Wort aufgeklärt. Die Soldaten schreiben es heim (ich habe es in einem Feldpostbrief gelesen). Der Tod dieses Mannes hat einen Sinn, d. h.: er hat vor seinem Freitod das Publikum gehabt, um das sagen zu können, was zu sagen war. Wenn *ich* auf die Straße ginge und dasselbe hinausschreien würde? Ehe ich zu Wort gekommen wäre, wäre ich schon von Häschern umringt und geknebelt.«

30.3.42. Ein gutes Gewissen, welch ein Hochgefühl. Ich war beim Bäcker, um mir ein Brot zu holen. Ein junger französischer Zwangsarbeiter war vor mir da. Ich bedeutete der Bäckersfrau, dass ich noch nicht an der Reihe sei, bedient zu werden. »Ach der, der wartet schon seit einer halben Stunde, ob er nicht ein Brot bekommt. Aber ich kann unmöglich ohne Marken abgeben. Schließlich komme ich noch ins Kittchen.« Da schob ich ihr eine Brotmarke zu. »Geben Sie ihm was.« Die Bäckerin tat, als wolle sie das 1000 Gramm-Brot durchschneiden, sagte aber wie für sich: »Das sind zehn so Kerle. Bis jeder ein Stückchen hat, ist's wieder alle.« Da schob ich ihr eine weitere Brotmarke zu und sagte: »Geben Sie ihm rasch den ganzen Laib.« Strahlend und mit überlautem »Heil Hitler« zog der arme Kerl ab.

1.4.42. Ich bin schon wieder eine Brotmarke losgeworden. Mein Kohlenlieferant hat einige ausländische Arbeiter, arme magere, zerschlissene Burschen. Sie brachten den mir noch zustehenden Rest Kohlen. Ich schenkte ihnen eine Schachtel Zigaretten. »Nix Brotmarken?«, fragt einer und blickte mich begehrlich an. Ich hoffe, ich kann noch einen Laib entbehren, und man wird mich ja nicht ins KZ schaffen deshalb. Das hat sich nämlich gleich heutzutage.

Eine sehr nette Sache: Am Deckel meines elektrischen Kochtopfes war der Knopf abgebrochen. Ein neuer Deckel, geschweige denn ein neuer Topf ist nicht zu erhalten. Ich ging mit dem Patienten zu meinem Flaschner. Andern Tages war der Deckel gelötet. Seine Frau sagte mir: »Mein Mann hat gesagt, den Deckel flicke er nicht. Da habe ich ihm gesagt: … ›er gehört aber der Frau …‹« Darauf habe er ihn gleich gelötet. Das sei etwas anderes, habe er gesagt. Aber so »Braunen« flicke er grundsätzlich nichts, wenn es irgendwie zu umgehen sei.

Der Neffe meiner Putzfrau ist gefallen. Der Junge war das einzige Kind eines Straßenbahnschaffners. Die Eltern haben sich die Bissen vom Mund abgespart, um den Sohn Ingenieur werden zu lassen. Die Mutter verdiente als Putzfrau. Nun ist ihr Liebling tot. Die Mutter weint, der Vater schäumt. In seinem zornerfüllten Jammer warf er meiner Putzfrau mangelndes Mitgefühl vor. Da brauste sie auf: »Wer hat den Hitler gewählt, Du oder ich? Wer hat sein Bild noch immer an der Wand hängen und sogar mit Blumen bekränzt. Du oder ich? Ihr seid schuldig, Ihr habt den Schlächter gewählt, nicht ich.« Sprach's und ging zur Tür hinaus.

Traueranzeige in der Zeitung:

»Ulm, den 24. März 1942.

Sie wollten auch dabei sein, unsere drei tapferen Söhne, wo für Führer und Heimat gekämpft wird. Jetzt deckt sie durch deutschen Heldenmut und deutsches Heldenblut geweihte fremde Erde.

Studienrat Fritz Wagner
Obergefreiter in einer Flak-Batt.
Inhaber des E. K. II
36 Jahre, fiel bei einem Panzerangriff am 1. März 1942.
Amtsgerichtsrat in Heilbronn
Walter Wagner
Leutnant und Zugführer in einem Inf. Regt. /
Inhaber des E. K. II
34 Jahre, fiel bei einem Sturmangriff an der Spitze
seines Zuges am 28. September 1941.
Erich Wagner
Oberleutnant und Kompaniechef in einem mot. Inf. Regt. /
Inhaber des E. K. I und II und des Infanteriesturmabzeichens
26 Jahre, fiel bei den schweren Kämpfen im Osten
am 19. Februar 1942.«

7.4.42. Ich habe vor einigen Tagen im englischen Sender Lindley Frasers Vortrag über die wirtschaftlichen Probleme der Nachkriegszeit gehört. Leider waren die Störungen zuweilen erheblich, so dass mir möglicherweise das eine oder andere entgangen ist. Er sagte: »Die Freihandelsträume werden ausgeträumt sein.« Und doch trat er gleichzeitig für eine großzügige Freiheit ein. Ich hoffe, es wird sich die Möglichkeit ergeben, nach dem Krieg eingehend über diese Dinge mit ihm und anderen Engländern zu beraten. Wir haben uns in letzter Zeit mit den Ideen Silvio Gesells befasst, denn es ist wohl außer jedem Zweifel, dass überall in der Welt vor allem die wirtschaftliche Frage gelöst werden muss. Damit wird auch der allezeit leicht aufzublähenden deutschen Kriegsbegeisterung schon erheblicher Wind aus den Segeln genommen werden.

Während meiner Rathaus-Mitarbeit in M. hatte ich auch das Standesamt-Register von einigen Monaten nachzutragen. Es waren neun Todesfälle, als Todesursache war in acht Fällen ärztlicherseits »Herz- und Kreislaufstörungen« angegeben. Auch in den sieben Fällen, wo offenkundig Tb., Scharlach und Diphtherie die Ursache des Ablebens war. Befohlene Fälschung der Statistik! Das Anschwellen dieser bedenklichen Krankheiten darf in den offiziellen Statistiken nicht in Erscheinung treten. Die Ärzte haben Weisung, die Todesfälle entsprechend zu »frisieren«.

7.4.42. Ich habe einen Brief an unseren in Kanada internierten Sohn zur Post gebracht. Da wir seit Amerikas Kriegseintritt nichts mehr von dem Jungen gehört haben, sagte ich zu dem Postbeamten wie nebenbei: »Glauben Sie, dass dieser Brief befördert wird?« »Befördert schon, aber ausgehändigt? Es hält sich doch heute kein Staat mehr an die Völkerrechtsbestimmungen, außer Deutschland.«

Außer Deutschland, ach ja.

9.4.42. In Diakonissen-Krankenhäusern mussten auf Befehl von oben die Christusbilder entfernt werden. Begründung: hygienische Maßnahme. Da dachten die Schwestern: wenn ein an der Wand hängender Christus »unhygienisch« wirkt, dann doch wohl ebenso der an der Wand gegenüber hängende Hitler, und hängten den mit ab. Aber o weh. Ich weiß nicht, was mit diesen Schwestern passiert wäre, wenn man sie jetzt im Krieg nicht so dringend brauchen würde. Auf jeden Fall mussten sie aus »hygienischen« Gründen Hitler schleunigst wieder aufhängen. Wie sollten Kranke auch genesen können, wenn ihnen der Anblick des neuen deutschen Gottes entzogen würde.

Der Mann, der allmonatlich die Wasseruhr abliest und das Geld kassiert, war heute da. Er ist sehr vergnügt darüber, dass ich wieder gesund bin (das letzte Mal lag ich krank), so dass er wieder einen kleinen Schwatz mit mir machen konnte. Er erzählte von General Reichenau, der General habe sich vor seine Soldaten gestellt mit der Frage: »Für wen kämpfen wir?« Als Antwort sei gekommen: »Für Adolf Hitler.« Darauf habe er gerufen: »Nein, für einen Narren«, habe seine Pistole an die Stirne gesetzt und sich erschossen. (Wenn es nicht wahr ist, ist es doch gut erfunden.)

Ich habe den Fridericus-Rex-Film *Der große König* gesehen. Was für eine Propaganda! Kurz zusammengefasst: der Deutsche hat zu gehorchen, sich fortzupflanzen und zu sterben. Wehe, wenn er etwas *denkt* oder auch nur den schüchternen Versuch unternimmt, selbständig etwas zu tun. Der Film beweist uns, dass Todesstrafe ganz in Ordnung ist, selbst wenn das, was etwa ein Soldat selbständig tut, ein Glück für die ganze Nation bedeutet. Ich will nicht viel mehr über diesen Film sagen. Er wird ja später über englische und amerikanische Leinwand geistern und die Zuschauer dieser Länder werden sich an den Kopf fassen und fragen: »Wie ist es möglich, dass das deutsche Volk sich so etwas vorsetzen lässt und noch dazu jubelt?«

14.4.42. Die Zeitung brachte eine lange Liste zum Tode und zum Zuchthaus Verurteilter. Grund: Tauschhandel, Schleichhandel, Schwarzschlachten, Hamstern, ausländische Sender hören. Was ist zu tun? 25 Eier locken uns in einem kleinen Dorf,

30 km von hier. Wir beschlossen, die Eier zu holen, und zwar wollten wir die Reise mit dem Fahrrad unternehmen. »Man müsste vielleicht aussehen wie ein Arbeiter, der zur Arbeit fährt oder von der Arbeit kommt.« Wir maskierten uns. »Ausgezeichnet«, sagte ich, meinen Mann betrachtend, »wenn Du nun noch Deinen Kopf abschraubst und einen anderen auf dem Hals trägst, dann kann Dir keiner.«

Es war uns aber ganz und gar nicht wohl auf der Fahrt. Und die dreißig Eier haben erheblichen Schweiß gekostet. Durch Städte und Dörfer fuhren wir getrennt, damit wenigstens nur der eine Teil von uns ins Zuchthaus käme. Immerhin: die Eier liegen nun für noch hungrigere Zeiten konserviert im Keller.

Lübeck soll 36 000 Obdachlose haben. Wie, wenn die Royal Air-Force jede Woche zwei deutsche Städte in dieser Weise behandelte, was dann?

Kommentar: »Ich werde ihre Städte ausradieren.«

16.4.42. Eine Lehrerin erzählte gestern hingerissen von einer Predigt. Der Pfarrer habe wundervoll gesprochen und erklärt, dass man sich um die vielen getöteten jungen Männer nicht allzu schwer zu grämen brauche, denn die jetzt so jäh abgerissenen Leben entwickeln sich im Jenseits höher. »Frauenzimmer sind das, blöde.« Besagte Dame stolpert zwar über jede Einengung, aber die »große Linie« des Dritten Reiches findet sie wunderbar. Beispielsweise wollte sie gestern in ihrer Klasse ein Lesestück behandeln, das im Lesebuch der »Systemzeit« zu finden ist. Ein solches Lesebuch aber darf nicht in die Hände der Schüler kommen, denn da finden sich auf Seite Nummer soundso zwei Gedichte von dem Juden Heinrich Heine. Darüber, dass sie der Klasse die konfiszierten Bücher auch nicht für diese eine Stunde aushändigen durfte, regte sich die Frau schrecklich auf. Solch kleine Schikanen hätten sie doch nicht nötig, meinte sie. O doch, sie haben all das bitter nötig, denn sobald sie auch nur ein wenig lockerließen, würde das Volk nicht mehr parieren. Da ist beispielsweise die Sache mit Ludowike. Sie hat nun alle verlangten Prüfungen gemacht. Aber gestern hat sie nun die telefonische Nachricht erhalten, dass sie vorläufig nur unter Vorbehalt in das Beamtenverhältnis aufgenommen werde, da die Nachforschungen nach ihrem politischen Vorleben noch nicht abgeschlossen seien. Zwar haben die Schulen höchstens fünfzig Prozent ihres Lehrerbestandes, die Kinder verbummeln. Aber statt dass man nun froh wäre, wieder eine junge Kraft zu haben, stellt man monatelange Nachforschungen an. Seit einem Vierteljahr wird hinter ihr her geschnüffelt. Alle Aufenthaltsadressen der letzten fünf Jahre musste sie angeben. Man müsste denken, eigentlich hätte man heute etwas anderes zu tun. Aber auch hier gilt dasselbe wie bei dem verbotenen Schullesebuch: sie können nicht lockerlassen. Das Volk würde den Knebel ausspeien und würde schreien, so laut schreien, dass die Macht der Braunen einstürzte wie die Mauern von Jericho.

Ein Kollege meines Mannes, Hauptmann und Bataillonskommandeur, schreibt aus dem Lazarett: »Meine Einstellung zur heutigen Zeit habe ich nach Ablauf der letzten zweieinhalb Jahre nicht zu ändern brauchen. Wir werden weiterhin Schweres durchzumachen haben, bis die Herrschaft des Untermenschentums gebrochen ist und der ehrlich Strebende sich wieder frei entfalten kann.« Der Schreiber ist derselbe Mann, der beinahe vor ein Kriegsgericht gestellt wurde, weil er sein Bataillon in einem tief verschneiten Wald Russlands vor der russischen Übermacht zurücknahm, statt Mann für Mann zu opfern.

Männer wie diesen gibt es noch viele, viele. Wie sollte man sonst auch weiterleben? Ein anderer Kollege (er wurde bei der Machtübernahme aus dem Dienst entlassen) flüsterte gestern meinem Mann strahlend zu: »Unsere Zeit kommt wieder.« Zuvor meinte er, die Großoffensive Englands und Amerikas gegen Europa werde wohl erst im Jahre 1943 erfolgen können. Hoffentlich kann sie in diesem Jahr noch erfolgen, denn das Maß der Leiden duldet nun wirklich keine Häufung mehr. Und doch würde diese Invasion eine neue Häufung bedeuten. Zunächst wird Frankreich Kriegsschauplatz werden und dann Deutschland. Aber es ist für die europäischen Völker, wozu ich Deutschland zähle, die einzige Möglichkeit, das undeutsche deutsche Joch abzuschütteln.

Wenn der heutige Alltag mit seinen vielen Mühen mir ein Stündchen Stille beschert, so überfällt mich grenzenlose Heimatlosigkeit. Es ist, als stürze das Gemäuer meines Hauses über mir zusammen und begrübe mich. Ich bin voller Scham und Zorn und Trauer. Was soll man dazu sagen, wenn ein Leutnant, der nichts ist als das, sich mit Sekt rasiert und dabei ein ungeheures Selbstgefühl bekommt? Ein Professor sagte mir kürzlich, im Krieg habe man dauernd ein »moralisches Plus«. Ich will gerecht sein und glauben, dass auch innerhalb der deutschen Soldateska, insbesondere soweit sie an der Front ist, viel Heldenhaftes geschieht und bewundernswerte Selbstverleugnung geübt wird, in gegenseitiger Hilfe etwa. Und ich bin ebenfalls fest davon überzeugt, dass es Millionen von Soldaten gibt, die den deutschen Irrtum, die deutsche Falschlehre längst eingesehen haben und nichts wünschen, als [als] ordentliche Menschen wieder heim zu dürfen.

21.4.42. *Charles Richardson* sagte neulich in seiner durch den englischen Rundfunk gesandten Glückwunschbotschaft zum Geburtstage des »Führers«: Hitler habe England viel genommen, aber er habe den Engländern auch die »Hemmungen« genommen. Sie, die Engländer, haben gelernt, von allerlei hemmenden Erwägungen abzusehen und es möglichst ebenso zu machen wie die Deutschen.

Es »ebenso« zu machen, das werden, so hoffe ich, die Engländer doch nie in vollkommener Weise lernen können. Es wäre schrecklich, wenn sie es »ebenso« machen würden nach ihrem Sieg wie wir es in Polen und Serbien, in der Tschechei und in anderen von uns »befreiten« Ländern gemacht haben und noch immer machen. Damit komme ich auch auf Lindley Frasers Vortrag vom vergangenen Sonntag. Leider konnte ich ihn wieder nur teilweise hören. Ein unverhofftes Klingeln an der Haustüre ließ es geraten erscheinen, den Radio schleunigst auf den Deutschlandsender umzustellen. Als ich wieder an meinen Apparat zurückkam, war der Vortrag beinahe zu Ende. Aber dazu möchte ich nun doch noch sagen: Lindley Fraser meint, dass England auf »alle Fälle« auch nach dem Krieg die allgemeine Wehrpflicht beibehalten werde. Darauf kann ich nur antworten: »Arme Kerle«, und ich will nicht glauben, dass England nun tatsächlich in Zukunft die Rolle Deutschlands übernehmen wird, dass England von Deutschland jenen scheußlichen Militarismus erben will, der so viel schlicht und selbstverständlich Menschliches erstickt, der aufgeblasen und klirrend einhergeht, der nie den Menschen, nur die Uniform und die daran baumelnden Orden sieht, der die Kinder verbildet, ihnen in ihren Lese- und Geschichtsbüchern »Heldentum« nach seinem Muster vorgaukelt, der – zunächst Selbstzweck – und nicht ernst zu nehmende Eitelkeit zu sein scheint, plötzlich in friedliche Länder einbricht, weil seine Dichter ihm vormachen, sein Volk sei ein »Volk ohne Raum« usf. Nein, das ist nichts für England. Umsonst wäre auch »dieser« Krieg gewesen. Ich denke mir die Entwicklung anders. Es ist selbstverständlich, dass eine englisch-amerikanische und russische Besatzung dafür wird sorgen müssen, dass bei uns nicht alles drunter und drüber geht. Aber sie müssen uns behilflich sein, rasch zu einer eigenen vernünftigen Regierung zu kommen. Sie müssen uns wirtschaftlich helfen, dass die Menschen Arbeit und Brot haben und Zufriedenheit. Und dann müssen sie daran gehen, eine überstaatliche Macht zu bilden, eine *Art verbesserten Völkerbunds.* Dieser Institution müsste eine Militärmacht zur Verfügung stehen, damit Widerspenstige sich ihren Beschlüssen nicht widersetzen können.

Obwohl ich geneigt bin zu glauben, dass die Deutschen nächst den Japanern dem militaristischen Gift mehr zugänglich sind als andere Völker, so liegt doch kein schlüssiger Grund dafür vor, dass die Letzteren eines Tages nicht auch von einer ähnlichen Narrheit oder Krankheit erfasst werden könnten. Daher, Ihr Engländer, Ihr müsst nach siegreicher Beendigung des Krieges zu Euren Traditionen, zu Euren »Hemmungen« zurückkehren und müsset helfen, der Welt ihr zukünftiges Gesicht zu geben. Es wird in allen Ländern Menschen geben, die Euch freudig dabei helfen! Auch in Deutschland!

Gestern an Führers Geburtstag war geflaggt. Mein Mann war so erfüllt von Gram, dass er ganz aschgrau aussah. Ich hatte große Mühe, ihm sein seelisches Gleichgewicht wiederzugeben. Obwohl mir selbst keineswegs zum Singen zumute war, sang ich ihm vor dem Schlafengehen noch das Schubertlied: »... Nun muss sich alles, alles wenden!« (Frühlingsglaube).

22.4.42. Die Menschen in Deutschland beginnen allmählich, ihren Zorn zu äußern. Ein Straßenbahnschaffner genierte sich gestern keineswegs, mir gegenüber laut über das »Fressen« zu schelten. »Früher haben die Wissenschaftler und Doktoren eben nichts verstanden«, sagte er! Früher habe man gemeint, wer arbeite, brauche auch zu essen! Heute sei man dahintergekommen, dass die Menschen arbeiten, die Schweine Fett ansetzen, die Hühner Eier legen, die Gäule Lasten ziehen können, ohne dass man sie füttere, und dass die Maschinen weiterlaufen können, ohne dass man sie schmiere. Wie dumm sei man doch früher gewesen!

Ein Arbeiter sagte gestern in einem Kaufladen: es sei nun bald so weit, dass man die Arbeiter mit Maschinengewehren in die Betriebe treiben müsse. So ein Leben lassen sie sich nimmer lange gefallen. Der Kaufmann erinnerte den Schimpfenden an die heldenhaften Leiden der Soldaten an der Front, worauf der Mann antwortete: »Die Soldaten, die sollen Schluss machen, wenn sie ihre Heimat liebhaben. Schluss sollen die Blödiane machen!« Das ist die Stimmung im Land. Dabei aber erlässt unser Goebbels Verordnungen über die Heiterkeit. Humor und Heiterkeit ist Befehl. Ich blätterte gestern das Programm des Rundfunks durch: »Warum Kartoffel in der Schale?« »Wie koche ich ohne Fett?« »Aus Altem wird Neues«. Kein Gummiband und kein Schnürsenkel mehr; wie hilft man sich?« »Wie steuert die Hausfrau der Papierknappheit?« »Wie teile ich meine Fleischrationen ein?« usf. usf. Dazu hat Goebbels angeordnet, dass alle diese und andere Themen in einer »humorvoll spritzigen Art« darzubieten seien.

22.4.42. Ein Arbeiter, der in den Mauserwerken arbeitet, hat vor einigen Tagen gesagt: »Nun holt man die Kirchenglocken. Von da ab ist es im letzten Krieg auch abwärts gegangen.« Daraufhin wurde er verhaftet und dem Sondergericht zugeführt. Dieses hat nach den neuesten, an die Gerichte ergangenen Weisungen den Mann zurückgeschickt und geschrieben, er sei sofort wieder an seinen Schraubstock zu stellen, das sei *kriegswichtig*. Seinen Kopf könne man ihm noch nach dem Kriege abnehmen.

23.4.42. Erlauschtes Gespräch im Eisenbahnzug: zwei aus dem Lazarett entlassene Soldaten unterhalten sich. Einer sagt: »Ich habe einen prima Arzt gehabt im Lazarett. ›Na, wie steht's‹, hat er mich gefragt, ›nicht besser? Der Fuß ist ja immer noch eiskalt. So kann ich Sie noch nicht kv. schreiben.‹ Dabei hat der Arzt sicher gewusst, dass ich den Fuß *vor* der Untersuchung regelmäßig eine Zeit lang auf eine kalte Steinplatte gestellt habe.«

Gespräch in der Straßenbahn: der Wagenführer sagt zu einem Mann: »Ich habe meinem Jungen geschrieben: ›Deckung nehmen, immer Deckung nehmen! Tot kannst noch lange sein!

Besser heil heimkommen, als …‹« Der Rest des Satzes ging unter im Pfeifen des Wagens.

24.4.42. Nachbarsleuten ist der Sohn gefallen in Russland. Er war vorher in Frankreich bei einer Musikkapelle. Er ist Berufsmusiker. Als er im letzten Herbst als Urlauber erwartet wurde, da ließ die Mutter die Sauerkirschen auf ihrem Bäumchen hängen, damit der Sohn eine Freude haben solle. Sie behängte den Busch mit allerlei klapperndem und raschelndem Zeug, um die lüsternen Vögel abzuhalten, und selbst eilte sie auch alle paar Minuten aus der Küche und machte »sch-sch«. Alles für den Jungen! Und nun? In welcher Verfassung mag sie jetzt in ihrer Stube sitzen? Von den Russen sprach sie immer per »Schlamper«. »Die ›Schlamper‹ lassen unseren Soldaten ja nicht einmal die Möglichkeit, in Ruhe ihr Essen zu fassen!« So sagte sie einmal zu mir, voller Vorwurf in der Stimme: »Ausgerechnet, wenn unsere Soldaten sich irgendwie blicken lassen, fangen die ›Schlamper‹ eine richtige Sauerei an!« Es war nicht möglich, ihr klarzumachen, dass das selbstverständlich so sei im Krieg. Sie meinte, »ein bisschen« könnten die »Schlamper« wohl Rücksicht nehmen. Vermutlich hatte sie die Überzeugung, dass die deutschen Soldaten *nie* schießen, wenn die Russen etwa »harmlos« zum Essen fassen gehen. Ein ebenso »militärischer« Mensch war der junge Mann, der nun tot ist. Kein Zoll ein Soldat!

Ludowike hat ihr Anstellungsdekret noch immer nicht. Wahrscheinlich ist in ihrer politischen »Vergangenheit« doch ein dunkler Punkt entdeckt worden! Die Tatsache, dass ein Mensch zweiunddreißig Jahre alt werden kann, ohne von dem »Hitler-Magnet« berührt werden, um in den BDM oder in die Frauenhaft gezogen worden zu sein; höchst verdächtig! Gestern war sie zu einem Schulungsabend kommandiert. Eine der Teilnehmerinnen verlas ein Referat, in welchem sie unter anderem den Jazz verteidigte und sich dabei auf Dr. Goebbels berief, der geäußert habe, Jazz sei dem Volk als Mittel zur Entspannung nicht zu versagen. Die Leiterin des Abends wurde nervös und sagte, das sei nicht so ernst zu nehmen. Wenn Goebbels das gesagt habe, dann nur aus Propagandagründen, aber er verlasse sich doch auf die NS-Frauenschaft, die über der Kultur und der germanischen Haltung des Volkes wache. Darauf wagte die Jazz-Verteidigerin einige »offene Worte«. Sie berief sich dabei wiederum auf Goebbels, auf das »klassische« Wort, Schimpfen sei »Stuhlgang der Seele«. Das war der Vorsitzenden zu viel. Wenn Goebbels so etwas sage, so habe er seine Gründe – Gründe propagandistischer Art. Das sei keinesfalls ernst zu nehmen! Die Frauenschaft habe nach wie vor die Aufgabe, vor allem selbst nicht und nirgends zu »schimpfen«, gleichzeitig aber auch, es anderen zu untersagen, sie gegebenenfalls zur Anzeige zu bringen.

So! Also wieder mal: die großen Führer machen sich durch irgendwelche freiheitlichen Versprechen großmütig »lieb Kind« beim Volk, während sie gleichzeitig ihren Parteiorganen die Weisung geben, diese »Freiheiten« nicht ernst zu nehmen und nach wie vor scharf darüber zu wachen, dass sich niemand dieser »Freiheiten« bediene. Daher das Wort »Der Hitler oder der Goebbels wollen das nicht! Das sind nur die ›*kleinen* Hitler‹, die uns so hunzen«.

Ungeheuren Ärger erregte an diesem Abend die Tatsache, dass in einem maschinengeschriebenen Bericht anstelle von »Dr. Goebbels« »Dr. Gö*dd*els« stand. Die Vorsitzende sagte, man könnte tatsächlich glauben, dass es im Dritten Reich noch Menschen gäbe, die von der Existenz eines Dr. Goebbels noch keine Ahnung haben. Armes Tippfräulein! Man wird sie so eindrucksvoll aufklären, dass sie bestimmt nicht mehr »Gö*dd*els« schreibt.

Sonntag, 26.4.42. Der »Reichstag« macht Hitler zum unumschränkten Herrn über Leben und Tod jedes Deutschen, unabhängig von allen bestehenden Gesetzen. Also: vogelfrei! Das ist alles, was zu unseres »Führers« heutiger Rede zu sagen ist. Welche Schmach wird uns Deutschen angetan! Das Entsetzen über die Hitlerrede führte den Nachbar K. und einen Kollegen zu uns. Vielleicht haben wir nicht mal so viel Grund, unglücklich darüber zu sein. Könnten wir diese Rede nicht vielmehr als ein Zeichen dafür ansehen, dass unseren Peinigern das Wasser bis zur Kehle reicht?

Zeitungsnotiz, 27.4.42:

> »Noch bevor der Führer gestern im Reichstag das drohende Versprechen abgab, nun wieder Schlag auf Schlag zu antworten, erlebte *Bath*, Englands größter Modebadeort, das britische Spa, den furchtbaren Beweis, dass die deutsche Luftwaffe trotz ihrem ständigen großen Einsatz immer noch genügend Schlagkraft besitzt, um Gleiches mit Gleichem zu vergelten.«

28.4.42. Also: Badeorte sind nun das Ziel unserer »Vergeltungsangriffe!« Und das deutsche Volk kocht über vor Entrüstung über die gemeinen Engländer, die den Krieg in unser schönes Land tragen und eine schöne Stadt um die andere zerstören. Gewiss, man könnte weinen! Weinen über all die Scheußlichkeiten, die sich die Menschen gegenseitig zufügen. Aber man muss doch endlich einsehen, dass, wenn die Nazis siegen, das Leben ein Schrecken ohne Ende wäre. Es dämmert allgemach vielen. Aber viel zu viele wandeln noch in der Finsternis und richten ihren Zorn gegen England, wenn sie hören, was in Lübeck, Rostock, Köln geschehen ist.

30.4.42. Ich muss viel an Philipp denken, obwohl ich ihn nie gesehen habe in meinem Leben. Aber er ist *der* junge Engländer, der unserem Jungen bei Kriegsausbruch geschrieben hat: »Mag sich ereignen, was will: wir beiden wollen Freunde bleiben«. Ob Philipp noch lebt? Ob seine Eltern noch leben? Denn Philipp ist aus *Bath*, und auf Bath spie unsere Luftwaffe Tod und Vernichtung. Was für ein entsetzliches Leben!

Aus einem Leitartikel:

»Bei uns in der Heimat hat heute einfach niemand das Recht dazu, die Nerven zu verlieren.«

Hände an die Hosennaht: Befehl ist Befehl!

2.5.42. Mein Nachbar Apotheker, beträchtlicher Parteifunktionär, erzählte mir soeben: Erstens: das im Juni vorigen Jahres ausgestreute Gerücht, wonach Russland bereit sei, uns die Ukraine abzutreten und uns »friedlich« zum Persischen Golf durchmarschieren zu lassen, sei Propaganda, von Goebbels erfundene Propaganda gewesen. Um das Ausland zu täuschen! Das gebe man jetzt lachend zu.

Das Ausland? Ich fürchte: man wollte das Inland täuschen, denn man wollte vor dem deutschen Volk den *wahren* Grund für den Aufmarsch im Osten verschleiern.

Zweitens: die Rede Hitlers am 3. Oktober vorigen Jahres, in der er gesagt hat: »Ich spreche das erst heute aus, weil ich es heute aussprechen kann – Der Feind ist vernichtet und wird sich nie mehr erheben«, sei ebenfalls »aufgelegter Propagandaschwindel« gewesen, beziehungsweise kluge, kluge, berechnete Politik! »Wissen Sie, warum? Das war auf die Japaner berechnet. Man wollte diese ›sehr vorsichtigen Herren‹ zum Kriegseintritt veranlassen!«

Wie lange wird es noch dauern, bis wir unseren Gott von seinem Sockel stoßen?

Aus einem Feldpostbrief vom 7.4.42.

»Ich bin keiner von denen, die um jeden Preis den Krieg haben müssen. Weil aber die Menschheit eben aufeinander schießt und ich bei der Einberufung damals nicht vergessen wurde, habe ich mich längst damit abgefunden und tu meinerseits mein Möglichstes an meinem Platze. Ihr könnt das wohl nicht so ohne weiteres verstehen, dass man im Krieg als Soldat auch noch etwas, was nach Morden riecht, mit aller Hingebung tun kann. Aber es bleibt ja nichts anderes übrig, dagegen anstemmen kann man sich nicht, und die Befehle müssen ausgeführt werden. Also tut man's mit Freuden und mit voller Hingabe und Bereitschaft.«

5. *Mai 42.* Heute Nacht also hatten wir englischen Luftbesuch! Aber es war nur eine »Stippvisite«. Ich habe nun den ganzen Tag »gewühlt«. Nun habe ich das heillose Gefühl, einen kostbaren Tag vergeudet zu haben. Zwar *hoffe* ich, dass all die Vorsichtsmaßnahmen, die ich heute getroffen habe, all das Packen und Ordnen und in den Keller schleppen *unnötig* sein mögen, und dass hoffentlich nicht gerade unser kleines Haus in der Waldrandsiedlung getroffen werde. Das Menschenleben hängt heute an einem Fädchen. Auch das meine. Es scheint wieder eine klare Nacht zu werden. Unsere Stadt wird bei Luftgefahr eingenebelt. Deshalb wird der Erfolg eines Angriffs hier bescheiden sein. Deshalb sind auch wir am Stadtrand viel gefährdeter. Im Wald neben uns, der zwischen unserem Haus und der Stadt liegt, haben Soldaten 130 Brandbomben gefunden. Sie sollten wohl auf die Häuser unserer Stadt regnen und diese illuminieren.

6. 5. 42. Und abermals englischer Besuch! Aber ist viel geschehen? Es ist nicht viel geschehen. Wenn etwas Vernünftiges getroffen würde, kriegswichtige Fabriken etwa, dann wäre *uns* geholfen *und* den Engländern. Der Krieg würde seinem Ende näher gerückt sein und wir dürften wieder schlafen, statt nächtlicherweile in der »Unterwelt« herumzugeistern, fröstelnd, zitternd und – was sich auf die Dauer katastrophal auswirken muss – *hungrig*. Schlaf ist Ersatz für Essen. Das erlebe ich nun

allnächtlich, wenn sich die Familie nach Entwarnung in der Küche versammelt und nach einem essbaren Happen giert.

Mir ist zuweilen zumute, wie jemand, der vorsichtig, vorsichtig über morastiges Gelände geht. Er macht sich »leicht«, versucht zu schweben und sinkt doch bei jedem Schritt tiefer, tiefer. Bald wird es so weit sein, dass er nicht mehr vorwärtskommt. Die Beine stecken, der Rumpf sinkt ein, die Arme, die gräuliche Feuchtigkeit erreicht die Lippen, dringt in die Ohren – aus ist es! *Was* es ist, das mir dieses Gefühl vermittelt? Alles. Die tausend »Selbstverständlichkeiten«, die heute allein schon eine Fülle von Aufwand an Energie benötigen, dazu das Hin und Her von Kleidern, Decken, Kissen, Wäsche – treppauf – treppab schleppt man das alle Tage. Einquartierung Bombengeschädigter in Sicht, was bedeutet, dass man Radio London nicht mehr hören, eine gehamsterte Wurst, ein Ei nicht mehr verstecken kann, kurz – dass man nichts, nichts mehr sein Eigen nennen oder auch nur noch eine Stunde allein sein kann. »Volksgemeinschaft!« Wahrlich, unser »Führer« hat wunderliche Wege, um diese »Volksgemeinschaft« zustande zu bringen. Sagt man nicht von Gott, seine Wege seien wunderbar und unerforschlich und oft dornig und schwer begehbar? Und doch führe er uns herrlich ans Ziel. So der deutsche Gott Adolf. Er hat die »Volksgemeinschaft« gepredigt und beschert sie nun »seinem« Volk auf wunderbaren Umwegen, er hat die Geburtenvermehrung gefordert und erzielt sie nun, indem er Millionen sterben lässt und ihnen vor ihrem Tod als heilige Forderung befiehlt, für Nachkommenschaft zu sorgen, wo immer sie eine Partnerin dazu finden. Der Männermangel muss automatisch zur Vielweiberei treiben. Hans Johst deutet dies ja in seinem Büchlein als Ziel ziemlich unverblümt an.

6. 5. 42. »Das nennt man männliche Kultur«, sagte mein Mann heute Nacht, als die Bomben barsten. »Männliche Kultur«? Leider, leider muss festgestellt werden, dass auch so und so viele hysterische Weiber jauchzend ihren Helden auf dem Weg zum

schrecklichen Heute nachgerannt sind. Wenn England und Amerika den Krieg nicht gewinnen sollten – es wäre alles aus. Aus mit allem, was Jahrtausende an der Aufwärtsentwicklung des »Menschen zum Menschen« geleistet haben.

Was für etwas Wunderbares ist der menschliche Geist. Wie viel hat er ausgeklügelt, das uns in einen Freudenrausch über uns selbst versetzen konnte. Wozu aber wird all das Erfundene benützt?

Ich habe Lindley Frasers gestrige Ausführungen über die »Baedeker-Angriffe« auf englische Städte gehört Er hat Recht, wenn er diese Angriffe der Wut eines Tollen zuschreibt. Aber er hat *nicht* recht mit seiner Annahme, es gehe daraus hervor, dass Hitler den Krieg bereits für verloren halte. Nein, Hitler ist ein so vollkommener Narr, dass er noch lange nicht daran glaubt, dass er nicht einmal daran glauben wird, wenn es tatsächlich aus sein wird mit uns. Er glaubt doch an die »Vorsehung« und an den »Allmächtigen«. Richtiger: er ist abergläubisch und seine Logik ist die eines Tölpels. Er sagt (sogar in öffentlichen Reden): Es kann nie sein, dass die Vorsehung unseren Sieg nicht will. Warum hätte sie mir sonst »Erfolge in so gigantischem« oder »einmaligen« oder »geschichtlichen« Ausmaß beschert? Er ist, wie gesagt, ein schwacher Denker. Wie konnte er sonst stundenlange Reden ohne Inhalt halten und das nicht einmal bemerken! Seine »Größe« besteht in seiner Dummheit und in seiner Hemmungslosigkeit.

7. 5. 42. Und wieder Alarm. Keine Bomben gefallen.

Wer soll sich im deutschen Volk auskennen! Da haben wir zwei junge Wachtmeister, die zum Studium (Heeresingenieure) beurlaubt sind. Sie schwärmen für einen kleinen Roman. Das Buch heißt *Ursula*. Sie haben mir gestanden, dass diese kleine einfache Geschichte sie »bewegt« habe, wie kaum einmal etwas. Das Buch mache die Runde unter ihnen. Was ist das nun für ein

Buch, das »den heldischen jungen Deutschen« von heute so bewegt? Es ist die schlichte Geschichte unentwegter Treue eines jungen Mädchens. Sehr früh hat sich Ursula an den Primaner Thomas gebunden. Ursula hat diese Liebe heilig und ernst genommen, während Thomas von ihr weggleitet und sich schließlich mit einer anderen verlobt. Ursula ist dem einzig Geliebten nicht gram, sie liebt ihn so sehr, dass sie still aus dem Leben scheidet, um ihm nicht im Wege zu stehen. Durch die ganze Erzählung schwingt ein sanfter Ton der Wehmut.

Was »bewegt« *mich* an diesem Buch? Die Tatsache, dass es junge deutsche Menschen »bewegt«, die eigentlich ihrer ganzen Erziehung nach lächeln müssten über Liebe und Treue. Was predigt man ihnen doch täglich? Kaum den Kinderschuhen entwachsen werden sie bei der ärztlichen Untersuchung zum Arbeitsdienst von den untersuchenden Ärzten auf die Mädchen gehetzt. In der HJ schon gilt nur der etwas, der – – Himmlers Befehl an die SS, sich zu paaren und zu vermehren befolgt. Oder auch ohne einen anderen Zweck als den, die gute Laune damit zu erhalten. Es ist ja immer dasselbe! gewissenlose Machthaber appellieren an die niederen Instinkte der Menschen und suggerieren ihnen das als »Freiheit«.

Ich muss mir klar werden, warum diese jungen Soldaten das Büchlein so lieben. Ich will mit ihnen sprechen. Vielleicht ist doch nicht alle Hoffnung verloren. Vielleicht erwacht die Reaktion auf all das Schlimme. Vielleicht setzt sich die Jugend zur Wehr und will – schon beinahe verloren – das Köstliche, den Sinn für richtige Liebe, sich doch nicht ganz entwinden lassen.

11. 5. 42. Das tägliche Leben verschlingt alle Zeit und Kraft, und es ist mir in der Regel unmöglich, das, was ich in diesem Heft beschreibe, oder was ich für meine fernen Kinder notieren möchte, festzuhalten.

Eine kleine Abbitte; ich war sehr ungehalten über euch Engländer, und ich sagte zu Mann und Tochter: »Wenn die RAF weiterhin so blödes Zeug macht, wird der Krieg noch Jahrzehnte dauern.« Damit meinte ich das bombardierte Dörflein am Rande des Schwarzwalds. Wie kann man von England herüberfliegen und eine Bombenlast auf ein paar Baumstämme werfen, statt etwa große Fabriken umzulegen? Nun aber erfuhr ich heute, dass in besagtem Mötzingen große Munitionslager seien (im Wald versteckt), und dass dieser Tage tatsächlich ein Teil davon zerstört wurde. Den »blöden Hinweis«, mit dem ich den betreffenden Flieger bedachte, nehme ich reumütig und vergnügt über seinen Erfolg zurück.

Churchill hat gesprochen. In unserer heutigen Zeitung noch *kein* Wort darüber. Man muss sich wohl besinnen, wie man die Rede frisieren will, besonders die Stelle, da Churchill von der deutschen Absicht, den Gaskrieg zu starten, sprach. Man wird uns sagen, Churchill habe den Gaskrieg angedroht. Eine Welle des Hasses wird aufgepeitscht werden. Man wird weiter sagen: »Gut – Ihr Engländer sollt den Gaskrieg haben.« Welche Schrecken stehen uns und der übrigen Welt noch bevor!

Aus einem Zeitungsartikel:

»*Die Pflichten der Frau in diesem Krieg.*
Mit einer Feierstunde zu dem Thema ›Das Herz gibt die Stärke‹ begann die Kundgebung. Dann sprach die Reichsfrauenführerin. ›Wir stehen‹, so führte Frau Scholtz-Klink aus, ›zum dritten Mal an einer großen Wende unserer Geschichte … wir haben aber den Führer, der 1933 zu uns gesagt hat: »Hilfe liegt nur in der eigenen Kraft …« Der Führer brachte uns an den Lernpunkt, an die Quelle unseres germanischen Ursprungs zurück … Aus der Erneuerung und Besinnung auf unsere eigene Art ist auch dieser Krieg zu verstehen. Es geht um die Erneuerung des großen deutsch-germanischen Volkes innerhalb des europäischen Raumes …‹«

Welch ein Geständnis! »Aus der Erneuerung und Besinnung auf unsere eigene Art ist dieser Krieg zu verstehen« … Diese Worte seien hiermit festgehalten, um bei zukünftigen Gelegenheiten mit dem Finger darauf zu zeigen. Immer dann, wenn sich die deutsche »Unschuld« wieder breit zu machen versucht. Ach, ich fürchte, ich muss im hohen Alter diesem Deutschland noch den Rücken kehren!

12. 5. 42. Luftschutzvortrag! Mahnung zur strikten Verdunklung. Androhung schwerster Strafen. Berichte über das, was während der letzten Angriffe in unserer Stadt und ihrer Umgebung geschehen ist. »Sozusagen« ist *nichts* geschehen. Wenn man aber dann näher zuhört, erfährt man, dass doch allerlei passiert ist, und dass noch viel mehr hätte passieren können! Man soll in den Keller gehen, denn wer oben im Haus umkomme, solle sich nachher ja nicht beklagen! Gleichzeitig aber soll man alle paar Minuten einen Rundgang durchs Haus machen, ob nicht etwa eine Brandbombe hereingefallen und zu löschen sei. »Es ist *Ihr* Haus, das abbrennt! Beklagen Sie sich ja nicht, wenn Sie nicht immer wieder untersuchen und löschen«. Also: im Keller bleiben, damit man sich nach seinem Tod nicht beschweren kann, man sei umgekommen, gleichzeitig aber: *nicht* im Keller bleiben, weil man sonst kein Mitleid findet, wenn einem das Haus über dem Kopf abbrennt. Lebensmittelkarten, Kleiderkarten und vor allen Dingen Kleider in den Luftschutzraum mitnehmen. Wer *nichts* mitgenommen hat, soll sich nachher ja nicht beklagen, dass er nichts habe! Schrecklich, schrecklich, schrecklich!

14. 5. 42. Ich habe gestern den Freund meines Sohnes besucht. Die beiden waren in derselben Klasse, obwohl unser Junge drei Jahre jünger ist. Der junge Mann ist Flieger. Er war noch nicht eingesetzt, denn er hat es verstanden, immer wieder einen anderen »Kurs« mitzumachen. Jetzt soll er als »Beobachter« an die

Front kommen. Er gibt vor, darauf zu brennen. Aber ich traue diesen »feurigen« Versicherungen nicht.

Was ich an Positivem von ihm erfuhr, ist Folgendes: Die Engländer sind sehr stark geworden. Angriffsflüge nach England sind fast unmöglich. Dazu befohlene Piloten werfen ihre Bomben oft schon über dem Kanal ab und melden, sie hätten London angegriffen. Auch Flüge über dem Kanal sind sehr gefährlich. Es ist nahezu unmöglich, die feindliche Schifffahrt anzugreifen, da die Schiffe sehr bewaffnet sind. Vor einem Jahr gab es bei uns noch keine Maschinen- und Brennstofffrage. Jetzt fehlt es uns Schulfliegern bald an Maschinen, bald an Sprit. Insbesondere während des Winters war es übel, solange große deutsche Armeen im Osten eingeschlossen waren und von der Luft aus versorgt werden mussten. Da wurde jede Maschine gebraucht. Flieger, die an die Front kommen, müssen mit der Bahn fahren, oder vor dem Fabriktor warten, bis ihre Maschine vollends fertig ist. Der »Tommy« habe eine ausgezeichnete Navigation usf. usf.

Man müsste nun denken, dem jungen Mann könnte der Gedanke kommen, dass der Krieg am Ende auch verloren werde; denn er ist – wie man so sagt – ein »intelligenter« Mensch. Weit gefehlt! Er weiß schon heute, wo er *nach* dem Krieg, nach einem Studium seinen Posten als Reichsingenieur haben wird: in der *Ukraine.* Was mich noch besonders erschüttert hat, ist die Tatsache, dass dieser junge Mann den Kommiss voll bejaht. Er ist seit geraumer Zeit Unteroffizier. Uff! Was für ein Stolz! Und wie scharf darauf, dass »Obergefreite« oder noch niederer Chargen vorschriftsmäßig grüßen. Weh, wenn einer in ein Schaufenster blickt, während *er* – er! – hinten vorbeigeht – und tut, als sähe er ihn nicht. Oder wenn einer lax grüßte: »Sie sind doch kein – Unteroffizier Himmelstoß?« (die bekannte Figur aus dem Roman *Im Westen nichts Neues*) wollte ich ihn fragen, besann mich aber noch auf dem Weg, dass mich dieser Vergleich sofort gänzlich enthüllen würde. So sagte ich: »Sie, lieber Wolfgang, sind doch kein Leuteschinder, kein – kein – richtiger ›Unteroffizier‹?«

»Bah, die Leute sollen richtig gestriezt werden ... mir hat man während der Ausbildung auch nichts geschenkt – Wo kommen wir da hin? Straffe, militärische Zucht! Das einzig Richtige! Disziplin! Da darf auch nicht ein Jota geändert, nicht ein Fädchen gelockert werden! Alles würde schiefgehen! Der Laden muss klappen ...« Wie enttäuschend! Aber als ich antippte, ob er nicht beim Militär bleiben wolle, da wehrte er entsetzt ab. »Nie! Was wäre ich denn? Nichts. Ein Leutnant meinetwegen oder so was. Aber das ist doch im Frieden nichts. Jetzt zum Geldverdienen ist mir der Kommiss recht. Ich habe 250 Mark monatlich freies Geld. Erspartes Geld! Nach dem Krieg kann ich unabhängig von meinen Eltern mein Studium finanzieren –«

Ach ja, er ist ein »großer Herr« geworden, und die armen Eltern taten mir leid. Der Vater sprach überhaupt nichts, aus Furcht, das, was er sage, könne dem großen Sohn missfallen, und die Mutter köchelte und briet und schaffte – um nur dem Sohn Liebes zu tun, der alles mit kritischen Augen betrachtete und der Mutter das Herz verwundete mit seiner ewigen Nörgelei und Nichtbeachtung ihrer liebevollen Bemühungen, ihm das Vaterland schön zu machen. Diese Soldaten halten sich alle für Götzen, denen der Nichtuniformierte *und* der Uniformierte niederen Ranges, seine Ovationen darzubringen hat. Ein starker Wein, dieser Militarismus, der *zu* vielen jungen Männern zu Kopf gestiegen ist. Wie wird der Katzenjammer sein hernach? Ich hoffe: heilsam, wenn auch sehr unangenehm.

Ich erfuhr von diesem jungen Mann, (der ein Nazi und Nationalist ist) dass auch in den Gefangenenlagern in Kanada und sonst wo die Gestapo arbeite. Sie alle haben ihre Weisungen, falls sie in Gefangenschaft geraten, die andern zu beobachten und *nach* dem Krieg über sie zu berichten. Er meinte, die Tatsache, dass unser Junge einmal einen »Fluchtversuch« gemacht habe, werde ihm seine Rückkehr nach Deutschland nach dem

Krieg erleichtern. Zunächst werde man ihm misstrauen, denn eigentlich hätte man von einem intelligenten jungen Mann doch annehmen können, dass er sich rechtzeitig aus dem Staube mache – und nach Deutschland zurückkehre. – Ich hätte ihm gerne gesagt: *falls* Deutschland nach dem Krieg so aussehe, wie er es jetzt zeichne, hoffe ich, dass unser Sohn nie – nie in diese »Heimat« zurückkehre! Aber das konnte ich ja wiederum nicht sagen, denn –

Und damit komme ich noch für eine Minute auf Lindley Frasers Vortrag von neulich: Er verlangt von uns, dass wir – *jetzt* sei es noch Zeit! – uns dieser Gauner entledigen sollen. Aber ich bitte Sie! Kann ich Hitler mit dem Kochlöffel totschlagen?

16. 5. 42. Nein, ihr Engländer wisst nicht, wie das ist: leben und doch nicht leben. Ihr habt zwar Schweres durchstehen müssen, damals, als Hitler versuchte, Eure Städte »auszuradieren«. Aber ihr habt euch doch untereinander verständigen können, ihr habet gewusst, wofür ihr leidet, ihr habet die Möglichkeit gehabt, dem Ungeheuerlichen Trotz zu bieten, ihr hattet *einen* gemeinsamen Feind. Ihr habt dabei die Beziehung zur Kunst und allem Schönen und Erhabenen und Göttlichen nicht verloren, Ihr habt *gelebt*, wenn auch unter Leiden und schrecklichen Ängsten. Aber wir? Ach, es ist alles so sinnlos! Mit niemandem kann ich sprechen, es sei denn mit Mann und Tochter. Niemandem kann man völlig trauen. Die Kraft wird aufgesaugt durch das, was man tun muss, um dieses jämmerliche Leben weiter zu fristen. Ins Theater kann man nicht gehen, mag man nicht gehen. Es sind meist Stücke, die die ungeheuerlichste Irrlehre verherrlichen. Und wäre auch einmal etwas anderes auf dem Spielplan, so kann man nicht hingehen, weil man allzu traurig wird; denn das, was gespielt wird, hat erst recht keinen Bezug mehr zur Gegenwart.

Dabei predigt ihr Engländer uns dauernd, wir sollen uns dieser Gauner entledigen. Richard Crossman heute wieder. Wir sollen uns die Norweger als Beispiel nehmen. Ach ja! Ich bin ja dankbar, dass die Norweger so wacker sind. Aber sie haben den Vorteil, sich in einer Sprache verständigen zu können, die die deutschen Eindringlinge nicht verstehen. Außerdem: sie sind Norweger und nicht Deutsche. Die Deutschen haben eine fast abergläubische Angst, *so* über ihr »Vaterland« zu sprechen, wie sie heute eigentlich darüber sprechen müssten. Selbst Nazihasser meinen vielfach, sie müssten noch irgendetwas zur Ehre deutschen Wesens vorbringen. Vermutlich, weil sie nichts Eigenes haben, das ihnen vor ihnen selbst Wert und Bedeutung verleihen könnte. Was für eine Tragik, nichts zu sein für sich selbst, sondern zu einer Art von innerem Wertgefühl nur als »Volk« zu kommen! Ihr Engländer meint, wir sollten Hitler abmurksen? Vielleicht wäre das das Falscheste, was wir tun könnten. Der Leidenskelch muss bis zur Neige getrunken werden. Würde man unseren »Gott« heute umbringen, so würden die blöden Deutschen klagen: »Hätte man ihn leben lassen, *er* hätte uns herrlich aus aller Not hinausgeführt.«

Der Nationalismus würde rasch wieder ins Kraut schießen. Eine eindeutige militärische Niederlage mit allem Zubehör ist notwendig. Dann vielleicht – dann revidiert das deutsche Volk endlich einmal seine Stellung zum Krieg.

17. 5. 42. Als »Unterschied« zwischen dem deutschen Volk und den Völkern der besetzten Länder ist noch zu berücksichtigen: Die besetzten Länder *wissen*, dass ihnen die deutsche Niederlage Freiheit und all das Glück zurückbringen wird, das nun unter dem deutschen Kommissstiefel zerquetscht liegt. Und dass sie keine *Rache der Sieger* zu befürchten haben. In Deutschland liegt der Fall anders: Sogar waschechte Nazihasser glauben, sich vor der Rache der Sieger fürchten zu müssen. *Wie* etwa will man einer Blutdürstigen, mit vollem Recht nach Rache dürstenden Soldateska beweisen, dass man selbst die deutschen Herren und die Gräuel, die sie verübt haben, ebenso verabscheut, gehasst und darunter gelitten hat, wie sie? Gerechte werden mit Ungerechten bestraft werden. Alles »Deutsche« wird für das, was Deutsche der Welt angetan haben, bezahlen müssen.

Wirtschaftler fürchten die wirtschaftlichen Folgen eines verlorenen Krieges, selbst wenn sie persönlich *gegen* alles sind, was »Nazi« heißt. Sie sind daher in ihrem aktiven Widerstand – soweit ein solcher unter den Fangarmen der Gestapo überhaupt denkbar wäre – gehemmt. Zwiespalt ist in ihnen.

Andere wieder sind in einer Art religiösen Wahnsinns unehrlich – oder weil sie aus irgendeinem Grund oder auch aus gar keinem Grund von Begeisterung für den Nationalsozialismus ergriffen waren. – Sie wagen nicht, ihren Irrtum einzugestehen.

Dazu kommt noch die Unmöglichkeit, sich mit anderen, vielleicht Gleichgesinnten beraten zu können, oder Denkfaule durch eine Debatte aufzurütteln.

Ich habe gestern behauptet, die Engländer hätten selbst in den dunkelsten Tagen ihrer schweren Prüfungszeit glücklicher gelebt, als etwa ich hier in meinem bis jetzt so unversehrt gebliebenen Häuslein am Waldrand. Ich lebe nicht nur am Rand des Waldes, ich lebe am äußersten Rand des Erdballs; wie leicht kann ich das Gleichgewicht verlieren und in die Unendlichkeit hinausstürzen! Ich und meinesgleichen haben keinen Grund mehr unter uns, um Wurzel schlagen zu können. »Entwurzelt«, dieses Wort auf Menschen angewandt, verstehe ich jetzt. Ich kann all das nicht recht ausdrücken. Auf jeden Fall: Wer von uns Anti-Nazis seinen Verstand nicht verlieren will, braucht schon allein dafür viel Kraft.

17.5.42. Ich habe meiner »englischen« Tochter zum heutigen Muttertag einen Strauß weißer Narzissen an ihr Bild gestellt; sie ist ja auch Mutter, Mutter zweier *englischer* Kinder! Und was für ein liebes Mütterchen!

17. 5. 42. Zeitungsnotiz:

»Ein Pole zum Tode verurteilt. Das Sondergericht S. verurteilte den 26 Jahre alten Polen Jahn Michalski wegen fortgesetzten Verbrechens gegen die Polen-Straf-Verordnung zum Tode. Der Verurteilte, der als landwirtschaftliche Hilfskraft arbeitete, unterhielt mit einer deutschblütigen Frau intime Beziehungen.«

Dieses Urteil verhängte jener Warschauer Sonderrichter. Seine Frau war heute bei mir, um mich aufzufordern, in der Gaufrauenschaftsschule *in der Küche zu helfen*. Sklavinnendienste tun, während die Führerinnen drinnen beraten, schulen und geschult werden, wie die *Verdummung* des Volkes weiterhin erfolgreich durchgeführt werden kann. Meine Tochter fuhr auf: »Was fällt Ihnen eigentlich ein, für diese Dienste ausgerechnet meine Mutter aufzufordern.« Ich glättete den Zorn Ludowikens, indem ich das Gespräch an mich riss:

»Erstens«, sagte ich, »gehöre ich nicht zur NS-Frauenschaft.«

»O ... das macht gar nichts! Im Gegenteil ...«

»Im Gegenteil! Zum Geschirr- und Bodenwaschen könnte man mich trotzdem brauchen?« Ich lachte. Dann sagte ich: »Gewiss würde es mir Vergnügen machen. Aber ich brauche in Wirklichkeit eher Hilfe für *meinen* Haushalt und Garten, statt dass ich noch irgendwo helfend einspringen könnte. Außerdem: seit zwei Jahren leide ich infolge von Überarbeitung an Sehnenscheidenentzündung an beiden Daumen. Sie sehen, der eine musste bereits operiert werden.«

»Warum machen *Sie* es nicht?«, fragte Ludowike den unverfrorenen Besuch.

»Gott – in den nächsten Tagen kommt unsere Dolmetscherin aus Warschau. Ich muss mit der Dame durchs Land reisen und ihr alle schönen Punkte zeigen –«

»Allerdings«, sagte Ludowike nicht ohne Bosheit, »dann müssen Sie das Bodenputzen und Kartoffelschälen schon anderen überlassen.«

17.5.42. Soeben erzählt mir mein Nachbar Apotheker: sein Neffe, Hauptmann bei den Panzern, sei geschwind dienstlich in der Heimat gewesen. Er habe ihm heute erzählt, am Ilmensee lägen Berge von *Gasmunition*! Überall, überall Gasmunition! Der Nachbar setzte vorsichtig hinzu: »Nicht wahr, man will eben vorbauen, für den Fall, dass die Russen …«

Natürlich! Nur »für den Fall, dass die Russen Gas verwenden«! *Wir* denken ja nicht daran. Davon bin ich restlos überzeugt.

Pfingstfest 1942 (24.5.) Es klingt jeden Tag dieselbe Mahnung aus dem Londoner Rundfunk; »Ihr Deutschen, befreit euch selbst von euren Gangstern!« Ihr stellt uns die Norweger, die Holländer, die Jugoslawen, die Belgier als »Beispiele« vor Augen und verlangt, wir sollen es ihnen nachtun. Nun möchte ich noch einmal zu »unserer« Ehrenrettung etwas sagen. Erstens: kein Mensch erfährt, *wie viele* Märtyrer innerhalb Deutschlands schon den Weg zum Galgen gehen mussten, weil sie erwischt wurden. (In unserer Stadt werden dieser Tage 25 Menschen hingerichtet.)

Zweitens: die Norweger, die Belgier, die Holländer, die Jugoslawen usf. haben sich Waffen retten können. *Sie* haben die »Feind«-Besetzung erst seit zwei bis drei Jahren, *wir* haben sie schon 9 Jahre!

Drittens: die anderen Länder sprechen eine Sprache, die nicht jeder offizielle und inoffizielle Gestapo-Diener versteht. Sie haben die Möglichkeit, sich zu verständigen. *Wir* dagegen? »Und traue keiner Wand …«, so heißt es bei uns.

Viertens: Deutschland wurde von den Nazis unter jubelnder Zustimmung »unblutig« besetzt. Die blöde Hammelherde erträumte sich unter ihrer Führung eine fette Weide. Die anderen Länder dagegen wussten (ein paar Quislinge ausgenommen) von der ersten Stunde an, dass die Deutschen hassenswerte Feinde sind.

Fünftens: Wie, wenn sich jetzt ein offener Widerstand in Deutschland erheben würde? Womit? Mit dem Schürhaken, dem Teppichklopfer? Dem Spazierstock? So gründlich entwaffnet und so entrechtet, geknechtet, geknebelt, bespitzelt, innerlich zerrissen, misstrauisch, machtlos, heimatlos – jawohl: heimatlos war wohl kaum je einmal ein Volk, wie das deutsche mit seiner »Feind«-Besetzung durch die Nazihorden. Die Sendung: »Frage und Antwort« im Londoner Rundfunk von gestern Abend hat mich so aufgewühlt, dass ich mit meinem Mann noch eine halbe Stunde durch den Abend lief zu verlässlichen Gesinnungsgenossen. »Was können wir tun?«, fragte ich. »Nichts«, sagte der bedächtige Mann, »nichts als vorsichtig sein. Es ist noch nicht Zeit.« Der Mann hat wohl recht. Denn wer soll *nach* dem Zusammenbruch das neue Deutschland aufbauen? *Die*, die uns jetzt erschießen würden, wenn wir uns verrieten? Hitler, der »härteste Mann aller Zeiten«, würde bedenkenlos Millionen – jawohl: Millionen »Volksgenossen« – niedermetzeln lassen, wenn – »Ausschwitzen«, nannte der fette Göring einen solchen Reinigungsprozess kürzlich so launig in einer Rede an die Rüstungsarbeiter. Mich völlig zweck- oder sinnlos »ausschwitzen« zu lassen – nein – ich glaube, ich kann noch etwas Besseres tun, wenn die Zeit reif sein wird.

24.5.42. Tägliches Gebet der Kleinen im Kindergarten:

»Händchen falten,
Köpfchen senken,
immer an den Führer denken,
der uns schenkt das tägliche Brot
und uns hilft aus aller Not«.

27. 5. 42. Man ist dem lieben Gott bei uns in Deutschland bitterböse. Er lässt die Sonne scheinen, wenn wir sie nicht brauchen können, statt Regen gibt er Hagel, statt Wärme Wind, und im Mai lässt er schneien. Und das alles in Deutschland, dem Land des »auserwählten Volkes«. Dem Land, das in einen Krieg verwickelt ist, der längst kein Spaziergang in andere Länder mehr ist! Hat »Er« denn gar keinen Verstand? Nein, man kann den lieben Gott ganz und gar nicht verstehen. Die Deutschen schmollen mit ihm – nicht, weil es von Partei wegen augenblicklich so befohlen wäre – sondern weil sie für sich persönlich ihm nicht verzeihen können, dass er so gar kein Verständnis für die deutschen Nöte aufbringt. Für die deutsche Nahrungsnot, für die Abhängigkeit alles Wachstums vom Wetter. *Das* Gespräch unter Deutschen ist das »Ess-Gespräch«. »Ess-Psychose« schilt man es böse im Nazi-Blätterwald. »Haben Sie auf Ihrer Wanderung was Ordentliches zu essen bekommen?« »Wo?« »Kann man da wohl auch mal hingehen?« »Kann man sich auf Sie berufen?« »Wie viel Marken hat man Ihnen abgenommen?« »Wird es wohl noch schlimmer werden?« »Noch knapper?« »Ein halber Meter Schinkenwurst wäre ihm wohl lieber gewesen!« (Wem? Dem Ritterkreuz-geschmückten Arbeiter Hahn in Berlin) Usf. usf. Wo man geht und steht: Gespräche über das Essen! Und das bei dem Volke der »Dichter und Denker«! Nun ja – »das Volk der Dichter und Denker« »dichtet« und »denkt ja zurzeit nur in blutiger Sprache«.

Unser Haus ist allmählich eine richtige »Tankstelle« geworden. Von überall strömen Bekannte und Bekannte von Bekannten herbei, um bei uns vom Radio London Mut, Zuversicht und Wahrheit zu tanken. Das Offenhalten dieser »Tankstelle« für alle, die guten Willens sind, ist unser augenblicklicher bescheidener Beitrag zum Sieg der gerechten Sache.

22. 5. 42. *Zeitungsausschnitt:*

> »Die Volkstumsfrage
> Von Arthur Greise, Gauleiter und Reichsstatthalter im Reichsgau Wartheland.
> … Der Reichsführer SS Heinrich Himmler verkörpert nicht nur als Vertrauensmann der Partei die Richtung durch sein Amt innerhalb der Parteikanzlei, sondern als Reichskommissar für die Festigung deutschen Volkstums. Ich bin glücklich, den Reichsführer SS Himmler vor zwei Jahren darum gebeten zu haben, mich zu seinem Beauftragten für dieses riesige Arbeitsgebiet im Gau Wartheland zu machen. Damit habe ich als Vertreter des Führers in diesem Lande alle Fragen des Prestige und der Kompetenz von vornherein in den richtigen Einklang bei der Erledigung der anfallenden großen volkspolitischen Aufgaben gebracht. Ich glaube, wir sind im Gau Wartheland auch hierbei *nicht nur Exerzierplatz, sondern Muster für einen späteren Aufbau des Reiches geworden*« (Gott steh' uns bei) »… Damit sich aber die Begriffe unseres Herrentums nicht etwa nach der Seite einer falschen Auffassung verschieben, seien sie hiermit definiert … Herrentum ist deutscher Aufbau gegenüber polnischer Schlamperei. Herrentum ist Sauberkeit gegenüber polnischem Dreck. Herrentum ist Ertrag des Bodens gegenüber polnischem Verfall. *Das ist unser Herrentum.* Diesem Herrentum gehört das ganze Land, Grund und Boden, Häuser, Höfe, alles.« …

Kann man es noch deutlicher machen?

3. 6. 42. Ich fühle es in dieser Minute: mein Weiterleben hätte jeden Sinn verloren, wenn mein Junge nicht mehr zu mir zurückkehrte. Meine älteren Kinder haben sich doch schon mehr von mir gelöst. Sie können allein ihre Straße gehen. Aber Mar-

tin? Ich habe das Gefühl, dass ich ihm noch lange nicht gegeben habe, was er an Liebe fürs Leben braucht. Ich bin heute so tief traurig. Andere haben Nachrichten von den Ihren in Kanada, nicht aber ich. Eigentlich gehört ja diese private Traurigkeit nicht in diesen Blättern aufgezeichnet. Ich möchte noch so lange leben, bis ich gewiss weiß, ob mein Junge wiederkehren wird. Und wenn er wiederkehrt, will ich noch länger leben, ihm zur Hilfe und vielen Menschen – zur Stütze.

6.6.42. Die Zeitungen sind sehr kleinlaut geworden. Sie sind angefüllt mit Todesurteilen, mit Ermahnungen und Vorschriften, was man zu tun und zu lassen habe bei einem Luftangriff. Was für eine Angst beherrscht mit einem Mal alle diese Großsprecher. Seit einigen Tagen steigt allabendlich über der Fabrik im Tal ein Fesselballon auf. Komisch, die deutsche Abwehr. Warum schützen sie nicht unsere herrliche Kirche oder die großen modernen Krankenhäuser durch diesen Fesselballon? Oder den wunderschönen Friedhof? Wo wir doch jeden Tag in der Zeitung lesen, dass die sadistischen Engländer nur Kirchen, Krankenhäuser, Schulen und Friedhöfe angreifen.

8.6.42. Ich wollte bei einer Gärtnersfrau Himbeeren kaufen. »Verkaufen! Ich will nichts mehr verkaufen. Was tue ich auch mit dem Geld?« Wir einigten uns schließlich als Tauschobjekt auf eine Unterhose für ihren Mann. Ich hoffe, das diskrete Kleidungsstück als Endergebnis einer Kette von Tauschgeschäften schließlich beschaffen zu können.

10.6.42. Kling, kling! Bum, bum: ein Lautsprecherwagen fährt, flotte Musik spielend, durch die Straßen! Was hat er mitzuteilen? Er wirbt für die »Spinnstoff-Sammlung«. Geben, immer geben. Wenn der Krieg noch eine Weile dauert, bricht man mit Gewalt ein in unsere Schränke.

11. 6. 42. Heute früh hörte ich in der Londoner Frauensendung die Nachricht von dem zerstörten tschechischen Dorf Lidice, den erschossenen Männern, den ins KZ verbrachten und ihrer Kinder beraubten Frauen. Ich musste laut hinausschreien vor Zorn und Scham. Was wird diesen Bestien noch einfallen. Wie lange werden sie ihr fürchterliches Handwerk noch treiben dürfen.

Abends. Ich bin ganz erfüllt von der Nachricht des russisch-englischen Bündnisses, und ich musste noch hinauslaufen in die Natur und jetzt am Klavier noch einen Dankchoral spielen. Vielleicht, vielleicht sind wir dem Frieden näher, als wir zu hoffen wagen. Und vielleicht – vielleicht gebiert dieser blutige Unsinn letzten Endes noch einen guten Sinn: Die engere Zusammenarbeit Englands und Russlands könnte eine bessere Nachkriegswelt verbürgen. Das bolschewistische Russland müsste seine geistige Verwandtschaft mit dem Nationalsozialismus ablegen. Es könnte für seine Bürger von England einige Freiheit beziehen. Und vielleicht würde England einige sozialistische Reformen durchführen, die für ein reiches und fortschrittliches Land schon längst fällig sind. Wenn ich mir die vielen großartigen Möglichkeiten für die Welt, jawohl für die ganze Welt, insonderheit für Europa, vorstelle, bin ich des Glückes voll.

13. 6. 42.

Komm, verschließ die Kammer
und lass allen Jammer
fern von uns sein.
Sei Du Schloss und Riegel,
unter Dein' Flügel
nimm Dein Küchlein ein!
Deck uns zu
mit Schutz und Ruh!
So wird uns kein Grauen wecken,
noch der Feind uns schrecken.

(gedichtet 1750)

Dies ist mein Abendgebet und wohl das von Millionen anderer Deutscher. Das Leben ist für die Sehenden voller Grausen. Für die *Sehenden*, sage ich. Leider, gibt es noch viele, viele Blinde! So lange *sie* nicht verhungern, *ihr* Haus nicht zerbombt ist, der Krieg weit genug weg von ihnen tobt: Was geht sie alles andere an? Vor allen Dingen: viel zu wenige leiden Qualen der Scham und des unterdrückten Zornes darüber, was Deutsche im Namen der »neuen Ordnung« für Grauen verbreiten!

Wenn endlich, endlich wieder mal was geschähe. Etwas, das Hoffnung gibt, sichere Hoffnung! Wie ich zittere um die neu zu errichtende Front! Ich weiß nicht, wie ich diese Tage, Wochen, Monde des Wartens aushalten werde. Wenn *ich* schon so ungeduldig bin, wie mag es französischen, belgischen, holländischen, tschechischen, serbischen, polnischen, norwegischen Frauen und Müttern zumute sein. Gott stehe ihnen allen bei!

13. 6. 42. Ich habe eine besorgniserregende Entdeckung gemacht: keine vier Kilometer Luftlinie von unserer Siedlung in Richtung die Fabrik im Tal ist eine ganze Flak-Stadt aufgebaut. Da können wir hier sehr wohl »Abfall« bekommen von Euren schweren Brocken, Ihr Engländer. Ich würde lieber nicht umkommen durch englischen Bombenwurf. Aber *wenn* ich umkommen sollte, so sollen meine Kinder England darob nicht gram sein. Ich weiß: *Absicht* ist es nicht, unsere harmlose Siedlung zu treffen. Aber auf die Flak drüben müssen die Engländer zielen und wenn da was für uns abfällt – in Gottesnamen!

20. 6. 42. Unser Nachbar Apotheker – der, der das Gras wachsen hört, der es zum offiziellen Flüsterpropagandisten gebracht hat, (obgleich erst später erfasst von dem Hitlermagneten) – sagte dieser Tage (17. 6. 42): »In Afrika wollen wir nichts anderes als englische Truppen binden!«

»Aber – –« wendete ich ein und wollte fortfahren, dass *er* es gewesen sei, der mir vor wenigen Wochen den *Plan »Suez-Kanal«*-

Verbindung mit den Japanern« – erläutert habe, konnte aber nicht zum Zuge kommen. Denn, was der Herr Propaganderich *heute* dem Volksohr zuflüstern muss, ist etwas völlig anderes, als das, was vor drei Wochen wünschenswert war.

Also: wir wollen in Afrika nichts, gar nichts! *Tobruk*? Lächerlich! Was tun wir damit? Was in Afrika geschieht, könnte kriegsentscheidend sein? Quatsch!

Nun erhebt sich für mich die Frage, was der Herr Nachbar auftragsgemäß zu flüstern haben wird, wenn Tobruk tatsächlich erobert werden wird? Ich könnte schwören, der Nachbar Flüsterich muss sofort zu neuer Schulung antreten und muss dem Volksohr den Fall Tobruks als den Beginn des siegreichen Kriegsendes einflüstern.

Was er von Frieden halte?, fragte ich ihn.

»Eine hohe Persönlichkeit (Herr Flüsterich ist nur mit ›hohen Persönlichkeiten‹ bekannt) hat mir dieser Tage etwas zugeraunt.«

»Was?«

»Wenn Russland in diesem Jahr zusammengebrochen sein wird, dann werden die paar Vernünftigen, die es in Amerika und England immerhin auch heute noch gibt, schleunigst Frieden schließen wollen, weil sie sich sagen müssen, dass nichts mehr für sie zu holen sein wird. Das ist vorläufig die einzige Friedensaussicht.«

»Aber«, so sagte ich dagegen, »wenn Russland nun eben nicht zusammenbricht?«

»Das muss!«, schrie mein Nachbar Flüsterich, und es war in diesem Augenblick nicht viel Unterschied zwischen ihm und einem eigensinnigen Kind, das zornig die Stuhlecke schlägt, an der es sich gestoßen hat.

Ein anderer Bekannter, den die allerneueste Propaganda von dem »Unwert« Tobruks, Ägyptens usf. offenbar noch nicht erreicht hat, sagte gestern eifervoll zu mir: »Ich habe einen Brief gelesen von Rommel.« (Rommels Angehörige leben hier.)

»Und?«

»Na – wenn er mal losgeschlagen habe, dann werde er in vier Wochen in Ägypten sein!«

Der begeisterte alte Herr, krumm und bucklig und mager vor Überanstrengung, fuhr fort: »Ist aber auch höchste Zeit! Nicht wahr, es kommt ja nichts mehr herein! Wir müssen doch Lebensmittel hereinbekommen! Dieser verfluchte *Darré*! Dieser Bursche hat dem Führer immer alles in den rosigsten Farben gemalt, und nun ist mit einem Mal nichts mehr da! *Nichts* mehr da! Aus Heeresbeständen musste man Saatgut abgeben, denken Sie sich! Ich habe zu meinen Jungen gesagt: ›Such Dir einen Bauern, der Dich während der Ferien durchfüttert, wir, Deine Mutter und ich, können's nicht!‹«

Wann endlich wird das deutsche Volk es wagen, seinen Götzen und Verderber, den Schuldigsten aller Schuldigen anzutasten!

Zwei junge Wachtmeister, Studierende des Offizier-Ingenieur-Armeekorps, waren meine Gäste. Ein Berliner und ein Mecklenburger, zwei Unzertrennliche. Nie sieht man einen allein, sie treten auf wie Pat und Patachon, und ich habe die beiden um ihrer Offenheit willen ins Herz geschlossen. Beide haben sich vorigen Herbst von der Leningrad-Front weggeflüchtet in das Studium der »Heeresingenieure«. Gestern aber haben mir beide gestanden, dass sie nach dem Krieg *jede* Möglichkeit ergreifen werden, die sie vom »Heeres«-Ingenieur befreit.

»Dieser preußische Militarismus! Ich kann Ihnen sagen: Man ist nur ein aufgezogenes Uhrwerk, nichts weiter. Ein Gefühl haben wollen? Und eine Neigung? Einen Wunsch? Eine eigene Note? Ausgeschlossen! Nicht nur im Dienst (der ja *möglichst* für mehr als 24 Stunden am Tag ausgedacht ist), auch in der sogenannten ›Freizeit‹ nichts als Zwang und Militarismus!«

Natürlich könnte ich diesem Klagelied ohne Einschränkung zustimmen. Aber nun kommt die tolle Folgerung dieser jungen Leute: »Wenn bloß der Führer diesen Krieg überlebt, dass er nachher diesen heillosen preußischen alles Menschliche erstickenden Militarismus zerschmettert!«

Was soll man dazu sagen? Die einzige Entschuldigung ist, dass diese jungen Männer anno 33 elfjährige Buben waren!

Die beiden jungen Leute haben noch andere schwere Sorgen: Wie sollen die Beziehungen der Völker untereinander *nach* dem Krieg werden? Der Berliner sagte ganz offen: »Es ist nämlich nichts weniger als ein Glück, was wir den anderen Völkern gebracht haben!« Und mit einem scheuen Seitenblick fragte er: »Wissen Sie, was sich in der Tschechei tut, seit Heidrich um die Ecke gebracht wurde?«

»Ich ahne es«, sagte ich.

Nein, sie haben es nicht gut, sie sehen sogar trübe in die Zukunft. Sie fürchten sich vor dem, was sein wird, wenn *wir* den Krieg gewinnen und gleichzeitig schüttelt sie Grauen bei der Vorstellung, wir könnten den Krieg *nicht* gewinnen.

»Wenn Berlin noch steht nach dem Krieg, wollen Sie uns da mal durch Berlin führen?«, fragte ich den Berliner.

»Aber ja, da freue ich mich schon heute drauf. Aber – –«, und sein Gesicht verdüstert sich – – »wieso eigentlich sollte Berlin nicht mehr stehen? Berlin hat schon beträchtlich lange Ruhe gehabt. Und wenn die Engländer noch das eine oder andere Mal angreifen sollten, in so einer großen Stadt verschwinden die Schäden. Überhaupt: die Engländer werden sich hüten. Unsere Luftwaffe ist doch der englischen qualitativ und quantitativ weit überlegen.«

»Ich verstehe dann nur nicht, warum wir nicht London, Birmingham, Manchester und solche Städte angreifen, sondern York, Bath, Exeter, Canterbury.« Darauf blieben meine jungen Freunde die Antwort schuldig. Aber sie sagten gedrückt: »Es ist eben leider so, dass die Zeit ganz und gar nicht für uns arbeitet. Die Amerikaner haben uns technisch längst überflügelt – –«

»Ja, und alle anderen Völker auf wissenschaftlichem Gebiet, fürchte ich.«

»Eine Schande«, brausten die beiden auf.

»Wissen Sie, was sich an der Hochschule unserer Stadt gegenwärtig ereignet? Der Kenntnisstand der ausländischen Studenten ist dem der deutschen Studenten weit überlegen.«

»Kunststück!«, riefen die beiden jungen Männer erhitzt. »Die (die Ausländer) haben 24 Stunden am Tag zum Lernen und Menschsein. Wir dagegen sind 18 Stunden Soldat und die 6 übrigen Stunden haben wir geistigen Drill. Nicht mal im Bett hat man seine Ruhe. Dieser unaufhörliche Zwang ist ja ekelhaft. Aber«, so fügten sie erschrocken über den eigenen Mut bei, »wir sehen ein, dass all das jetzt im Krieg eben sein muss. Das deutsche Volk hat leider Gottes bewiesen, dass es geistig völlig unselbständig ist und straffer Zügel bedarf.«

Noch etwas beschäftigt diese jungen Menschen: Sehnsucht nach Liebe, nach wirklicher, richtiger altmodischer Liebe und Treue. Und sie haben keine Hoffnung, ein Mädchen, das diesem Ideal entspricht, zu finden. Ein Mädchen wie »Ursula«, die Romanfigur, von der sie mir vorgeschwärmt haben.

21. 6. 42. Etwas sehr Nettes: ein Nachbar, Genießer, junger Ehemann, gehätschelt und verwöhnt, wurde vor zwei Monaten auch eingezogen. Nun ist er am Kanal und vorgestern schrieb er an seine Frau, er sei als Vorposten auf eine Insel gekommen. Wörtlich: »Wenn ich Glück habe, so bekommt Ihr bald einen Gruß aus Kanada von mir.«

Ha, ha! Besagter Herr war immer ein mächtiger Held, solange er wohlbehütet in der Heimat war. Er spuckte immer große Töne über unsere vergangenen, gegenwärtigen und zukünftigen Siege. Ich unterließ nie, ihn über die gute Behandlung und die ausgezeichnete Verpflegung, die unser Junge in Kanada erhält, auf dem Laufenden zu halten. Zwar bezweifelte er die Wahrhaftigkeit von Martins Briefen. Diese Briefe seien unter Zwang geschrieben, behauptete er. Aber nun ei der Daus, nun lockt ihn Kanada doch mehr als der Heldentod.

Ein Bekannter machte den Vorschlag: Nach dem verlorenen Krieg sind an allen Straßenecken Lautsprecher aufzustellen, die unentwegt die Reden des »Führers« wiederholen, damit das deutsche Volk vielleicht doch entdecke, wem es all die Niederlage und die Schande verdankt.

Es gibt vier Kategorien Deutscher: 1. leidenschaftlich Ablehnende, 2. Ablehnende (die aber ihre Ablehnung aufsparen wollen bis nach dem deutschen Sieg), 3. Gleichgültige und Egoisten und 4. Hundertprozentige Bejaher. Zu den Gleichgültigen rechne ich auch die Art von Frommen, die in dem grausigen Weltgeschehen einen höheren Sinn suchen und damit alles Schandbare sozusagen rechtfertigen. Auch ich sehe einen höheren Sinn darin. Aber es ist ein Unterschied zwischen ihnen und mir. Sie erwarten alles von Gott. Ihre gottgläubige Trägheit geht so weit, dass sie nicht einmal das Bedürfnis haben, sich etwa durch den englischen Sender umfassender zu unterrichten. Kaum, dass sie einen Blick in die Zeitungen werfen. Sie stellen sich völlig außerhalb des grausigen Geschehens, sie fühlen sich überlegen und weise mir gegenüber, die vor Abscheu, Hass und Scham vergeht. Sie glauben an den »Sinn«, an eine göttliche Regelung dieses »Un-«Sinns und fühlen sich, geistig hochmütig, viel besser als jene, die Aktivität fordern, soweit die enge Gestapo-Umzäunung es überhaupt ermöglicht. Überlegen belächeln sie, dass andere unter dem Nichthandelnkönnen leiden. Eine Verwandte gehört zu diesen. Ich sagte zu ihr: »Wenn nun aber kein Roosevelt und kein Churchill leben würde augenblicklich?« »Aber sie leben halt«, antwortet sie triumphierend und deutet dies als göttliche Fügung, die sie selbst von aller Verantwortung zum Handeln befreit. »Wenn aber alle Menschen sich mit dem bloßen *Glauben* an das Gute genügen ließen?«

»Es begnügen sich eben nicht alle damit und außerdem: auch der bloße Glaube an das Gute würde es mit der Zeit schaffen.«

So was kann mich rasend machen, und ich muss an mich halten, diesen Menschen nicht mit scharfen Worten zu antworten. Auf jeden Fall, es ist ein Elend selbst mit den sogenannten »Guten« im Lande.

23. 6. 42. Wir wollen das Datum festhalten. Mein Nachbar (der, der das Gras wachsen hört und tausend Ohren hat) hat mir erzählt: »Ich habe mit meinem Neffen, dem Panzerhauptmann, gesprochen. Er hat einige Tage Urlaub, muss aber am 30. Juni wieder bei seiner Truppe sein, denn dann – –«

»Was dann?«

»Dann wird oben am Ilmensee der Durchbruch durch die russischen Linien gemacht und zwar mit allen Mitteln.«

???

»Mit Gas natürlich. Aber es ist kein Giftgas, nein, nein. Stapel solcher Granaten lagern dort. Man hat die Absicht, das Wolgatal entlang vorzustoßen bis ans Kaspische Meer. Das muss natürlich Schlag auf Schlag gehen. Man wird in einigen Wochen viel erleben können.«

»Ja – – werden die Russen, die Engländer, die Amerikaner nicht mit Gas antworten?«

»Es ist ja eigentlich kein Giftgas. Man nennt die entsprechende Formation ›Vernebelungstruppen‹ – Aber, ich bin davon überzeugt: es wird der Beginn des Gaskriegs sein.«

»Haben Sie auch gehört, dass alles Obst und Gemüse, das im Umkreis der Fabrik im Tal angebaut wird, erkrankt und stirbt?«

»Eine Tatsache, leider. Es kommt von der nächtlichen Einnebelung der Fabrik.«

»Also doch giftiges Gas?«

»Etwas giftig, zweifellos.«

26. 6. 42. Birmingham bombardiert. Ich sende Euch, liebe Kinder, durch mein an Euch Denken Kraft. Möget Ihr unbeschadet geblieben und der Schrecken nicht so gewesen sein, dass Ihr seelische Erschütterungen fürs Leben davongetragen habt. Wenn ich Euch alle, meine Lieben, doch an den Händen fassen könnte. Vielleicht gäbe das Euch und mir Kraft.

26.6.42. Törichtes Volk! Bei manchen gehen die Wellen der Begeisterung und der Siegeszuversicht wieder hoch, seit »unser« Rommel wieder siegt. Das Betrüblichste ist der völlige Mangel an Objektivität in meinem Volk. Aber es gibt tröstliche Ausnahmen. Menschen, die, ob Sieg oder Niederlage, das Böse bös und das Gute gut nennen. Gestern habe ich drei solche Menschen kennengelernt. Ich werde sie mir merken für die Zeit der »nationalen Sammlung« nach dem Krieg. *Die* Menschen sind es dann, die das Neue aufbauen werden.

29.6.42. Kummer! Fanfaren im Rundfunk. Wie oft wird das Lichtlein der Hoffnung wieder ausgetreten. Wenn *ich* schon zu Tode betrübt bin, wie mag es den armen Menschen in den besetzten Ländern zumute sein.

29.6.42. Nichts bringt den Deutschen so sehr aus dem Gleichgewicht wie schmale Rationen. Die Judenmassaker, die Misshandlung und Aufopferung der Polen, der Russen, das Vorhandensein von Konzentrationslagern, die Entziehung aller persönlichen Freiheit: all das hat ihn zunächst nicht sehr erschüttert, solange nämlich nicht, als er die Auffassung haben konnte, dass diese Schandtaten den Lebensstandard des deutschen Volkes *heben* würden. Aber nun, nun, wo alle diese Schändlichkeiten »umsonst« verübt worden sind, wo das Essen doch nicht reicher und besser geworden ist, nun beginnt er aufzuwachen. Vom Aufwachen zur Scham ist es vielleicht kein weiter Weg und von der Scham zum zornigen Protest auch nicht.

30.6.42. Ich habe durch den Radio London von der »Auspeitschung« serbischer Frauen gehört. Man kann sich all diese Scheußlichkeiten nicht vorstellen, und man möchte glauben, dass die Nachricht davon nicht wahr sei. Aber sooft man auch gehofft hat, diese oder jene Behauptung von verübten Gräueln sei übertrieben, sah man sich traurig enttäuscht. Stets bestätigte sich, dass die schreckliche Nachricht noch weit unter der schrecklichen Tatsache zurückblieb.

Zeitungsnotiz:

> »*Drei Verbrecher hingerichtet.*«

(Das Alltägliche im Dritten Reich. Hinrichtungen sind immer auf großen leuchtend roten Plakaten an den Litfaßsäulen angeschlagen. Was für ein Heimatland.)

2.7.42. Es ist, als sei ein schwarzes Leichentuch als Vorhang vor das Leben gezogen. Wie wird mein Junge in Kanada all das ertragen?

3.7.42. Es gibt in Deutschland Menschen, die vorgeben, noch nie etwas von den Judenmassakern, von Judenverfolgungen überhaupt gehört zu haben. Man fasst sich an den Kopf.

Ein Oberleutnant hält vor zehn- bis zwölfjährigen Pimpfen einen Vortrag. Stolz gebläht erzählt er den Kindern, wie sie eine eingeschlossene russische Division vollkommen »vernichtet« haben. Nur 65 hätten sie am Leben gelassen, damit sie Sklaven haben, die ihnen das Holz spalten und tragen.

Fort möchte ich, weg von diesem Vaterland.

4.7.42. Wieder eine Nacht vorbei. Ich wage nicht, den Radio anzuschalten. Was wird er zu melden haben? Es ist ein Zustand wie seinerzeit, als man von Stunde zu Stunde zitterte, ob der Straßburger Sender nicht schon verstummt sei, später der Pariser und im Herbst und Winter 1940 Radio London. Radio Lon-

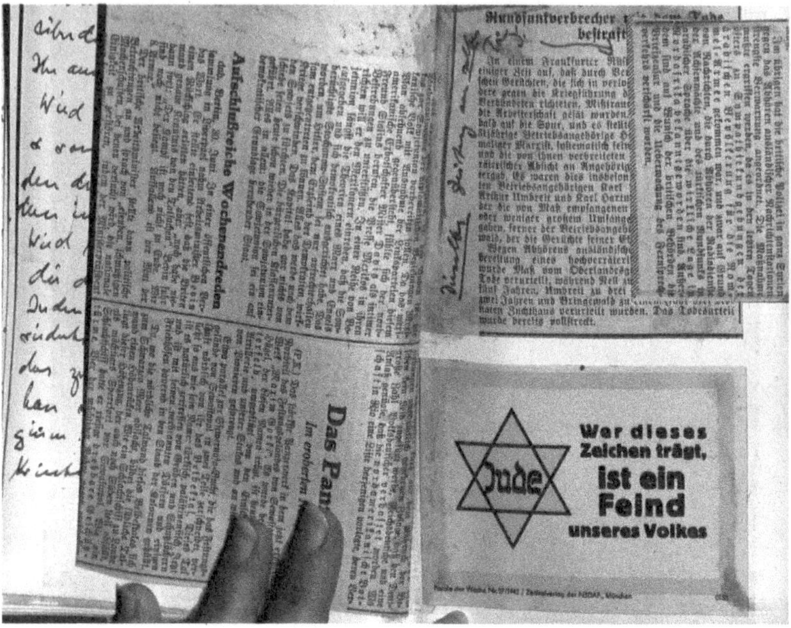

Eintrag vom 4. 7. 1942: Tagebuchcollage aus diversen Zeitungsausschnitten. Hier geht es um Rundfunkverbrecher und um die Abbildung des Davidsterns.

don hat den Sturm überdauert. Werden Engländer und Amerikaner auch jetzt durchhalten können? Wird Alexandrien, Ägypten und womöglich der ganze Nahe Osten den Deutschen in die Hände fallen? Wird sich das Grausige, die Massakers an Juden und anderen armen Teufeln wiederholen? Man mag den Tag nicht beginnen.

Schlagzeilen in Zeitungen:

»Frontgeist im Bombenhagel«,
»Rundfunkverbrecher mit dem Tode bestraft«,

»In Zukunft braucht kein Deutscher mehr auszuwandern«, »Der Vergeltungsschlag« (gegen Canterbury).

15.7.42. Ein guter Brief von meinem Jungen aus Kanada! Wie dankbar bin ich doch, dass er in englischer Gefangenschaft »schmachtet«, statt dass man ihn in Russland zum »Helden« macht.

16.7.42. *Straßenbahngespräche:* Eine in Deutschland zur Arbeit weilende Französin unterhält sich mit einem blonden Deutschen, Parteiabzeichen, Kartoffelnase, Riesengebiss, Arschbackengesicht, semmelblond. Sie sprechen französisch. Ich lausche und verstehe folgende Fetzen: »*Les Anglais font toujours de* – –« (eine Geste deutet an, was die Engländer machen, nämlich: sie hetzen das französische Volk immer wieder auf gegen die wohlmeinenden Deutschen). Der Deutsche sagte: »*Maintenant il faut travailler pour l'Europe.*« Die Französin scheint dies mit Einschränkung zu bestätigen. Sie sagt, sie sei für Laval, für die collaboration. Daladier habe Frankreich ins Unglück gestürzt, obwohl die französischen Soldaten sehr tapfer seien, was der Deutsche eifrig bestätigte, indem er sagte, er habe »*les braves soldats français*« im letzten Krieg am *chemin des dames* kennengelernt. Auch Pétain erhielt einiges Lob. Im großen Ganzen aber war es von Seiten der Nazi eine abscheuliche Poussage – »abscheulich« deshalb, weil von ihm doch als selbstverständlich vorausgesetzt werden sollte, dass ihn nur ein deutsches Gretchen reizen sollte – O Welt!

Eine schwarz gekleidete junge Frau spricht mit anderen Frauen: »Ich bin froh, dass ich nur *ein* Kind habe –«

»Ist Ihr Mann gefallen?«

»Ja. Und meine beiden Schwäger, und mein Bruder hat keine Beine mehr und statt Händen nur noch Stummel –.«

»Woher sind Sie?«

»Aus Rheydt bei Dortmund. Evakuiert. Meine Wohnung ist

weggeblasen. Ich kann's Ihnen sagen: Sie hier wissen ja überhaupt noch nicht, was Krieg ist.«

Aus einem Feldpostbrief. Der Schreiber liegt schwer verwundet in einem Lazarett.

»Warum bekomme ich nie, nie einen Brief von Dir? Ach, was für Qualen! Vielleicht wäre alles besser, wenn ich einen Brief von Dir bekäme! Durst habe ich, Höllendurst! Aber man gibt mir nachts überhaupt nichts zu trinken! Die Kameraden sparen sich tagsüber ihre Getränke ab, um es mir nachts zu geben. Schwestern, Krankenwärter, Ärzte – kein Mensch kümmert sich bei Nacht um einen. Und keine einzige Nachricht von Dir –«

Nein, der Arme hat keine einzige Nachricht von seinem jungen Weib erhalten, bis er schließlich starb. Warum wohl hat er nichts erhalten, obwohl sie alle paar Tage Briefe voller Liebe und Verzweiflung schrieb?

15.7.42. Ein früheres Mädchen von mir, jetzt Rotekreuz-Schwester, besuchte mich. Sie ist in einem Lazarett in D. Was sie erzählte? Elend und Jammer, und was das Schlimmste ist? Die Stimmung der Soldaten. »Da passiert mal was«, sagte sie. Keiner will mehr nach Russland. Das sei kein Krieg, das sei ein Morden! Tausende auf einem Platz zusammentreiben und dann Handgranaten in sie hineinwerfen! Das sei doch Mord, und wer da nicht wahnsinnig werde – – –«

»Eigentlich«, so sagte das Mädchen, »dürfen sie natürlich *nichts* erzählen. Aber manchmal – na – man meint – sie können es einfach nicht mehr ertragen und müssen es laut oder leise von ihrem Gewissen wälzen –.«

In der Schule meines Mannes ist eine sehr unangenehme, aufsässige Klasse. Aber eine Schülerin ist nach wie vor gelassen und anständig und macht bei all den Missetaten nicht mit. Drohungen der Kameradinnen lassen sie kühl. Sie geht ihren Weg abseits. Sie hat das Pech, die beste Schülerin zu sein. Und nun handelte es sich im Lehrerkonvent darum, ob sie einen Preis bekommen könnte.

»Nein!«, stimmten einige Lehrer. »Sie hat keinen Kameradschaftsgeist. Sie ist ein Einzelgänger! Sie macht nicht mit!«

Was für ein Tadel! »Sie macht nicht mit« bei den Schandtaten, unter denen besagte Lehrer stöhnen und wegen deren ihnen das Lehren in dieser Klasse zu einer wahren Plage geworden ist!

»Außerdem«, rief eine andere, »sie ist keine Führernatur! Sie ist zimperlich und viel zu anständig! Die Menschheit wäre noch im Mittelalter befangen; wo wäre ein Fortschritt, eine Entwicklung, wenn es lauter solche Menschen gäbe!«

Dagegen wandte der Schulleiter ein, dass es auch gefährlich sein könnte für die Menschheit, wenn es lauter »Napoleons« gäbe! Er wollte hinzusetzen: »– – und an *einem* Hitler hat die Menschheit nachgerade schon genug«, unterließ es aber in der Öffentlichkeit, sondern sagte dies nur leise zu meinem Mann.

Gottlob, hat das charaktervolle Mädchen seinen Preis *doch* bekommen.

22.7.42. Die Sendung von Lindley Fraser war ganz ausgezeichnet. Aber das Leben in Deutschland wird für mich täglich verzwickter. Alle Kraft, alle Zeit, alle Schlauheit ist aufzuwenden, um sich vor Hunger zu schützen. So finde ich kaum mehr eine Minute für meine Einträge in das Tagebuch. Aber – was Lindley Fraser da gesagt hat, ist genau das, was ich auch zu sagen hätte. Und hier erhebt sich das Problem: Wie greift man es an, in Deutschland endlich, endlich ein Loslösen von diesen Fehlidealen, von diesen Irreführern zuwege zu bringen? Es wird viel zu tun geben nach dem Krieg, und die Allerbesten und Allerklügsten unter uns Deutschen müssten sich dieser Erziehungsarbeit hingeben.

Da war gestern wieder einer meiner jungen Freunde bei mir, derjenige, der neulich sagte: »Wenn bloß der Führer den Krieg überlebt, damit er den preußischen Militarismus zerschlagen kann!« Er ist tief betrübt, er findet sich nicht mehr zurecht, er sucht nach dem »Sinn« all des grauenvollen Unsinns, und findet keine Antwort als die: »Die Engländer haben nichts von uns wissen wollen, folglich mussten sie notgedrungen unsere Feindschaft mit in Kauf nehmen. Wenn Russland nun ›demnächst‹ erledigt ist, ist die Sache mit England ein Kinderspiel.«

»Warum haben wir dieses Kinderspiel dann nicht vor zwei Jahren, bzw. *vor* dem Angriff auf Russland gespielt?«

»Die Russen wären uns in den Rücken gefallen, folglich mussten wir sie angreifen; denn derjenige, der angreift, ist schon beträchtlich im Vorteil.«

Er sieht auch die Gefahr, die die vielen Ausländer bei uns für uns bedeuten, aber er beruhigt sich, indem er sagt: »Man wird sie schon unter der Knute halten« usf.

Es ist schrecklich, *wie* sehr die Gehirne der Jugend mit dem »nationalsozialistischen Gedankengut« ausgepolstert sind. *Nichts* hat daneben auch nur den winzigsten Raum. Und wenn – wie gestern durch Worte oder Fragen von mir – doch ein bisschen was einzusickern beginnt, so erfasst diese jungen Menschen eine panische Angst, und sie stürzen davon! Angst vor der Sinnlosigkeit, in der sie leben! Ein klein wenig an diesem Lebensgrund gerüttelt, und schon trägt er keine deutschen Kommissstiefel mehr! Was aber dann? Man hängt ja im Leeren? Man hört seine Tritte nicht mehr? Man versinkt! Das selbständige Denken wurde wohl kaum zu irgendeiner anderen Zeit jungen Menschen so aberzogen wie der deutschen Jugend der Gegenwart.

23.7.42. Was für eine Lüge! Wenn ich vom Radio London auf einen deutschen Sender umschalte, so erklingt von dort zuweilen Beethoven oder Mozart oder der heitere Haydn, oder man hört ein Lied von Hugo Wolf oder Schumann oder Brahms. Dann werde ich verwirrt, ganz verwirrt, und ich schlage mich an die Stirne, um mich zu erwecken aus dem grässlichsten aller Träume!

Später. 26.7.42. Wenn ich mir vorstelle, dass man auch bei Euch Engländern das große Sterben demnächst wieder anheben wird! Wie viele englische und amerikanische Söhne mögen heute noch von ihrer Mutter gehätschelt werden, und in einer Woche oder in zwei – wer weiß – da sind sie tot! Bei der Landung im Westen umgekommen, elend umgekommen! Arme Mütter! Arme englische Mütter! Arme amerikanische Mütter! Arme russische Mütter! Arme deutsche Mütter!

Zeitungsnotiz:

> »Der Krieg verroht den Menschen nur, wenn seine Seele tot ist oder durch System gefühllos gemacht worden ist. Der bolschewistische Soldat ist das Schulbeispiel dafür. Das Kriegserlebnis ist für den seelenvollen Menschen aber wie eine läuternde Lohe, die stärker ist und wirkungsvoller als jedes, noch so gute theoretische Wort.«

Natürlich! Der deutsche Soldat wird »edel« durch den Krieg.

27.7.42. Patienten über 60 Jahre bekommen in Krankenhäusern keine Medikamente mehr. »Der Mohr hat seine Schuldigkeit getan, der Mohr kann gehen!« Abscheuliche Welt, die deutsche!

Großangriff auf Hamburg! Ich bin in schwerer, schwerer Sorge: Ludowike wollte gestern Nacht um 10.45 Uhr in Hamburg wegfahren und heute Nachmittag hier sein. Sie ist nicht gekommen. Vielleicht hat sie ihre Abreise um einen Tag verschoben. Was dann? Dann wird sie in absehbarer Zeit überhaupt nicht mehr reisen können.

14.8.42. Die Zeitungen sind voller Lob für die Tapferkeit der Bewohner der Bombenstädte am Rhein. Welche Stadt wird am nächsten dran sein? Die unsere? Nun ja: für Särge ist Vorsorge getroffen! Eine Freundin hat mich gestern besucht. Sie erzählte: »Mein Schwiegervater wollte sich bei seinem Schreiner ein *Bücherregal* bestellen. Der Schreiner sagte: ›Keinen Span kann ich augenblicklich für etwas anderes verwenden, etwas weniger Notwendiges!‹ Warum? fragte ich ihn. Was machen Sie denn so Dringendes? Wiegen für die vielen Kriegskinder?«

»Särge, mein Freund, Särge! Ich muss 800 Särge herstellen! Unser Oberbürgermeister sorgt weise vor!«

»Aber wieso?«

»Wieso? Es hat sich nämlich herausgestellt, dass in den bombardierten Städten viel zu wenig Särge vorhanden waren! Unsere Stadt wird auch auf dem Programm der Engländer stehen!«

Sollte ich das glauben? Ich befragte mich bei meinem Nachbar Apotheker, der sein Ohr direkt am »Zeitgeschehen« hat, der alles weiß, besser gesagt: der alles so weiß, wie die Partei es wissen lassen will, der aber natürlich auch alles weiß, was an *Organisatorischem* innerhalb der Partei vor sich geht. Und da geht bezüglich der »Särge« Folgendes vor: Alle größeren Schreinereien müssen zurzeit mit Hochdruck Särge herstellen. Jede dieser Schreinereien hat bis zu tausend oder mehr solcher hölzerner Behausungen auf Lager zu haben! Was aber, wenn die Särge mitsamt den Menschen zerbombt werden?

16.8.42. Aus einer Zeitung:

> »Unsere Agrarpolitik beruht auf der Blutsfrage. Der heute vorhandene Raum im Osten erfordert zwingend, dass er deutsch wird und dass das deutsche Bauerntum neues Blut in diesem neuen Raum strömen lässt. Die Ansiedlung deutscher Bauern in die neuen Gebiete erlaubt auch eine behutsame Zusammenlegung in der Heimat.«

Ich war gestern Nacht noch geschwind in der Stadt. Um 10.45 Uhr kam ich heim. Aber ich habe die ganze Zeit gezittert:

Werde ich wohl *vor* dem Alarm meinen Wald auf der Höhe erreichen? Nicht nur ich habe gezittert. Alle Leute waren voller Furcht. Kein anderes Wort in den Straßenbahnen! Was wird diese Nacht oder die nächste oder übernächste uns bringen? Endlich haben wir das *Fürchten gelernt*! Aber die Großschnäuzigkeit noch immer nicht *ver*lernt!

17. 8. 42. Nachricht von unserer englischen Tochter! Cläre erzählt u. a., dass sie auf eine Woche mit ihren Kindern zum Besuch ihrer Freundin in die Nähe Londons reisen werde. Dies sagte ich meinem Nachbar mit der Bemerkung, dass das doch seltsam sei, dass man daraus doch schließen könne, dass sich die Londoner nicht mehr sehr bedroht fühlen von unserer Luftwaffe, worauf er antwortet (nicht wahr, er weiß ja alles): »Natürlich! London ist der sicherste Ort von ganz England! Genau wie Berlin bei uns!« (Augenzwinkern und ein Wort über das gegenseitige Übereinkommen, die beiden Hauptstädte zu schonen.) Dummes deutsches Volk! Einfältig, gläubig! Ich habe dieses Märchen nie geglaubt, und soeben wird im Radio London ein Artikel verlesen, in dem der Verfasser *Berlin* als Ziel für die kommenden längeren Nächte ausdrücklich nennt.

19. 8. 42. Später. Stellen Sie sich vor: drei alte dicke Tanten und die entsprechend wohlbeleibte Mutter eines jungen Leutnants trinken einen Festkaffee (soweit man das noch kann) und sind ausgelassen fröhlich. Warum? Weil der einzige Sohn und Neffe in Russland verwundet wurde und mit einem Oberschenkelschuss in Charkow im Lazarett liegt! *Nur* verwundet! Vermutlich »nur« ein steifes Bein sein Leben lang! Was für ein Glück angesichts dessen, was Millionen anderen zuteilwird!

Unser Gärtner ist aufgefordert worden, im Osten zu siedeln. Er hat abgelehnt. Er habe nichts im Osten verloren. Folge? Andern Tages der Gestellungsbefehl. Aufs Neue an die russische Front, obwohl bereits Kriegsverletzter, der eine Schiene im Bein trägt! So geht man mit uns um. Haben wir es anders verdient? Warum sollen die Schlächter anderer Völker vor ihren eigenen Leuten Halt machen, wenn sie ihnen unbequem werden?

20. 8. 42. Ich habe die Reichsadoptions-Stelle aufgesucht. Natürlich »erfuhr« ich vor allem (was ich ja längst wusste), dass heute die »Rasse« sowohl bei dem zu adoptierenden Kind, als auch bei den Adoptionseltern die größte Rolle spielte. Und die einwandfreie politische Einstellung! Das Letztere kann man zwar bei dem Säugling noch nicht »einwandfrei« feststellen, aber den Adoptionseltern kann man ein Dutzend Schnüffler auf den Hals jagen!

21.8.42. Der Sohn unseres Gärtners kam in Urlaub. Von Russland! Er hat dort geholfen, das neue »Führer-Hauptquartier« zu tarnen. Vor der Abreise *Vereidigung* aller, kein Wort vom Geschehen und Erlebten zu erzählen. Aber was gelten Hitler-Eide! Schon in Berlin wurde einer abgeführt, der sich mit Kameraden etwas laut unterhalten hatte. Und besagter Urlauber von hier hat auch einiges »ausgeschwitzt«. Z. B.: dass die gefangenen Russen, die mitgearbeitet hätten an dem neuen Führer-Hauptquartier, alle weggekommen seien. Wohin? Darauf gab ein Augenblinzeln die Antwort. Dass man die Juden zu Tausenden massakriere. Nackt ausgezogen müssen sie sich auf den Bauch legen, mit Maschinenpistole Schuss ins Genick! Aus! Frauen, Kinder, alle! Dass ganze Ortschaften ausgerottet werden, wenn auch nur *einer* sich muckst! Zur Ehre des jungen Mannes sei es gesagt: er schüttelte sich vor Entsetzen! Er halte es nicht mehr aus! Das, was er stockend erzählte, scheint nicht das Entsetzlichste zu sein, was er mitansehen musste! Welch ein Pestgestank! Wann, wann endlich kommt die Erlösung!

23. 8. 42. Viel muss ich an die englischen Mütter denken, für die nun neues Zittern beginnt! Sie wissen, auf ihre Söhne wartet schwere, schwere Zeit. Sie müssen ihr Leben aufs Spiel setzen, es hingeben, um die deutsche Eiterbeule auszubrennen!

26. 8. 42. Ein Afrika-Urlauber erzählt: »Wenn wir einen englischen Panzer abschießen, so stürzen wir uns auf die in ihm aufgestapelten Vorräte. Was für feine Sachen die Tommies haben! Da ist gut, Soldat zu sein! Wie armselig und kaum genießbar dagegen unsere Verpflegung.«

4. 9. 42. »Ehre!« »Ehre!« Wie ein Orkan rauscht dieses Wort durch den deutschen Blätterwald und jeder Deutsche hat – gottlob – wieder einmal das Recht oder einen hinreichenden Grund, sich empört aufzubäumen gegen die schmähliche Art der Engländer. Nämlich wegen des Befehls, bei Dieppe!« »Hände binden«. Ich fragte meinen Nachbar: »Wieso wollen wir denn alle gefangenen Engländer *fesseln*? Das hat doch gar keinen Zweck! Der englische Befehl, den gefangenen Deutschen die Hände zu binden, hat doch nur den Sinn, dass man den Gefangenen ihre Papiere abnehmen kann. Nachher wird man sie ja wieder losbinden.«

»Natürlich! Das bedeutet nur, dass sie so lange gebunden werden, bis ihre Taschen durchsucht sind.«

»Aber dann verstehe ich nicht, wieso wir die bereits in den *Lagern* befindlichen englischen Gefangenen ›fesseln‹ wollen.«

»Da handelt es sich um ›Ehre‹!«, wurde ich belehrt.

»Aber wir nehmen doch allen Gefangenen, die wir machen, auch die Papiere ab. Sonst hätten wir ja beispielsweise den oben erwähnten Befehl, dass den deutschen Kriegsgefangenen die Hände gebunden werden sollen, überhaupt nicht erbeutet?«

»Ja, natürlich! Aber wir binden ihnen die Hände nicht! Das ist eine ehrlose Art! Wir untersuchen sie mit vorgehaltenem Revolver! Weh', wenn einer eine Bewegung macht, die andeutet, dass – –«

»Aber, Herr Nachbar, da muss ich schon sagen: *ich* würde mir lieber die Hände binden lassen, als die aufregenden Minuten durchzustehen, die mir der Revolver unter der Nase verursachen würde! Dabei kann wenigstens kein Schuss ›aus Versehen‹ losgehen, was ja auch vorkommen soll! Ihnen wären die gebundenen Hände wohl auch sympathischer, nicht?« Darauf keine Antwort als die:

»Nicht wahr, es gibt eben Dinge, die einfach gegen die soldatische Ehre gehen!«

Die soldatische Ehre! Was ist das schon im Dritten Reich! Die Massenmorde in Polen, in Russland, an den Juden, die unbarmherzige Vertreibung von Frauen und Kindern aus ihrer Behausung, das Plündern und Prellen: Offenbar verträgt sich das mit der »soldatischen Ehre« der Deutschen?

Karlsruhe! Nun ist das große Jammern uns schon ganz nahe gerückt! Wie die Leute zittern! »Wenn doch endlich, endlich Schluss wäre!«

»Endlich?«, frage ich ein paar Handwerker. »Wissen Sie noch, wie Sie sich alle nach dem Angriff auf Coventry gefreut haben? Wie ihr Handwerker alle zusammenstandet da draußen in unserem halbfertigen Garten, ihr Maurer, Putzer und Gärtner? Wie ihr Euch eine Extra-Flasche Bier genehmigt habt, um den ›Erfolg‹ zu feiern? Wie ihr gesagt habt. ›Den Engländern kochen wir eine millionisch heiße Suppe.‹ Wie ihr gesagt habt: ›Hin machen wir sie! Das ganze Gezücht machen wir hin! Fünftausend Tote unter den Trümmern? Dafür ist's nicht schade!‹ Wissen Sie noch –«, so sagte ich zu dem Gärtner, der das Maul damals auch so grausam voll nahm, gestern aber wegen Karlsruhe jammerte. »Und wissen Sie, dass ich zu Ihnen gesagt habe: ›Was würden wir sagen, wenn es eines Morgens heißen würde, in unserer Stadt haben heute Nacht englische Bomben fünftausend Menschen getötet?‹ Und wie Ihr gelacht habt und geschrien: ›Ausgeschlossen! Der Engländer pfeift aus dem letzten

Loch! Dem seine ›Bömbchen‹! Ha, ha! Der holt uns nie, nie mehr ein!«

Ich weiß, dass das, was ich da sage, meinen Kopf in die Schlinge bringen kann. *Ein* Wort von dem Gärtner an geeigneter Stelle, und ich verschwinde! Und doch! Manchmal *kann* ich nicht schweigen!

Lilly Marleen! Richardson hat geantwortet! Aber nun höre ich die Lilly Marleen nicht mehr! Was ist geschehen? Was für ein Kummer! Ich hatte doch gehofft, hier entstünde eine machtvolle Organisation im Inland, die eines Tages unseren tönernen Götzen von seinem Sockel stürzen könne! Und nun? Verstummt!

»Lilly Marleen« war ein mutiger deutscher Geheimsender.

Nachrichten von unseren Kindern! Ein Bildchen von unserem Jungen in Kanada. Wie gut genährt sieht er aus! Überall zeige ich das Bildchen und erzählte von dem guten Essen, das sie bekommen! Hei! Wie da die Augen lüstern werden und wie ihnen das Wasser im Munde zusammenläuft. »Essen!«, das ist ja sozusagen die einzige Phantasie, in der der Gegenwartsdeutsche lebt und schwelgt!

26. 9. 42. Ich fuhr mit zwei Urlaubern im Zug: einer kam aus dem Westen, der andere vom Osten. Der vom Westen berichtete von dem Hass der Bevölkerung, der vom Osten erzählte von den Massenerschießungen der Juden, und erschrocken über seinen eigenen Mut und seine Unvorsichtigkeit, versuchte er, das Vorgehen als Notwehr erklärend zu rechtfertigen. Beide aber waren sich über eines klar: Sollte die englische Invasion gelingen und die Russen infolgedessen entlastet werden, so würde weder ein deutscher Soldat aus dem Osten, noch einer aus dem Westen lebendig heimkommen! Und beide – so entsetzlich ihnen der Gedanke war – ließen durchblicken, dass man weder den

Russen, noch den Feinden im Westen einen Blutrausch würde verübeln können, nach alldem, was wir dort getan haben! Aber beide waren sich darüber klar: Aus diesem Grunde – und nur aus diesem Grunde müssen wir eben kämpfen bis zum Äußersten.

Mein Kaufmann murmelte in seinen Bart: »Da kämpfen unsere Truppen um Stalingrad – Zehntausende lassen ihr Leben um einen Trümmerhaufen, und inzwischen lässt »man« (wer: »Man«?) innerhalb Deutschlands eine Stadt um die andere in Schutt und Asche legen.

Die beiden belgischen »Sklavinnen« in der Nachbarschaft reisen nächste Woche heim. »Nach einem Jahr, wir dürfen machen, was wir wollen«, sagten sie mir jubilierend. Sie nehmen etwas »Essen« mit und ihr verdientes Geld, denn der Vater muss von 6–18 Uhr mit einem Stück Brot arbeiten, und ein kleiner Laib Brot kostet 25 Franken. Ich will sehen, dass ich den armen Mädchen noch etwas zustecken kann.

Ich habe einem Bekannten das Bild von der Turnerriege im Interniertenlager 130 in Kanada gezeigt. Unser Sohn gehört dieser Turnerriege an. Der Mann machte ein völlig konsterniertes Gesicht. Wie vor den Kopf geschlagen! Und schließlich tat er die für einen Deutschen bezeichnende Frage: »Ja – – müssen denn die Gefangenen sogar turnen?«

»Nein, sie *dürfen* turnen«, sagte ich lachend. Aber das wollte dem »Teutschen« nicht eingehen. Er blieb dabei, dass die verruchten englischen Sadisten die deutschen Gefangenen *zwingen*, halsbrecherische Turnerei zu pflegen, anstatt sie ausruhen oder tun zu lassen, was ihnen beliebt!

27. 9. 42. Das deutsche Volk ist ein armer Hund, den sein sadistischer Herr an eine knappe Kette legt, ihm einen engmaschigen Maulkorb umschnallt und ihn dann züchtigt und peitscht. Nie kann das Tier schnappen nach seinem Feind! Es kann nur aufheulen. Und damit ist die ärmste Kreatur noch besser dran als das deutsche Volk. Darf das aufheulen? Und durch seinen Jammer das Mitleid anderer wachrufen? Nur *jubeln* darf es! Muss es! Und wenn ihm gleich das Blut aus tausend Wunden rinnt, der Hunger durch unverhüllte Gerippe scheint, und es – grauenvoll anzusehen – als lebendiger Leichnam über den Erdball geistert! Jubeln muss es; seine Peiniger anbeten! Ihnen jauchzend danken dafür, dass sie es zu einem Volk von Verbrechern, zum Abschaum der Menschheit gemacht haben!

29.9.42. Trostlos! Ich traf bei Bekannten mit einem Priester der Christengemeinschaft (Anthroposophen) zusammen. Er hat Amt und Brot verloren, die Nazis haben seine Kirche aufgelöst, das Vermögen kassiert, die Schule geschlossen, die Häuser mit SS oder etwas ähnlich Edlem belegt. Aber der Mann und »Priester«? Er wünscht den deutschen Sieg! Er wünscht den deutschen Sieg, obwohl er schmerzlich empfindet, was im Namen Deutschlands geschehen ist und täglich geschieht! Er weiß, was wir für Blutbäder mit den Juden angerichtet haben, was wir in Polen, in Russland, in der Tschechei usw. getan haben. Und doch wünscht er den deutschen Sieg. Warum? fragte ich ihn. Weil die Anglo-Amerikaner im Falle ihres Sieges das deutsche Volk vernichten würden! Verhungern, umkommen lassen!

»So? Da will ich Ihnen sagen, Herr Priester: Tausendmal lieber will ich verhungern, will auf irgendeine elende Weise umkommen, als dass dieser Schrecken aller Schrecken siege!«

Der »Priester« zuckte mitleidig und hoheitsvoll die Schultern. »Herr, vergib ihr, denn das Weib weiß nicht, was es spricht!« So sprach sein Gesicht. Vielleicht geht er hin und zeigt mich an! Nun wohl!

1.10.42. Die Dame, die für die NSV sammelt (Gattin des Direktors des Sondergerichts), war da. Ich zeigte auch ihr das Bild von der Turnerriege der Internierten des Camp 130 in Kanada.

»Nein!«, rief sie entzückt aus, als sie all die jungen Menschen in ihrem weißen Turnerdress sah, »das sind lauter Deutsche? Was für stramme Kerle! Da haben wir dann doch – gottlob – ein paar, die nachher tüchtig Kinder machen können!« So geschehen am 1. Oktober 1942.

Die Geschichtslehrerin einer höheren Mädchenschule unserer Stadt klagte heute über das Lehrbuch der Geschichte. Es sei unlogisch, durch und durch voller Widersprüche. Man könne es nicht benützen; die intelligenteren Schülerinnen merkten das und stellten »dumme« Fragen. Wieso man überhaupt dazu komme, ein solches Lehrbuch herauszugeben? Worauf unsere Tochter antwortete: »Das Buch ist eben eine Generation zu früh erschienen!«

»Aber wieso denn?«

»Nun, weil man in Deutschland nach einer weiteren Generation das Denken vollends ganz verlernt haben wird.«

Ein richtiges, ein mutiges Wort! Aber – wenn die Geschichtslehrerin es weitersagt? Dann ade Ludowike!

Führerrede! Ich fragte unseren Nachbar, was er darüber meine. Er sagte, man sei allgemein deprimiert darüber. Denn vom Kriegsende oder Russenvernichtung kein Wort! Eine sehr bescheidene Rede sei das gewesen! Außerdem: wie lächerlich am Anfang! Zu sagen, er könne nimmer so gut reden wie früher, wo er mehr Übung gehabt habe. Dämmert dem deutschen Volk allmählich etwas? Wie lächerlich es sich gemacht, wie unsterblich es sich blamiert hat vor der ganzen Welt mit der Inthronisierung des hohlen Götzen?

Aus der Zeitung:

> »*Landesverräterin hingerichtet.*
> Die Justizpressestelle beim Volksgerichtshof teilt uns mit: Die vom Volksgerichtshof wegen landesverräterischer Feind-

begünstigung zum Tod und zum Verlust der bürgerlichen Ehrenrechte auf Lebenszeit verurteilte 21 Jahre alte Juliette Kechele aus Esslingen ist am 2. Oktober hingerichtet worden. Die Verurteilte hat es unternommen, während des Krieges den Feindmächten durch Hetzpropaganda Vorschub zu leisten.«

Dass Gott erbarm!

8.10.42. Mein Nachbar, der Apotheker, der sein Ohr am Nabel der Welt hat, erzählte: Ribbentrop und Molotow hätten sich in Ankara getroffen; Verhandlungsgegenstand: Sonderfrieden mit Russland, dem *wir* (wir!) Indien schenken! Russland soll in Indien einmarschieren und Krieg mit England beginnen; das sei *viel* vorteilhafter für Russland, als der ewige sture Krieg gegen Deutschland. Meinen Zweifel redete der Nachbar nieder. Ich meinte, es sei zu viel geschehen, als dass ich mir denken könnte, Russland mache plötzlich »kehrt«. Mein Nachbar jedoch hielt das durchaus für möglich. Ein nazistisch verseuchtes Hirn kann sich tatsächlich *alles* vorstellen und bejauchzt das perfideste Geschehen als große politische Tat, sobald es nur »nützlich« ist.

13.10.42. An der Straßenbahnhaltestelle treffe ich mit einer Frau, einer Sechzigerin, zusammen. Sie sagt: »Ich habe einen Bezugsschein ergattert für Schuhe. Meine Füße sind so mager geworden, dass mein einziges Paar Schuhe, das ich noch habe, schlappt! Wissen Sie, wo ich ein Paar erwischen könnte?«

Nein, da könnte ich ihr nicht raten.

»Ein Hundeleben«, fährt die Frau traurig fort. »Was geschieht alles! Was muss man geschehen lassen! Wie muss man entbehren und leiden und schweigen! Nirgends ein Lichtlein! Wenn man nicht religiös wäre, hätte man überhaupt keinen Halt mehr! Wozu denn dieser Wahnsinn?«

»Sch! Vorsicht!«, flüstere ich der Erregten zu, denn drei Schritte entfernt taucht eine junge Frau auf, der ich nicht über den Weg traue.

»O –«, sagt die Frau, »ich weiß Bescheid! Ich kenne meine Leute. Übrigens – – wie ist eigentlich *Ihr* Name? *Ihnen* sieht man von weitem an, dass man Ihnen trauen kann.«

Schöne Zuversicht!

Mein Nachbar Apotheker ist wie ein Schwamm: er saugt alles auf, und wenn man auch nur ein klein wenig an ihm drückt, so lässt er es wieder ausfließen. Heute früh erzählte er eifrig: »Wir haben jetzt schwimmende Tanks!«

Mir entfuhr: »Das haben die Engländer doch schon lange!«

Glutübergossen – denn das konnte ich ja nur von Radio London wissen – fügte ich bei: »Ich glaube mich wenigstens zu erinnern, dass ein Urlauber einmal so etwas erzählt hat.«

»Diese Panzer brauchen wir für die Wolga und für den Nil!«, fuhr mein »Schwamm« eifrig fort.

»Aber wir sind doch noch nicht am Nil?« (Was für ein zweiter höchstverdächtiger Einwand von mir!)

»Nein! Aber bald!«, weissagte triumphierend mein Nachbar. »Ich bin gestern wieder mit hohen Gewährsleuten zusammen gewesen.«

»Ah – –« (dieses ehrfürchtige »AH« schmeichelt ihm immer so sehr, dass er alles von sich gibt, was er von den »hohen Gewährsmännern« in sich aufgesaugt hat).

»Der Krieg dauert noch lange. Mindestens noch drei Jahre! Das sagen alle. Aber demnächst kommt ein ganz großer Schlag in Ägypten!«

Ich hätte gerne dazwischengefragt: »Von unserer oder von englischer Seite?« Aber es schien mir doch geraten, mein Herz nicht weiter aufzuschließen und ihm alle meine ketzerischen Gedanken zu entdecken. Ein Deutscher hat ein sehr feines »Gewissen«. Dieses »Gewissen« könnte ihn zwingen, mich aufs Schafott zu bringen.

17.10.42. Ich habe heute wieder einen schweren Tag. Auf Schritt und Tritt begegnet man ausländischen Sklaven und Sklavinnen. Die Schamröte loht jedes Mal auf meinem Gesicht!

20.10.42. Ort: der kleine Kaufladen vorn an der Ecke. Natürlich steht er wieder voller wartender Frauen. Eine junge Frau erzählt: »Mein Mann hat sich zu den Fallschirmjägern gemeldet. Sein ganzes Bataillon hat sich gemeldet –«

»Aber – aber – wieso haben Sie das geduldet?«

»Er und alle anderen haben sich gemeldet, um vom Osten wegzukommen! Dort stecken sie ja alle schon wieder bis hier (sie zeigt an die Brust) im Schlamm!«

Betretenes Schweigen ringsum! Alle Gesichter tun, als hätten sie nichts gehört. Insbesondere das Gesicht einer »Heldenlyrik« dichtenden Frau bleibt steinern unbeweglich. Nur der Kaufmann bekommt einen zornroten Kopf und murmelt vor sich hin: »Schweinerei das! Wie lange soll das eigentlich noch dauern!« Aber er erschrickt vor seinem eigenen Mut. Scheu schielt er über den Rand seiner scharfen Brille, ob wohl die »Helden-Lyrikerin« seine Worte übel vermerkt und ihn der Gestapo melden wird!

23.10.42. Ludowike war heute in einem Schulungsvortrag des NS-Lehrerbundes (Pflicht!). Der Redner (ein Lehrer) sprach über das »germanische Gemüt«. »Würfel von einmaligen Ausmaßen sind gefallen!«, schrie er »zackig«. »Friedrich der Große hat Lorbeeren ganz gewaltig herausgeschält!« »Deutschland treibt Politik mit Gemüt!« »1933 war die Revolution gegen die ›Gemütsrohheit‹!« »Wir müssen mehr Gemüt haben und – – härter gegen die Gefangenen werden!« »Erzieher sein, heißt Politiker sein!« »Der Erzieher, der unberührt bleibt von diesen Schulungen, hat versagt, er muss ausgeschieden werden!« »Rücksichtslos werden wir gegen alle inneren Feinde vorgehen!« Dieser »gemütvolle Erzieher« erzählte weiter: »Ich habe das *Glück* gehabt, bei sechs Hinrichtungen zusehen zu dürfen.« Das sei zwar ein zweifelhaftes Vergnügen. Aber es gebe doch ein Hochgefühl »ungeheuren Ausmaßes«, so einen Volksschädling oder einen Polen ausgebrannt zu sehen! »Von diesem polnischen Gesindel habe ich im Jahre 1939 viele ›hops‹ genommen (Ausdruck für aufknüpfen).«

Man wird sich diesen sauberen »Erzieher« merken müssen für die reinigende Gerechtigkeit, die, so Gott will, nach dem Krieg ihr Werk tun wird.

Der »gemütvolle« Herr erzählte dann, dass man die zum Tode Verurteilten in der Nacht vor ihrer Hinrichtung nicht allein lasse, nicht aus Mitleid, sondern um ihnen die Möglichkeit zu nehmen, sich selbst aus dem Leben zu stehlen. »Nicht wahr, so was darf auf keinen Fall sein! Selbstmord! Das würde diesem Gesindel passen!« Er erzählte dann, dass er mit *einer* Sache bei diesen Hinrichtungen nicht einverstanden sei. Eine halbe Minute vor der Exekution sage man den Klienten, sie sollen sich jetzt bereithalten; denn nun würden sie gleich eingehen in die ewige Seligkeit. Das sei durchaus ungermanisch! Keiner von uns möchte sich doch mit so einem Gesindel in der »ewigen Seligkeit« wieder treffen! Für uns Germanen bedeute ewige Seligkeit etwas total anderes. Warum wir überhaupt nicht loskommen von diesen biblischen Vorstellungen, vom christlichen Wunderglauben? Wunder über Wunder erleben wir doch täglich! Adolf Hitler sei das ganz große Wunder!

Der Mann heißt Hiltburger und ist, soviel ich weiß, Lehrer in unserer Stadt.

Sonntag, 25.10.42. Was für ein Sonntag! Offensive in Ägypten! *Englische* Offensive! Rasch musste ich zu meinem Nachbarn K. hinübereilen, über den Zaun ein paar Worte, seine »Wühlmäuse« (Tarnung) betreffend, sprechen und flüsternd das große Ereignis einflechten. Wenn es bloß gelingt! Mein Mann und meine Tochter mahnen mich: » Mama – halte Dir die Sache ferner! Du hältst sonst nicht durch, wenn wieder ein Rückschlag kommt.«

Was wohl mein Nachbar Apotheker sagt, wenn man sich deutscherseits entschließt, die Offensive zu melden und wenn gar ein Erfolg der Engländer nicht zu verheimlichen wäre? Vor acht Tagen erst weissagte er doch triumphierend, dass unsere neuen schwimmenden Panzer »demnächst« auf dem Nil schwimmen werden!

Mittwoch, 28.10.42. Man *hat* gemeldet. Offenbar am Sonntag oder Montag schon. Was mein Nachbar Apotheker zuerst sagte? »Unser Rommel hat die Herren Engländer solange gekitzelt, bis sie sich schließlich entschlossen haben, anzugreifen. Nun lässt er sie anrennen und sich verbluten, dann aber schlägt er zu und zwar gewaltig – –«

»Dann werden unsere schwimmenden Panzer sich auf dem Nil tummeln.«

»Bestimmt! *Und* noch weiter weg!« Selbstzufriedenheit, Behagen glänzte auf seinem Gesicht, und ich musste denken: Was für ein schönes, kindliches Vertrauen hat doch das deutsche Volk in seine politischen und militärischen Führer! Ist es nicht dasselbe, wie wenn mein kleiner Junge einmal zu mir sagte: »Mutter, hol' mir den Mond herunter vom Himmel!« Und als ich bedauernd entgegnen musste, dass mein Arm dazu nicht lang und nicht stark genug sei, meinte er: »Aber Papa hat langen Arm und ist stark! Papa kann Mond wegnehmen vom Himmel und Bubi geben!«

Die Gerüchte »Waffenstillstand mit Russland« nehmen zu. Man spricht nichts anderes mehr. Wohin man kommt, hört man das. Und man trifft Leute, Bekannte, die bereit sind, unter Eid auszusagen, dass sie auf Urlaubsscheinen deutscher Soldaten mit eigenen Augen den Satz gelesen haben: »Falls während des Urlaubs Waffenstillstand mit Russland abgeschlossen wird, haben

Sie sich bei Ihrem Ersatzbataillon – zu melden.« Was soll man dazu sagen? Wenn dem Gerücht auch nur ein Fünkchen Wahrheit zu Grunde läge, so wäre das etwas, das mich an der Menschheit im Ganzen verzweifeln ließe. Aber ich denke, dieses Gerücht ist eine jener meisterlichen (oder plumpen) Flüsterpropaganda-Meldungen, die das Goebbels-Hirn sich ausgedacht hat. Zweck derselben? Mit einer Waffenstillstandshoffnung im Herzen wird das deutsche Volk in den vierten Kriegswinter ohne sonderliches Knurren hineintaumeln. Das glaube ich. Dabei ist es durchaus möglich, dass die »Flüsterpropaganda« zu ihrer Unterstützung auf einigen Urlauberscheinen eine entsprechende Bemerkung angebracht hat.

11.15 Uhr. *Soeben* höre ich im Radio London, dass das deutsche Oberkommando um eine viertägige Waffenruhe in Stalingrad nachgesucht hat, um Tote und Verwundete bergen zu können. Russland habe die Bedingung gestellt, dass dieses Ansuchen dem deutschen Volk mitgeteilt werde. Da dies vom O. K. W. abgelehnt worden sei, seien die Verhandlungen gescheitert. Sollte dies mit den »Waffenstillstandsgerüchten« zusammenhängen? Ich kann mir doch unmöglich denken, dass Stalin *jetzt*, jetzt, wo der Winter kommt und das deutsche Heer schon dadurch gelähmt werden wird, wo England und Amerika täglich mehr erstarken und man schaudernd bereits da und dort im deutschen Lande das ferne Grollen kommender Gewitter vernimmt, wo bei uns Hunger, Kälte, Nacktheit vor der Türe stehen und Krankheiten aller Art Jung und Alt hinwegraffen, wo die Arbeiterschaft sich ihrer Macht bewusst wird, wo sich die »Führer« nicht anders zu helfen wissen, als mit Verhaftungen und Schafott, um ihre Macht zu erhalten, wo die deutschen Geheimsender wie Pilze nach einem warmen Regen aus dem Boden schießen?

Mein Nachbar Apotheker, der ewige Optimist und Nachschwätzer, sagte heute auf meine Frage nach dem Stand der Dinge in Ägypten, beklommen und mit tiefen Querfalten auf der

Stirne: »Es gibt mir zu denken, dass man im OKW-Bericht von ›hartem Kämpfen‹ spricht, und dass wir so wenig Flugzeuge abgeschossen haben bis jetzt. Aber –«, fügte er munter hinzu, »es ist gar keine Frage, dass Rommels Front dem Ansturm standhält. Das ist über jeden Zweifel erhaben.«

(In einer Woche sprechen wir uns wieder, mein Lieber, und dann will ich sehen, womit du deinen Rommelglauben weiter nähren wirst.)

Auszüge aus einem Vortrag: Demnächst werden Russinnen zur Verfügung stehen für Haushalte. Es sei jedoch notwendig, zuerst die Haushalte *auf ihre politische Zuverlässigkeit hin zu prüfen* und auch nachzuforschen, wie die *Ehe* sei. (Nicht wahr, der Ehemann könnte sonst in Versuchung geraten.) *Ausgeschlossen* von der »Belieferung« mit einer Russin sind *Katholiken, evangelische Kirchgänger, Anthroposophen* und natürlich alle Familien, auf denen auch nur der leiseste Verdacht politischer Gleichgültigkeit lastet. Diejenigen Frauen, denen eine Russin zugeteilt wird zum Arbeiten, müssen geschult werden im *Herrentum*! »Sie, meine Frauen, dürfen nie vergessen, dass das russische Weib die *Knute* braucht.« Damit wolle die Rednerin *nicht* sagen, dass die deutschen Frauen ihre russischen Haushaltshilfen schlagen sollen, aber eben weil die Knute im großen Ganzen ausscheide, müsse man *Distanz* wahren. So eine Russin dürfe nie ohne Aufsicht sein. Sie dürfe keine Einkäufe machen, mit keinem Menschen zusammenkommen. Sie dürfe *nie* mit den Kindern des Hauses spazieren gehen. Auf keinen Fall dürfe sie mit der Familie essen usf. usf.

Pfui!

Nachtrag: Die Rednerin sagte noch, dass die Russinnen wahrscheinlich ziemlich abgerissen und ohne Schuhe kommen werden. Das sei kein Grund, sofort in törichtes Mitleid zu verfallen. Diese Untermenschen seien daran gewöhnt, auch im

Winter barfuß zu gehen. (Was für *Über*menschen müssen das sein, biologisch gesehen, wenn sie tatsächlich auch im Winter barfuß gehen können.) Es werde zwar nicht gerade als ein Verbrechen angesehen werden, wenn man so einer Russin mal einen alten Rock schenke oder ein Paar Stiefel, die sonst niemand mehr tragen könne. Aber diese Tat dürfe »nicht aus Mitleid« geboren werden. Mitleid sei die verwerflichste und ungermanischste Untugend, von der wir uns endlich zu *befreien* suchen müssen!!!!

Da haben wir's: Kampf dem Mitleid! Ich fürchte, *dieser* Kampf ist schon allzu siegreich bestanden.

17. Oktober 1942. In der Zeitung steht ein Leitartikel: »*Von der Härte des Krieges.*«

»Härte des Krieges«? Wie? Höre ich recht? Was für Töne? – – Nur ruhig, meine lieben Artikelschreiber, die »*Härte des Krieges*« wird erst noch kommen. Für uns Deutsche *muss* sie noch kommen. Sonst lernen wir wieder nichts.

5. November 1942. Wohl selten in meinem Leben habe ich mit solcher Innigkeit den Choral gespielt: »Nun danket alle Gott!« Wie mögen die Wogen von Freude und Dankbarkeit nun in England hochgehen! Endlich, endlich ein Sieg – der – gebe es Gott – der Auftakt zu raschen weiteren Siegen sein möge! Hoffentlich fliegt Rommel rasch aus Afrika hinaus. Und hoffentlich kann dann die Invasion des Kontinents bald beginnen! Das sage ich, darum bete ich, zittere ich – ich als Deutsche! Aber das Leben ist nicht mehr zu ertragen hier. Nicht wegen der Entbehrungen an Essen, Trinken und allerlei Bequemlichkeit. Vielmehr: weil jeder von uns, dessen Herz nicht im Gleichtakt mit den Taten dieser Ungeheuer schwingt, seinen Kopf auf dem Schafott hat und keine Sekunde sicher ist, ob nicht das Fallbeil saust und allem ein Ende macht. Ein Denunziatiönchen, eine anschließende Haussuchung: und schon wäre ich meinen Kopf los!

5.11.42. Abends. Mein Jubel über die Situation in Afrika quält mich. Zwar war kaum etwas zu verstehen im englischen Sender heute Abend vor lauter Störungen. Solche Störungen sind immer ein Zeichen dafür, dass Goebbels etwas zu verschweigen hat. Aber das Wort »Schlächterei« konnte ich doch vernehmen. Eine »Schlächterei« nannte ein englischer Pilot das, was sich nun in Afrika vollzieht. Wie mancher Mutter Sohn mag qualvollen Tod erduldet haben! Und doch – und doch! Es *muss* sein. Das ist das Schreckliche, dass es sein *muss*! »Auf fliehende Heere eingehämmert«, hieß es im Radio. Wenn es doch in Ägypten rasch, rasch vorwärtsginge. Vielleicht würde das deutsche Volk zu *denken* beginnen, etwas, das es sich seit vielen Jahren hat abgewöhnen lassen. Der Deutsche von heute isst, trinkt, schreit »Heil«! Mehr braucht er nicht. Denken? Ein Glück, dass man das nicht muss, nicht mal darf!

Sonntag, 8.11.42. Meine Augen brennen, es ist eine Unruhe in mir ohnegleichen, so, als ob irgendein Gift in meinem Blut rumore. Es sind die großen Ereignisse, die mich so bewegen. Unsere Freunde mahnen mich, »kühl« zu bleiben und alle lauten Hoffnungen zu unterdrücken. »Laut« können meine Hoffnungen ohnedies nicht sein, aber heftig, stürmisch! Und das zehrt an mir. Wir waren heute früh rasch in D. bei unserem Freund L. Er hat nur »Mittelwelle« in seinem Radio-Gerät, kann also England nur nachts hören, falls er überhaupt die Möglichkeit dazu hat. Wir mussten ihm also die neueste Entwicklung in Afrika, die *amerikanischen Truppenlandungen* mitteilen. Er ist gehüpft wie ein junges Böcklein und hat immer wieder und wieder gefragt, ob es auch wirklich und wahrhaftig *wahr* sei. Dabei ist er ein Mann näher bei sechzig als bei fünfzig. »Das ist der Anfang vom Ende!«, jauchzte er und gab seinen Stallhasen, die er gerade fütterte, zum »Festtag« doppelte Portion Kartoffeln.

Heute Nachmittag war unser Nachbar K. da mit seiner »Jahresbilanz«, die sehr zu Ungunsten Hitlers ausgefallen war. Auch er war beglückt über die Wendung in Afrika, aber er hält seine Freude im Zaum. Er ist so sehr an Enttäuschung gewöhnt, dass er sich jetzt noch nicht erlaubt, den Umschwung schon als endgültig anzusehen. Er ist zwar der Auffassung, dass Deutschland den Krieg verlieren wird, aber er ist überzeugt, dass es noch *Jahre* dauern wird.

10. 11. 42. Welch ein Aufatmen geht durch deutsche Lande! Durch jene, die das *wirkliche* Deutschland verkörpern. Aber die Mehrzahl – nein, ich will das nicht behaupten, es ist so schwer abzuschätzen, – ist belämmert. Doch die Bestürzung scheint für den Augenblick schon wieder behoben zu sein: Hitler hat England fürchterliche Rache angedroht. Er hat »Geheimwaffen« angedeutet, mit denen er England k. o. schlagen werde. Und siehe da: das gläubige deutsche Volk jubiliert. Es vergisst Rommel und die Amerikaner in Afrika und denkt nur an die 2000 Stratosphären-Flugzeuge und an die 2000 fern-lenkbaren unbemannten anderen Flugzeuge, die wir in einer Nacht gen England senden werden, um England mit Mann und Maus zu vernichten.

Sonntag, 15. 11. 42. Glockenläuten in England! Wisst ihr, liebe Kinder in der Ferne, dass ich die Tränen wiedergefunden habe? So locker mir früher die Tränen saßen: ich bin so hart geworden, dass ich glaubte, überhaupt nicht mehr weinen zu können. Aber es gibt noch Dinge, die die Kruste um mein Herz schmelzen lassen. Ich habe die Londoner Frauensendung gehört heute früh um acht Uhr: eine junge Engländerin erzählte, wie das englische Heer ohne Waffen von Dünkirchen zurückkam, wie man in England jede Stunde die deutsche Invasion erwartete, wie die Kirchenglocken verstummen mussten und nur Alarm läuten sollten, wenn die Deutschen gelandet wären. Und ich blickte in die Ferne und sah zahllose englische Frauen und Mütter heute beim Siegesläuten in Dank *und* – Jammer auf den Knien liegen. Dank für die Bewahrung von schrecklichem Schicksal, Jammer um einen geopferten Sohn, Bruder oder Gatten. Ich sah vor allen Dingen mein eigenes Kind, meine Tochter, schluchzend am Fenster stehen und hörte ihre Kinder angstvoll nach der Mutter Kummer fragen und mitweinen. Nein, nicht aus Kummer hat meine Tochter heute beim Siegesläuten geweint – sie hat aus Dankbarkeit geweint dafür, dass ihre neue Heimat bewahrt geblieben ist.

Folgendes gehört festgehalten: Ludowike hat im Frühjahr ihr Staatsexamen (Mathematik u. Musik) gemacht. Sie bekam fast einen Monat lang keine Nachricht, ob sie in den Staatsdienst aufgenommen würde, da die Untersuchungen über ihre »politische Vergangenheit« so lange Zeit in Anspruch nahmen. Inzwischen wurde von der österreichischen Kultbehörde auf der Musikhochschule nach einer »geeigneten Kraft« nachgefragt. Ludowike wurde gefragt, ob sie vielleicht Lust hätte … Sie schrieb dorthin. Kaum war der Brief weg, kam die Nachricht, dass sie in das Beamtenverhältnis aufgenommen sei, obwohl sie bis jetzt keiner Parteiorganisation zugehöre. Sie habe aber sofort um ihre Aufnahme in die NS-Frauenschaft nachzusuchen. Bald hernach kam die Nachricht von Österreich, ihre Anstellung sei in Aussicht genommen, und sie möge sich dort vorstellen. Ludowike erfuhr jedoch auf dem Kultusministerium, dass sie vor dem zweiten Examen keinesfalls wegdürfe. Dies teilte sie wiederum der österreichischen Behörde mit. Von dort Schweigen bis zu den Ferien, dann ein Brief, sie möge sich *trotzdem* vorstellen, ihre Anstellung sei für 1943 *nach* ihrem zweiten Examen in Aussicht genommen. So reiste Ludowike hin, stellte sich vor und kam zu dem Ergebnis, dass in Österreich die Schule weit mehr gelte als hier, und dass überhaupt ein freierer Geist dort wäre, und dass sie an *einem* Platz bleiben könne, solange es ihr behage, und dass sie nicht – wie sie hier zu fürchten hatte – alle paar Wochen irgendwo anders zu unterrichten haben werde. Die Österreicher versicherten ihr, dass man sie dort mit offenen Armen aufnehmen werde, falls sie hier »Krach« bekommen sollte mit der Behörde. Sie antwortete, sie wolle sich nach ihrem zweiten Examen in Österreich anstellen lassen, die Österreicher sollen ihre Freilassung aus Deutschland bewirken, was diese prompt versuchten. Erfolg: Sturm, Empörung! Sie habe den Dienstweg nicht eingehalten! Wieso sie sich erlaube, nach Linz zu reisen? *Wann* sie gereist sei? Ob sie noch nicht wisse, *dass Beamten das Reisen streng verboten sei*? Ob sie noch nicht wisse, dass sie nicht sich selbst gehöre, dass sie nur dem Staat gehöre, dass individualistische Wünsche und Regungen ein Verbrechen am Volksganzen seien? – – Eine freche Anspielung auf ihre Ehescheidung folgte. Ludowike hätte unter allen Umständen bei ihrem Gatten bleiben müssen, der doch eine solch »wichtige« Stellung im Luftfahrtministerium habe …

Der schüchterne Einwand Ludowikens, dass Österreich doch zum »Volksganzen« gehöre, und dass es sich doch keineswegs darum handle, dass sie sich von der Arbeit drücken wolle, wurde überschrien.

Kurz und gut: Sklave! Sklave! Sklave! Das ist der »freie« Deutsche.

Unser Freund L., der russisch kann, wurde von einem Bekannten gebeten, für seine russische Hausgehilfin das Dokument ins Russische zu übersetzen, das diese bei ihrer Einstellung unterschreiben musste. In diesem Dokument hieß es, sie werde mit dem Tode bestraft, wenn sie mit einem Deutschen verkehre, wenn sie mit einem Russen oder Ausländer verkehre, werde sie mit Zuchthaus und KZ bestraft usf. usf. Was sind wir doch für »humane« Wesen!

Andere Bekannte, die eine solche Russin als Hausgehilfin haben, sind mit dieser zur Krankenkasse, um ihre Aufnahme in ein Krankenhaus zum Zwecke einer Blinddarm-Operation zu erwirken. Was ihr einfalle?, wurde die Bekannte angeschrien. Wo wir keine Betten für unsere deutschen Kranken haben, eine Russin herzubringen! Man soll ihr mehr zu arbeiten geben, dann werden ihre Schmerzen schon vergehen! Und wenn sie krepiere – na ja – dann krepiere sie eben.

Ist es nicht entsetzlich schamvoll, dass man solche Dinge tatsächlich – tatsächlich täglich erleben muss und sie nicht hinausschreien darf in die Welt. »Ich klage an!« So werden in Zukunft die Filme und Bücher über Deutsches – Allzudeutsches überschrieben sein müssen.

18. 11. 42. Goebbels sprach in Wuppertal über den »Heiligen Krieg um Raum und Scholle«. Aus einem Zeitungsbericht darüber sei Folgendes zitiert:

> »Wir wollen«, so rief der Minister aus, »dass unser Volk nicht nur von einer heißen Liebe zur eigenen Gemeinschaft erfüllt wird, sondern auch von einem *infernalischen Hass* gegen die Männer und Kräfte, die diese Gemeinschaft angreifen und zerstören wollen. Wenn man einwendet, das sei undeutsch, so kann ich nur sagen: *Die übertriebene Objektivitätssucht ist ein deutscher Charakterfehler.* Wenn man uns heute im Ausland vorwirft, wir seien Partei und voreingenommen, so bekennen wir offen: das ist unser größter Stolz! … Wir wollen von nun ab nichts anderes sein als unser Volk! (Stärkster Beifall) Für dieses Volk kämpfen wir und treten wir ein. Nach dem Kriege wollen wir wieder objektiv sein; *jetzt kommt es nicht darauf an, Objektivität zu pflegen,* sondern jetzt fordert die Zeit von uns die Pflege der nationalen Leidenschaften und den nationalen Fanatismus … *Gelobt sei, was hart macht!*«

Wann endlich wird man diesem Maulhelden seine unverschämt verlogene Klappe stopfen dürfen?

19. 11. 42. Zeitungsausschnitt:

»Es ist ab und zu nötig, dem Innern im Menschen, der wohl in dieser Jahreszeit durch sein natürliches Beharrungsvermögen besonders zum Grübeln neigt, einen Auftrieb zu geben. Wir sind daher wohl auch im Grunde dankbar dafür, dass man uns *führt* und von *Zeit zu Zeit den Marsch bläst.* Wer könnte das in Form und Inhalt besser als der vom Führer dazu berufene Mann: *Dr. Joseph Goebbels.*«

So etwas schreibt ein deutscher Mann und schämt sich nicht.

25. 11. 42. Vorgestern der Luftangriff auf unsere Stadt. Da bleibt mir manches sehr dunkel. Warum sind die Bomben nicht in das Fabrikviertel hineingesaust? Stattdessen sind eine Anzahl Dörfer der Umgebung schwer heimgesucht worden.

Da liegt oder kauert man wie ein Häufle Elend in seinem Keller, das Haus erzittert unter dem Höllenspektakel draußen, man hört die todbringenden Flugzeuge über das Dach wegbrausen, der Atem stockt. Wird es uns mitsamt unserem Haus wegfegen? Ich fürchte, es wird mir nicht mehr viel Kraft bleiben, um hernach die schöne Welt zu zimmern helfen. Wenn ich doch endlich, endlich auch mal wieder eine Nachricht von meiner englischen Tochter hätte!

25. Nov. 42. Schlagzeile in den Zeitungen:

»*Die Neuen Deutschen Waffen!*«

Setzt man dies nur als Trost für das knurrende deutsche Volk in die Zeitung, damit es »gerne« bis zum nun »sichtbar nahen« Endsieg durchhält? Ist es ein Bluff? Ein Goebbels'scher Propagandatrick? Oder *haben* wir tatsächlich derart unwiderstehliche neue Waffen?

26.11.42. Was soll man tun, wenn ein Handwerker kommt – »getarnt« mit der Handwerkskiste auf der Schulter und Einlass begehrt? Natürlich lässt man ihn ein, auch wenn man ihn nicht bestellt hat, denn ein Handwerker ist heute ein ebenso rarer Artikel wie viele andere Dinge. »Was wollen Sie?« – Verlegenes Räuspern. »Nur ein bisschen reinspicken! Es ist gleich elf Uhr.«

Nun weiß ich Bescheid: Er möchte an unserem Radio die Elf-Uhr-Sendung Englands hören. Ich weiß, dass ich allermindestens ins Zuchthaus komme, wenn irgendwer erfährt, dass ich dem Mann unser Radio zur Verfügung stelle. Aber – er wird ja schweigen. Ich schalte ein, und andächtig hören wir selbigen.

27.11.42. Aus einem PK-Bericht:

> »… nach *Toulon.* In den Koppeln stecken wieder Handgranaten, und unter den Stahlhelmriemen stehen entschlossene Gesichter von Soldaten, die im Ostfeldzug sich bewährten. Ruhig und uhrwerksmäßig vollzieht sich der Aufmarsch. Noch schläft der französische Bürger von Toulon, und die Fensterläden an den weiß schimmernden Häusern verrammeln seine *Sorglosigkeit* und seinen Gleichmut in einer Stunde, da Frankreich eine einzige und gefahrvolle Krise durchmacht. Für uns aber heißt die Stunde: sieben Uhr! Ihr Befehl: die wichtigsten Punkte der Stadt, die Soldaten in den Kasernen aufgefordert, die Waffen niederzulegen, Pionierstoßtrupps belegen die Flotte, um ein Auslaufen zu verhindern …«

Klingt das nicht wie eine Stelle aus einem Räuber-Roman?

2.12.42. Muss ein deutscher Soldat nicht einen schmerzvollen Hass auf die oberflächliche, grausame, gedankenlose, überhebliche Heimat bekommen, wenn er Phrasen in den Zeitungen und womöglich auch in Briefen aus der Heimat – lesen muss, wie die folgenden: »Die Heimat vertraut auf ihre tapferen Soldaten« ... »Wo der deutsche Soldat steht, da kommt kein anderer hin« ... »Unsere Soldaten in Afrika werden den Engländern heimzahlen ...« »Die Bolschewiken werden eine gründliche Abfuhr erhalten und ihre leichtsinnige sogenannte Winteroffensive blutig büßen müssen.« Usf. usf.

Erbarmen erfasst mich mit den missbrauchten Soldaten, denn es werden ja so viele, viele Unschuldige mit ins Elend gezerrt.

7.12.42. »Wir fahren hin, wir fahren her, wir haben keine Heimat mehr«. Ich habe es heute früh im englischen Frauenfunk gehört. So ist es, das Los der deutschen Soldaten, genauso. Ich frage mich: Was tun die Mütter, deren Söhne nun so »hin- und herfahren –?« Was täte ich, wenn *mein* Junge –? Aber – *kann* man denn etwas anderes tun als still in sich hineinweinen?

Immer muss ich auch an den 29. Dezember denken: »*Remember, remember the 29th of December*«, sagte einst BBC. Wird am 29. Dezember dieses Jahres die Rache für den Angriff auf London am 29. Dezember vorigen Jahres über Berlin niedergehen?

10. Dez. 42. Es ist noch kein Wort erdacht, das ausdrücken könnte, wie es mir heute wieder zumute ist. Obwohl ich im großen Ganzen *weiß*, was mit den Juden geschieht, und auch schon allerlei erfahren habe über das, was mit Polen und Russen und anderen geschieht, ist es mir doch, sooft ich Einzelheiten höre, als müsse ich den Verstand verlieren. Ein Vetter von mir hat in einer poln. Stadt angeblich Folgendes erlebt: Eines Tages seien die Juden außerhalb der Stadt zusammengetrieben und von SS umstellt worden. Frauen, Kinder, Männer. Bei der geringsten Bewegung sei in die zusammengepferchte Menge hineingeschossen worden. Die Leichen hätten die Juden am Abend auf Karren in ihrem Zug stadtwärts mitführen müssen. Andern Tages seien sie in Viehwagen (diese sind oben offen) eng zusammengepresst worden. Jeder habe die Arme hochrecken müssen. Dann habe man die Leichen hinaufgeworfen, so dass sie auf den hoch gereckten Armen gelegen seien. Dann seien sie irgendwohin gefahren worden zur »Kadaver-Verwertung«. Den Erzählungen nach wäre anzunehmen, dass die armen Kreaturen alle zusammen elektrisch getötet wurden.

Die umstehenden Soldaten – darunter auch der Erzähler dieses Berichts – seien gelähmt gewesen vor Entsetzen. »Kameraden«! habe der SS-Offizier, der Leiter des ganzen Massakers, gerufen, »da gibt's nichts zum Glotzen!« Laut Bericht sollen die Soldaten gerufen haben: »Wir *sind* nicht deine Kameraden, du Judenmörder!« und seien davongerannt.

In meinen Ohren brauste und rauschte es. So habe ich manches in der Minute schon wieder vergessen. Aber wenn dieser Vetter wieder einmal in Urlaub kommt, dann werde ich ihn persönlich aufsuchen und mir erzählen lassen.

Der Verwandte, der mir das oben Angeführte von unserem gemeinsamen Vetter erzählte, berichtete mir u. a.: er habe zwei Kinder eines Estländers in seiner Schule (er ist Lehrer). Dieser Mann habe ihn neulich aufgesucht. Er habe sich beschwert, dass seine Kinder zu »weich«, zu »sentimental« erzogen würden in der Schule und sich infolgedessen nie für die gewaltigen Aufgaben eignen würden, die auf sie warten. Er, der estländische Vater, könne die Fehlerziehung meines Vetters, des Lehrers, nur dadurch einigermaßen wiedergutmachen, dass er seine Kinder in regelmäßigen Abständen blutig schlage. Dieser »gütige Vater« ist Dolmetscher bei der Gestapo. Er erzählte von seinen »gewaltigen Aufgaben«, zu denen man *mehr* brauche, als ein starkes Mannesherz und kalten unbeirrbaren »Mut«. Ob mein Vetter wisse, dass sich ein November 1918 anzubahnen drohe? Weg mit all dem Gezücht, das in dieser Richtung heimlich oder weniger heimlich wühle. Bis der normale verschlafene Deutsche seine Augen morgens aufmache, habe *er und seinesgleichen* meist schon »ganze Arbeit« geleistet und manches Lebenslichtlein ausgetreten, das auf dem Weg zu einer innerdeutschen Revolution zu irrlichtern versucht habe. Das sei *harte, entschlossene Arbeit*, und wenige können das aushalten. Was Deutschland aber machen würde ohne Männer seines Schlages?

Ein schwacher Trost an dieser grausigen Geschichte ist, dass Deutschland offenbar doch nicht genug Schergen findet im *eigenen* Land, sondern nach »starken, entschlossenen Männern« jenseits seiner Grenzen suchen muss, die sich bereitfinden, das Leben Deutscher »auszutreten«.

Ludowike war gestern wieder zu einem »Schulungsabend« befohlen. Die Rednerin wetterte über die ewige deutsche Unart zu meinen, man müsse »menschlich« fühlen. Beispielsweise – so erzählte die Rednerin – hätten heute bei der Sondermeldung von den durch Torpedierung eines Schiffes ertrunkenen englischen Soldaten einige Nachbarinnen von ihr nichts anderes zu sagen gewusst als: »Wie schrecklich! Das sind doch auch Menschen!« Sie fuhr fort: »Eine verwerfliche Haltung! Völlig undeutsch!« Sie werde sich ganz bestimmt diese Weiber genauer ansehen. Aber eine würdelosere Sache dabei sei: Eine Hausfrau unserer Stadt, der als Hausgehilfin eine Osthilfe (Mädchen aus Russland) zugeteilt worden sei, habe diesem Mädchen ein Kleid von sich geschenkt, und da dieses nicht gepasst habe, habe sie die Russin mit dem Kleid in die von der Frauenschaft (!!!) eingerichtete Nähstube geschickt und dort bitten lassen, dass man das Kleid für das Mädchen abstecke, damit es sich dasselbe zurechtmachen könne! So ein Skandal! Diese Russin sei nun für immer »verdorben«.

Als was »verdorben«? Als hündische Sklavin natürlich, denn wenn ihre Herrin so wenig deutschtums- und herrentumsbewusst sei, so sei von dem Mädchen doch selbstverständlich nicht die richtige Subordination zu erwarten.

»Selbstverständlich« werde man sich nun diesen Haushalt

näher ansehen, und die Rednerin ließ durchblicken, dass KZ das wenigste sei, was diese würdelose deutsche Frau erwarte. – Nicht genug damit! Da habe sich ein Betriebsführer, dessen Ostarbeiterinnen in Baracken untergebracht seien, soweit vergessen, dass er für diese Betten, Wäsche und sogar einen Christbaum angefordert habe! Man denke sich: Betten und Wäsche! Wo wir nicht mal für unsere Bombengeschädigten das auftreiben können, wo wir für unsere deutschen Kinder keinen Weihnachtsbaum bekommen können! – Da verlangt dieser – dieser Kerl Betten und Wäsche und einen Christbaum für seine russischen Arbeiterinnen, die noch nie in ihrem Leben Betten und Wäsche, geschweige denn einen Christbaum gesehen hätten. »Härte, Mitleidlosigkeit, Erbarmungslosigkeit: das müssen die hervorragendsten Tugenden der deutschen Frauen, der deutschen Menschen überhaupt, sein. Fort mit der unseligen, sentimentalen Bescheidenheit! Wir müssen endlich unsere Mission erkennen und wahre deutsche Herrenmenschen werden!«

Was vielleicht mit diesem Schulungsvortrag auszusöhnen vermag, ist folgende Begebenheit, die die Rednerin am Schluss – gewissermaßen als das Entsetzen aller Entsetzen – erzählte: Der Gatte einer Frau unserer Stadt wurde eingezogen. Sein Sohn wollte gleich freiwillig mitziehen. Der Vater (vernünftig, offenbar) sprach ein gewichtiges Wort: »Nein, du bleibst hier, gehst zur Schule und lernst etwas. Dann kannst Du Deinem Vaterland mehr dienen.« So ging der Gutedel, dem das Lernen offenbar sehr gegen den Strich ging, knurrend weiter zur Schule. Aber eines Tages kam die Nachricht: »Der Vater ist gefallen«. Die Witwe zerdrückte eine »nordische« Träne, dann ging ein Leuchten über ihr Gesicht, und mit diesem Leuchten trat sie in ihres Sohnes Zimmer und legte die Trauerbotschaft vor seine Augen. Darauf leuchtete auch sein Gesicht. Er sagte: »Jetzt ist es an mir!« Die Mutter erwiderte: »Ja, jetzt ist es an Dir.« An dieser Stelle der Erzählung brauchten die meisten der Zuhörerinnen ihre Schnupftücher, um dem Gerührtsein zu gebieten. Andern Tages ging diese wahrhaft heldische Frau und Mutter zu dem Lehrer ihres Sohnes. Dieser Mann sagte, erschütternden Gesichts und ergriffenen Tones: »Ich habe 28 Abiturienten. 27 Mütter sind bereits bei mir gewesen. Dass auch *Sie* noch kommen würden, das hätte ich nicht erwartet!«

»Ja … ich wollte Sie bitten, doch ganz bestimmt meinen Jungen durchs Abitur zu schleusen, damit er sofort ins Feld und seinen gefallenen Vater ersetzen kann –«

»Ach so – So ist das –«, sagte der verwirrte Professor. »Die anderen 27 Mütter haben mich nämlich alle gebeten, ihre – ihre Söhne – *durchfallen* zu lassen, damit sie *nicht* Soldat werden müssen, sondern noch eine Weile die Schulbank drücken dürfen.« Gibt diese offenbar auf Tatsachen – wenn vermutlich auch mit einiger Übertreibung aufgebaute Geschichte nicht Mut zu allerlei Hoffnung? Und zu dem Glauben an die Mutterinstinkte – lebendig *auch* in der deutschen Frau?

12. Dez. 1942. Zeitungsausschnitt:

> »*Das Ghetto in Luck.* Auch Luck besaß, wie alle Städte des Ostens, einen hohen Prozentsatz jüdischer Bevölkerung. Man hatte sie zunächst in dem Viertel zusammengezogen, wo die Mehrzahl von ihnen saß. … *Jetzt sind sie fort* – Geblieben aber ist noch das Ghetto, schweigend, verlassen, eine Stätte, so unvorstellbar, dass keine Feder sie darzustellen vermag. Kein Hund, keine Katze, sonst so oft die letzten Zeugen des Lebens in verlassenen menschlichen Siedlungen, wagt sich hinein. Ukrainische Ordnungskommandos haben den Hausrat aus den Häusern zusammengetragen und auf einem riesigen Platz gesammelt: Schränke, Tische, Betten … eine Kloake des Untermenschentums, für die es auf dem ganzen Kontinent keinen Vergleich gibt …«

Wer sind hier die »Untermenschen«? Die Antwort ist einfach.

12.12.42. Heute habe ich unseren uns »zugeteilten« Weihnachtsschnaps geholt. Was für eine Farce! Noch nie habe ich für vierzehn Mark Alkohol gekauft. Aber heute kauft man alles. »Los vom Geld«, das ist die »Lösung«.

Nun sollen die Jungen bis herab zum 15., die Mädchen bis herab zum 16. Lebensjahr eingezogen werden. Es geht mir alles viel zu langsam. Ich hatte als Weihnachtsgeschenk »Afrika« unter dem Christbaum zu sehen erhofft.

17.12.42. Im Auftrag meiner Base in Straßburg habe ich viele Buchhandlungen durchstöbert, um ein Bilder- und ein Malbuch für den kleinen Neffen zu kaufen. In Straßburg gebe es nichts mehr. Hier ist es nicht besser. *Leer* bin ich wieder heimgekehrt. Und doch nicht leer, denn in einer Buchhandlung erlebte ich Folgendes: Eine Dame trat ein und fragte: »Haben Sie ein Buch für meine Jungen, 12 und 8 Jahre alt?«

»Nur Kriegsbücher –«, sagte die Verkäuferin.

»Nein, danke.« Impulsiv und unüberlegt kam diese Antwort. »Da haben wir schon so viele, dass es einem zum Hals heraushängt.«

»Da können doch *wir* nichts dafür!«, ereiferte sich die Verkäuferin in mürrischem Zorn.

»Ich sage das ja nicht«, antwortete die Dame. »Aber ich danke trotzdem.« Damit wandte sie sich zur Türe.

Zwei Leute haben Glück gehabt, dass an meiner Stelle nicht jemand anders stand, der sofort die Gestapo herbeigepfiffen hätte.

Mein Mann prophezeite mir, dass ich in Bälde im KZ landen werde. Denn als ich dieser Tage auf dem Bahnhof umherging und die Wirkung des wohlgezielten englischen Luftgrußes betrachtete, sah ich Männer von 14–80 aus aller Herren Länder Balken schleppen, Mörtel tragen usf. und helfen, den Bahnhof wieder passabel herzurichten. Zu einigen französischen Kriegsgefangenen flüsterte ich im Vorbeigehen: »*Lentement, messieurs, lentement.*« Grinsen antwortete mir.

Richard Crossmans ernster Ruf an das deutsche Volk, sich doch gegen die Judenschlächterei zur Wehr zu setzen, ging mir sehr zu Herzen. *Wie* soll ich es machen? In die Markthalle gehen und von der Brüstung herunterrufen: »Judenmörder!« Ich bin zu feige dazu. Zu feige, um sinnlos zu sterben. Mein Ruf würde in der weiten Halle verhallen, die paar Weiber, die zufällig dort wären, würden mir in ihrem Innern vielleicht rechtgeben, aber keine würde die Hand erheben, um mich vor der sofortigen Festnahme zu schützen. Meine Tat würde keine Wellen werfen, nicht einmal Wellengekräusel.

22.12.42. Ludowike hatte folgendes Erlebnis. Ort: eine Papierhandlung. Ein Oberstleutnant tritt ein. Er fragt die Verkäuferin: »Haben Sie Weihnachtsglückwunschkarten?«

»Jawohl, den Führer unterm Christbaum.«

»Interessiert mich nicht! Haben Sie nichts mit Lichtern und Tannen?«

Nun waren auf der angebotenen Karte sowohl Lichter als auch eine Tanne, aber eine »Kleinigkeit« war zu viel darauf, nämlich: der Führer.

Solche kleinen Blitzlichter erhellen für Augenblicke den Weg voll Morast und Blut, den wir Deutschen gehen müssen –.

25.12.42. Sehr nett erzählte mir meine alte Nachbarin, dass sowohl sie als auch die Dame im oberen Stock ihres Hauses aus ihren letzten Habseligkeiten einen Christstollen gebacken haben. Beim letzten Alarm seien sowohl sie als auch die Dame von oben mit diesem Christstollen im Arm in den Keller geeilt. Warum auch nicht?

Neben Brillanten, Gold und Juwelen kann man verhungern, von einem Christstollen aber kann man abbeißen.

Ich war bei einer Bekannten zu Gast. Bei Tisch passierte Folgendes. Das Enkeltöchterchen, fünf Jahre alt, sitzt mit am Tisch. Es schien ganz dem Genuss seiner Mehlspeise hingegeben. Jemand sagte: »Ich bin Optimist! Der Friede kann unter Umständen schnell kommen.«

»Nein«, rief die Kleine, »Friede wird erst, wenn der Führer nimmer lebt!«

Verhaltenes Lachen rundum. Entsetzte strafende Frage der Großmutter: »Was sagst du?«

»Ist ja wahr«, schluchzte die Kleine, »mein Vati hat das erst gestern wieder gesagt.«

Ich war heute in unserem kleinen Kaufladen. Der Kaufmann sprach mit einer Frau. Ich verstand: »Mein Freund ist auch in Urlaub gekommen. Er hat einen Sack Reis mitgebracht.«

»Was?«, mische ich mich ein. »Einen ganzen Sack Reis?«

»Nein, das Ritterkreuz!«, lachte der Kaufmann ob meiner Verwechslung.

Da sagte ich: »Wer weiß: ein Sack Reis wäre ihm vielleicht lieber gewesen …«

Das hätte ich nicht sagen sollen. Ich habe an Heiligstes gerührt. Ich bemerkte es an den Blicken und an den Antworten, die mich u. a. auch darüber aufklärten, dass mit dem Orden ein Ehrensold für Lebenszeit von 300 Mark monatlich verbunden sei.

O weh! Hoffentlich denunzieren sie mich nicht ob meiner Frivolität. Sonst, leb' wohl, Welt!

29. 12. 42. Zeitungsmeldung!

> »Marschall Pétain hat am Montag eine persönliche Erklärung handschriftlich niedergeschrieben, die vor der Presse verlesen wurde. Diese Erklärung hat folgenden Wortlaut: ›Alle unwürdigen Führer, welche Französisch Afrika den Engländern und Amerikanern auslieferten, haben behauptet und

> fahren fort zu behaupten, sie hätten in vollem Einverständnis mit mir oder sogar auf meinen Befehl gehandelt … Ich habe ihnen den Befehl gegeben, dem Angriff Widerstand zu leisten …‹« usf.

Dieser »Brief« Pétains erinnert mich an andere Briefe, beispielsweise an die Briefe eines Bekannten, den sie ins Gefängnis gesteckt haben, weil er irgendwo gesagt hatte: »Das deutsche Volk hat sich einen Narren als Führer erwählt.« Er »sitzt« noch immer, darf aber gelegentlich heimschreiben. Seine Briefe enthalten regelmäßig einen begeisterten Satz über den »Führer«. »Möge Gott dem deutschen Volk seinen genialen Führer erhalten!« Oder: »Wie viel unverdiente Gnade ist uns widerfahren, dass wir den Führer haben.« Usf. usf. Diese Phrasen werden natürlich diktiert. Aber wer den Mann nicht kennt oder nicht Bescheid weiß, könnte annehmen, er habe sich gewandelt. Nun hat ihn aber dieser Tage seine Frau besucht. Unter Aufsicht des Wärters, natürlich. Aber als sich dieser für eine Sekunde wegwandte, flüsterte er erregt und voller Bangen im Gesicht: »Stalingrad ist doch hoffentlich nicht gefallen?« Seine Frau konnte ihn beruhigen. »Es geht alles besser. Wir sind wieder auf dem Marsch, aber auf dem *Rück*marsch«, flüsterte sie.

1943

Neujahr 1943. »Dummes Volk, dummes!« Das ist mein Neujahrsmorgengruß für mein Vaterland. Zwar hat mir gestern Abend eine alte Dame gesagt, als die gewaltigen U-Boot-Erfolge sondergemeldet wurden: »Glauben Sie denn, auch nur *ein* Mensch sei noch überzeugt, dass wir den Krieg gewinnen?« Sie sprach von den »verdächtigen« U-Boots-Erfolgen, die immer dann eintreten, wenn es sonst schiefgehe.

Heute früh haben wir Apothekers nebenan zum Neuen Jahr gratuliert. Er erzählte bereitwilligst, was er wusste: sein Freund, der als Gouverneur für Tiflis bestimmt war, habe ihm gesagt, er sei jetzt in Grodno, weil Tiflis noch nicht »soweit« sei.

Ob er dann 1943 in Tiflis sein werde?

Nein, 1943 reiche es noch nicht. Die Russen hätten nun Zeit gehabt, alles kolossal zu befestigen und Massen von amerikanischem und englischem Kriegsmaterial herbeizuschaffen. Außerdem stehe am Südkaukasus eine englisch-amerikanische Armee usf. Der Nachbar bierbank-strategisierte weiter: Durch Landschlachten sei der Krieg nicht zu entscheiden. U-Boote! U-Boote! Das sei die deutsche Hoffnung. Der Führer (!) überlege sich Folgendes: wenn es 1918 durch die U-Boote »beinahe« geglückt sei, England K. O. zu schlagen, so müsse es bei Intensivierung dieser Waffe jetzt doch *völlig* gelingen! – Also: U-Boote sind die einzige deutsche Hoffnung? Nein, nicht die einzige. Die andere ist Japan. Der Nachbar hat gestern mit dem Leiter der deutsch-japanischen Gesellschaft gesprochen, der sich vor kurzem seine Instruktionen über das, was er seiner Gesellschaft sagen soll und kann und darf, in Berlin geholt hat. Besagter Herr erzählte: Japan sei aufs äußerte angespannt. Japan müsse – ehe es zu neuen Schlägen aushole – zunächst die eroberten Gebiete ausbeuten und sich daraus neue Stärke holen. Da aber Japan den Krieg unter allen Umständen hundertprozentig gewinnen müsse, so werde es Übermenschliches leisten und die Zeit gut ausnützen. Die Zeit sei also unser Verbündeter.

Also: U-Boote, Japan, die Zeit!

Aber – – hat er nicht soeben gesagt, dass die Russen *Zeit* gehabt hätten, im Kaukasus Abwehrstellungen zu schaffen? Die Zeit also auch der Bundesgenosse der anderen? Doch der »echte« Deutsche stößt sich an solchen Widersprüchen nicht. Nicht einmal wenn er ein Herr Apotheker ist. Ich glaube, man muss das deutsche Volk als »krank« ansehen. Und Kranken gegenüber, darf man, muss man, kann man milder urteilen. Man straft oder züchtigt Kranke nicht um der Erscheinungen ihrer Krankheiten willen. Man heilt sie. Dazu gehört allerdings die Verabreichung bitterer Medizin. Nun – ich bin überzeugt: wir werden sie in genügenden Dosen zu schlucken bekommen.

Heute am Jahresanfang beschäftigt mich auch die bange Frage: »Was wird später werden?« Kann eine Erneuerung, eine Umwertung der Werte im deutschen Seelen- und Geistesleben erreicht werden? Nicht nur aufgeklebt und nach außen zur Schau getragen dürfen die neuen Ideale sein. Durchdrungen müssen sich die jungen Menschen davon fühlen. Schamröte muss ihnen in die Wangen schießen, wenn sie an das zurückdenken, was ihnen diese Zeit, die nun ein Jahrzehnt auf uns lastet und uns würgt, als »Ideale« aufgenötigt hat!

2.1.43. Ein Schwager von mir sprach von der »Sinnlosigkeit«, die diesem Krieg »allmählich« anhafte. Warum nicht der Papst sich ins Mittel lege und Friede vermittle?

»Mein Lieber«, so musste ich ihm antworten, »der Krieg hat für unsere Gegner – den Papst eingeschlossen – heute noch genau denselben Sinn, wie am ersten Tag, nämlich: die Ausrottung der Nazipest. Und wahrscheinlich alles dessen, was damit zusammenhängt: des räuberischen deutschen, italienischen, japanischen Militarismus etwa. *Sie können vorher nicht aufhören!* Erst, wenn sie das erreicht haben und uns trotzdem noch bekriegen, hat der ›Sinn‹ des Krieges sich auf der gegnerischen Seite zu hässlichem, rachedurstigem Vernichtungswillen gewandelt«. Mein Schwager hat Angst, dass nach dem Krieg alles, was Arme und Beine hat in Deutschland nach dem Osten transportiert wird zum Wiederaufbau, und dass jeder – wie hierzulande die Juden, Polen und Russen – ein Plakat tragen muss: »Deutscher« Er sieht ein, dass wir es nicht anders verdient hätten, aber es graut ihm doch davor.

Wenn ich mich abends in mein gutes Bett lege, so muss ich immerzu an die Millionen armer Kreaturen denken, die ohne Bett und Dach der Unbill des Wetters preisgegeben sind. Es kann einen verbarmen. Ich muss meiner Phantasie Zügel anlegen, sonst drückt mich der ganze Menschheitsjammer so darnieder, dass ich keiner Zuversicht, keiner Hoffnung auf das bessere ›Später‹ mehr zugänglich bin.

7.1.43. Allmählich sickert einiges durch von der wirklichen Lage an der Ostfront. Dass eine Armee bei Stalingrad eingeschlossen ist beispielsweise. Hierher hat ein Reserveoffizier (Hauptmann) geschrieben, dass *er* führen müsse, weil alle höheren Offiziere gefallen seien. Er habe ein verwundetes Knie und müsse trotzdem ungeheure Verantwortung tragen. Ihre einzige Hoffnung seien die »Ju's« (Junkers Flugzeuge, die Lebensmittel abgeworfen haben über den eingeschlossenen Soldaten).

Mein Fleischer sagte mir gestern, Hitler habe ja auch mit *Keitel* schon wieder Krach. Meine Nachbarin, die dabei stand, meinte dazu »Ist doch was Arg's mit so nem eigensinnigen, zornigen Menschen! Und drbei – – was war er denn? Gefreiter! Ist doch kein General nöt! *Gor* olles derf mr sich doch nöt einbild'n, dass mr's kann!«

11. 1. 43. Eine Bekannte erzählte mir heute: Ein junger Franzose, Freunde ihres Sohnes, der als *Laval*-Anhänger, französischer Nazi, begeistert für die Zusammenarbeit mit Deutschland, sich zur Arbeit hierher gemeldet habe, sei nicht in unsere Stadt gekommen, wie er gewünscht habe und ihm versprochen worden sei. Er schreibe nun von seinem Arbeitsplatz die verzweifeltsten Briefe. Die Unterkunft sei schauderhaft, unhygienisch. Die Verpflegung sei absolut unzureichend. Von all dem, was man ihnen in Frankreich als Lockmittel versprochen habe, werde nichts eingehalten. Der junge Mann kann alles, alles nicht verstehen – –

Die Bekannte hat nun allerlei versucht, den jungen französischen Freund hierher zu bringen. Vergeblich. Briefe, die sie ihm schreibt, erreichen ihn nicht. Vermutlich arbeitet auch hier die Zensur vortrefflich. Auf dem Arbeitsamt, wohin sie sich um Rat und Hilfe wandte, sagte man ihr: »Gefühlsduselei! Wir haben nicht Betten, nicht Wäsche, nicht Verpflegung genug für unsere eigenen Leute. Was für Grund haben wir also, die Ausländer zu verhätscheln?«

12. 1. 43. Wenn ich nicht zu müde wäre, würde ich an dieser Stelle die Geschichte des Kreisleiters, Reichstagsabgeordneten und Bürgermeisters Sperber von Hersbruck in Bayern aufzeichnen.

Fuhrknecht, früher Spartakist, rechtzeitig »alter Kämpfer« geworden, stieg er mit dem Aufstieg der Partei auf und brachte es zu den oben erwähnten Ämtern. Aber jetzt – jetzt hat ihn die Nemesis erwischt (*wenn* sie ihn hat und ihn nicht entwischen und die Treppe hinauffallen lässt.)

Vor dem 3. Reich war er fürs Zweikinder-System, die weiteren durften nicht zur Welt kommen. Aber einmal klappte es nicht, das dritte Kind wurde doch geboren. Aber der Herr nationalsozialistische Reichstagsabgeordnete »kragelte« es ab und verscharrte es im Garten. Jetzt erst nach 12 Jahren – hat die Sonne es an den Tag gebracht. Es trug ihm 6 Jahre Zuchthaus ein. Er wird sie sicher nicht absitzen. Selbstverständlich hat er mit dem Beginn des Dritten Reiches seine Auffassung über die Kinderzahl geändert. Er hat sich von seiner inzwischen unfruchtbar und ältlich gewordenen Frau scheiden lassen und sich eine zweite und dann eine dritte zugelegt.

Das sind unsere »Führer«. Von diesem Mann stammt auch die naive Frage: »Wozu brauchen wir Akademiker? Die Menschen sollen gefälligst ihren Verstand gebrauchen! Mehr braucht es nicht!«

12. 1. 43. Ich war bei bekannten Bauersleuten in einem kleinen Landstädtchen. Beide Söhne der Leute sind Flieger, einer in Finnland, der andere in Südrussland. Der, der in Finnland ist, war vor kurzem im Urlaub da. »Hat Ihr Sohn etwas über die Finnen gesagt? Wie sind sie?«

»Denken Sie nur, mein Sohn sagte, das sei eine ganz heimtückische Gesellschaft. Sie hätten lange Messer und ehe man sich's versehe, hätten sie einem diese in den Rücken gejagt. Vor denen müsse man sich mindestens so in Acht nehmen wie vor den Bolschewisten! Und *ich* habe gemeint, das seien so gute Freunde von uns …«, fügte sie kopfschüttelnd und seufzend bei.

Auf meiner Heimreise war es schon dunkel. Russen stiegen zu. Zerlumpt, kein Stich mag mehr halten in ihren elenden Fetzen. Sie trugen große Eimer, wahrscheinlich mussten sie irgendwo Essen fassen für ihr Lager. Es waren Männer bis zu fünfzig. Alle sahen elend und todtraurig aus. Zwei setzten sich mir gegenuber. Sie erhoben sich nicht, als sich der Wagen mehr und mehr füllte, und feine Herren mit ihren Damen in Pelzmänteln und hohen Russenstiefeln stehen mussten. Das hat mich gefreut. Ich hatte von der Bauersfrau Brotmarken bekommen. Sollte ich sie nicht weiter- schenken diesen armen Kreaturen? Aber wie? Auf den Stationen pflegte regelmäßig das Licht auszugehen. Darauf baute ich meinen Plan. In F. schickten sich die Russen an, auszusteigen. Blitzschnell praktizierte ich meine

Brotkarten auf den Deckel des Eimers und stieß den Russen mit [dem] Fuß an. Eine Sekunde wusste er offenbar nicht, was los war, eine Handbewegung von mir jedoch ließ ihn gleich begreifen. Er nahm die Brotkarten und ging unauffällig hinter den anderen zur Türe hinaus. Gottlob, es hatte geklappt.

13. Jan. 4[3]. Meine Putzfrau fragte mich, ob ich nicht ein Paar Schuhe für einen Bulgaren habe, der in ihrem Dorf arbeite und nur Lappen an den Füßen trage.

»Für einen Russen, ja, nicht aber für einen Bulgaren! Der Bulgare ist freiwillig hier, es geschieht ihm also recht, wenn's ihm dreckig geht, die Russen aber sind – – – an ihnen haben wir gutzumachen – – –«

»Sie täuschen sich! Der Bulgare ist auch nicht freiwillig hier!«
»Dann nehmen Sie in Gottes Namen die Schuhe für ihn!«

Wie viel hat das deutsche Volk gutzumachen! Was man so tut oder tun kann ist ja nur ein winziges, winziges Stäubchen.

16. 1. 43. Aus dem OKW-Bericht: »Im Raum von Stalingrad ... Führer und Truppe gaben damit wieder ein leuchtendes Vorbild heroischen deutschen Soldatentums ...«

Hoffentlich »leuchtet« das Vorbild nicht mehr so lang und die Soldaten ergeben sich.

16. 1. 43. Aus einem Leitartikel:

> »Die Totalität des Krieges verlangt, dass wir noch auf manche Dinge verzichten müssen, von denen wir glaubten, sie nicht entbehren zu können. *Noch* einfacher wird unser Leben, *noch* härter tritt die Zeit an uns heran. *Was vor dem* Kriege war, kommt nicht mehr ...«

(Wie? Ich dachte, wir sollten es *besser* bekommen und deshalb führe Hitler diesen Krieg?)

»… Dieser Krieg, der nun den ganzen Planeten und alle Völker erfasst und berührt, geht uns alle an: Kinder, Greise, Mädchen, Frauen, die Männer an der Front, wir in der Heimat. In diesem Krieg, den die Gemeinschaft des Volkes führt, wird ein neuer Lebensstil geboren. Dieser neue Lebensstil wird sich wesentlich unterscheiden von dem vor dem Krieg … Die Vorsehung schenkt uns nichts …«

(So? Auch nicht, wenn der »Führer« sich an sie wendet?)

16. 1. 43. Ich habe Lindley Frasers ausgezeichnete Antwort auf die Frage gehört, die im deutschen Rundfunk aufgeworfen wurde: »Wo bringen die Russen bloß die vielen Panzer her?« Vor dem russischen Volk habe ich einen Riesenrespekt – wenn auch noch immer keine Sympathie für ihre Regierungsform. Wenn ich jetzt in unserer Stadt die vielen Ostarbeiterinnen mit ihren Kopftüchern und ihrer ärmlichen Kleidung sehe, so möchte ich jeder von ihnen liebevoll tröstend die Wange streicheln und ihr sagen, dass bald – – bald – – ach ja – – bald! Bald! Aber dann will ich mit Lindley Fraser, Charles Richardson, *Hugh Carlton Green* und Richard Crossman zusammen arbeiten an dem zukünftigen besseren Deutschland.

18. 1. 43. Die Milch (Magermilch) pflege ich oben auf der Straße abzuholen, wo gegen Mittag einige Frauen mit einem kleinen Handwagen sie anfahren. Als ich heute hinaufkam, war große Aufregung. Ich hörte die Worte »Eingeschlossen«, »Stalingrad«, »Ultimatum«, »abgelehnt«, »nicht schlafen können die ganze Nacht« usf. usf. Natürlich war ich im Bilde, worum es sich handelt. Aber ich sah an dieser Unterhaltung, wie *viele* die englischen Nachrichten hören, und *wie* schwer es angesichts der Ereignisse den Deutschen wird, dies zu verbergen. Solange Deutschland siegte, war es offenbar leicht, sich nicht zu verraten. Aber nun, wo Sorgen über Sorgen sich türmen, wo das

Misstrauen – – – ja – – das ist es: das Misstrauen gegen unseren Gott oder Götzen – erwacht ist, jetzt können die Leute nimmer schweigen.

19.1.43. Anhängsel zum OKW-Bericht:

»Deutschland steht in ehrfurchtsvoller Bewunderung vor den Taten seiner Männer an der Ostfront. Was sie beim strengen Frost, bei Schneestürmen an hartnäckigem Widerstand gegen einen *fanatisierten oder aus Furcht zur Schläue Zuflucht nehmenden Feind* stündlich leistet, ist unvorstellbar. Wo sich menschliche Unzulänglichkeit, Verzagen und Angst vor den Gewalten des Winters und dem Wüten der Kriegsmaschinen in die Herzen senken möchte, da wächst bei ihnen Ingrimm, Härte und Entschlossenheit … Solcher Art der Selbstüberwindung ist nur der deutsche Soldat fähig, und darum wird er immer und jedem Feinde überlegen sein …«

Wie viel zig-Tausende werden diese Phrasen wieder in den Tod treiben. Armes junges Blut!

22.1.43. Ein Erlebnis beim Zahnarzt: die Zahnarzthilfe, Braut eines »Gott sei Dank« beingequetschten und darum nicht mehr felddienstfähigen Ingenieurs, erzählte wichtig: »Na, was auf dem Weg nach Afrika alles versenkt worden ist in letzter Zeit! Ich habe einen Vetter, der schrieb …«

»Aber Fräulein Sieglinde, Sie sollen so etwas nicht erzählen!«, mahnte der keineswegs sehr kriegerische Zahnarzt.

»Ich erzähl es ja auch nicht. Ich sage es ja nur hier – – – also mein Vetter schrieb: ›Hoffentlich lernen wir alle schwimmen, dass wir heimschwimmen können! Schiffe sind das unsicherste …‹«

»Aber Fräulein Sieglinde, Sie *sollen* so etwas nicht erzählen!«

»Tu ich ja auch nicht! Ich sag's ja nur hier. Die Italiener haben sie alle zurückgelassen bei der Schweinerei. Nur die Deutschen haben sich retten dürfen in Afrika, und was die Amerikaner anlangt, na – – die sind mächtig auf Draht. Alle vier Tage bauen die ein Schiff!«

»Aber Fräulein Sieglinde, Sie *sollen* nicht … Übrigens: was *wir* alles gebaut haben, das weiß kein Mensch – – –«

»Schon. Aber meine Cousine, die in Detroit war, und bei Kriegsausbruch herüberkam, sagte: »Ich sehe schwarz für Deutschland, wenn nun Amerika in den Krieg eingetreten ist – – –!«

»Sie *sollen das nicht sagen, Fräulein Sieglinde*!«

»Ich sag' es ja gar nicht. Das sagt meine Cousine – – – Und was die armen Kerle in Russland anbelangt, na – – da hat schon jeder sein Elend, wenn er überhaupt noch heimkommt!«

Sieh mal an: das deutsche Volk lernt um. Dieses Fräulein Sieglinde war bis vor kurzem Führerin im Reichsarbeitsdienst, ging also unbedingt *mit* dem Dritten Reich – – ging mit, solange es siegte.

Anschließend ging ich auf die Bank.

»Nichts Neues?«, fragte ich den Beamten.

»Nichts. Sie?«

»Nein. Nun – – man ist – –«

»Ja – – ja – – man ist gedrückt, Sie haben ganz recht. Scheußlich! Müssen 200 000 Menschen da krepieren, nur wegen dem blöden Prestige! Weil wir Stalingrad nicht bekommen haben – – – Man fasst sich an den Kopf.«

Zu Hause angekommen erwartete mich ein Besuch. Ich ließ das Stichwort »Stalingrad« fallen. Die Dame sagte: »Keine Sorge mehr! Um den russischen Ring ist nun wieder ein deutscher Ring gebildet. Und dieser deutsche Ring hat bereits eine Bresche geschlagen in den russischen Ring, so dass die eingeschlossenen Deutschen herauskönnen.«

Ich wagte einen leisen Zweifel, aber die Dame ereiferte

sich: »Das ist so! Ich weiß es von meinem Verwandten. Der ist beim Generalkommando in St. Und dort wissen sie natürlich alles!«

Dummes, ewig dummes, gläubiges deutsches Volk!

24.1.43. Eine Bekannte erzählte mir, ihr Junge sei nach dem Luftangriff auf unsere Stadt die Treppe heraufgestürmt gekommen und habe in Ekstase gerufen: »Dem Tommy, der die Bombe in den Bahnhof gezielt hat, gehört das Ritterkreuz!«

Was wird Hitler am 30. Januar »seinem« Volk sagen? Das ist die Frage, die alle beschäftigt. Allgemein erwartet man die Ankündigung weiterer Einschränkungen, weiterer Arbeitslast. Eine »Heimwehr« ist gegründet worden. Männer und Frauen sollen eingereiht werden.

25.1.43. Unser Flaschnermeister war da. Er ist einer der »Unseren«. Er sagte: »Sooo lange Gesichter machen nun die Leute«. Er nimmt teil an einem Skatabend, an dem große Nazis unserer Stadt mitspielen. »Bislang«, so erzählte der Handwerker, »wurde der Wirtin immer befohlen: ›Radio einschalten!‹ Und wenn die Nachrichten kamen, mussten wir immer die Karten weglegen und hinsitzen wie die Ölgötzen! *Jetzt* verlangt keiner mehr, dass das Radio eingeschaltet wird. *Jetzt* können wir ruhig weiterspielen. Siegesmeldungen werden nicht mehr erwartet.«

Wie mich diese Spießer belustigen!

Mein redseliger Nachbar Apotheker deutete an, dass er *viel* wisse, dass er aber habe schwören müssen, nichts darüber verlauten zu lassen. Es handelt sich offenbar um Maßnahmen, die die Heimatfront angehen. Ich mache mich auf Allerlei gefasst.

Meine Nachbarin rief herüber: »Der Führer soll ja in einem ›Fieseler Storch‹ zu den Eingekesselten geflogen sein und ihnen Mut zugesprochen haben!«

Erstens hat der »Führer« bestimmt sein göttliches Leben nicht über der russischen Front aufs Spiel gesetzt, und zweitens: wenn er den Befehl gefunkt hätte: »Kapitulieren!«, wär's den armen Burschen sicher lieber gewesen, als sein Flugzeug von unten bewundern zu dürfen.

25.1.43. OKW-Bericht:

> »In Stalingrad *heftet* die 6. Armee in heldenhaftem und aufopferndem Kampf gegen erdrückende Übermacht unsterbliche Ehre an ihre Fahne. Verbände der rumänischen 20. Infanteriedivision und 1. Kavallerie-Division schlagen sich mit ihren deutschen Kameraden bis zum Letzten und nehmen in vollem Maße an diesem Ruhme teil …«

Ich fürchte, was dort vor sich geht, ist weit weniger pathetisch. Und auch die Rumänen dürfen mittun. »Sie nehmen in vollem Maße an diesem Ruhme teil«. Auf gut deutsch: die armen Kreaturen werden gezwungen, mit zu Grunde zu gehen.

25.1.43. Zeitungsausschnitt:

> »Zum ersten Male seit Kriegsbeginn vielleicht ahnen wir in diesen Tagen etwas von der unerbittlichen Härte dieses Krieges.«

Ja – – zum ersten Mal ahnen *wir* etwas von der »unerbittlichen Härte des Krieges«. Es wird nicht die letzte »Ahnung« sein. Das deutsche Volk wird von nun an von der »unerbittlichen Härte«, die es unter Fanfarengeschmetter an anderen Völkern exerziert hat, eine reichliche Portion zurückerhalten. Das *muss* sein, so furchtbar es ist, das auszusprechen. Ganz abgesehen vom Nationalsozialismus – dieser ewigen Schande – gehört auch unseren kriegerischen Nationalisten ein gewaltiger Denkzettel. Endgültig ausgespielt müssen sie haben. Sie dürfen nicht wieder beginnen, die Jugend zu vergiften, sie mit falschen Idealen zu verseuchen, Geschichtsfälschungen vorzunehmen. Die Leiden müssen so hart sein – ach, sie *werden* es, davon bin ich überzeugt –, dass jeder aus innerstem Herzen gen Himmel fleht: »Nie wieder Krieg!« Dann – ja, dann wird das deutsche Volk sich wieder den Platz unter den Völkern der Erde erobern. Den es längst einnehmen könnte, wenn es nicht immer wieder auf solch schreckliche Irrwege geraten wäre!

Gestern hatte ich wieder »Radio-Gäste«. Hoffentlich halten sie dicht. Unser Haus ist wie ein geistiges Gasthaus: die Menschen kommen und »verzehren«, was sie so dringend brauchen, um nicht ganz zu versinken.

Diese »Radio-Gäste« berichteten: ein Soldat, der als Urlauber in ihrem Hause weilt, habe erzählt: »Nun beginnen wir mit dem Gaskrieg – –«

»Wir? Aber doch nicht wir? Die Engländer oder die Russen?«

»O nein! Wir werden den Vorteil, der *Erste* zu sein, doch nicht den anderen überlassen! Wer anfängt, gewinnt. Sie zwingen uns ja dazu, Gas zu verwenden!«

Man »zwingt« uns also. – – So erzählt man's den Soldaten.

28. 1. 43. Eigentlich sollte ich nun jeden Abend in ganz großer Ruhe zu Bett gehen, denn das, worum es geht auf der gegenwärtigen Welt, wird in Ordnung kommen: der Nationalsozialismus wird weggefegt werden!

Die Stimmung des »heldischen« deutschen Herrenvolkes ist tief unter null gesunken. Man glaubt nicht mehr an Sieg und Fanfaren, man hat Angst, Angst, Angst! Angst vor den Nachrichten von den Kriegsschauplätzen, Angst vor Luftangriffen, Angst vor dem, was kommen wird, Angst vor den Millionen ausländischer Arbeiter, Angst vor Hunger und vielerlei Kriegsnot. Gerüchte über Gerüchte! Die Schulen sollen geschlossen werden, auch die Universitäten und kleinen Geschäfte; die Frauen, die Halbwüchsigen sollen in Fabriken und an Flakgeschütze, alte Männer sollen in die Betriebe usf. usf.

Jetzt, jetzt beginnt für das »Herrenvolk« der Krieg, der Krieg, der so wunderschön war.

29. 1. 43. Gestern hatte ich in der Straßenbahn folgendes Erlebnis: eine Frau bestieg mit einem 6-jährigen Jungen den überfüllten Wagen. Ein französischer Arbeiter wollte der Frau seinen Platz überlassen. »Nein«, sagte die Frau, »Sie bleiben sitzen! Sie haben gearbeitet, und ich bin nur spazieren gewesen!« Sie drückte ihn auf seinen Sitz zurück. Dies löste bei einer anderen Frau entsetztes Kopfschütteln aus. Sie gab der Dame einen scharfen Verweis, indem sie sagte: »Wie können Sie! Das ist doch ein Franzose!«

»Ganz gleich«, antwortete die mutige Frau bestimmt, »der Mann hat gearbeitet, ich aber nicht – –«.

»Wenn schon! Das ist aber doch nur ein Ausländer – – –«

»Erstens *weiß* ich das nicht« (natürlich wusste sie es, denn jedermann erkennt die Franzosen an ihren Baskenmützen und umgehängten Brotbeuteln) »und außerdem und noch einmal: der Mann hat schwer gearbeitet – – –«

»Dann schämen Sie sich! Arbeiten Sie gefälligst auch!«

Leider ist mir die mutige Frau im Gedränge entschwunden. Plötzlich war sie ausgestiegen. Aber ich werde sie suchen, denn sie ist eine Frau, die wir später brauchen, eine, an der sich Deutschland nicht zu schämen braucht.

31. 1. 43. Mein Nachbar erzählte (nicht wahr, er darf ja nichts aussagen, das versichert er mir immer wieder! Aber von Zeit zu Zeit kann er seine Weisheit doch nicht für sich behalten): »Man« werde alle Frauen über 45 auffordern, sich »freiwillig« zur Arbeit zu melden. Sie werden eine Postkarte bekommen mit der Einladung, auf das Parteizimmer zu kommen. Dort werde man ihnen sagen, es sei doch sicher so, dass auch sie darauf brennen, mit zu helfen am Sieg. Man würde durchblicken lassen: wenn sie darüber in der Bevölkerung sprächen oder sich zur Wehr setzten, kämen sie ins KZ. ... Der Herr Apotheker erzählte mir das alles als das Allerselbstverständlichste von der Welt. Ein Gemütsmensch!

Ausschnitt aus der Zeitung:

Ihr Mütter
Von Rudolf G. Binding.

Es weinten die Mütter,
dass starben die Söhne,
dass starben die Männer.
Einst trugen den Keim sie,
hegten die Blüte –
nun müssen sie weinen
der fallenden Frucht.

Weint nicht, ihr Mütter.
Früchte fallen im Wind
oder der Schnitter
tritt hinzu und schneidet sie ab.
Die Ernte
hat das Geschick
nicht in die Kraft
des Baumes gelegt.

Weint nicht, ihr Mütter
fallender Söhne.
Was wären die Siege
ohne den Tod von Helden?
Da ihr sie unter dem Herzen getragen,
habt ihr nicht manche selber gebetet:
»Lass mich, mein Schoß,
Helden gebären«.
Da standet ihr selber
heimlich im Bund gegen sie mit dem Tod.

Weint nicht, ihr Mütter.
Immer verliert ihr;
Helden fallen,
und Söhne gehen von Müttern.
Das sind alles
einfache Gesetze,
einfache Rechte,
Atem- und Lidschlag
ungeheuren Geschehens.

So singen unsere deutschen Dichter im Kriegsjahr 1943. »Einfache Gesetze, einfache Rechte, Atem- und Lidschlag ungeheuren Geschehens!« Dass doch Blitz und Donner hernieder führen und die verlogenen Versemacher austilgten vom Erdboden!

Wie viel wird es zu tun geben nach dem Krieg, um den schlichten, wahrhaftigen, geraden, gesunden, natürlichen menschlichen Gefühlen und Reaktionen in Deutschland wieder freie Bahn zu machen! Wie viel Rumpelkammern verlogener, verschrobener Wertungen müssen ausgeräumt werden! Gründlich! Fenster auf! Hinaus mit den leichenduftenden Idealen! Sonne herein! Einfache, selbstverständliche, dem Leben dienende Wertungen eingeräumt!

Giftgas im Anzug! Alle Luftschutzstellen wurden von der wahrscheinlichen Anwendung in Kenntnis gesetzt. So wird also auch dieser Kelch nicht an uns vorübergehen.

8.2.43. Meine Nachbarin erzählte: »Meine Mutter hat geschrieben, in ihrer Stadt und Umgebung seien massenhaft Flugblätter abgeworfen worden. Man habe alle Schulen geschlossen, damit die Schüler diese Grüße aus der Luft sammeln konnten. Zuvor aber habe man sämtliche Kinder *vereidigt*, dass sie nicht lesen, was auf den Flugblättern stehe! Außerdem habe man auf je zehn Kinder eine erwachsene Person zur Aufsicht mitgeschickt. Auch diese Aufsichtspersonen durften nicht lesen, was auf den Blättern steht. Wie viele davon wohl nicht gefolgt und den Eid gebrochen haben?«

Soweit der Brief. Hat sich jemals in der Menschheitsgeschichte ein Volk derart entmündigen lassen? Was für unwürdige, den Spott herausfordernde Knechts-Seelen sind wir doch!

Ludowike erzählte heute: die Leiterin der größten Mädchenschule unserer Stadt habe einen Konvent abgehalten und sich dabei bitter über die 7. Klasse beklagt. Die »Haltung« dieser Klasse sei unerhört. Die Direktorin habe beispielsweise »Stalingrad« als Anlass zu einer Weltanschauungsstunde genommen. Die ganze Klasse sei dagesessen wie aus Stein. Nicht *eine* Antwort habe sie erhalten. Eisiges ablehnendes Schweigen während der ganzen Stunde. Nachher habe sie zwei Vertreterinnen der Klasse zu sich kommen lassen und sie über das unerhörte Betragen der Klasse befragt. Sie hätten gesagt: die Klasse habe sich verletzt gefühlt, habe es als äußerst roh empfunden, die Tragödie so auszuschlachten, wo doch der Bruder einer Klassengenossin in Stalingrad elendiglich habe umkommen müssen. Während dieses Verhörs habe die übrige Klasse vor dem Rektorat aufreizend gelärmt. Sie habe die Klasse dann zur Aussprache in ein leeres Klassenzimmer beordert. Erfolg? Die ganze Klasse sei sofort wieder in ihr eisiges feindliches Schweigen verfallen. Was mit einer so unerhörten Bande anzufangen sei? »In die Rüstungsfabrik mit ihnen! Raus aus der Schule!«, schlug eine menschenfreundliche Lehrkraft vor.

Arme, tapfere, gute siebente Klasse! *Ich* werde Euren Mut nicht vergessen. Irgendwie, irgendwo muss Eure »unerhörte Haltung«, Eure tapfere Auflehnung gegen den Untertanengeist verewigt werden.

Zeitungsausschnitt *(aus einem Artikel Gertrud Bäumers.)*

> »... Wir Frauen verstehen die große geschichtliche Notwendigkeit dieses Kampfes, und wir danken Gott, dass unser Vaterland das höchste, unbestreitbare Recht, das es in einer solchen Auseinandersetzung der Völker gibt, für sich hat: das Recht, seiner machtvoll aufsteigenden Entwicklung, seiner Leistungen, seiner bewiesenen Fähigkeiten, das Recht dessen, dem eine Übermacht gültigste, unbestreitbarste Menschheitskräfte brachlegen will ... Wir deutschen Frauen sind mit jeder Liebe und jedem Hass ... ein Teil unseres Landes. ... Nie erschien uns die Kraft der deutschen Männer herrlicher als in der Todesbereitschaft dieser Schicksalsstunde ...«

Wie traurig! Eine Zeit lang hatte ich auf Gertrud Bäumer gehofft. Vorbei auch diese Hoffnung. Ich hatte gehofft, die Schande des Nationalsozialismus werde diese Frau von ihren früheren nationalistischen und militaristischen Idealen kurieren. Das Gegenteil ist der Fall: sie ist nicht groß genug, um sich nicht vor den neuen Herren Deutschlands tief zu verbeugen. Noch einmal: Wie traurig!

15. 2. 43. Zeitungsmeldung:

»Nachdem ein Sohn der Familie Leiß an der Ostfront zum Feinde übergelaufen ist, haben die polizeilichen Nachforschungen ergeben, dass diese Familie kommunistische Zersetzungsarbeit betrieb … Diese fortgesetzte Verratstätigkeit hat nunmehr durch die Hinrichtung der gesamten Familie ihre Sühne gefunden.«

24. 2. 43. Ich habe eine alte kranke Freundin besucht. »Ich habe mit dem Leben abgeschlossen«, sagte sie.

»Aber nein! Nun werden ja bald die Amerikaner und die Engländer landen, und wir werden sie nötig brauchen zum Aufbau des neuen besseren Deutschland …«

»Ach«, klagte sie, »sie lassen sich viel zu lange Zeit, viel, viel zu lange …«

Wenn man nun die Jammer-Reden – voran geht Goebbels mit der großen Klappe – hört, da frohlockt das wackere deutsche Herz. Mein Herz und die Herzen vieler anderer. Aber es wird von Tag zu Tag gefährlicher. Um in seinem deutschen Vaterland am Leben zu bleiben, braucht es eine unerhörte Begabung für die Einsamkeit.

27. 2. 43. Wie sich die Zeiten und damit die Einstellungen vieler Deutscher wandeln! Eine Postkarte kam. Sie erzählte mir: »Robert ist vermisst«. Ich reise hin zu der Mutter, denn »Robert« war der beste Freund Martins, meines Sohnes. Ich schätze Robert. Das Einzige, was mir schon vor dem Krieg Kummer machte, war seine nationalistische, kriegerische Einstellung. Beispielsweise: mit geschwellter Brust schritt Robert an meiner Seite zur Schlussfeier der Abiturienten (März 1939). Unser Junge war da-

mals schon in England. Ich versuchte Robert klar zu machen, was aus der Haltung der Lehrer und Schüler und so vieler anderer auf hohen Wogen segelnder »Patrioten« entstehen würde: ein Krieg. Ein furchtbarer Krieg. Ich höre Robert noch heute lachen und mich »alte Tante« mitleidig ansehen. »Wir Deutschen sind bereit!«, prahlte er. »Aber die Herren Engländer werden sich schwer hüten, mit uns anzubandeln!« Und mit hochroten Wangen und klopfendem Herzen hörte er der Rede des Schulleiters zu, die mit vielen hohen Phrasen verbrämte Aufforderung an die jungen Abiturienten, zu sterben, fürs Vaterland und seine Größe das Letzte zu geben. (Es war nämlich der Tag, da der Überfall auf die Tschechei gelungen war.)

Nie werde ich das beschämende Schauspiel vergessen, nie die Dankbarkeit, meinen Sohn diesem entsetzlichen unverantwortlichen Treiben entrückt zu wissen.

Robert wurde Flieger. Und nun war er über Stalingrad geflogen und nicht zurückgekehrt. Von seinem Weihnachts- und Neujahrsfest hatte er mir noch geschrieben: »Wenn ich auch fern von der Heimat Weihnachten feierte, so feierte ich es doch noch nie in meinem Leben mit einem so glücklichen Gefühl, wie dieses Mal. Ich freue mich einfach, dass ich noch lebe, noch lebe ...«

»Dass ich noch lebe ...« Und nun? Lebt Robert noch? Wir wissen es nicht. Ich habe seiner Mutter tröstend einzureden versucht, Robert sei nur in Gefangenschaft. Jener Mutter, die sagte, als ein englischer Flieger in der Nähe ihres Dorfes abstürzte und gefangen genommen wurde: »Wenn er doch tot wäre! Dann müsste man den Schurken nicht noch füttern ...« Diese Mutter, die seit Jahren ausländische Arbeiter auf ihrem Bauerngut beschäftigt und sie entsprechend behandelt – – – diese Mutter muss nun zu Gott beten, dass ihr eigenes Kind – ihr Augapfel, ihr heißgeliebter Sohn – nicht tot, sondern Gefangener bei den »Untermenschen« sein möge!

Aber ich wollte noch erzählen, was ich auf der kleinen Reise erlebt habe: in einem ungeheizten Wartesaal waren ungefähr achtzehn Menschen, Männer und Frauen. Ein Mann, schwer bepackt, schimpfte über die Kälte, worauf eine ältere Frau, Brille, Typus *der* deutschen Heldin, aber ungefähr 60 Jahre alt, mit spitzer Stimme antwortete: »Dann müssen Sie eben nach Afrika gehen, wenn Sie über das bisschen Kälte hier meckern …«

»Da kann man noch hinkommen«, gab der Mann zurück. »Wenn die Herrlichkeit noch eine Weile dauert, holt man mich auch noch trotz meiner 62!«

Dann erzählte er, dass er im ersten Weltkrieg als Verwundeter in Südfrankreich in Gefangenschaft gewesen sei, und dass damals die gleiche Schweinerei gewesen sei. Solche Esel seien auch nur die Deutschen! »Durchhalten! Durchhalten! Auch wenn's keinen Sinn mehr hat!«

»Wenn wir lauter so Leimsieder wie Sie hätten, dann würden wir keinen Krieg gewinnen – –«, sagte die heldische Dame gereizt.

»Damals hat der Kaiser für jeden seiner Nachkömmlinge ein Königreich erobern wollen, und dafür – bloß dafür haben wir Soldaten ›durchhalten‹ dürfen – – – Und heute – –?«

»Heut' ist das ganz was anderes – – –«, stritt die Dame.

»Ha, ha! Diesmal geht's freilich noch anders! Damals hat's bloß das Elsass gekostet – diesmal kommt Preußen zu Polen, und wir werden österreichisch …« Sprach's und stapfte zur Tür hinaus.

1.3.43. Ich habe Thomas Mann gehört. Sehr gut war es. Der Ausdruck »Apokalyptische Lausbuben« ist die einzige richtige Charakterisierung für die deutschen »Führer«. Wer Gassenbuben zugehört hat, der entdeckt die nahe Verwandtschaft zwischen ihnen und den oben erwähnten Herren. Aber – – lieber Thomas Mann, erlauben Sie mir eine Frage: gesetzt den Fall, Sie gehörten nicht zu den paar beneidenswert Glücklichen, die das Dritte Reich verlassen konnten, was würden Sie tun? Würden Sie etwa bei einer Massenversammlung in die Menge schreien

»Nieder mit Hitler und den anderen apokalyptischen Lausbuben!« oder so ähnlich? Sie würden Ihren Satz nicht zu Ende sprechen können, Sie hätten kaum dem ersten Wort Laut gegeben, so hätten dutzend derbe Fäuste Sie schon gepackt. Es hätte nur den Zweck, das deutsche Volk um einen wackeren anständigen Menschen ärmer zu machen. Es ist so: das Geschehen *muss* abrollen. Ich weiß, dass alles, was von nun an kommen wird, unsagbare Leiden über das deutsche Volk (mich und die meinen eingeschlossen) bringen wird. Wir werden den Krieg ins Land bekommen, denn der »stärkste Mann Europas seit Jahrhunderten« hört ja, wie er versichert, erst »fünf Minuten nach zwölf Uhr« auf. Wir müssen hindurch, und es ist vielleicht oder ganz bestimmt *gut* und *notwendig*, dass wir uns dieser Bestien nicht entledigen *können* fünf Minuten *vor* zwölf. Wenn wir das könnten, so würde Deutschland zwar viel Elend und Jammer erspart, aber es würde noch immer nicht gelernt haben, *wieder* nicht erfahren haben, *was* eigentlich Krieg ist, und was es unter Fanfarengeschmetter und Heilgeschrei anderen Völkern angetan hat.

Gestern haben wir ein »verfrühtes« Fest gefeiert: als seinerzeit die britische Armee in Libyen bis El Agheila vorstieß, versprach ich gleichgesinnten Freunden einen Gugelhupf. Aber das Blatt wendete sich, die 8. Armee musste zurück, weit zurück und – mein Gugelhupf wurde »vertagt«. Nun wollte ich ihn eigentlich erst steigen lassen, wenn ganz Afrika ausgeräumt sein würde. Aber da die Ukraine bis dahin wohl verloren und das »Einheitsmehl« bei uns (mit Heil-Heil-Geschrei) eingeführt sein wird, ich außerdem dann ganz bestimmt nicht mehr den Mut haben werde, eine »Orgie« zu feiern, ich aber doch mein wiederholtes Versprechen halten wollte, lud ich gestern die Freunde zu dem Kuchen ein. Ich würde gewünscht haben, dass ein paar Engländer oder Amerikaner hätten zuhören können, um einen Begriff zu bekommen von dem, was heute des Deutschen »Vaterland« ist. Unser Freund B. teilte uns jubilierend mit, dass er in seinem Geschäft nun wieder unbehindert »Guten Morgen« sagen könne anstatt »Heil Hitler«. Er gehört auch zu denen, die »degradiert« worden sind und in all den Jahren der »großen deutschen Zeit« den Kopf unter dem Fallbeil gehabt haben.

Ein anderer Bekannter – ebenfalls ein »Ausgestoßener« – traf heute meinen Mann und sagte freudestrahlend: »Es geht alles ausgezeichnet! Bis zum 6. 6., meinem fünfzigsten Geburtstag, haben wir wieder ein freies Deutschland. Es wird mich in keiner Weise stören, wenn dann englische und amerikanische Panzer durch unsere Straßen rollen.«

1. 3. 43. *Wie* sehr ich warte! Worauf? Auf die Landung im Westen. Obwohl ich weiß, dass zweierlei Qual dann meine Tage und Stunden anfüllen wird: die Angst, ob alles gelingen, ob es keinen schrecklichen Rückschlag geben wird, und das Erbarmen mit den vielen jungen Menschen, die ihr Leben lassen müssen. Und … die Angst vor Fliegerbesuch.

3. 3. 43. Gestern den Besuch einer Base gehabt: der einzige Sohn liege schwer verwundet in einem Feldlazarett in Nordrussland und der Schwiegersohn im Süden Russlands leide an Flecktyphus.

Die junge Nachbarin ist auch im Jammer: ihr Mann war über Weihnachten auf Urlaub da vom Osten. Am 3. Jan. musste er zurück. Die Frau erhielt am 10. Jan. noch eine Nachricht: er sei auf der Suche nach seinem Truppenteil. Seither Schweigen, Schweigen, Schweigen!

Von einem anderen derselben Division Zugehörenden hat sie auf Umwegen gehört, er habe heimgeschrieben, von der ganzen Division hätten sich knapp ein paar hundert Mann nach Charkow retten können.

4.3.43. Mein tägliches Gebet: »Bewahre uns vor der Gestapo, vor Bomben, Hunger und Kälte!« (wobei die Gestapo als schlimmster aller Schrecken an erster Stelle steht.)

Man fragt sich zuweilen: muss das alles sein? Muss das, was kommen wird, bis zum bitteren, gallenbitteren Ende durchlitten sein? Das »Programm« *muss* abrollen. Denn das deutsche Volk – – ach, was ist überhaupt das »deutsche Volk«? Es existiert nicht mehr. Hitler hat auch hier das vollkommene Gegenteil erreicht von dem, was er immer propagiert hat und propagieren ließ. Statt eines »Volkes von Brüdern«, einer »Volksgemeinschaft« sind wir lauter sich gegenseitig misstrauende Einzelgänger! Oft denke ich, wenn ich französische Arbeiter oder andere Ausländer miteinander sprechen sehe: »Wie gut haben's die! Sie können zueinander sagen, was sie denken und fühlen ohne die quälende Furcht, einen Spitzel unter sich zu wissen, der sie an den Galgen liefert.« Was ist der Deutsche für eine elende Kreatur geworden! Wir, das »Herrenvolk«! Eine Anzahl armseliger, kriechender, furchterfüllter, sich unter der Peitsche ihrer Peiniger duckender, vor jedem eigenen Gedanken erschreckender Sklaven sind wir!

Wieder eine Revolution in der Höheren Mädchenschule. Die dritte Klasse, ungefähr 13-jährige Mädchen, hat ein Aufsatzthema erhalten: »Wie wirkt der Krieg sich auf mein persönliches Leben aus?« Was die Lehrerin da zu lesen bekam, war nichts weniger als erbauend. Insbesondere *ein* Aufsatz war es, der ihr die Zornesader anschwellen ließ. Er endigte mit dem Satz: »Und zu all diesem tatsächlichen Elend hin träumte ich noch in der Nacht, wir hätten das schreckliche Aufsatzthema bekommen: ›Wie wirkt der Krieg sich auf mein persönliches Leben aus?‹« – Eine große Verhandlung folgte. Vorreiten bei der Direktorin! Versöhnungsversuche! Die Schülerin blieb jedoch stocksteif stehen. Sie sagte nur: »Der Krieg ist noch nie etwas Gutes gewesen!« Und dabei blieb sie. Nun soll sie bei »geeignetem Anlass« aus der Schule entlassen werden. Wir werden uns diese kleine große Heldin merken! Sie muss dereinst in der kommenden Jugendorganisation mitwirken.

10.3.43. Unsere D-Freunde, er Jude, sie Arierin kamen heute Vormittag in großem Jammer: Die Maßnahmen gegen sogenannte »privilegierte Mischehen« haben begonnen. Unseren Bekannten, obwohl als Mieterin die arische Frau fungierte, wurde von der Gestapo von heute auf morgen die kleine Wohnung gekündigt. Argument: Wenn so viel Arier keine Wohnung haben, ... usf. usf. Der arme Mann ist auf der Gestapo fürchterlich angeschrien worden. Kurz: das Ehepaar muss in den allernächsten Tagen raus! Wohin? In ein Zimmer, das ihnen von der Gestapo in einer Art Ghetto »bis auf weiteres« zugewiesen werden soll. Sie fragten, ob wir ihre Sachen nicht in unserem Haus unterbringen könnten bis – – –

Aber ja! Das ist selbstverständlich. Die armen Menschen sollen eine Art Obdach bei uns haben. Es ist zwar nicht erlaubt, dass sie hier wohnen. Aber sie werden ihre Sachen bringen und dann oft kommen. Bei dieser Gelegenheit werde ich sie dann, so gut ich kann, füttern. Ich fürchte: diese plötzliche Maßnahme geht auf eine Art Enteignung hinaus. Warum lässt man den Leuten keine Frist? Warum erlaubt man ihnen nicht, selbst nach einem Unterschlupf zu suchen? Warum dürfen beispielsweise *wir* sie nicht aufnehmen? Ich bin überzeugt: die Eile soll sie zwingen, sich ihrer Habe zu entledigen. Wie dreckig ist das alles!

Wir hatten drei Nächte Alarm und heute auch am Tag.

Die Abiturientinnen werden als Soldaten in die »Flak« eingereiht. Hat man bei uns nicht immer gespottet über die russischen »Flintenweiber«? *Wir* haben nun sogar »Kanonenweiber«.

Mein alter, annähernd 80-jähriger Nachbar klagte mir gestern: »Ich hab' mir mein Alter anders vorgestellt. Kein Weißbrot, kein Stückchen Kuchen, kein ›Viertele‹ (Wein), kein Ei, keine Möglichkeit zu einer kleinen Erfrischung des Gemüts und des Geistes, keine Nachtruhe, keinen Arzt, keine Medikamente!« Sein Freund, ein Sechzigjähriger, habe Magenkrebs. Er habe den Arzt um etwas Weißbrot gebeten. Dieser habe das abgelehnt mit der Begründung, dass ihm auch Weißbrot nicht mehr helfen könne, dass man es darum lieber spare für Fälle, in denen Weißbrot noch etwas nütze.

10.3.43. Zeitungsmeldung:

> »*Wieder Einlass während der Wochenschau.*
> Es würde heute bei allen schaffenden Volksgenossen mit Recht Ärger erregen, wenn sie infolge ihres erhöhten Arbeitseinsatzes zu spät zu den Filmvorführungen kommen und dann bis zum Ende der Wochenschau außerhalb des Zuschauerraums warten müssten, während andere, die sich dem totalen Krieg noch nicht voll zur Verfügung gestellt haben, in der glücklichen Lage sind, pünktlich zu Beginn erscheinen zu können ...«

Sieh mal an! Mir und vermutlich vielen anderen macht der schlaue kleine Goebbels nichts vor. Wenn Siege auf der Leinwand vorgeführt werden könnten, würde sich der gerissene Josef um den »Ärger« der schwer arbeitenden Volksgenossen keinen Deut kümmern! Da wäre die Wochenschau nach wie vor dieselbe sakrale Handlung. Man lässt die Zuspätkommenden ein, damit – – – die übrigen Zuschauer von der Leinwand *ab*gelenkt werden und nicht bemerken, dass eigentlich eine Kleinigkeit fehlt; nämlich die deutschen Siege.

13.3.43. Nun ging auch das erste schwere Beben durch unsere schöne Stadt. Was für ein Entsetzen auf allen Gesichtern! Und doch sind wir hier erst ganz am Anfang der Leidenszeit. Sehr traurig ist, dass dieses Mal so gut wie *keine* militärischen Ziele getroffen wurden.

14.3.43. Leitartikel:

> »*Immer härter – aber auch immer entschlossener!* (Hermann Hirsch, NS-Kurier)
> Wir wissen recht gut, wie die deutschen Volksgenossen unter dem Britisch-Amerikanischen Bombenterror zu leiden haben. Es gibt bei uns auch niemand, der etwa diese Angriffe leichtnähme. ... Der Krieg, wie ihn unsere perfiden Gegner verstehen, schlägt blutende Wunden in die deutsche Heimat ... Sie klagen gegen die Mordbrenner. Und sie sind die sprechendsten Zeugen gegen Völker, die dem Abendland alles, aber auch alles verdanken, die nichts aus eigener Kraft hervorgebracht haben, nicht einmal die Technik, die sie nun einsetzen gegen ihre Väter. Möbel, Vorhänge, Kleider, Bettzeug und viele andere Dinge, die ein ordentlicher Haushalt hat – in Amerika mögen diese Dinge ja nicht dazu gehören, dort hat man andere Vorstellungen von der Lebensart. –«

Lieber Hermann Hirsch! So ein Geschwafel! In Amerika gehen die Menschen selbstverständlich nackt, von einem Bett haben sie keine Ahnung, essen tun sie mit ihren fünf Fingern, baden tun sie auch nie, die Nase schnäuzen sie mit der Hand: kurz es sind Wilde, Analphabeten, die komischerweise gleichzeitig Flugzeuge haben, mit Bomben beladen – – aber natürlich: das haben sie ja von uns gelernt, wie Sie in Ihrem Geseires feststellen!

14.3.43. Im Garten unseres Freundes L. liegt noch ein Blindgänger. L. hat es nicht verdient, um Hab und Gut zu kommen. Aber er klagt nicht. Sein Leben aufs Spiel setzend, ging er nochmal in sein Haus, das von der möglicherweise explodierenden Bombe jede Sekunde umgelegt werden könnte, und holte – – sei-

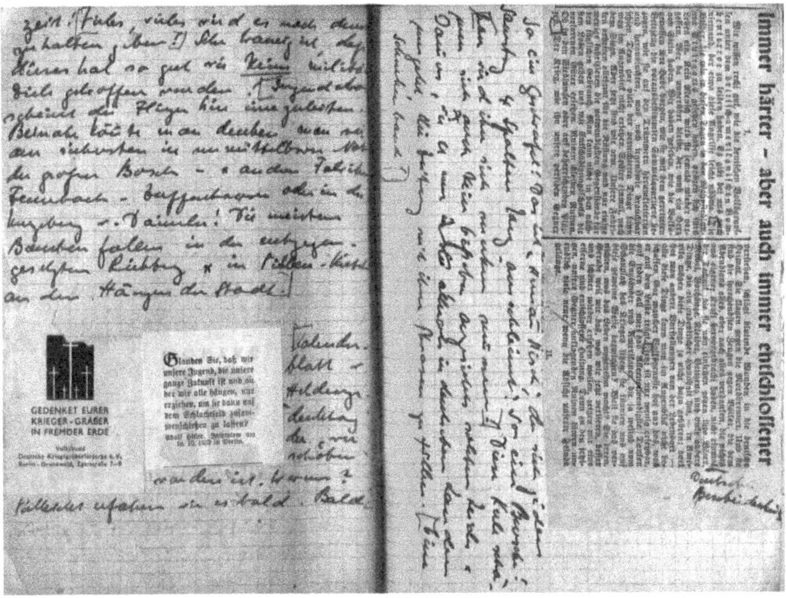

Eintrag vom 19. 3. 1943: Typische Doppelseite aus den handgeschriebenen Tagebüchern, in denen Ausschnitte aus Zeitungen eingeklebt und teils mit Kommentaren versehen sind. Hier auf der rechten Seite Anna Haags Kommentar »deutsche Bescheidenheit«.

ne heißgeliebten russischen Schriftsteller aus seiner mächtigen Bibliothek. Sehen Sie: solche Deutsche gibt es auch. Um ihretwillen wird man dem deutschen Volk viel zugutehalten können.

Auch um so vieler Kinder willen, die aufwachen, Buben und Mädchen, und zu revoltieren beginnen, die sich nicht mehr – um keinen Preis mehr! – identifizieren wollen mit HJ und BDM. Wohl, sie sind noch dabei, *müssen* ja dabei sein! Aber sie sind darüber hinausgewachsen. Sie schämen sich, suchen nach »Wahrheit«, in dem Wust von Lügen, in den man sie eingesponnen hat. Es sind schon viele, sehr viele, die aufgewacht sind. Denken wir an die tapferen *Studenten in München*, die ihr Leben hingegeben haben. Wann endlich wird Hilfe von außen kommen? Wir im Innern schaffen's nicht. *Ein* SS-Mann mit einem Maschinengewehr ist stärker als tausend entflammte, aber unbewaffnete Gegner.

16.3.43. Zweihundert Meter von unserer Siedlung entfernt, ist eine Luftmine in den Wald gefallen. Mein guter alter Nachbar sagte: »Das ist ein hochanständiger Pilot, der diese Bombe in den Wald geworfen hat. Er hat unsere kleinen Häuschen gesehen und hat gedacht: ›Was für ein Unglück würde ich anrichten, wenn ich die Bombe in diese Siedlung werfen würde!‹«

23.3.43. Churchill hat *gesprochen* – Hitler hat »geredet«. Welch' ein Unterschied! Alles, was Churchill gesagt hat, hat mich brennend interessiert. Auch die Teile seiner Rede, die den Deutschen sonst nichts angehen: Was er über Sozialpolitik und Erziehungswesen sagte, beispielsweise – – denn das betrifft ja meine englischen Enkel, von denen ich, Gott sei's geklagt! – noch so wenig, wenig weiß, von denen ich aber bestimmt hoffe, dass sie, herangewachsen, ihrem großen Vaterland nützen und ihm Ehre machen werden.

Was mich mehr als betrübte in Churchills Rede, war der Passus über das Kriegsende. Nächstes Jahr! Übernächstes Jahr! Wenn man die ganze Jugend seines Sohnes verstreichen lassen muss, ohne Anteil daran zu haben, wenn einem Enkel geboren wurden, die schulpflichtig werden, ohne dass diese die Großmutter kennen gelernt haben, und wenn das Leben sich schon stark zu neigen beginnt und – wer weiß – alles ungetan bleiben wird, was man als *seinen* Beitrag für eine bessere, vernünftiger eingerichtete Welt hätte leisten mögen, dann hört man solche Prophezeiungen nicht gerne. Ich klammere mich an die Hoffnung, dass Churchill selbst nicht glaubt, was er sagt.

Wir sind am Samstag durch bombardierte Gebiete geradelt: viele Waldstriche sind zerfetzt, Obstgärten sind dahin, Häuser, in Wäldern versteckt, sind nicht mehr. Siedlungen kahl rasiert. »Ausradieren« wollte Hitler die Städte der anderen.

24.3.43. Ein erbärmliches Dasein! Sagt man etwas zu den blöden Anschauungen vieler Menschen, von denen man sozusagen besseres Urteil erwarten zu können glaubt, so hat man ein schlechtes Gewissen und geht geduckt, als fühle man die Faust der Gestapo im Genick. Sagt man aber nichts dazu und bezähmt seinen Drang, aufklären zu wollen, dann hat man erst recht ein quälend schlechtes Gewissen.

Ich erlebte gestern in unserem kleinen Kaufladen das Folgende: man sprach davon, dass alle Häuser zur Tarnung dunkel gestrichen werden müssen. Eine Frau, die auch in unserer Straße wohnt, meinte: »Es wird eben allmählich ganz Nacht, und alles wird erfüllt von Finsternis. Seht her: so Nacht, wie der da!« Damit ging sie auf das Hitlerbild zu, verdeckte die untere Gesichtshälfte und fuhr erregt fort: »Seht ihn doch an, den Schurken! Nacht! Nacht!«

Ich hoffe, der Frau passiert nichts.

27.3.43. Zehn Jahre Nationalsozialismus! Zehn lange Jahre ohne Freiheit! Zehn lange, lange Jahre Geist und Mund mit einem Riegel verschlossen! Zehn Jahre der besten Lebenszeit, *des* Alters, in dem man wirken könnte, wirken möchte, wirken sollte, mundtot gemacht. Wie lange noch? Wie ungeduldig ich bin! Ein winziger Trost ist, dass diese zehn Jahre des Leerlaufs mir die Augen geöffnet und bewiesen haben, wie leicht beeinflussbar Menschenmassen sind. Sollte es darum nicht möglich sein, dass sich die Mehrzahl – wenn man es geschickt angreifen könnte – genauso gut für richtige Ideale begeistern ließen? Anstelle von Macht für Recht, von Brutalität für Mitleid, von Zwang für Freiheit, von Hass für Liebe, von Überheblichkeit für Achtung vor anderen.

Mein Nachbar Apotheker orakelte heute: »Im April sollen ja noch große Dinge geschehen!«

»Was für Dinge?«

»Neue Waffen!«, flüsterte er und blinzelte geheimnisvoll.

25.3.43. Schlagzeile in der Zeitung: »Neuartige Kampfmittel unserer U-Boot-Jäger!« (*Silly German people!*)

Mein Nachbar sagt: »Wir haben keinen Fliegerbesuch mehr zu befürchten. Die Engländer brauchen nun alle ihre fliegenden Sachen in Afrika.« »Merkwürdig«, antworte ich. »Soeben meldet der Funk, dass das Ruhrgebiet bombardiert wurde heute Nacht.« Der Nachbar lächelt schlau. Er weiß, dass in dieser durch den Giganten Hitler aus den Angeln gehobenen Welt selbst Adam Riese nicht mehr recht hat; zwei Mal zwei ist nicht mehr vier, wie ehedem. Obgleich man feststellt, dass die Engländer alles, was fliegt, nun notwendig in Afrika brauchen, bombardieren sie uns!

Die bereits erwähnte Schulleiterin der großen Mädchenoberschule sagte in ihrer Entlassungsrede zu den Abiturientinnen: »Lieber gebt ein gut Teil Eures Verstandes hin, als Euren Glauben an Hitler!«

Vor einigen Tagen wurde der Gatte einer Nachbarin als »vermisst« gemeldet (Russland). Die Frau gebärdete sich wie von Sinnen. Heute beobachtete sie die sechs- bis vierzehnjährigen Buben der Nachbarschaft, beim Soldatenspiel: Gewehr geschultert, Helm verwegen auf dem Kopf, Marschtritt und blutrünstiger Sing-Sang. »Ach«, sagte die Frau, »ist das drollig und lustig ...«

»Ja«, sagte ich, »so fängt es an. Zehn Jahre später kommt dann ein Brief mit dem Vermerk ›Vermisst‹«.

Sonntagabend, 28.3.43. Ein Professor der Hochschule bietet in seinen Vorlesungen ungefähr folgendes: »Während der Systemzeit, da konnte jeder Idiot Hochschulprofessor werden, wenn er nur genügend Geld hatte. Und doktorieren konnte auch jeder, der den nötigen Hosenbodenfleiß aufbrachte. Aber heute? Im Dritten Reich muss einer schon von der Wissenschaft besessen sein, wenn einer doktorieren will …«

Nun fragt man sich neugierig, worüber hat dieser »von der Wissenschaft Besessene« doktoriert? Über das Thema: »Buchhaltung in einer Eisengießerei«. Ganze fünfzehn Seiten! Aber … (Ihnen ins Ohr gesagt:) er ist ein von der Partei Besessener!

Ein Bekannter sprach mit mir über Fliegerangriffe. (Worüber sollte man heutzutage sonst sprechen?) Ich wagte zu sagen, es sei lachhaft, wie wenig die Selbstschutzkräfte geschult seien. Wenn in unserer Siedlung beispielsweise wirklich etwas Ernsthaftes passieren sollte, verstünde kaum einer, den Schlauch an den Hydranten anzuschrauben. Außerdem: für den ganzen Ort stehe nur *ein* Schlauch zur Verfügung. Was aber, wenn es an dreißig Stellen brennen sollte?

Der Mann gab mir sachlich recht, fügte aber klagend bei: »Es ist überall dasselbe: Kritik! Kritik! Aber kein Hass gegen die englischen Luftgangster! Diese Bande führt einen menschenunwürdigen Krieg!«

Jeder Krieg ist »menschenunwürdig«, antwortete ich. »Im Übrigen: ich erinnere mich an Coventry, an Warschau, an Rotterdam und an Görings und Hitlers damalige Reden und an den frenetischen Jubel unseres Volkes. Diese Erinnerung bewahrt mich vor Hassgefühlen …« Vielleicht schlafe ich heute Nacht zum letzten Mal in meinem Bett. Mein Mann schilt mit mir. Ich weiß, ich begebe mich immer wieder in Gefahr, weil ich nicht schweigen kann.

4.4.43. Mein Herr Apotheker, jener Held, der noch vor einem Vierteljahr von den »schwimmenden Nilpanzern« schwärmte, der hernach gläubig nachplapperte, es sei nur eine Kriegslist von Rommel, die Engländer in Libyen so weit zurück zu locken an einen Ort, wo er sie bequem grün und blau schlagen könne, dieser Herr Apotheker sagt gestern auf eine meiner besorgten Fragen, die ich ihm wie Bälle zuzuwerfen pflege: »In sechs Wochen sind wir aus Afrika hinausgeboxt…« »Aber – – –«, fragte ich: in himmelblauer Unschuld – – – »was machen wir dann mit den Nilpanzern?« Er lächelte nachsichtig. Ein komisches Wesen, der deutsche Mensch: er prahlt heute überzeugt von den »letzten Zuckungen der Engländer«, von der bevorstehenden Besetzung Bakus, von der Vereinigung der Rommel'schen Armee mit der im Kaukasus und den japanischen Armeen usf. usf.… und morgen verkündet er im selben flotten Ton die blamable Voraussagung, dass wir aus Afrika hinausfliegen werden.

»Es geht alles vorüber, es geht alles vorbei, am ersten November gibt's wieder ein Ei!«… BBC singt uns diesen Schlager in verschiedenen Variationen immer wieder zum Trost – Wie ich euch liebhabe, Ihr gescheiten, rechtlichen, humorbegabten englischen Menschen. Heute Morgen sagte ich zu Mann und Tochter: »Hier in dieser Stube werden sie einmal alle sein, Lindley Fraser, Charles Richardson, Jew Carlton Green, Gordon Walker, Richard Crossman, Henry Englisch, kurz – alle unsere Freunde, die uns über diese nachtdunklen Jahre der Trübsal hinübergerettet haben.«

Heute einen Brief eines jungen Verwandten aus dem Feld bekommen. Er schreibt aus dem Russlandkrieg: »Hölderlin ist für mich in vieler Hinsicht Halt geworden… Ich habe so viel mitgemacht im Krieg, allmählich merkt man doch, dass alles sinnvoll ist… so haben wir Menschen doch unser göttlich Erbteil… Man mag sich zum Krieg stellen, wie man will: auch er hat sein Gutes. Er spült die Menschheit, sie wird destilliert. Es war höchste Zeit. Es konnte so kein Zusammenleben, kein Zusammenarbeiten mehr geben. Dieses Manko beseitigt dieser Krieg, und darum muss er mit aller Macht gefördert werden.… Ich bin darum für den Krieg und zwar für den totalsten und brutalsten…«

Man sieht auch hier: der Verstand, ein Häuflein durch Kriegserleben zernagten Krimskrams. Wie reimt sich das zusammen: Hölderlin – *und* Kriegsverehrer!

Ein Brief: Berlin, SW, 2.4.43.

> »Sehr geehrte Frau … Die Presseabteilung der Reichsregierung hat sich über Ihren Artikel ›Kraft sparen‹ geäußert und zwar sehr missfällig. Die darin ausgesprochenen Tendenzen entsprächen in keiner Weise den Anschauungen des Propagandaministeriums. Wir haben Ihren Namen im Zusammenhang mit dem Artikel nicht genannt, aber zugesagt, dass er unter keinen Umständen mehr irgendwo abgedruckt wird …«

Darauf habe ich nur gewartet. Der Artikel war von der Schriftleitung bei mir bestellt worden, der einzigen Zeitschrift übrigens, die den Mut aufbringt, gelegentlich eine kleine Arbeit von mir abzudrucken. Allerdings konnte ich mich nicht hergeben zu schreiben, dass uns Frauen um des hehren Krieges willen jede von uns geforderte Arbeit ein Vergnügen sei, dass wir das Zehnfache zu leisten in der Lage sind, dass wir unseren Haushalt und uns selbst trotz aller Not und Mühsal gepflegt und charmant erhalten können und dass bei einer »deutschen Frau« selbstverständlich von Überarbeitung niemals die Rede sein könne usf. usf.

Kommentar meiner Milchfrau zum Wehrmachtsbericht: »Immer heißt es ›planmäßig‹. Wenn *wir* einfachen Leut so ›planmäßig‹ rückwärtsgingen, wäre das ganze Vaterland längst kapores!«

6.4.43. Ein Bekannter, bislang Offizier der Reserve, begeistert, wurde altershalber entlassen. Er sagte: »Eigentlich bin ich ganz froh. Der Höhepunkt ist überschritten. Es macht ja keinen Spaß mehr …«

Ach so! »Jetzt« macht es plötzlich »keinen Spaß« mehr: Weil man nicht mehr blumengeschmückt in Städte überrannter Länder einmarschieren, dort nach schönen Dingen Jagd machen und sie heimschicken kann. Als alter Knacker nicht mehr jenseits der bürgerlichen Moral auf verbotenen Liebespfaden wandeln, unerlaubten Abenteuern nachspüren kann? Weil der Krieg nun dem deutschen Offizier *das* Gesicht zeigt, das deutsche Offiziere *anderen* Ländern vom Wesen des Krieges vermittelt haben? Es macht »keinen Spaß mehr«. Wie reizend!

Alfred Rosenberg (in seiner Münchner Rede am 3. 4. 43)

> »… sondern leben heute außerhalb der Ideologie aller unserer Gegner. … Wir wissen, dass die Brücken hinter uns abgebrochen sind …«

So ist es; wir leben heute tatsächlich außerhalb der Ideologien, der Ideale, der Ethik der übrigen Menschheit. Endlich sagt einer dieser unverschämten Lügner die Wahrheit! Die grässliche Wahrheit! Und ist noch stolz darauf!

13.4.43. Heute war Frau R. da. Ihr Mann, Jude, Architekt, ein feiner Herr von sechzig Jahren, muss jetzt Straßen kehren!

15.4.43. »Innerhalb der nächsten zehn Tage passiert etwas ganz Großes! Im Westen!« Es ist natürlich wieder der Herr Apotheker, der mir verklärten Gesichts das zuflüstert. Gottlob bin ich etwas hartschaliger geworden. Ich glaube und fürchte nicht mehr alles.

Heute am Tage vier Mal Alarm!

19.4.43. Meine Milchfrau sagte: »Mein Gebet bei Tag und Nacht ist, dass die Bande meinen Sohn nicht zwingt, in die SS einzutreten. Es ist nämlich so, dass freiwillig fast keiner mehr zu dieser ›feinen Firma‹ geht.«

Morgen ist »Führers« Geburtstag. Ganz Deutschland zittert vor dem »Geburtstagsgeschenk«, das die RAF *ihm*, d. h.: dem gepeinigten deutschen Volk wohl darbringen wird. Seit des Propheten Elias Zeiten ist wohl niemals mehr so sehnsüchtig himmelwärts geblickt worden, ob sich nicht vielleicht Wolken zeigen, die Sturm und Regen bringen.

Bruchstücke einer im Zug aufgeschnappten Unterhaltung dreier deutscher Flieger: »Kerle haben sie, tadellose!«, sagte einer und meinte damit einen kanadischen Flieger, der den Gaskessel der Stadt »schief setzte«. Immer und immer wieder habe er das Objekt angeflogen und beschossen. Schließlich sei er abgeschossen worden. Schwerverletzt im Krankenhaus habe man ihm eröffnet, dass man ihm die Beine amputieren oder dass er sterben müsse. Er habe geantwortet: »Das ist höchst gleichgültig. Aber sagen Sie mir bloß noch das eine: *habe* ich den Gaskessel getroffen oder nicht?«

Aber auch in deutschen Landen gibt es wackere Menschen. In einer großen Mädchenschule unserer Stadt sollten – wie üblich – Schülerinnen aus der Oberklasse begeisterte Gedichte und Sprüche aufsagen zu Ehren der Geburtstagsfeier des Führers. Was geschah? Alle weigerten sich geschlossen mit der Begründung, sie können solche Sprüche nicht aufsagen, sie kämen sonst in Konflikt mit ihrem Gewissen. … Bravo!

Mein Alleswisser von einem Nachbar tut wieder gewaltig wichtig. »Wir haben nun ein Mittel –«, flüstert er. »Wir werden in den nächsten Wochen die Engländer völlig kaputtschlagen. Sie werden um Frieden wimmern! Die, die die Katastrophe überhaupt überleben.« »Giftgas«?, frage ich und halte den Atem an vor Entsetzen.

»Etwas viel Schlimmeres!«, sagt der Herr Apotheker mit geblähten Nasenflügeln. Im Weggehen lässt er noch das Wort »Atomzertrümmerung« fallen.

25.4.43. Die »Atom-Zertrümmerung«, lässt mir keine Ruhe. Mein Mann sagt: *wenn* das tatsächlich so weit entwickelt wäre, würde diese Waffe die Gefahr in sich schließen, dass durch eine Kettenreaktion nicht nur England, sondern der ganze Erdball vernichtet würde – – –

Ich konnte nicht umhin, meinem triumphierenden Herrn Apotheker das zu sagen. Ich erinnerte ihn an den Maulhelden Goebbels, der ja gesagt habe: »Wenn wir je gezwungen sein sollten, von der Bühne des Welttheaters abzutreten, so würden wir hinter uns die Türe mit einem Krach zuschlagen …«

Ich glaube, es wäre meinem Nachbar sympathischer, Goebbels würde abtreten, ohne diese Möglichkeit zu haben.

Aber schon ein paar Stunden später ist er wieder der Gernegroß. Er bewundert die Japaner, die amerikanische Flieger umbrachten. Ich habe nicht schweigen können. Es sei bestialisch. Wo käme man hin, wenn die eine Partei die andere immer wieder zu sogenannten »Vergeltungsmaßnahmen« zwinge? Durch diese Hinrichtungen habe Japan Amerika das Recht gegeben, seinerseits mit den japanischen Gefangenen ebenso zu verfahren. Wenn wir so verfahren mit englischen, russischen, französischen Gefangenen, geben wir diesen Ländern das Recht, kurzerhand auch die Lebenslichtlein unserer Gefangenen auszublasen. Aber diese Überlegungen vermögen einen wackeren Deutschen nicht zu erschüttern. Was nützen ihm noch die Gefangenen! Gefangene sind abgeschrieben. Sie können für den guten Nazi nicht mehr mit ihrem Blut einstehen, folglich – – – weg mit ihnen.

Mein Nachbar sagte dieser Tage zu mir: »Wer hat denn den Luftkrieg mit allen seinen Scheußlichkeiten angefangen? Doch Ihre Herren Engländer!«

Darauf antwortete ich: »Haben nicht wir Bomben auf Warschau geworfen? Lange zuvor!«

Er: »Warschau war Festung …«

Ich: »Auf Rotterdam geworfen …«

Er: »Rotterdam wurde nicht übergeben …«

Ich: »Haben wir Berlin übergeben? Köln? Stuttgart? Stettin? Und wie war es an jenem Sonntagmorgen in Belgrad? Als die Leute zur Kirche wandelten?«

Nein, ich *kann* nicht mehr schweigen. Freunde warnten mich gestern dringend. Die sagten: was es nütze, wenn ich nun noch vom »letzten Wagen« überfahren würde? Was die anderen machen sollten, denen ich gelegentlich Halt, Versteck und Radio-Nahrung gewähre, falls ich ausgelöscht würde?

5.5.43. Gottlob! Die amerikanischen Bergarbeiter arbeiten wieder. Ich habe mich an den Kopf gefasst, als ich von dem Streik hörte. »Der Mensch ist dumm«. Das war mein Gedanke. Die deutschen Menschen wählten sich einst ihren Hitler, damit er ihnen doch ganz bestimmt die unerträgliche Freiheit nehme und sie der entsetzlichen Mühsal eigenen Denkens enthebe. Und nun machen die amerikanischen Bergarbeiter – das deutsche Beispiel vor Augen – etwas Ähnliches. Sie benützen ihre Freiheit dazu, ihre Freiheit los zu werden. Denn wenn Hitler siegen sollte, dann würden die amerikanischen Arbeiter ganz bestimmt nie mehr streiken. Hitler würde sie der Mühe entheben, wie er das deutsche Volk so vieler »lästiger Mühen« enthoben hat.

Wir hatten in der Nacht ein Erdbeben. Eine tolle Angst erfasste mich. Wie – – hätte am Ende heute Nacht Goebbels die »Türe des Welttheaters« zugeschlagen, das Atomgeschoss abgefeuert, England zertrümmert. BBC schweigt. Ich höre es nicht um 7 Uhr, nicht um 8, nicht um 9 Uhr! Völlig mutlos schalte ich um elf Uhr wieder ein. Wieder nichts! Barmherziger Gott! Ich rüttle am Apparat, untersuche ihn und entdecke, dass wohl durch das Erdbeben – die Antenne ausgesprungen war. Kaum hatte ich den Stift eingesteckt, ertönte das Klopfzeichen, der Rhythmus der fünften Symphonie Beethovens. Vielleicht findet der Leser es lächerlich – *sollte* überhaupt jemals jemand diese

Blätter lesen – wenn ich gestehe, dass ich geweint habe vor glückvoller seelischer Erschütterung.

9.5.43. Tunis und *Biserta*! Ich setze mich an das Klavier und spiele: »Nun danket alle Gott«. Wo wird der nächste Schlag fallen?

9.5.43. *Leitartikel Hermann Hirschs im NS-Kurier:*

> »… Wir wollen auch nicht mehr das Volk der Dichter und Denker sein, zu dem uns eine neidische Umwelt gestempelt hat!«

(Keine Angst, Hermann Hirsch! Ihr Hitler hat gründlich dafür gesorgt, dass wir mit diesem »Schimpfwort« auf Generationen hinaus nicht mehr bedacht werden.)

Der mutigsten unserer Pazifistinnen ist beim letzten Luftangriff Hab und Gut verbrannt. »Ich hätte keiner Belehrung bedurft«, sagte sie schmerzlich lächelnd. »Diese Brandbombe ist verschwendet, sie wäre woanders besser angewendet gewesen …« Wie recht hat sie! Aber sie klagt nicht. Sie sagt: »*Wie* klar haben wir all das kommen sehen!« Mit »wir« meint sie die Vereinigung von Frauen, die versucht haben, gegen die Hitler'sche Kriegspolitik anzukämpfen.

Besuch einer jungen Kriegswitwe. Sie ist »in stolzer Trauer«. Ihr Mann soll nicht »umsonst« gefallen sein. Darum wünsche sie, dass wir den Krieg fortsetzen – auch wenn nichts mehr zu hoffen ist – wünscht, dass weitere Millionen Männer ihr Leben lassen. Wofür? Damit ihr Mann »nicht umsonst« gefallen ist.

Aus einem Zeitungsartikel:

> »… Wir sind, seit die Amerikaner *auf Schleichwegen* in Nordafrika landeten, nicht untätig gewesen«.

Natürlich! Den »militärischen Idioten«, die wir als Gegner haben, wie unser »Gröfaz« (größter Feldherr aller Zeiten) sich so treffend auszudrücken beliebte, kann ja das Dümmste einfallen. Beispielsweise: 850 Schiffe »auf Schleichwegen« nach Afrika zu bugsieren.

Zu solchen Leitartikeln und Kommentaren kann man nur sagen: »Auf dem Dache sitzt ein Greis, der sich nicht zu helfen weiß.«

14. 5. 43. Wie viele Herzen in Deutschland heute wohl »in Dankbarkeit bewegt« sind? Vielleicht alle. Nämlich die, die es auf Befehl sind und die, die es *gegen* den Befehl sind. Ich gehöre zu den letzteren. Auch ich bin »unseren Afrikatruppen dankbar«. Aber nicht, weil sie bis zum »letzten Schuss gekämpft«, sondern weil sie beizeiten aufgehört haben.

16. 5. 43. Freund L. feiert mich als Hellseherin. Weil ich die Niederlage in Tunesien auf den 10. Mai vorausgesagt habe. Er wollte eine neue Prophezeiung haben. Hoffentlich blamiert Ihr Engländer mich nicht, denn ich habe für Juni geweissagt.

19. 5. 43. Eine Frau jubiliert: »Im Westen liegen tausend deutsche Flugzeuge gefüllt mit Treibstoff und Giftgas! Wehe England!«

An eine Gartenmauer möchte ich ein solch böses Gehirn schmettern. Mein Nachbar berichtet: Der Tag nahe, da das neue Geschoss angewendet werde.

Gebe Gott, dass ihr gerüstet seid drüben! Keinen Tag solltet ihr mehr zögern mit der Invasion im Westen.

Ein Bekannter – Blockleiter bei der Partei – erzählte mir: Ein junger Mann sei bei ihm gewesen, man habe ihm als Kriegsversehrten von der Partei aus helfen wollen, in einen Beruf zu kommen. Auf alle Vorschläge habe der Mann geantwortet: »Es ist mir alles ganz gleichgültig.«

»Warum sind Sie so apathisch? Wir wollen Ihnen doch helfen – – –«

»Warum? Ich habe ein Häuschen gehabt. Es ist weg. Zerbombt. Zerbombt sind die Möbel, die Wäsche, die Kleider. Zerbombt ist meine Frau, zerschmettert mein vierjähriges Kind. Alles dahin. Nur *ich* bin noch halb da, mit einem Bein und einem Arm, machen Sie, was Sie wollen!« Sprach's und hoppelte zur Tür hinaus.

Aus einem Feldpostbrief:

> »Solange wir den Führer haben, und damit einen Blickpunkt, nach dem wir uns ausrichten können, ist alles gut. Auch wenn scheinbar (scheinbar?) Schläge auf uns niederprasseln. Aber wird er den Kampf und Krieg bis zum letzten Ende durchführen können? Mit ihm steht und fällt alles. Nichts wird uns helfen können als der feste Glauben und abgrundtiefes Vertrauen auf Gott und das Göttliche in uns und an das Gute unseres Kampfes«.

Solche Soldaten hat der »Führer« noch immer. Dieser junge Mann glaubt gleichzeitig blind an den »Führer« und vertraut auf Gott und das Göttliche in uns. Wie lässt sich das verbinden? An einen »Führer« glauben, der befiehlt, Juden, Polen, Russen abzuknallen? Der Menschen, die ihm nie etwas zuleide getan haben, zu Hunderttausenden niederzumetzeln befiehlt? Der anordnet, dass die Kadaver zu Seife – wer weiß – vielleicht zu Wurst, die der junge Briefschreiber dann mit Genuss verzehrt – verwertet werden? Einem Menschen vertrauen, der ohne Skrupel ein solches Meer von Jammer über die ganze Menschheit – nein über alle Kreatur gebracht hat.

Über Menschen, Tiere, Pflanzen? Einen Menschen, der brüllt: »Ich werde ihre Städte ausradieren« und der darum zulassen muss, dass die Städte seines eigenen Volkes »ausradiert« werden? Des Volkes, für das er Eier und Schinken zum Frühstück erobern wollte! Und dabei ist der Schreiber des zitierten Briefes ein begabter Mann. Er ist nun 32 Jahre alt, war ein ausgezeichneter Schüler, ist in einer Familie aufgewachsen, in der man betont »gut«, »moralisch«, »ehrbar« ist, die regelmäßig zur Kirche geht, und die viel übrig hat für Kunst und Poesie. Er ist außerdem in jüdischer Nachbarschaft aufgewachsen, und zwar war es eine erfreuliche Nachbarschaft: seit Generationen wohnte sein Geschlecht und jenes jüdische Geschlecht Haus an Haus, und allezeit haben sich die Familien nicht nur gut vertragen, sondern teilgenommen an Freud und Leid des anderen. Rätsel über Rätsel! Wie groß oder klein der Teil unseres Volkes sein mag, der sich von allem Anfang an treu geblieben ist, für deren Haltung nie der »Erfolg« der bösen Sache maßgebend gewesen war, sondern stets nur »recht« und »unrecht«, »gut« und »böse«?

Eine traurige Bilanz, diese deutsche Bilanz!

22.5.43. Gestern habe ich Kohle bekommen. Ich habe den Arbeitern, armen ausländischen Burschen, Zigaretten und Brotmarken geschenkt. Der eine, ein Belgier, sagte: »Gut, wenn Kohlen im Keller. Talsperren viel kaputt ... Herr Maier hat nicht gedacht, da ...«

»Herr Maier? Wer ist Herr Maier?«

»Kennen Sie Herrn Maier nicht? Alle Welt kennt ihn« ... er hat doch gesagt (Göring): »Ich will ›Maier‹ heißen, wenn im Ruhrgebiet auch nur eine Bombe fällt ...« (Sprach's und ging pfeifend, Hände in dem Hosensack, zur Türe hinaus).

25.5.43. Mein Nachbar Apotheker sagte, wichtig und eifrig, wie er alles, insbesondere aber sich selbst nimmt: »Ich habe mit einem hohen Beamten gesprochen. Er hat gesagt: »Die englischen Luftangriffe müssen abgestoppt werden! Die ganze Industrie geht flöten ...«

»Aber --- wie will man das abstellen?«

»Indem man kurzerhand daran geht, große Teile von England mittels der neuen Waffe auszuschalten. Damit könnten wir auch im Mittelmeer die Sache stoppen …«

»Warum haben wir das bis dato unterlassen?«

»Es ist eben noch nicht ganz so weit …«

»Ach so …! Die ›Erfindung‹ ist noch nicht erfunden!«

In unserer Stadt wurden, wie man mir erzählte, kürzlich die *Gas-Sirenen* erprobt. Es ist das Zeichen, das die Bevölkerung belehrt, dass die Gasmasken anzulegen sind.

26.5.43. Meine Freundin Elfriede hat sich mit ihrem Freund, dem Dichter Eduard Reinacher, getroffen. Das A und O aller solcher Begegnungen ist immer die alles in sich begreifende Frage: »Wie stellt er sich zur deutschen Gegenwart?«

Elfriede antwortete mir ungefähr: Reinacher sieht die deutsche Kultur, Deutschlands Musiker, seine Dichter, Philosophen und Gelehrte sozusagen als obersten Gipfel aller Menschheitskultur. Kein anderes Volk auf Erden habe ähnlich Erhabenes, Herrliches, Vollkommenes hervorgebracht. Wenn Deutschland diesen Krieg verlieren sollte, so würde er in der Ill (er ist Straßburger) genügend tiefe Stellen wissen, die ihn aufnehmen würden …

»Hoffentlich kann er nicht schwimmen!«, war meine böse Antwort auf dieses widerliche Pathos. Ein deutscher Dichter, durch derartige Reden im Jahre 1943, der »vom obersten Gipfel aller Kultur« herabsaust, geht wohl unter. Und mit ihm jeder Buchstabe, den er je geschrieben hat!

27.5.43. Ein Bekannter, begeisterter Nationalsozialist, schwerer Asthmatiker, klagte gestern, nach Luft schnappend: »Keine Asthmatabletten mehr! Ein Elend!«

»Aber – – –«, sagte ich – – – »Du wolltest doch ›Autarkie‹ haben, nicht? Wir haben sie nun. Ergo: nur Medikamente aus guten deutschen Urstoffen!« Ich weiß, das war böse von mir. Aber man kann den Deutschen ihren Blödsinn wirklich nur am praktischen Beispiel demonstrieren.

Die Stimmung im Volk sei böse, sagten mir Wirtsleute. Ihre Gäste ließen allmählich jede Vorsicht außer Acht und machten ihrem Hass und ihrer Empörung ungehemmt Luft.

Ein Handwerker, dessen junge Tochter sich bei ihm beklagte, dass ihre ganze Jugend – dank dem Kriege – freudlos verstreicht, antwortete ihr: »Schreib doch ›deinem‹ Adolf! Bedank Dich bei ihm! *Ich* hab ihn nicht gewählt, und Du hast mich deswegen ausgelacht als einen ›alten Trottel‹, der nichts verstehe. Und wenn ich die englischen Nachrichten hören wollte, hast Du mir gedroht, mich anzuzeigen. Jetzt hast Du, was Du Dir gewünscht hast: eine hingeschwundene Jugend! Heil Hitler! Wir danken unserem Führer! Zeig mich doch an, Du dumme, böse Gans, Du!«

1. Juni 1943. Ich habe Herrn Klammer gesehen. Vorigen Herbst hat er unsere Bäume im Garten gepflanzt und gearbeitet wie ein Bär. Jetzt ist er nur noch ein Schatten seiner selbst. Warum? Er hat sich krank gemeldet im Betrieb. Er sei *nicht* krank, war die Antwort des Arztes. Er ging auf Privatkosten zu einem Spezialarzt. Diagnose: Rippenfell-Entzündung. Er bekam vierzehn Tage Urlaub. Dann wieder Arbeit. Wieder krank. Nochmal vierzehn Tage frei! Wieder Arbeit! Keine Ausflüchte mehr! Befehl ist Befehl! Wie sollte man den Krieg gewinnen, nicht wahr, wenn alles krank sein wollte …

TB! Aber kein Urlaub! Keine Milch, keine Butter! Liegen? Vaterlandsverrat!

Der Sohn einer ausgesprochen nazi-feindlichen Familie wurde Kamera-Mann. Bei Kriegsausbruch kam er als Bildberichterstatter mit an die Front. Natürlich SS-Mann.

Wie dieser Junge Lehren und Aufgaben der SS in Einklang bringen könne mit den Idealen seines Elternhauses, fragte ich einen gemeinsamen Bekannten.

»Keine Schwierigkeit! Er hört von früh bis spät nichts anderes als ›Führer, befiehl, wir folgen!‹ ›Alles für den Führer!‹ Er habe sich ehrlich durchgerungen. Er denkt nichts anderes mehr als ›Alles für den Führer!‹ Ein ausgezeichneter Charakter!«

Ach ja, ein »ausgezeichneter« Charakter – – – nach deutschen Begriffen.

3. Juni 43. Meine Gedanken ergehen sich nun – so oft ich ein wenig Muße habe – in der Zukunft. Wie wird alles werden? Was muss geschehen, dass es »richtig« wird? Wie wird die Zusammenarbeit mit den Besatzungsbehörden werden? Wie werden sich unsere Nazis benehmen? Wird man es wagen können, offen seine Ansicht zu vertreten, ohne Angst vor Feme-Morden? Oder wird dieses heillose Laster wieder auftreten und jedem mutigen Mann, jeder tapferen Frau Tod androhen?

6. 6. 43. Nein, man sollte nicht mehr unter die Menschen gehen: Keine »Freunde«, auch nicht seine Verwandten sollte man mehr sehen. Man kann ja doch nicht schweigen. Und dann hat man hernach ein heillos schlechtes Gewissen, und Angst frisst einen am Mark. Angst vor dem »Griff an die Kehle«, den Goebbels mit seinen U-Booten angeblich am Halse *Englands* hat, den seine Gestapo aber meisterhaft beherrscht, wenn es darum geht, die Hälse der sogenannten »Über-Objektiven« zuzuschnüren.

Man hat den Soldaten »Hölderlin« als Bibel-Ersatz gegeben. Man hat wohl erkannt, dass das religiöse Sehnen nicht völlig zu ersticken ist in den deutschen Menschen. Während der stürmischen Siege, so scheint es mir, hat man Gott gänzlich entbehren können. Aber nun? Gott wurde damals entthront, der Götze Hitler wackelt bedenklich, ist zurzeit also kein vollwertiger Gott-Ersatz. Woran sollen sich die in Morast und Kugelregen stehenden deutschen Soldaten halten. Man gibt ihnen anstelle Gottes und neben dem wackelnden Götzen Hitler Hölderlins griechische Göttersehnsucht. Und in Empedokles zeigt man das

Ebenbild Hitlers. Gleich ihm ist Hitler ein Einmaliger, ein Göttlicher, Gottgesandter, ein Übermensch, der alle menschlichen Bindungen ablehnt, um nur dem Glücke seines heißgeliebten Volkes zu leben usf. usf.

7. 6. 43.

Wie wird es sein, wenn grollend einst der letzte Schuss
verklungen,
nicht einmal sein Echo mehr das Ohr verwirrt?
Zum Suchen nach dem längst verlor'nen Selbst gezwungen
der deutsche Mensch durch eine Welt von Trümmern irrt!

Wenn jeder weiß: der Krieg ist aus und ist – verloren!
und übersieht des Todes üpp'gen Schmaus!
Was man vor kurzem feurig noch beschworen,
das schaudervolle »Kreuzige!« wird daraus.

Wie wird es sein, wenn Mütter wieder klagen können
und tausender zerquälten Frauen Zorn und Wut
Orkanen gleich durch deutsche Lande rennen
und fragen nach dem sinnlos hingeschlachtet,
heißgeliebten jungen Blut?

Wie wird es sein, wenn ich vor Nachbar, Bruder oder Kind
nicht mehr verbergen muss mein Denken, Fühlen, Werten?
Wenn Verbrechen, die geschehen sind,
mit diesem Wort benannt auch werden?

Wenn wieder »schwarz« man nennt die schwarze Farbe,
das Weiße »weiß«, »abscheulich« die Gewalt?

Wie wird es sein, wenn wir aus tiefem Rausch erwachen
und endlich fragen: »Wieso?« »Warum?« »Wozu?«

Ah – – – Gespenster falscher Ideale lachen
in unser Ohr Musik dazu!

Wie wird es sein, wenn wir auf Mitleid pochen müssen?
Wir, die das Mitleid hohnvoll abgeschafft?
Wenn deutsches Land, im Bruderzwist zerrissen,
vom *Feind* erflehn muss diese hohe Eigenschaft?

So wird es sein:

Ein ganzes Volk wird weinend wieder suchen müssen,
was leichten Sinns und irrgeleitet über Bord es warf:

die Nächstenliebe, die Barmherzigkeit,
die Demut und die Duldsamkeit,
die Ehrfurcht vor dem Göttlichen im Menschen,
die Sehnsucht – ach! – nach unbefleckten Händen.

8. 6. 43. »Was für ein Leben! Nichts zu essen! Sich abdackeln! Maul halten! Die Kinder nimmt man einem weg … Dazu das, was kommen kann, kommen muss! Hast du gehört? Barmen ist nicht mehr! Ausradiert! Mütter haben sich mit ihren Kindern auf den Armen vor den Flammen in die Wupper geflüchtet … So unterhalten sich Frauen in der Straßenbahn. Aber nun senken sie ihre Stimmen. Sie sprechen von der ›neuen Waffe‹. England muss vernichtet werden. Höchste, allerhöchste Zeit!«

Ein Geheimerlass an alle Beamten: Wer am Sieg zweifelt, wird als Vaterlandsverräter bestraft!

Zu was für Methoden diese Burschen greifen müssen! *Mehr* Maulhalten! Immer noch *mehr* Maulhalten!

13. 6. 43. Das deutsche Volk wird nachdenklich. Sogar mein Herr Apotheker, der die deutschen Panzer munter auf dem Nil schwimmen, Rommel mit Japan verbunden, England k. o. geschlagen und Russland »völlig vernichtet« gesehen hat, zeigt eine dick umwölkte Stirn. Er flüsterte mir gestern Abend zu: »Es steht nicht gut! Es steht gar nicht gut!«

Hermann Hirsch tröstet in diesem Moment in seinem Leitartikel seine Leser, indem er auf »unsere Weltanschauung« und auf die »Kraft des deutschen Geistes« hinweist.

Pfingstfestabend. Die Tage sind nur *ein* Zittern, Warten, Bangen. Man weiß, es wird etwas geschehen, etwas Gewaltiges, etwas Entscheidendes. Wird es gelingen? Man sorgt und zittert um das Gelingen des englisch-amerikanischen Vorhabens mehr, als um das, was etwa heute Nacht aus unserer Stadt, aus unserem Daheim, unserem Hab und Gut, unserem Leben werden kann.

15. 6. 43. Ich bin auf der Suche nach Mitbewohnern, die mich nicht denunzieren. Mein Mann und ich sind nämlich keine »Familie« mehr, haben also keinen Anspruch mehr, unser eigenes Haus bewohnen zu dürfen. Ein politischer Leiter hat mir gestern Abend unmissverständlich klargemacht, dass unser Haus für eine Familie mit Kindern geeignet sei, und dass darum ... Was bedeutet eine Frau meines Alters noch im Dritten Reich! Man lässt sie solange leben, als sie noch Sklavin sein kann. Ihrem Mann gibt man eine junge Frau bei, denn er kann als Zeugender einen Jungen im Feld ersetzen.

19. 6. 43. Ich war früher ein freundlicher Mensch, hilfsbereit, den Menschen zugetan, heiter, offen. Was ist aus mir geworden? Verschlossen, misstrauisch, verlogen, hasserfüllt, eigennützig: das ist mein Konterfei heute. Um mein Leben vollends durch die »große Zeit« hindurch zu retten, muss ich *noch* verschlossener, *noch* misstrauischer, *noch* verlogener, *noch* selbstsüchtiger werden.

Es klingelt! Weg mit den Blättern! Wohin damit? In das Gebüsch vor dem Fenster.

Nachher: War das ein Schrecken! Ein Polizist stand vor der Türe. Hat er mein schlechtes Gewissen erraten? Vielleicht. Er sagte gleich tröstend: »Ich komme wegen Luftschutzfragen …«

Man muss seinen Dachboden imprägnieren lassen. Die Leute sagen: »Das ist ja kein Krieg mehr!« Ach ja! Immer dasselbe, solange Krieg nur den anderen Völkern weh tut, merken wir es nicht, tut er aber uns weh, dann ist es »kein Krieg mehr«, sondern abscheuliches, rücksichtsloses Morden.

18. 6. 43. »Schi« – das ist die Bezeichnung eines der Kommentatoren unserer Universal-Nazi-Zeitung. Er schreibt heute in seiner Betrachtung über »Die Großartigen«, d. h. über die Tatsache, dass sich vor einem solchen »Gewalthaber« – der ein kleiner Kaufmann, Schneider, eine Stenotypistin oder ein bescheidener Schalterbeamter sein könne, der Deutsche von heute – »a priori straffällig vorkomme«.

Endlich, sehr geehrter Herr Schi, entdecken auch Sie, dass man im Dritten Reich – beispielsweise, wenn man ein Loch im Schuh geflickt haben möchte –, das angstvolle Gefühl, zuchthausreif zu sein, nicht los wird. Sehen Sie, so geht es uns Anti-Hitlern schon seit zehn Jahren. Seit zehn Jahren leben wir auf der Schwelle des Zuchthauses, jede Minute gewärtig, hineingestoßen zu werden und die Türe hinter uns zuklappen zu hören. Seit zehn Jahren durften wir nicht sagen, dass Hitler uns mit tödlicher Sicherheit dahin führen wird, wo wir heute sind: ein riesiges Zuchthaus. Wir dürfen es nicht einmal mehr denken. Und wenn wir in weiser Voraussicht und aus Liebe zu uns selbst und zu der blöden verblendeten Hammelherde – zu der auch Sie gehören, Herr Schi – warnend unsere Stimme erhoben und versucht haben, Sie und uns alle vor einem Leben zu bewahren, in dem ein Loch im Schuh ein verzweifeltes Unglück bedeutete, so …

Die Tochter von Frau Scholtz-Klink kommt gelegentlich ins Nachbarhaus. Dort plapperte sie aus der Schule. »Mein Papi sagt, wir werden immer Krieg haben! Unser ganzes Leben lang werden wir Krieg haben!«

Zeitungen! Zeitungen! Und Goebbels! Die neueste Version ist: Wir *wünschen* geradezu eine anglo-amerikanische Invasion! Dann bekommen wir »die Burschen« endlich zu fassen! Dann haben wir Gelegenheit, sie zu zwiebeln, k. o. zu schlagen, den Krieg zu beenden!

Fast einen Monat lang habe ich keine ruhige Minute gehabt, um Beobachtungen, Gehörtes und Gesehenes aufzuschreiben. Die Welt hat ihr Gesicht inzwischen Hoffnung erweckend verändert. Sizilien erobert, im Osten ist die deutsche Großmaul-Offensive zusammengebrochen; und in sehr gewundenen Sätzen gibt man zu, dass die »Vernichtungsschlacht«, nach welcher alles, was im Bolschewikenland kreucht und fleucht, hätte vernichtet werden sollen, offenbar doch nicht alles »vernichtet« hat, sondern dass die Russen, »stur«, wie sie nun einmal sind, sich offenbar im Kalender geirrt haben und nun ihrerseits im Sommer (!) zur Offensive übergegangen sind. Wie ist die Version in Deutschland! Wenn der Krieg im Sommer ausgeht, haben wir ihn gewonnen, geht er aber im Winter aus, haben wir ihn verloren. Darum nämlich: weil im Sommer *wir* immer im Vormarsch sind, im Winter aber die Russen, den Schnee blutig färbend, vorwärtsstapfen.

20.7.43. Der liebe Herr Apotheker erzählte: Ein früherer Professor an der Universität unserer Stadt (er emigrierte wegen seiner jüdischen Frau nach England) sei es, der den Engländern das neue Mittel zu der so wirksamen U-Boot-Bekämpfung erfunden habe. Die Frau Apothekerin mischte sich erregt in die Unterhaltung und sagte: »Drum gewinnt man erst den Krieg und haut die Juden *nachher* hinaus!« So also gehen die deutschen Gedankengänge, man hat nichts gegen das Schlachten der Kuh, sondern nur gegen die Dummheit, sie *vor* dem Melken geschlachtet zu haben!

Ein anderes Erlebnis: zwei entfernte Verwandte – der eine ein sehr frommer Mann und Gegner des Nationalsozialismus, der andere Propagandaleiter in einer kleinen Stadt, unterhalten sich. Der Fromme sagt: »Wir *können* diesen Krieg nicht mehr gewinnen. Gott kann das nicht zulassen. Wir haben zu viel Böses getan in den anderen Ländern …«

Worauf der andere: »Das war damals ganz berechtigt. Als jene Dinge geschahen, auf die Du abzielst, waren wir stark. Heute tun wir so etwas auch nimmer …!«

Also: wozu man die Macht hat, hat man auch das Recht. Das alte, das schreckliche Lied.

Ich habe das allerstärkste Missfallen erregt. Warum? Weil ich etwas Selbstverständliches getan habe, ich bin gerecht und höflich gewesen. Auf der Post stand (wie überall heutzutage) eine lange Schlange. Auch einige Franzosen, Zwangsarbeiter, die vor mir und vor vielen anderen da waren (!). Keiner nahm Notiz von diesen Fremdarbeitern, Sklaven! Sie mögen warten! Als die Reihe an mich kam, sagte ich: »*Messieurs, vous avez été ici avant moi!*« Ein erstauntes Aufleuchten der Gesichter, eine zögernde Geste, dann traten sie an den Schalter. Hinter mir staute sich dräuend die schimpfende Menge. Ich drehte mich um und sagte: »Diese Männer hier arbeiten doch für Deutschland, wenn ich nicht irre …«

»Was brauchen die überhaupt auf der Post! Sie sollen was arbeiten. Viel zu sanft geht man mit diesem Gesindel um!« Dies waren die Worte aus dem »deutschen« Hintergrund. Wie sehr muss man sich schämen!

Zuweilen stelle ich mir vor, wie es wohl den »Teutschen« heute zu Mute ist? Zum Beispiel denen, die sich in den verlassenen Judenwohnungen eingenistet haben? Wird es da nicht heißen:

»Und sieh, und sieh! An weißer Wand,
Da kam's hervor wie Menschenhand.
Und schrieb und schrieb an weißer Wand,
Buchstaben von Feuer und schrieb und schwand ...«

23.7.43. Wieder macht sich einer der Zeitungsschreiberlinge lustig über die Feigheit der Anglokaner, ausgerechnet an der schwächsten Stelle auf Sizilien zu landen! Nun -- das sind eben »militärische Idioten«! Unsere geniale Führung würde sich eine solche Landung nicht unnötig leicht machen, *sie* würde an der unüberwindlichen Stelle ihre Soldaten an Land setzen und ... opfern.

Soeben Sendung für die deutsche Wehrmacht gehört: Hamburg! Der bisher schwerste Angriff des Krieges! Wie mag es dort aussehen? Wie lange wird unsere Stadt – unsere liebe, schöne Stadt – noch Galgenfrist haben? Mit welcher Wehmut haften meine Blicke an ihr, wenn ich von meiner Höhe talwärts wandere!

Wenn sie geräumt werden wird, sollen wir in den »Sudetengau« evakuiert werden, wurde uns mitgeteilt. Was für »Reiseaussichten«! Ach -- *wie* gerne möchte ich wieder mal reisen! Ein paar Tage in einem schönen gepflegten Hotel wohnen, wo man auf dicken Teppichen über Treppen und durch die Gänge geht, wo flinke »Ober« mit der blütenweißen Serviette überm Arm mich an den schön gedeckten, mit Blumen geschmückten Frühstückstisch komplimentieren, wo eine Schale knuspriger, frisch gebackener Weißbrötchen meine Esslust kitzelt, von Butter und Honig umgeben, wo ... Fort mit Euch, Phantasien aus einer untergegangenen Welt!

Montag, 26.7.43. Wie armselig ist der Mensch! Wie unbeholfen mein Vermögen auszudrücken, was ich heute fühle! Mussolini weggefegt! Meldet Radio London! Schnell ans Klavier! »Nun danket alle Gott!« Nichts könnte besser sagen, was ich fühle.

Dabei an meine fernen Kinder denken! Was mögen sie fühlen bei dieser Nachricht? Hoffnung! Hoffnung!

Die Reaktion auf meine Putzfrau? Sie sagte kurz und bündig: »Ich möchte jetzt kein Nazi sein!«

Die Wirkung auf den Herrn Apotheker? Wie gelähmt saß er in seinem Garten, der Nachthemdzipfel hing höchst unfeierlich unter seiner kurzen grünen Sporthose vor. Die lächerliche Aufmachung passte so gar nicht zu der tief zerfurchten Stirn und den angsterfüllten Augen eines Jungen, der sich offenbar selbst nicht verstehen kann. Wie klein und sorgenerfüllt und kläglich ist der großspurige Held Apotheker heute geworden! Und mit ihm bestimmt Zehntausende anderer »großer Herren«! Wie aufgeblasene Gummimännchen, die mit einem kläglichen Quietschlaut in sich zusammensinken. Ich selbst möchte eigentlich gar nichts tun, als immer dasitzen und das erregende Gefühl wahrnehmen, das mich bewegt und innerlich jauchzen macht. Bald! Bald wird das Leben wieder beginnen! Das Leben mit so viel Schönem, Interessantem, Gutem! Ein Leben in Wahrhaftigkeit und Anständigkeit, verbunden mit dem *Gesamt*leben! Nicht mehr jenes »deutsche« Leben, das schlimmer ist als der Tod!

31.7.43. Goebbels in *Das Reich*:

> »... was den Luftkrieg anlangt, so sind die Schläge, die wir dem Feind im Herbst und Winter 1940 zugefügt haben, auch im jetzigen Stadium des Krieges viel höher zu werten als die, die er uns zufügt«.

Warum dann das Geschrei über die »anglo-amerikanischen Barbaren« und »Mordbrenner«?

Zeitungsnotiz:

> »Deutsche und italienische Kriegsgefangene in den USA werden als Baumwollpflücker eingesetzt. Dieser Einsatz, der bis-

her den Negern vorbehalten war, stellt eine moralische Schikane der Gefangenen dar«.

Was soll man zu solcher unverschämten Heuchelei sagen? Wenn man sieht, was Gefangene bei uns tun müssen?

31.7.43. Zeitungsnotiz:

»... Der Seele seiner Bewegung (Mussolinis Faschismus) lag der dynamische und fruchtbare Idealismus zugrunde, der seine Wurzeln im Geiste des Krieges hat ...«

Welches Eingeständnis!

Ein im Zug belauschtes Gespräch:

Ärztin (Mutter v. 2 Söhnen): »Man hat ja immer gehofft, dass man den Italienern mal eins auswischen wird. Dass das aber *jetzt* und unter solchen Umständen geschehen muss ... Hoffentlich geht es bei uns nicht, wie in Italien ...«

SS-Mann: »Unsinn!«

Ärztin: »Wenn Italien aber aus der Reihe tanzt?«

SS-Mann: »Wir werden Italien total verwüsten. Italien wird ausgelöscht in diesem Fall ...!«

Ärztin: »Meine beiden Jungen sind fanatische SS-Männer. Im Osten. Wenn je bei uns der Partei etwas Ähnliches zustoßen würde, wie dem Faschismus in Italien: wir haben in unserer Ortsgruppe alle Vorbereitungen getroffen, um hernach in aller Heimlichkeit wieder aufzubauen ...«

SS-Mann: »Ich kann Ihnen sagen: alles wird abgewürgt, erwürgt, was versuchen sollte ... Wir sind zum Äußersten entschlossen. Uns kann keine Aufgabe schrecken! Auch nicht nach einem verlorenen Krieg! Wir führen alles durch – bis zur letzten Konsequenz!«

So ist es: »Bis zur letzten Konsequenz«. Er wird im Blute seiner Brüder und Schwestern waten und – – wird sich edel und gut dünken dabei.

Brief einer Nichte, die zum Arbeitseinsatz nach Posen kommandiert wurde:

»Heute möchte ich zuerst ›politische‹ Dinge schildern, die mich gewaltig in Aufruhr versetzt haben. Wir befinden uns augenblicklich in Posen und haben heute Morgen den Vortrag eines hohen Amtsträgers gehabt. Gesprochen hat der Mann an sich nicht schlecht, aber – – aber! Den Anfang und das Ende seiner Rede bildete eine sehr eindringliche Geburtenwerbung, die er unverblümt und taktlos vorgebracht hat. Der Mann erzählte, dass vor 1939 nur 4 % Deutsche im Wartheland lebten, jetzt seien es 20 %. (Ist das auch ein Grund, die ›vielen‹ Deutsche ›heim ins Reich‹ zu holen und Krieg anzufangen?) Die Deutschen hier seien durch den Umgang mit Polen und Juden verweichlicht. Er habe aber seine ›Erziehungsmethoden‹. Von den Polen sagte er: sie erhalten so viel Lebensmittel, dass es zum Sterben zu viel, zum Leben zu wenig sei. Die Intelligenz sei ›unschädlich‹ gemacht worden. Ferner seien alle polnischen Kirchen wegen der antideutschen Haltung der Geistlichen geschlossen worden. Sämtliche Polen seien enteignet worden, sie besitzen keinerlei Vermögen, auch weder Häuser noch Äcker … usf. usf. Die Juden leben im Ghetto, sagte er. Sie arbeiten ungeheuerlich für die deutsche Rüstung, sie haben nichts, was sie freuen könnte, höchstens die Aussicht, bei noch mehr Arbeit, eine Sonderzuteilung zu bekommen. Die ›Sonderzuteilung‹ besteht aus Kartoffeln. Kinderarbeit bei den Juden ist eingeführt. Die Polizei wird aus Jüdinnen gebildet, die, verlockt durch Vergünstigungen, ihre Artgenossen beim kleinsten Vergehen wie toll prügeln …
Liebe Tante! Das alles und noch Entsetzlicheres schmiss uns das Aas von Redner mit zynischen Worten hin. Ich wäre ihm

am liebsten ins Gesicht gesprungen. Trotzdem bin ich froh, dass ich hier bin: erst jetzt erlebe ich den ›Nationalsozialismus‹ völlig nackt und ungeschminkt …«

Diese Nichte war zwar nie begeisterte Anhängerin dieser Fehl-Religion. Aber zuweilen ließ sie uns, ihre Eltern und mich, doch das »Mitleid der Jugend« mit dem »Alter« fühlen, das zurückbleibt, zurückbleiben *muss* bei so stürmischen Entwicklungen. Es war ein teurer Preis, den dieses junge Mädchen für ihre endgültige Kur vom Nationalsozialismus bezahlen musste. Sie hat noch viel erzählt in ihren Briefen, sie hat Entsetzliches erlebt. Aber sie hat die einzig richtige Konsequenz gezogen. Im Gegensatz zu so vielen anderen jungen Menschen, die sagen: »Gewiss, es ist entsetzlich, was geschieht. Aber es *muss* geschehen, um den Krieg zu gewinnen.«

13. 8. 43. Aufregung! Aufregung! Alles ist aus dem Häuschen. Meine Nachbarin sagte: »Denken's nur, die Engländer haben schwarze Papierstreifen abgeworfen mit Cholera- und Typhusbazillen.«

Kaum eine halbe Stunde nachher fand ich in unserem Garten einen solchen »Bakterienträger«. Meine Nachbarin schrie entsetzt: »Und das nehmen Sie in die Hand?«

»Warum nicht? Wenn die Engländer auch *sehr* dumm sind, *so* dumm sind sie indessen doch wohl nicht, dass sie Epidemien zu entfachen versuchen in einem Land, das sie in Bälde mit ihren Truppen zu überziehen hoffen.«

Zeitungs-Artikel über *Menschen-Zucht.*

»… Die Hausstelle für Ehevermittlung beim Gauamt für Volksgesundheit … kann einem längst bestehenden Bedürfnis abhelfen. Dr. Stähle geht von der Voraussetzung aus, dass Eheberatung eine Sache der Partei ist … usf. usf.«

Wann werden sie alle Liebesgedichte auf dem Scheiterhaufen verbrennen? Liebe? Pah! Zuchtwahl! Das ist das Wort.

Aus einem Zeitungsartikel:

> »Wer aus Dummheit oder Böswilligkeit Gerüchte weiterträgt, die den Widerstandswillen untergraben, muss sofort gepackt werden. Jeder anständige deutsche Volksgenosse – sie machen 99 % des deutschen Volkes aus – muss so viel Zivilcourage aufbringen und sofort hart zufassen ...« (*NS-Kurier*, 14. Aug. 43.)

Man fragt sich, was eigentlich noch geschehen muss, um dem deutschen Volk *wirklich* Zivilcourage zu geben! Zivilcourage gegenüber seinen Tyrannen, nicht gegen die armen Hascherln von Volksgenossen, die zuweilen den Mund nicht mehr halten können, die sich Luft machen müssen, – auch wenn sie nur flüstern, was sie denken! Es ist alles so hoffnungslos. Von innen kann keine Hilfe kommen. Wir müssen den Kelch bis zur bitteren Neige trinken – weil vermutlich wirklich 99 % der Deutschen hitlerhörig sind.

Und nachher? Wird der Heilungs-, der Gesundungsprozess von innen heraus sich vollziehen? Vielleicht gibt es keine andere Möglichkeit, als dass nach der Niederlage die prägnantesten Stellen aus den Reden der deutschen Götzen Hitler, Göring, Goebbels jahrelang an jeder Straßenecke durch Schallplatten in die deutschen Ohren eingehämmert werden, die Scham in ihren Herzen wecken und sie überzeugen, *wer* wirklich Urheber all des Elends und Jammers ist, der über uns und die Menschheit gekommen ist und weiterhin noch kommen muss. Denn bis jetzt sind es ja nur die »gottverfluchten« Engländer, die uns den »Krieg« aufgezwungen haben.

18.8.43. Eine in M. ausgebombte Frau sagte zu mir: »Ich betrachte das als Tribut, den ich dem Schicksal dafür zu bezahlen habe, dass ich die Nazi-Pest geduldet habe ...«

Auch *solche* Menschen haben wir noch. Sie gehören zu dem einen Prozent!

Die »Bazillenstreifen« haben ihre Aufklärung gefunden: es ist ein Mittel, unsere Flak irrezuführen. (Stanniolstreifen)

21. 8. 43. Wie ich alles satt habe! Endlich einmal wieder – wo immer wünschenswert – sagen dürfen, was man denkt, seine Haustüre zuschlagen können vor ungebetenen Gästen, das freundliche Grinsen abzulegen, sein »wahres« Gesicht zu zeigen und jenes »reinigende Gewitter« auszulösen, das unser Volk so dringend benötigt, damit die »Luft im Vaterland« hernach wieder lockt, sie in tiefen Zügen einzuatmen.

22. 8. 43. Ein Oberstudiendirektor, Historiker, sagte dieser Tage in einem Vortrag vor Professoren und Studienräten: »Der Sinn der Geschichte ist die Einigung aller Germanen. Vor allem der Sinn der *deutschen* Geschichte! Da aber das Deutsche allen Wesens Kern ist, kann man schlechthin behaupten: die Einigung aller Germanen ist der Sinn *der* Geschichte.«

Über den Krieg sagte er: »Dank unserer fortgeschrittenen Technik wird die Kriegsführung immer *humaner*«. Natürlich meine er die *deutsche* Kriegsführung. Denn dass die gegnerische Kriegsführung mehr als barbarisch ist, das weiß jeder anständige Deutsche a priori.

26. 8. 43. Was alles ist nötig – – nachher? Vor allem auch Romane, Erzählungen, Theater, die unser Volk mit neuen, besseren Sehnsüchten erfüllen. Woher bringen wir die Dichter solcher Werke? Ach – wenn man doch Kraft hätte! Aber ich fürchte – – ich bin schon den Jahren nach zu weit entfernt von der Jugend, als dass ich einen Stoff so gestalten könnte, dass er die Jugend ergreift.

28. 8. 43. Heute habe ich mit einem Bekannten wieder die quälende Frage erörtert: ist das deutsche Volk so schlecht und dumm, weil es einen Hitler hat, oder ist dieser Hitler nur möglich, weil die Aufnahmefähigkeit für ein solches Monstrum im deutschen Volk 100 %ig vorhanden war?

Natürlich gedachten wir in unserer Debatte auch des vierjährigen Kriegsjubiläums und daran, wie wir nach der Hitlerrede bei Kriegsausbruch einige Frauen haben fassungslos schluchzen sehen. Warum diese so geweint haben? Weil Deutschland plötzlich im Kriegszustand war? Ach nein. Weil der »Führer« gesagt hatte: »Sollte mir in diesem Kriege etwas zustoßen …« Die Vorstellung, dass ihrem Gott »etwas zustoßen« könnte, hatte diese Tränen der Ergriffenheit verursacht.

Voltaire geißelte in seiner *Pucelle* die Einbildung. Wie sie die Menschen beherrschen und tatsächlich alles aus ihnen machen, ihre Gefühle und Wertschätzungen in das Gegenteil wandeln kann. Ist die Liebe Titanias zu dem Esel im *Sommernachtstraum* Shakespeares nicht ein verwandter Vorgang? Wenn man das Benehmen so großer Teile des deutschen Volkes während des letzten Jahrzehnts nicht als eine ähnliche *Verirrung* ansieht, ist es unmöglich, sich irgendwie zu diesem Volke zu bekennen und auch nur einen Gedanken an es zu verschwenden.

2. 9. 43. Binnen vierzehn Tagen müssen alle Schüler unserer Stadt evakuiert sein. Eine furchtbare Aufregung! Die Mütter jammern und weinen auf den Straßen, die Kinder schreien, und es gibt Männer, die sagen: »Jetzt ist es mir ganz gleich, ob ›sie‹ mich an den nächsten Zaun hinstellen und erschießen.«

Diese Eltern behaupten, es sei keineswegs Fürsorge für die Kinder, man nehme vielmehr den Müttern die Kinder weg, damit sie selbst, die Mütter, in die Fabriken gezwängt werden können. Andere sagen: die Kinder müssen weg, um Betten frei zu machen, für Erwachsene, die arbeiten können, Kugeln drehen, und damit nach einem erwarteten Großangriff Betten da seien für die zur Arbeit benötigten Obdachlosen.

Das deutsche Volk erwacht, reibt sich schreckvoll verwundert die Augen und sagt: »Ach – – *so* ist der Krieg? Wenn wir *das* gewusst hätten ...«

Mein Nachbar sagt: »Es gibt vernünftige und unvernünftige Weiber. Solche, die ihren Männern ins Feld schreiben: ›Es geht uns gut, wir werden immer satt, und Du brauchst Dich um nichts zu kümmern ...‹ und andere, die erzählten: ›Es ist schrecklich, zu kaufen gibt es nichts, wir haben immer Hunger, und arbeiten muss man wie ein Lasttier ...‹ Das sind Hochverräterinnen! Jeden Tag gehört ihnen eine Tracht Prügel verabreicht ...«

3.9.43. Warum sind Väter und insbesondere Mütter jetzt so renitent, da man ihnen ihre schulpflichtigen Kinder (angeblich zu deren Schutz) wegnehmen will? Warum lassen dieselben Eltern ihre *herangewachsenen* Söhne widerspruchslos – zuweilen sogar noch immer mit Begeisterung – in den Krieg ziehen? Menschen sind sonderbar widerspruchsvolle Wesen, insbesondere die deutschen Menschen.

Ländliche Bekannte von mir sind nun mit einem Mal absolut Anti-Hitler. Sie können nicht erwarten, bis es ihm geht wie Mussolini. Gleichzeitig aber hat die Frau noch immer einen glühenden Hass gegen Polen, Engländer, Franzosen, Russen. Bei jedem Bissen, den sie dem kleinen Knechtlein, einem freundlichen Polenbüble, geben muss, würgt sie Hass und Geiz. »Diese Bagage! Diese Lumpen! Diese Fetzenberger!«, schilt sie. »Ihnen muss man das gute deutsche Essen geben, und unsere Buben müssen womöglich darben oder sitzen in irgendeinem schrecklichen Jammer! Ach Gott! Ach Gott!«

Da las ich gestern Abend Trollopes Geschichte *The O'Conors of Castle Conor*. Ich musste angesichts der Schuhtragödie des Tanzlustigen herzlich lachen. Aber als ich das Büchlein weglegte, da wunderte ich mich, wieso es möglich ist, sich der Gegenwart so entrücken zu lassen, und lachend zu vergessen, dass man – – wer weiß – – in den nächsten Stunden schon zerfetzt, verkohlt, erstickt sein kann …

3.9.43. Aus der Zeitung:

»Wie sich auch die Kampfsituation im Südraum entwickeln mag, so kann doch gesagt werden, dass sie vorausgesehen und von der deutschen Führung in Rechnung gestellt wurde …!«

Also: wieder einmal »alles im Vorhinein einkalkuliert«! Es lebe der Führer!

3.9.43. Zeitungs-Schlagzeile:

»Die SA steht da, wo der Führer sie haben will!«

Wahrlich, eine Satire könnte der schreiben, dem's gegeben ist. Einen Voltaire müssten wir haben! Seine Spottlust und Spottbegabung würde wenigstens einem Teil dessen gerecht werden, was es in deutschen Landen zu verspotten gibt. Beispielsweise die SA. Man hat ihr einen Fußtritt gegeben von allerhöchster Stelle, als man »vornehm« geworden war und die SS hatte. Da glaubte man, auf die »braunen Marschierer« pfeifen zu können. Nun lockt man die »brave SA« wieder aus der Mottenkiste hervor, kitzelt sie, schmeichelt ihr, und siehe da: hündischer als ein Hund leckt sie ihres treulosen Herren böse Hand.

Wo bleibt da die Legende vom »aufrechten deutschen Mann«? Ach so, es ist ja eine »Legende«, und eine Legende ist von Wahrheit unberührt.

4.9.43. Hermann Hirsch in seinem Leitartikel:

»Ein politisch reifes Volk lässt sich durch die agitatorischen Manipulationen nicht beirren. Der Führer denkt für uns. Wir brauchen nicht für ihn zu denken ...« usf.

Wie lange noch lässt sich das deutsche Volk eine derart beleidigende Behandlung gefallen? Lässt sich alles »vordenken«? Jedes Tier hat ein würdigeres Dasein als ein Deutscher im Hitler-Vaterland. Wohl: er darf essen und trinken (allerdings nur so viel, wie ihm zugeteilt ist), er »darf« arbeiten, mehr als er leisten kann, ja, er *soll* sich sogar vermehren. Aber denken? Bei Todesstrafe verboten. Das besorgt allein und absolut richtig – wie wir glückvoll erleben – der »Führer«.

5.9.43. Zeitungsnotiz:

»Die Engländer haben in Kalabrien wieder einmal bewiesen, dass sie nur dort Landungen vornehmen, wo sie ihre Menschen schonen können ...«

Haben Sie etwas anderes erwartet? Wo sollen »militärische Idioten« auch sonst landen? »Menschen von Format« – wie unser göttlicher Führer, landen großartigerweise selbstverständlich da, wo es die *meisten* Opfer kostet! (Wenn er überhaupt irgendwo anders »landen« sollte als im Hades.)

9.9.43. Italien hat kapituliert! Wie selten waren mir während der vergangenen Jahre Tränen gegeben! Ich bin hart geworden, sehr hart. Aber heute – – ach heute – – –! Ich rannte zu meinen beiden Kölnerinnen, die in meinem Hause untergekrochen sind, und verkündete ihnen das Ungeheuerliche. »So lachen Sie doch!«, sagten sie. »Warum weinen Sie denn?«

Wir – mein Mann und ich machten noch ein paar Schritte

nach dem im Mondschein liegenden nahen Wald. Es war uns feierlich zumute, glückselig feierlich. Das Ende des Martyriums ist in Sicht! Es hat zwölf Uhr geschlagen. Es gilt, noch die letzten fürchterlichen 5 Minuten durchzustehen!

10.9.43. »Der Führer spricht!« Von Mund zu Mund verbreitet sich diese Kunde? Aus allen Fenstern tönt der Radio. Wie viele haben seither alle nur denkbaren Kniffe angewandt, um die Führer-Reden *nicht* hören zu müssen. Heute aber will jedermann wissen, was er wohl zu der italienischen Sache zu sagen haben wird. Aber – – – der Führer sprach nicht. Die Radios liefen heiß, man wartete, wartete, wartete. Nichts erfolgte. Sollte es wahr sein? Man erzählte: der Führer sei überhaupt gänzlich desinteressiert am Krieg. Er arbeite mit Hochdruck an den Entwürfen für einen neuen Bahnhof in München. Es ist alles möglich. An dem einen »Spielzeug«, seinem Krieglein, hat er sich gestochen, nun greift er – als echter Narr – zu einem anderen.

Ein politisch mündiges Volk seien wir. Dass ich nicht lache! Meine Nachbarin beispielsweise sagte mir heiter lächelnd: »Das mit Italien hat gar nichts zu bedeuten! Die Schlawiner-Italiener haben sowieso nichts geleistet bis jetzt!«

Es ist mehr als schwer, jetzt seine Zunge zu zügeln, jetzt, wo die Angst der »Heroen« überall sichtbar wird. Diese Großmäuler sind so klein geworden, und ihre Augen quellen ihnen vor purer Angst aus den Höhlen. »Wird man uns aus unseren Häusern vertreiben?«, fragte sie zitternd.

»Möglich«, antworte ich.

»Werden die Russen uns zur Zwangsarbeit nach Russland verschleppen?« »Vielleicht«, antworte ich ungerührt. »Wenn sie nach dem alttestamentarischen Spruch handeln ›Auge um Auge – Zahn um Zahn‹, dann werden wir nichts zu lachen haben, wenn die Sieger einrücken in unser Land.«

»Werden die Feinde uns nicht töten, foltern?«

»Vielleicht. Wenn sie nach unserem Wahlspruch handeln:

›Wozu man die Macht hat, hat man das Recht‹, dann werden sie es sicherlich tun.«

Hermann Hirsch im NS-Kurier vom 9.9.43:

> »... das deutsche Volk darf überzeugt sein, dass dem Führer nichts entgeht, und dass er die Lage mit kühlem Blick überschaut ...«

Hat der Führer es tatsächlich »überschaut«? (Den Abfall Italiens. Hat er sich nicht anders geäußert in seiner belämmerten Rede?)

11.9.43. Zwei Tage Kopfhängen in Deutschland! Aber schon ist man wieder Hansobenauf! Rom besetzt! Mailand besetzt! Gott sei Dank, der deutsche Kommissstiefel tritt der »italienischen Brut« auf den Nabel! Wir sind noch immer stark, wir schlagen zu! Wir haben das Heft in der Hand! Man zittert noch vor uns! Es geht – gottlob – noch nicht zu Ende! »Noch lange nicht!« So sprechen heute schon wieder die Burschen, die die »letzten 5 Minuten« nicht lange genug hinausziehen können.

13.9.43. Tränen der Rührung, fassungslosen Glücks! Frauen und Männer weinen vor Dankbarkeit, denn nun – – nun kann's wahrlich nicht mehr fehlen! Wie stark wir doch sind! Wie allmächtig! Mussolini ist befreit! Es geht wieder aufwärts, alle Zügel werden nun wieder straff angezogen. Gottlob: schon ist der italienische König zum Teufel gejagt. »Wir sind wieder Herr der Lage!«

So jubeln sie, so schwärmen sie, und die, die tags zuvor ihr Parteiabzeichen am liebsten versteckt haben, tragen es nun wieder auf stolz geblähter Brust.

Und zu all dieser bodenlosen Dummheit und Charakterlosigkeit darf man nichts sagen. Man darf nicht einmal einwenden, wieso es Deutsche waren und nicht Italiener, die Mussolini befreit haben! Es hätte mir mehr Eindruck gemacht, wenn die Italiener Kopf und Kragen riskiert hätten, um ihren geliebten Duce wiederzuhaben. Hat man nicht den Eindruck, als ob sie ganz zufrieden gewesen wären »ohne«?

Was sollen die Mütter und Bräute und Frauen der bei diesem Husarenstückchen ums Leben Gekommenen denken und fühlen? Kaltschnäuzig wird zugegeben: »Ein Drittel der eingesetzten Mannschaft ist abgestürzt oder verschollen …« Vermutlich sind die Hinterbliebenen lauter heldische SS-Mütter und Bräute. Sie werden eitel Wonne und Jubel sein über einen derart »wertvollen« Tod ihres Sohnes oder Bräutigams.

Eine Frau Dr. phil. sagte mir gestern: »Der Führer hat ja gesagt, dass die Vergeltung gegen England demnächst erfolgen wird … Und – wenn der Führer etwas sagt, dann kann man sich schon darauf verlassen …«

Auch darauf darf man nichts sagen. Aber ich kann nicht »nichts« sagen, ich kann es nicht, und wenn Himmler jeden Tag droht: »Wer am Sieg zweifelt, wird den Ausgang des Krieges nicht erleben!« So erinnere ich an die »Städte«, die Hitler drüben »ausradieren« wollte, an die russischen Armeen, die (nach ihm!) »vernichtet« sind und »sich nie mehr erheben werden« (und sich doch immer wieder erhoben und eindringlich gekämpft haben), an das Wort »Stalingrad überrennen« und an andere markige Äußerungen des Göttlichen. Aber ich weiß, meine Tage sind gezählt. Ich gehe – sozusagen – bereits mit dem Kopf unterm Arm durch die Straßen. Ich will das Schicksal nicht absolut herausfordern, nein, das will ich nicht. Ich will vorsichtig sein, wo es angeht, aber ich will nicht zum Verräter an meinen Werten und Denken werden. Ich will es nicht, will es nicht! Darum, wo immer ich eine Chance sehe, jemand noch nicht hoffnungslos Verlorenen für die bessere Sache zu gewinnen oder ihn vor einem völligen Abrutsch in die Welt dieser Afterideale zu bewahren, *werde* ich reden.

15. Sept. 43. Zeitungsmeldung:

»Am 7. Sept. ist der 27 Jahre alte Pianist Karlrobert Kreiten aus Düsseldorf hingerichtet worden, den der Volksgerichtshof wegen Feindbegünstigung und Wehrkraftzersetzung zum Tode verurteilt hat… Kreiten hat… eine Volksgenossin in ihrer treuen und zuversichtlichen Haltung zu beeinflussen versucht und dabei eine Gesinnung an den Tag gelegt, die ihn aus der deutschen Volksgemeinschaft ausschließt.«

Wie viele Tage oder Stunden mögen mich noch von *meinem* Ausschluss aus der »deutschen Volksgemeinschaft« trennen?

Zeitungsmeldung:

»Rasches und ruhmloses Ende der Badoglio-Armee.«

Warum jubeln wir so überlaut, dass Italien »nunmehr« wieder an unserer Seite kämpft, wenn der Ausfall Italiens »militärisch nur wenig« bedeutet, wie man uns noch gestern gelehrt hat? Gibt es ein unlogischeres Volk als wir es sind? Heute paukt man uns dieses ein, morgen das Gegenteil: und immer schreien wir einmütig »Heil« aus geblähtem Hals. »Einmütig« insofern, als die, die anders schreien mochten, stumm zu sein haben, wenn sie nicht riskieren wollen, für immer stumm gemacht zu werden.

16. 9. 43. Mein Nachbar war gestern Abend in einer »Welle« (Partei-Versammlungen, die sporadisch im ganzen Land abgehalten werden). Resultat: Schloss vor den Mund! Himmler ist da, und Himmler schießt! Himmler hat genügend Munition für alle, die laut oder leise, in der Bahn oder im Familienkreise Zweifel am Endsieg zu äußern wagen. Wovon sprechen? Über »das Wetter«? Auch das kann einen den Kopf kosten. Denn das Wetter hängt mit der Luft zusammen und »Luft« ist heute nicht einfach »Luft«, sondern das Element, in dem sich die Tod und Verderben speienden Maschinen der Feinde bewegen. Also: vergessen, dass man sprechen gelernt hat. Denn *alles* ist gefährlich. Jedes Wort! Jeder Buchstabe!

17. 9. 43. Wie viel weise Voraussicht hat doch unser »Allesimvorhinein-Einkalkulierer« walten lassen! Die Zeitungen schreiben:

> »Er hat in den vergangenen Jahren darum so gewaltige Räume erobert, damit er jetzt in der Lage ist, die ›übergroßen Räume‹ wieder abzustoßen, sich von ihnen abzusetzen.«

So zu lesen in den Zeitungen. Diese Schaumschläger!

18. 9. 43. Zeitungsartikel:

> »… wir wollten nur ein ganz bescheidenes Lebensrecht. Es war nicht viel, was wir beanspruchten. Unsere Feinde haben uns das Wenige missgönnt und haben uns überfallen. Weder für uns noch für die Engländer und Amerikaner hätten lange Jahre voll Schweiß, Blut und Tränen kommen müssen. Mit dem Aufwand für den Krieg hätte man die Wohlfahrt der ganzen Menschheit fördern können. Aber daran denken die jüdischen Finanzgewaltigen nicht …«

Ach ja! Was für Konglomerate von Dummheit, Verlogenheit und Ehrbarkeit bekommt der deutsche Leser täglich vorgesetzt. Gehorsam und brav »richtet« er sein Denken nach diesem »Wirrwarr aus,« d. h.: er denkt genauso verlogen, dumm *und* … »ehrbar«, und glaubt: er denke *nur* erhaben.

Zur Beleuchtung des deutschen Untertanen.

Meine Putzfrau kam in ein Haus und erzählte wichtig: »Wissen Sie es schon? Der Führer spricht!«

»Nun kommen auch Sie noch mit diesem Gerücht eines Bösewichts und Saboteurs. Alle gehört Ihr ins KZ. Seit gestern früh schreit alles ›Der Führer spricht! Der Führer spricht!‹ Warum? Nur, um hernach sagen zu können: ›Seht mal an, er hat doch den Mut nicht gehabt, mit einer Rede vor sein Volk zu treten!‹«

So wurde ihr geantwortet. Die Putzfrau schwieg belämmert. Aber am Abend sprach der »Führer« tatsächlich. Sie stellte sich daher breitbeinig vor ihren Brotherrn und sagte: »So? *Wer* gehört jetzt ins KZ, Sie oder ich? *Sie* mit ihrem Kleinglauben, nicht ich als ›Gerüchtemacher!‹ Umso mehr, als Sie ja das goldene Parteiabzeichen tragen und von Amts wegen alles zu glauben haben.«

21. 9. 43. Die Gegenwart hat doch noch Humor. Jeden Tag werden in den Zeitungen Papageien zum Verkauf angeboten. Warum? Weil der Sprachschatz des deutschen Papageis aus »Heil Hitler!« »Wir danken unserm Führer!« »Gott strafe England« und »Sieg Heil« besteht. Im September 1943 ist das nicht so – – – so modern. Es geht auf die Nerven. Auf keinen Fall möchte man derjenige sein, von dem das plappernde Tier diesen Sprachunterricht genossen hat. Man kann ja nicht wissen, wie's geht, ob nicht eines Tages englische Besatzung von so einem Biest begrüßt wird: »Gott strafe England!«

21. 9. 43. Der Herr Apotheker erzählte mir den munteren Witz: »Früher, da verließ man sich in Notzeiten auf die ›himmlischen Heerscharen‹, heute, da verlässt man sich auf die »himml*er*ischen H*ö*rscharen.«

23. 9. 43. Aus der Zeitung:

»... Es ist für uns in der Heimat im Augenblick nicht feststellbar, wo die tatsächliche Hauptkampflinie verläuft, es erübrigt sich von selbst, die Bewegungen anhand der Karte von Ortschaft zu Ortschaft zu verfolgen ...«

Also: verboten, Fähnchen zu stecken!

25.9.43. Aus der Zeitung:

»Der deutsche Soldat hat die schwierigsten Lagen gemeistert; er wird die Lage auch künftig beherrschen, zumal die Voraussetzungen des Kampfes für ihn günstig sind. Smolensk und Roslawl wurden geräumt.«

Echt nationalsozialistische Logik! *Weil* weitere Städte geräumt werden mussten, darum sind die Voraussetzungen für den deutschen Soldaten günstig. Je mehr wir verlieren, umso größer die Chancen, den Krieg zu gewinnen! Was für einen »Brain-Trust« muss Hitler und Goebbels allmählich zusammentrommeln, um einen solchen Lohkäs zu fabrizieren!

Schlagzeile in der Zeitung:

»Die Abwehr im Osten eine bewegliche Mauer.«

Wahrlich: eine »sehr bewegliche« Mauer.

Zeitungskommentar zum Wehrmachtsbericht:

»... Man kann sich einmal mit dem Gedanken beschäftigen, dass wir mit unseren Absetzbewegungen im Osten Hunderttausende von Soldaten einsparen ... dass unsere rückwärtigen Verbindungen kürzer geworden sind und dadurch Riesenmengen von Kohle, Benzin usf. usf. gespart werden ... Alles das vervielfacht ohne Zweifel unsere Kräfte ... stärkere operative Reserven für die Gesamtverteidigung unserer *festungsähnlichen Position* sicherzustellen.«

Deutschland ist der reinste »Hans im Glück«. Erst erwirbt es einen Goldklumpen, tauscht gegen ein Pferd, dann gegen eine Kuh, ein Schwein, eine Gans, einen Schleifstein: und immer ist der Handel vorteilhaft. So auch jetzt: wie glücklich und dankbar dürfen wir dem Führer sein, all das mit Blut getränkte Land im Osten wieder loszuwerden und so alles auf »unsere festungsähnliche Position« konzentrieren zu können.

Ich habe stark das Gefühl, dass wir Deutsche sehr dazu neigen, *Worte* für Realitäten zu nehmen, d. h.: sehr selten die innere Notwendigkeit spüren, uns unter »Worten« wirklich »Reales« vorzustellen.

Ein Gedicht eines typischen jungen Deutschen

»Wir fragen nicht nach Zeit und Ziel
da wir uns selbst vergessen,
von Größerem besessen
als eig'nen Planens kleinem Spiel ...«

So ist es, der junge Deutsche von heute fragt nicht, er denkt nicht, er fühlt nicht, er schießt nur, sein Gehirn umnebelt von Phrasen.

Aus einem Feldpostbrief (aus Russland):

»Liebe Eltern, es ist fürchterlich, was wir hier tun müssen ... Wenn das, was wir getan haben, einmal auch nur halbwegs vergolten wird, dann armes Deutschland! Es wird uns schlimm, schlimm ergehen ...«

29. *Sept. 43.* Auf unserem Bahnhof habe ich gestern Folgendes gesehen: Mit einem Fernzug lief ein merkwürdiger Wagen ein, mit Gitterchen anstatt mit Fenstern versehen. »Ein ausländischer Viehwagen? Aber was wollen die vielen hellgrün uniformierten Polizisten?«, fragte ich mich. Nach wenigen Augenbli-

cken bildeten die »Grünen« eine Kette. Einer öffnete die Türe des »Viehwagens« und heraus kamen … Sklaven und Sklavinnen. Ostarbeiter. Erbarmungswürdige, übernächtigte Menschen. Armselige Bündel auf dem Rücken.

Ich frage: Wer in deutschen Landen will das verantworten? Wer ist bereit, es mit Gut und Blut zu sühnen? Ausgleichende Gerechtigkeit? Vielleicht. Denn auch jetzt schon ist das deutsche Volk »unstet und flüchtig«.

30. 9. 43. Hier in diesem Bauerndorf, wo ich für einige Wochen lebe, wird es buchstäblich bald Mord und Totschlag geben um den »Lebensraum«. Bis vor kurzem kreisten die Gefühle des Neides und des Hasses nur um das Essen. Jetzt – durch das Hereinpumpen vieler Flüchtlinge – geht es um »das Bett«, »den Stuhl«, »den Platz unter der Lampe«, »um den Kochtopf«, »den Löffel«. Bürgermeister und andere Obrigkeit ist machtlos. Warum überträgt man die Unterbringung dieser unglücklichen Flüchtlinge nicht den »Partei-Organen«? *Sie* mögen doch geradestehen dafür, *sie* sollen beweisen, dass es das Wort »unmöglich« tatsächlich nicht mehr gibt im deutschen Sprachschatz, seitdem Hitler es so angeordnet hat.

2. 10. 43. Gestern über Mittag habe ich einen kleinen Spaziergang gemacht. Was für ein Friede lag über den sattgrünen Waldwiesen, den fernen Bergen, den umgepflügten Äckern. Vier Rehe traten aus dem Wald, ästen. Plötzlich – – die Tiere hoben die schlanken Köpfe –: ein Brausen in den Lüften! Nichts war zu sehen. Die Wolken hingen tief. Das Dröhnen schwoll an, donnerte über mich hinweg.

Wo waren diese fliegenden, Tod und Verderben bringenden Gäste wohl gewesen?

Soeben hörte ich es im Radio: München und Wiener Neustadt waren die unglücklichen Empfänger der Spenden aus der Luft gewesen.

10.10.43. Und nun ist es wiederum unsere liebe Stadt gewesen. Ich wohne etwas außerhalb, auf der Höhe. Ich bin noch nicht unten gewesen in der Stadt. Ich fürchte mich vor zwei Erlebnissen: vor dem schmerzlichen Anblick und davor, gerade dann im Talkessel zu sein, wenn die Sirenen das Nahen neuer todbringender Fliegerverbände melden. Wie leicht kann man »dabei« sein. Obwohl: auch hier in unserem Häusle am Waldrand ist man nicht sicher. Man ist in Gottes Hand, muss gefasst und jede Minute bereit sein, zu sterben.

Goebbels hat die Bevölkerung sehr gelobt ob ihrer Tapferkeit. Genau wie eine Mutter, um seinem Weinen vorzubeugen, ihr Kind lobt, das sich am Stuhleck gestoßen hat. Aber das Kind unseres Staates, die Bevölkerung unserer Stadt, schreit trotz dieses vorbeugenden, suggestiv wirkenden Lobes weiter. D. h.: da es nicht schreien darf, weil ihm sonst im Namen der deutschen Sache der Kopf abgeschlagen wird, schluchzt es in sich hinein, traurig, zu Tode betrübt, und erfüllt von tödlicher Angst.

Und eine Organisation haben wir! Gestern habe ich den ganzen Tag Backsteine herbeigekarrt, um vor unserem Ausstieg aus dem Keller eine winzige Erhöhung zu bauen, die die Schuttmassen auffangen und uns das Aussteigen aus dem Keller ermöglichen soll, falls das Haus einstürzen würde. Um jeden Backstein musste ich feilschen. Zement bekam ich nur auf unablässiges Drängen, Sand überhaupt keinen. Von einem Arbeiter ganz zu schweigen. Jedermann tut alles mit der denkbar größten Unlust und keineswegs so, dass wirklich etwas geholfen ist. Man tut nur so, als ob.

Ich frage mich, ob das in England im Sommer und Herbst 1940 auch so war, als dort die großen Angriffe ausgehalten werden mussten? Oder ob man alles darangesetzt hat, *wirklich* zu helfen und Schäden und Opfer so sehr als möglich herabzumindern?

Aus einem Zeitungsartikel:

»... Wir in der Heimat wollen unsere Haltung an der unserer tapferen Soldaten messen. Dann werden wir *den uns aufgezwungenen Krieg* bis zum Endsieg durchstehen ...«

Wie? Hat nicht unser edler Führer sich einmal laut und vernehmlich gerühmt, dass nur *er* den Mut gehabt habe, der Welt den Krieg zu erklären? Was für ein Glück, dass es Schallplatten gibt.

16. 10. 43. Ein Professor, Anti-Nazi, sagte zu mir: »Nichts kann uns innerlich helfen als arbeiten, arbeiten! Ja, nicht denken und grübeln! Somit ist man verloren!«

Ich fluche sonst nicht. Aber hier entfuhr es mir: »Zum Donnerwetter noch einmal! Gerade vom deutschen *Nichts*denken kommt ja der ganze Weltenjammer! Unser Fleiß ist – wie alle Untugenden, wenn sie übersteigert werden – zum verhängnisvollen Laster geworden. Der ›Führer‹ hat gewusst, wie oder woran er das deutsche Volk kitzeln muss. ›Der Deutsche denkt nicht, er arbeitet!‹ Folge? Wir arbeiteten und schufteten und das Denken überließen wir – – – dem Führer. Hat es je in der Menschheitsgeschichte eine solche Schande gegeben?«

Aus einem Zeitungserguss:

»Allezeit sei die SA – so sagte der Gauleiter – die *Faust der Partei* gewesen ...«

Jawohl: die »Faust der Partei«, die heute wieder gebraucht wird, um den übrigen Volksgenossen in die Fresse zu hauen, wenn sie es wagen sollten, sie anders zu öffnen als zu dem »einmaligen« Gruß »Heil Hitler«.

28. 10. 43. Man füttert das mutlose und müde Volk mit Gerüchten und Voraussagen. »Die Entscheidungsschlacht im Osten wird jetzt (natürlich zu unseren Gunsten) geschlagen, England wird in wenigen Tagen, Wochen oder Monden ›vernichtet‹. London, die Midlands werden lichterloh brennen, Rettung wird es keine geben …« usf.

Wenn der Durchschnittsdeutsche nur weiß, dass auch die Engländer oder Russen nichts mehr zu essen haben werden, nichts zu wohnen, nichts anzuziehen, dann spürt er seinen eigenen Hunger und seine eigene Nacktheit viel weniger. Des andern Leiden – – – was für ein Trost für das eigene Leiden! Neuer Hass gegen England muss entfacht werden, denn da ist etwas Peinliches passiert: es sind Austauschgefangene gekommen aus Nordafrika. Sie haben erzählt: »Die Engländer sind gute Menschen (wortwörtlich). Die Franzosen in Nordafrika seien noch immer hasserfüllt gegen sie gewesen, die Amerikaner hätten vor ihnen ausgespuckt, aber die Engländer hätten gesagt, sie seien arme Teufel und hätten sich dementsprechend benommen ihnen gegenüber. Denn ›arme Teufel‹, das seien die deutschen Soldaten allesamt, hätten sie gesagt.«

1. Nov. 43. Wann endlich wird die Invasion im Westen erfolgen? Haben Sie, Lindley Fraser, nicht gesagt: »Bevor die Blätter fallen?« Nun fallen sie, die Bäume sind bald kahl, nichts ist erfolgt.

2. Nov. 43. Der Herr Stratege »Apotheker« von nebenan meint: *unser* großer Schlag gegen England werde erst erfolgen, wenn England eine Million Mann gelandet habe im Westen. Dann werde die Insel vernichtet, kein Nachschub sei mehr möglich, die Million Anglokaner sitze in der Falle.

Was für ein einfaches Rezept! Ich bin überzeugt: jeder »gute« Deutsche wird es glauben.

5. Nov. 43. Hat nicht der Führer einmal gesagt: »Keiner soll hungern, und keiner soll frieren!« Ich aber friere, denn draußen hat es 2 Grad minus und ich darf kein Feuer machen, da weder Holz noch Kohlen, und hungern tu ich auch. Natürlich »friere« und »hungere« ich bei weitem nicht in dem Maße wie viele, viele andere. Aber das ist ja gerade das Traurige: wie mag es erst anderen ergehen, wenn ich, die ich noch ein Dach überm Kopf habe, keine Kinder, um mit ihnen teilen zu müssen, und ein paar Freunde, die eine Kuh besitzen – schon friere und hungere?

Ich bin an den zerstörten Häusern einer Siedlung vorbeigefahren. Die Menschen äußerten sich über die anglo-amerikanischen »Mordbrenner«.

»Was wollen Sie?«, sagte ein Feldgrauer, der auch in der Straßenbahn mitfuhr, »*C'est la guerre ...*«

Dieses mutige Wort hat mich gefreut. – Das deutsche Volk hat bislang unter »Krieg« nur Fanfaren-Geschmetter, Trommelwirbel und wunderbare Meldungen von Einmärschen in anderer Völker Länder verstanden. Nur in anderen Ländern mussten Menschen vor der »sieghaft vorrückenden deutschen Armee« fliehen, in anderen Ländern wurden Gebiete verwüstet, brannten Städte und Dörfer nieder! Und nun?

Ich habe gestern einen Teil der Goebbelsrede gehört. Was für ein Schaumschläger und Scharlatan! Und Mephisto! Ein Altruist, sogar. Er hat den Engländern voll überfließenden Mitleids aufgezeigt, zu welch' nationaler Bedeutungslosigkeit sie herabsinken müssen, wenn sie nicht sofort Frieden schließen mit uns netten Deutschen und sich unserer Schwerte[r] gegen die Russen mit bedienen.

Ich möchte heute meine Ohren den ganzen Tag in England hängen haben, um das homerische Gelächter zu hören.

Zeitungsausschnitt:

»Schließlich haben auch wir Pläne. Und im ganzen Krieg haben wir das Gesetz des Handelns dem Gegner aufgezwungen ...«

»Das Gesetz des Handelns *aufzwingen*?« O du blöder Hammel!

Ein anderes Zitat:

»Die Toten sind die ›Erbgemeinschaft der deutschen Nation‹.«

Was kann man sich darunter vorstellen? Wort! Wort! Zu all diesen und tausend anderen Zeitungsblüten kann man nur sagen: »Wehe der Menschheit, wenn die Nazis zu all ihrer Verruchtheit hin auch noch gescheit wären!«

30.10.43. Seit zwei Wochen keine Zeile eingetragen. Es war gefährlich. »Kampf um das nackte Leben!«, heißt unsere Losung.

»Wie schützt man sich bei Luftangriffen?«

Luftschutzübung mit Vortrag. Der Vortragende hatte wohl ein Gläschen über Durst getrunken, denn »Im Weine liegt Wahrheit«. Also sagte er einige Wahrheiten. 1.) Bei Luftangriffen kann man sich *nicht* schützen. Vielleicht könnte man sich etwas schützen, wenn es nicht an Baumaterialien und Bauhandwerkern fehlen würde zum Stollen bauen. 2.) Man soll löschen, löschen und nicht im Bunker bleiben, wenn das Haus brennt. Aber womit? War seine trübe Überlegung. Die Luftschutzteiche halten alle nicht dicht. Folglich werde voraussichtlich im entscheidenden Augenblick kein Wasser da sein. Da aber ein guter Schluss alles ziert, sagte er abschließend: »Seid verträglich miteinander, verklagt einander nicht, wenn's im Nachbarhaus nach Pfannkuchen oder Gänsebraten riecht, ihr wisset nie, ob ihr einander morgen nicht braucht, um zu löschen oder euch auszubuddeln, wenn ihr verschüttet seid. Und wenn ihr sterben müsset bei einem Angriff, so sterbet in Gottes Namen anständig! Heil Hitler!«

Wie viele Widersprüche vereinigt das deutsche Volk in sich, oder die deutschen Menschen! Oder Menschen überhaupt? Da habe ich dieser Tage SS-Männer im Urlaub beobachtet, die ihr Kindchen mit andachtsvoller Zärtlichkeit in den Armen halten.

Was haben sie im Feld Frauen und Kindern anderer Völker angetan? Das ist die Frage, die mich nicht loslässt.

Man wird nicht müde, Alte und Frauen zu beloben – nicht zu vergessen die Kinder –! Wie mutig und geschickt sie alle sind, wie sie ihr Leben einsetzen bei Luftangriffen und die tollsten Taten vollbringen. Als höchstes Lob wird ihnen ein Vergleich mit den englischen Müttern zuteil, die seinerzeit den deutschen Luftangriffen Trotz geboten haben! Unser Polizeipräsident »verkennt zwar die Schwierigkeiten« nicht, die wir haben.

»Schwierigkeiten«, Herr Polizeipräsident, ist das einzige, das wir *haben*. Was wir *nicht* haben, das sind Schaufeln, Pickel, Schläuche, Spritzen, Sand, Wasser, Helme, Kübel … usf. usf.

Heute Nacht bin ich allein mit meinen zwei Kölnerinnen. Mein Mann hat Nachtwache. Gestern erzählte mir eine der Damen: ein Herr in ihrem Büro habe plötzlich die *4 Klopftöne* geklopft (Beethovens 5. Symphonie). Alle, wie auf Verabredung, hätten die Köpfe erhoben, in den Raum geschielt, woher wohl … Da habe der Klopfer gelauscht und gesagt: »So! Nun hab' ich euch! Alle zwei Dutzend im Saal hier brauchen mir gar nichts mehr zu sagen! Ich weiß alles von Euch! Wenigstens das Wichtigste!« – (Dass sie alle BBC hören.)

Aber – – er ging nicht hin – wie Judas –, seine Kollegen zu verraten.

Deutsches Weihnachten 1943! Man treibt mit Entsetzen Scherz, indem man sagt: »Die Engländer werfen uns ›Christbäume‹ herunter, die Amerikaner ›Leuchtkugeln‹, und das deutsche Volk wartet im Keller auf die Bescherung.«

Schlagzeile in der Zeitung:

Der Kriegsgefangene ist und bleibt ein Feind.

Pfui! Wird nicht das ganze deutsche Volk über kurz oder lang »kriegsgefangen« sein?

7.11.43. Ich frage mich oft – und das ist eine quälende Frage –, wie viele von all denen, die heute vorgeben, *gegen* den Nationalsozialismus zu sein, ein jauchzendes »Jubilate« singen würden, wenn der Erfolg noch immer auf seiner Seite sein würde? Sobald ein großes, heilendes Gefühl des Verzeihens in mein Herz einziehen will, dann steigt jäh dieser argwöhnische Gedanke auf und Hass brennt mir in Herz und Hirn.

Mein Mann hat mich getadelt. Ich soll doch um Himmels willen klüger sein als die Nazi-Brut. Er hat recht. Aber – – ach – – es tut so wohl – so befreiend wohl! –, gelegentlich »Wahrheiten« zu sagen.

Die Zeitungen schreiben von einer großartigen »zeitgewinnenden Art der Abwehr!« Was für ein ungewohnt wahres Wort!

9.11.43. Hitler-Rede! Man ist versucht, zu fragen: Warum erfolgte kein englischer Angriff auf das Hofbräuhaus? – – Aber nein: »Er« darf nicht durch eine feindliche Fliegerbombe ums Leben kommen, auch nicht durch ein Attentat! Die einzige Möglichkeit, die dem deutschen Volk ersparen könnte, den Becher bis zur Neige austrinken zu müssen, und was die Entstehung einer neuen »Dolchstoßlegende« verhindern könnte, wäre Selbstmord. Aber dazu ist diese Bestie, der es so leichtfällt, Hunderte von Todesurteilen zu unterzeichnen, und die es fertigbringt, Millionen junger Menschenleben in einem aussichtslosen Krieg in jammervollen Tod zu hetzen, viel zu feig.

Wir *müssen* noch die Hefe auslöffeln aus dem mit Elend randvoll gefüllten Becher. Denn hat er nicht gesagt, dass er kämpfe, wo immer es sein müsse? Auch in Deutschland! Er lässt alles, alles verheeren, unsere herrlichen, uns so lieb-vertrauten Städte in Schutt und Asche legen, die Menschen nach Millionen abschlachten. Und führt dabei »Gott« in seinem ruchlosen Mund und spricht in geheuchelter Ergriffenheit von seiner »tiefinneren Frömmigkeit«!

Ihr Engländer sagt uns jeden Tag, wir sollen uns von diesem Scheusal befreien. Wie? Das frage ich Euch.

Ich habe meine Frau Apotheker nebenan gefragt: »Haben Sie die Rede gehört?«

»Ja«, antwortete sie strahlend, »die Vergeltung kommt, Gott sei Dank!«

Die »Vergeltung« gegen England. *Das* also ist das einzig Erwähnenswerte aus der Rede für den Durchschnittsdeutschen. Ich zog mich wieder in mein Schneckenhaus zurück, denn es hat ja keinen Sinn, gar keinen Sinn, diese Blinde und Verblendete aufklären zu wollen! Ihnen zu sagen, dass wir von »Vergeltung« nichts haben, gar nichts, als das aufgeblasene Gefühl minderwertiger Subjekte, denen Wehtun um des Wehtuns willen Vergnügen bereitet. Was einzig von Belang war in dem Wust von Phrasen, die er dem dummen deutschen Volk (ich kann nicht anders sagen!) wieder vorzusetzen wagte, (und wozu es frenetisch »Heil« brüllte!!!) ist die Tatsache, dass »*er*« kämpfen wird, wo immer die Lage es erfordert, also: in Ostpreußen, im Neckartal, in Bayern: kurz das ganze Vaterland würde dieser Berserker mit dem Blut unserer Soldaten tränken. Nicht *er* würde kämpfen, *er* wird befehlen, dass andere zu kämpfen und zu – sterben haben.

Außerdem sagte dieser Bursche, jeder, der auch nur am Sieg zweifelt, sei dem Tode verfallen!

Ich möchte wissen, ob das deutsche Ohr verstümmelt ist, dass es immer nur das hört, was es hören mag? Das Eine muss man diesem Scheusal lassen: es hat offenbar die Psyche und die Dummheit »seines« Volkes richtig »einkalkuliert«.

10. 11. 43. Ich habe ein Stückchen Schnur auf der Straße gefunden, es aufgehoben, einer Braut geschenkt, die *weder* Papier noch Schnur hatte, um ihrem Liebsten ein Päckchen in den blutigen Krieg senden zu können. Soweit sind wir also – wieder einmal. Aber – – haben wir das nicht schon einmal gehabt? Hat nicht Isolde Kurz, die Dichterin, erzählt, dass sie 1917 ein Büchlein nach Schweden habe senden wollen, es zurückgebracht bekommen habe mit dem Vermerk: »Diese Schnur muss Deutschland erhalten bleiben!«

11. Nov. 43. Eine Freundin, 46 Jahre alt, war zwecks Arbeitseinsatz zum untersuchenden Arzt bestellt. »Aha«, schnaubte dieser sie an, »da sind schon allerlei Akten über Sie …«

»Gewiss. Ich war krank. Ich bin noch nicht gesund …«

»Was fehlt Ihnen?«

»Beschwerden infolge der Wechseljahre …«

»Dass ich nicht lache!«

»Ich leide an Schlaflosigkeit …«

»Arbeiten Sie mehr, dann können Sie schlafen …« (Die Frau hat einen vierköpfigen Haushalt zu versorgen, keine Kleinigkeit in dieser »großen Zeit«.)

»Ich habe einen Stirnhöhlenkatarrh. Ich muss morgens beim Aufstehen mindestens ein halbes Hundert Mal niesen und …«

»Ausgezeichnet! Friedrich der Große musste schnupfen, *damit* er niesen konnte. Bei Ihnen geht es ohne alles Zutun …«

»Ich habe um 20 Pfund abgenommen …«

»Und da freuen Sie sich nicht? Früher, da haben die Frauen gehungert, um eine schlanke Taille zu erreichen! Und jetzt? Keine Einwände! Wir essen immer noch viel zu viel und arbeiten zu wenig! So eine Drückebergerei! Sie *können* arbeiten, und Sie *werden* arbeiten! Gehen Sie!«

Freiheit, die ich meine!

12. 11. 43. Meine Freundin fragte einen 18-jährigen SS-Soldaten, wann wohl Friede sein werde?

»Na«, sagte der, blinzelte auf die Uhr und fuhr fort: »Jetzt haben wir zwölf Uhr. Die fünf Minuten werden wir doch vollends herumbringen!«

Feldpostbrief aus Russland: »… wobei der größte Teil der

kämpfenden Truppe ausgefallen ist. Aber solange die Division trotzdem zu den *Guten* gehört, hat sie wenig Hoffnung, herauszukommen. So müssen wir eben durchhalten. Wie lange noch?«

So schreibt ein junger begeisterter Nationalsozialist, der Mutter, Großeltern, Tanten, Onkels für die Partei begeistert hat!

19. 11. 43. Aufgehorcht! Eine neue Tonart! »Frauen mit dicken Bäuchen« sind nicht mehr gefragt von der Partei. Wir sind so weit, dass wir keine unnützen Esser mehr brauchen können, nur noch Arbeitstiere! Der Kreisleiter von H. hat in seiner Rede gesagt: »Und – meine Frauen – wenn Eure Männer in Urlaub kommen, so werfet Euch nicht auf das Bett und saget: ›Komm, mach mir doch ein Kind!‹ Wir können so viele Frauen mit dicken Bäuchen heute nicht mehr brauchen. Was wir brauchen, ist Eure Arbeitskraft. Und weil viel zu viele uns diese nicht zur Verfügung stellen wollen, flüchten sie in die Schwangerschaft.«

So! Wieder einmal müssen diese Burschen eine ihrer Thesen in eine Gegenthese abwandeln. Mit welch brutaler Offenheit sie die heikelsten, privatesten menschlichen Dinge austappen – je nach Bedarf kommandieren: »Antreten zum Kinderzeugen!« Oder: »Kinderzeugen verboten!« Es gibt in Deutschland nur noch »Lenkung«. Wie lange – wie lange noch dürfen diese »Henker« »Lenker« sein?

Die »Himml*er*schen Hörscharen« sind eifrig am Werk, bringen jeden aufs Schafott, und der englische »Radiergummi« betätigt sich wieder erfolgreich über deutschen Städten.

Leitartikel im NS-Kurier: »Der Korruptionsschnüffler«.

»... Jemand, der seinem Kind belegte Butterbrote mit in die Schule gibt ... während andere Kinder nur Marmeladeschnitten auspacken, weiß gar nicht, was er durch diese Gedankenlosigkeit anrichtet! Das sind Dinge, die sich besser in der *Sphäre des Privaten abspielen …«*

(Also: Butterbrot darf man haben und essen, aber … »… so fang es heimlich an …«)

»… Was an ›Korruption‹ übrig bleibt, ist naturgemäß sehr wenig. Die Spezialisten hierfür, die Juden, weilen nämlich nicht mehr unter uns …«

Der Verfasser verbreitet sich über das Denunziantentum und geißelt es, droht aber gleichzeitig mit der Partei, wenn nicht denunziert wird, und fährt dann schließlich fort:

»Wer aber unter uns Kenntnis bekommt von einer kapitalen Schweinerei und geht durch die Gemeinde und schimpft über Korruption, anstatt den Staatsanwalt zu benachrichtigen … usf. usf.«

Also: *nicht* denunzieren und *doch* denunzieren!

20. 11. 43. Traueranzeige:

»Unser über alles geliebter sonniger Sohn
Abiturient Horst Eisenhardt
hat seine Treue zum Führer und seine heiße Liebe zum Vaterland mit dem Fliegertod besiegelt. In den stolzen Reihen derer, die für Deutschlands Zukunft stritten und starben, wird auch sein Name weiterleben …« usf. usf.

Nun hat sie ihren »Helden«! Vor einigen Wochen habe ich die Mutter des Gefallenen gesprochen. Strahlend erzählte sie mir, dass ihr Horst schon mächtig fliege. »Dumme Gans!«, dachte ich damals. Nun lebt ja der *Name* ihres Horst – wenn auch nicht

Horst selbst – in den »stolzen Reihen« weiter. Ein herrlicher Trost für eine Mutter! Oder – – – sind die »deutschen« Mütter – – – keine – – Mütter mehr?

24. 11. 43. Nahrung aus der Zeitung:

»Der Feldzug gegen die Sowjetunion ist die schwerste Aufgabe, die uns im Kriege gestellt wurde …«

(*Wer* hat sie uns gestellt?)

»… Wie wäre wohl der Ostfeldzug verlaufen, wenn der Führer über die Massen von Material und Menschen verfügt etc.«

Ich denke: der »Führer« hätte einmal geschrien, dass die Armeen im Osten »vernichtet« seien und sich niemals mehr erheben werden …

28. Nov. 43. Nun war unsere Stadt wieder dran. Ich war allein mit meinen zwei Damen. Mein Mann hatte Nachtwache. Ich schäme mich nicht zu gestehen: ich habe sehr gezittert während der furchtbaren Detonationen. Aber ich glaube, da haben noch ganz andere Helden gezittert.

»Gott sei Dank hat wenigstens D. … was Ordentliches abgekriegt«, sagte mein heldischer Nachbar. (*Die größte Industrie am Ort.*) »Das nenne ich eine vaterländische Einstellung«, antwortete ich. »Wenn die Tommies unsere Industrie umgelegt haben, lohnt sich's nicht mehr, Bomben über unserer Stadt auszulösen«, sagte er, und fügte bei: »Das hält ja kein zivilisierter Mensch aus auf die Dauer! Ich wette: 90 % des Volkes denkt so!« Erschrocken über den eigenen Mut fügte er bei: »Natürlich ist das verwerflich, und wie soll der Führer da siegen, wenn die Haltung der Bevölkerung so hündisch ängstlich ist! *Ich* jedenfalls – – ich fahre jedem übern Mund, der Derartiges äußert …«

Ja – – – das ist das »deutsche Wesen«, an dem die »Welt genesen« soll: feig, hündisch, kriecherisch, bereit, den andern aufs Schafott zu bringen, wenn er dadurch sich selbst salvieren kann. Schmerzlich!

Als ich nach dem Angriff vor das Haus trat, bot sich mir ein schaurig-schöner Anblick: Feuer! Feuer! Der Himmel glühte, die Dörfer auf den Höhen über dem Tal brannten, der Schnee um mich herum schimmerte rot und die an sich stockdunkle Nacht war taghell erleuchtet, obwohl alle großen Brände ziemlich weit weg waren.

29. Nov. 43. Folgendes Gespräch habe ich heute in dem kleinen Kaufladen an der Ecke vorn belauscht:

Frau A.: »Ich hörte, Ihr Mann ist in Urlaub gekommen? War er auch so schwer bepackt?«

Frau B.: »Sie machen sich kein Bild! Er hat vom Bahnhof aus telefoniert, dass er da sei, sich aber überhaupt nicht von der Stelle bewegen könne mit seinen Lasten, die er mitgebracht habe …«

Frau A.: »Das ist wohl Beuteware?«

Frau B.: »Ja – – denken Sie: Kleiderstoffe noch und noch! Und sogar zwei Radios hat er geschleppt, der Arme! …«

Und nun wollt ihr vielleicht wissen, woher dieser Urlauber mit seiner »Beuteware« kam? Aus … Italien!

30. Nov. 43. Ich muss noch einmal auf das obige Gespräch zurückkommen. Was mir daran am Erstaunlichsten ist, ist die gänzlich mangelnde Phantasie. Viel weniger die elende Selbstverständlichkeit, mit der wir das Recht in Anspruch nehmen, andere Völker auszurauben. Daran bin ich nachgerade gewöhnt. Aber dass man »5 Minuten vor zwölf« lachend und mit Humor noch solch offenherzige Gespräche führt und sich in keiner Weise vorstellt, wie es wäre, wenn russische, englische, französische, amerikanische Soldaten demnächst aus ihren deutschen

Quartieren ihren Heimaturlaub beladen mit »Beuteware« antreten würden? Die widerlich falsch gelehrte »Herrenmoral« ist von dem deutschen Volk aufgesaugt worden, wie das Wasser von einem Schwamm. Da gibt es keine beschönigende Entschuldigung. Es wird eines schmerzvollen Ausquetschens bedürfen nachher.

Aus der Zeitung:

> »Roosevelt hat seinen Krieg, den er haben wollte. Er hat ihn nicht zuletzt deshalb begonnen, um den brennenden Fragen der Innenpolitik aus dem Wege zu gehen ...«

»Begonnen«? Warum war dann eine Kriegserklärung Hitlers an Amerika nötig? Roosevelt hat wohl auch den Krieg gegen Japan »begonnen«?

Aus der Zeitung:

> »Das deutsche Volk weiß, dass die Brücken hinter ihm abgebrochen sind ...«

Wer --- so frage ich --- *wer* hat die Brücken freundlicherweise hinter uns abgebrochen? Was für eine traurige, traurige Bilanz! Die »Brücken«, die von uns Deutschen zu der übrigen Menschheit führten, *sind* »abgebrochen«. Solche Wahrheiten sagen sie, schreiben sie alle Tage und versinken dabei nicht vor Jammer und Scham zehn Klafter tief in die Erde!

30. Nov. 43. Im Eisenbahnwagen hatte jemand ein Fenster sperrangelweit offen. Alles fror, alle Blicke wanderten nach dieser »Kälte-Einbruchstelle« und dann von einem zum anderen, ob nicht vielleicht doch einer da wäre, der den Mut besäße, um Schließung des Fensters zu bitten. Aber niemand sagte etwas, alle froren gehorsam weiter, denn der, der das Fenster geöffnet hatte, war ein politischer Leiter, ganz in Braun. Da rief schließlich mein Mann: »Bitte, seien Sie so freundlich und schließen Sie das Fenster.« Gewitterwolken auf der Stirn des Gewaltigen, schloss der Braune das Fenster, setzte sich dann demonstrativ meinem Mann gegenüber und fing an zu proleten: »So eine Empfindlichkeit! Was sollen da Leute sagen, die fliegergeschädigt sind und überhaupt kein Fenster in der Wohnung haben ...«

Eine Frau mischte sich ein und sagte: »Ich *bin* fliegergeschädigt und ohne Fenster daheim. Gerade deshalb aber möchte ich im Zug nicht auch noch frieren, wenn doch Fenster da sind zum Zumachen ...« Nun stürzte der Braune sich auf die Frau. »Ihr Name?«, fauchte er. »Ob Sie fliegergeschädigt sind oder nicht, das wird sich zeigen. Dafür bin ich zuständig. Ihre Adresse! Ich werde den Fall untersuchen ...«

Die Frau nannte ihre Anschrift und fügte in gleichmütigem Spott bei: »Wenn Sie so gerne viel frische Luft haben: ziehen Sie in meine Wohnung ohne Fenster und ich in die Ihre mit Fenster!«

Da rempelte er meinen Mann noch einmal an, worauf dieser sagte: »Das ist mir noch nicht vorgekommen, dass jemand, den ich höflich gebeten habe, das Fenster zu schließen, derartig reagiert hat ...« »Ach Sie!«, sagte der Braune voll abgrundtiefer Verachtung, »lesen Sie doch in Ihrem ›Jehova‹ weiter!« (Mein Mann las in einem Bändchen »Kant«, dessen großer altertümlicher Druck auf diesen Braunen wohl den Eindruck einer Taschenbibel gemacht haben mag.)

2. *Dez. 43.*

Ach, noch immer sind der Mütter Kinder gleich
losgeriss'nen Blättern
Hinweggewirbelt von grauenvoll stürmenden Wettern.

Sie werden zertreten,
zerstampft,
als wären sie nichts …

Oder Unkraut nur, oder ein ärgerlich ekles Gewürm!
Und doch war'n einst alle in Mutters Schutz und
Schirm – – –
Waren Glück und Hoffnung! Und frohes Begreifen
War ihr Wachsen und ihr Reifen

Nun werden missbraucht,
schändlich befleckt
der Knaben reine Hände!

Sie bringen Tod oder erleiden den Tod
und waten durch Glut und Qual und Not,
ihre Ohren erfüllt von Entsetzensschreien!
Und keine Mutter … kann sie betreuen.

Wenn Mütter auch klagend die Haare sich raufen,
weiter müssen die Söhne im Blut ersaufen!
Im Osten, im Westen, im Süden, im Norden:
überall Senge, Zerstören und Morden!

Sie seien Helden?
Ach nein!
Kinder sind sie,

irregeleitet, verführt und belogen,
weggespült von wildschäumenden Wogen!
»den lieben Weg
zurück ins Kinderland«:
sie finden ihn nicht.

Warum das alles? Trauriges Fragen!
Traurige Antwort, endloses Klagen:
tatenlos haben wir zugesehen;
Was alles kam, wir ließen's geschehn!
Schritt um Schritt ließen wir tun die Verbrecher!
Bis zum Rand uns füllen bitter den Becher!

Schlürften nicht lustvoll viele die ersten Schlücke?
Tranken gierig, berauscht von des Krieges Glücke?

Und nun? »Weg mit dem Becher! Fort! Ich kann nicht mehr!«
So ruft ihr entsetzt. Doch ... noch ist er nicht leer!

4.12.43. Ich habe die Rede von General *Smuts* gehört und bin zutiefst bewegt davon. Verwandte Gedanken haben mich schon oft beschäftigt. Ich habe sie zwar immer von mir gewiesen, denn ich bin ja keine Politikerin, und meine Ideen mögen lächerlich sein. West-Europa ein Teil des Britischen Empire! Ja – – so sollte es sein. Aber – – – was ist Westeuropa? Hoffentlich gehören wir dazu hier im Süden Deutschlands.

5.12.43.

Einmal wird es wieder sein,
dass nächtlich aus den Fenstern freundlich Lichter blinken
dass, wer sie mag, wird wieder Vollmilch trinken,
dass Küchendüfte, gänzlich öffentlich und frei
die Nase kitzeln dem, der außen geht vorbei!

Einmal wird es wieder sein,
dass bei der Sterne heit'rem Funkeln
wir nicht mehr angstvoll Schlimmes munkeln,
der »liebe Mond« uns »lieber Mond« nur ist,
nicht Leuchte für der Flieger List.

Einmal wird es wieder sein,
dass ich die Schuhe in dem Schuhschrank finde,
dass nicht mit Suchen ich mich täglich schinde
nach Kleidern, Schreibzeug, Messer, Töpfen, Geld
und allem, was *sonst* verstaut noch in der Unterwelt.

Einmal wird es wieder sein,
dass auch der Kaufmann wieder hört auf mein Begehren,
dass er gern *mehr* verkauft und ich muss wehren!
Dass alles flott vonstatten geht
und man nicht Stunden »Schlange« steht.

Einmal wird es wieder sein,
dass Kinder dürfen wieder satt sich essen,
dass Frauen, schelen Blicks, nicht messen,
wie dick der Mann bestreicht sein Brot!
Fort wird sie sein, die böse Zeit der schweren Not!

Einmal wird es wieder sein,
dass Kinder wieder bei den Müttern wohnen,
das Köstlichste erlebend: Heimatwonnen!
Dass da und dort vielleicht der Vater kehrt zurück!
Was für ein Glück! Was für ein Glück!

Einmal wird es wieder sein,
dass wir das Leben wieder mögen leiden,
die Kunst von Mozart, Schumann, Brahms und Haydn
in ihrer Heiterkeit uns nicht mehr quält
vielmehr das Dasein uns mit bunter Schönheit überhellt.

Ach! Wie glückvoll wird das alles »einmal« sein!
Wer es wird erleben,
dem möge Gott die hehre Tugend geben,
dass das Geschenk der kummerlosen Stunden
er edel nütze und heile Andrer Wunden.

Zeitungsanzeige:

Kaffee und Branntwein sind Genussmittel, die sich jeder gerne im Krieg verschafft, Zuteilungen können in Zukunft nur denjenigen Volksgenossen gewährt werden, die bei schweren Bombenangriffen sich mutig und tatbereit bewähren!

(Wer sich »mutig und tatbereit« benimmt, braucht vermutlich weder Bohnenkaffee noch Branntwein mehr.)

14. Dez. 43. Es geht alles so langsam, so schrecklich langsam! Die Weltgeschichte fließt zäh. Was für ein Warten! Man wird so grenzenlos müde.

15. Dez. 43. Mein Nachbar weissagt wieder: Ultimatum an England! Kapitulation innerhalb 24 Stunden oder … England wird in die Luft gesprengt.

16. Dez. 43.

Weihnachtszeit.

Lichtlein flammt auf in dunkler Nacht:
Weihnacht! Weihnacht!

Wo du auch lebst, was dich auch quält,
Hoffnung schwelt!

Klopfen bewegt dein darbendes Herz.
Trotz Leid und Schmerz
schüchternes Frohsein schäumt,
Zuversicht keimt.

Und fragt erstaunt dein zitternder Mund
nach dem Grund?
Wieso noch lebendig Erwartung und Freund
in Herzeleid?

Jahrzehnt um Jahrzehnt denkst du zurück
und immer war Glück
in Kindheit und Jugend und – – – heut
die Weihnachtszeit.

Aus einem Leitartikel.

»Man wundert sich über nichts, wenn in einem Leitartikel der New York Times Folgendes zu lesen stand: ›Es ist viel darüber gesprochen worden, ob die Vereinten Nationen versuchen sollten, Deutschland nach dem Krieg neu zu erziehen … Der bisher beste Lehrmeister des deutschen Volkes ist die Fliegerbombe … Für gewisse Zwecke ist sie ein wundervolles Lehrmittel.‹«

Hat diese amerik. Zeitung nicht recht? Wie traurig, dass man als Deutsche nicht unmittelbar in Zorn gerät angesichts solcher ›Beleidigungen‹.

29. *Dez.* 43. Ein beträchtlicher Teil unseres Volkes wird aus verletzter Eitelkeit heraus sich mit der Niederlage nicht abfinden können. Was für eine Herrlichkeit war das doch, da man als »Herrenmensch« seine Tage durchlebte. Nicht wahr, das begann schon in der Morgenfrühe. Bei den lächerlichsten Handlungen war man durchdrungen von diesem Bewusstsein. Wenn man seine Unterhosen, seine Socken anzog, sich rasierte, sich in die Straßenbahn setzte, seiner – wenn auch noch so unbedeutenden Berufsarbeit nachging: alles, alles war überflutet von dem weihevollen Gefühl, ein »Herrenmensch« zu sein. Was für lächerli-

che Typen von »Herrenmenschen« diese Zeit hervorbrachte! Wunderbare, unwiderstehliche Modelle für Karikaturenzeichner und Lustspieldichter. Und wenn alles Drum und Dran nicht todtraurig, ja entsetzensvoll wäre und so unglaubhaft schaurig: man könnte sich in Lachen verkriechen!

Es scheint mir tiefen Nachdenkens wert zu sein, wie etwa nachher die verletzte deutsche Eitelkeit sublimiert werden könnte, und wie eine möglichst große Zahl der damit Behafteten trotzdem dem Lager der nützlichen, aufbauwilligen, den Idealen der Gewalt abschwörenden Deutschen zuzuführen wäre.

30. 12. 43. Im September wurde eine Büchersammlung für die Soldaten durchgeführt. Mein Nachbar (Blockleiter) sagte mir hierüber gestern: »Bei uns auf der Ortsgruppe liegen Tausende von Bänden auf der Erde. Wir haben weder Papier noch Bindfaden, um sie zu verschicken. Hätten wir aber Schnur und Papier, so bekämen wir kein Transportmittel, um die Pakete zur Post zu fahren. Hitlerjungen, die früher solche Arbeiten machten, sind zur Flak eingezogen.

In allen Ortsgruppen – landauf – landab – dasselbe Bild!«

Well! Aber wir führen Krieg. Krieg bis »fünf Minuten nach zwölf!« Krieg, bis kein Rattenschwanz mehr am Leben und Deutschland eine Trümmerwüste ist.

31. 12. 43. Wenn ich meine Landsleute betrachte, so kommt mir ihr Verhalten vor wie das Benehmen von Menschen, die bei einem herannahenden Gewitter schutzlos im Freien sind. Die ersten scharfen Hagelkörner sind schon gefallen, die Schutzlosen ziehen erschrocken die Anker ein, knöpfen den Kragen hoch und lugen scheu nach den finsteren Wolkenballen am Horizont. Aber da – – da bricht unvermutet noch einmal ein Sonnenstrahl durch den Wolkenbausch und – – schon spotten die Fliehenden über die »blöde Angst« (die der anderen, natürlich!) und tun, als ob sie selbst niemals zu denjenigen gehört hätten, welche ...

Aus einem Zeitungsartikel:

> »Die bis jetzt gebrachten Opfer fordern unseren restlosen Einsatz.«

Was für lächerliche Großhänse! Sie haben zwar die Hosen voll, aber noch immer ein großes Maul. Und die Logik! Weil wir (bildlich gesprochen) den Rock verloren haben, dürfen wir nicht nachlassen, bis uns auch noch das Hemd *aus*- und die Haut *ab*gezogen ist!

31.12.43. Ich habe einer alten befreundeten Dame folgenderweise zum Neuen Jahr gratuliert: »... dass Sie gesund bleiben, nicht von Bomben zerfetzt werden, Ihr Dach behalten, Ihr Bett, Ihre Wärmflasche, und ... Ihren Nachttopf!«

Lächerlich? Nicht so sehr. Was tut eine alte Dame ohne diese Requisiten? Sie sind heute unersetzlich, nirgends mehr zu kaufen.

Aus einem Brief:

> »... Dann hört man munkeln, dass noch Anfang Januar die ›Vergeltung‹ käme! Und dann – – dann natürlich wieder die ›Vergeltung‹ der anderen an uns verabreicht! Wehe über uns! Denke Dir: Dieter – fünfzehneinhalb Jahre alt – muss zu den Luftwaffenhelfern einrücken! Die Jungen und die Alten, alle werden geopfert! Mein Hass kennt keine Grenzen! Hast du die ›Weihnachtsansprache‹ gehört? Die Opfer sollen sich ja ›lohnen‹! Also: weiter opfern! Dass sich noch mehr ›lohnt‹.«

1944

Neujahr 1944. Ein neues Jahr! *Das* neue Jahr, das uns den Frieden und menschenwürdige Ideale zurückbringen wird. Dieser Gedanke soll mir immer helfen, dann, wenn die Leiden jene furchtbare Steigerung erfahren, die sie erfahren *müssen*, soll der Friede wieder einmal kommen.

Jemand sagte zum Herrn Apotheker: »Was soll das endlose Geschwätz in den Zeitungen über die ›Vergeltung‹? Warum haut man nicht kurzerhand England zusammen? Was sollen die ewigen Drohungen?«

»Das hat seinen guten Grund: man bezweckt damit, die Gegner aus Angst zu einer völkerrechtswidrigen Kriegsführung zu zwingen, die uns dann das moralische Recht geben würde, unsere furchtbare Waffe anzuwenden.« »Giftgas?«, frage ich.

Colin Roß! Er veröffentlicht einen meterlangen Artikel unter dem Titel »Prognose und Parole«! Was sagt er dem deutschen Volk? Der Menschheit?

1. Er ist fanatisch begeistert vom »Führer«, von »der Seelengröße« und dem »Todesmut« des deutschen Volkes.
2. Selbstverständlich ist er überzeugt vom deutschen Sieg.
3. Die durch diesen Krieg geschaffene Weltordnung wird für eine lange Zeit gültig bleiben.
4. Wir (Deutschland und alles, was sich heute dazu rechnet) glauben nicht nur an unseren Sieg, sondern – im Gegensatz zu unseren ruchlosen Feinden – auch noch an die »Vorsehung«.
5. Der Führer hat im Gegensatz zu unseren Gegnern nie Pläne über das Nachkriegseuropa in die Welt hinausposaunt. (Pläne? Nein, das sicher nicht. Er hat nur hysterisch gebrüllt, dass das »Herrenvolk« die »Neue Ordnung« durch ihre Besatzungsmethoden in den »befreiten Räumen« Europas »sichern« werden).

6. Colin Roß stellt fest: »Weltpolitische Prognose ist möglich«, sagt aber einige Zeilen weiter unten: »Man muss sich klar sein, dass alle menschliche Vorausschau im Irrationalen endet ... Nichts steht fest. Alles ist möglich!« (Gottlob ist »alles« möglich, sogar, dass »die neue Ordnung« weggefegt werden wird von der Erde.)
7. »Möglich ist (nach Colin Roß) eine zweite Sintflut, die die Menschen nicht im Wasser, sondern im *Blut* ertränkt! Und dafür brauchen wir ein starkes Herz!«

Was für eine liebliche Neujahrsbotschaft, Colin Roß! Sie wollen Dichter sein? Ihr »starkes Herz« ist eisern, tot, hart, sonst würden Sie es nicht über sich vermögen, diese Prognose zu stellen und das Geschehen von heute zu verherrlichen! Wie viel wurde Ihnen von Herrn Goebbels bezahlt dafür, dass Sie so große Worte gefunden haben, um »es« seinem »Kinde«, nämlich dem deutschen Volk, zu sagen? Dass es eine Sintflut von Blut zu durchwaten haben werde, und dass es auch dabei das so oft bewährte »starke Herz« wieder rühmlich in Erscheinung treten zu lassen habe.

8.1.44. Ich bin gestern ein Stück durch den Wald gegangen. Es war mir so leicht und froh zumut wie schon lange nicht mehr. Grund dafür? Das Wissen: das Grauen nähert sich seinem Ende. *Muss* sich seinem Ende nähern! Wann erfolgt die Invasion im Westen? Wie wir warten!

Nun ist die »Scharnhorst« dahin! Ich sagte zu meinem Herrn Apotheker: »Das mit der ›Scharnhorst‹ ist doch ein schwerer Schlag, nicht?« »Bah!«, jubilierte der Unentwegte, »solche großen Schiffe sind höchstens hinderlich! Wir machen bewusst alles mit den U-Booten!«

Traueranzeige.

»›Für die freundliche Anteilnahme, die wir bei dem Soldatentod unseres unvergesslichen Sohnes

....

erfahren durften, danken wir von ganzem Herzen.‹ In einem seiner letzten Briefe schrieb er: ›An meinem eigenen persönlichen Leben hänge ich nicht. Die Wirkung, der Auftrag ist alles‹.«

Wer versteht das? Ich meine: wer begreift die Eitelkeit dieser und so vieler deutscher Eltern, die diese Eigenschaft noch mit dem »Soldatentod« ihres Sohnes kitzeln? Warum hat der Vater seinen Sohn nicht belehrt (der Vater hat sich uns gegenüber als Anti-Nazi und Kriegsgegner ausgegeben. Er ist ein gelehrter Herr), dass »Auftrag« und »Wirkung« nur dann einen großen Sinn haben kann, wenn der »Auftrag« edel, und seine »Wirkung« entsprechend ist?

Fluch über die Narren, die das Schlachten und Geschlachtetwerden heute noch immer als »großen Auftrag« feiern! Ich bin erfüllt von Menschenhass und Menschenverachtung! Denn – – –

11. Jan. 44. Es sind wieder merkwürdige Flüstereien im Umlauf. Da werden in unserer Stadt die Schatten von eilenden Männern angemalt. Diese »Schatten« an allen Mauern und Zäunen sollen am 16. Jan. wieder ausgelöscht werden. Warum werden sie angemalt? Warum wieder ausgelöscht? Vielleicht nur, um die Gedanken des so leicht lenkbaren törichten deutschen Volkes mit etwas zu beschäftigen, sie abzulenken von der wirklichen Situation?

Meine Nachbarin flüsterte mir zu: »Ganz im Vertrauen: Mitte Januar muss unsere Stadt für einige Tage geräumt werden. Die Vergeltung beginnt von einem Flugfeld in der Nähe unserer Stadt aus«.

Der Herr Apotheker sagt mit einem Ton des Mitleids: »Hoffentlich ist Ihre Tochter mit den Kindern nach Amerika oder Kanada geflüchtet. Sonst erwischt sie's auch. Es wäre mir leid, wenn Sie sich nicht mehr sehen würden! Aber – die deutschen Belange verbieten Gefühls-Duselei. Man muss hart sein ...« Und der Herr Apotheker ist »hart«, »heldisch« – – jeder Zoll ein Soldat, wenn man ihn in seiner Trainingshose lustwandeln sieht.

Nebenbei gesagt: meine Nachbarin brachte mir heute früh wonnevoll die Morgenzeitung. Sie ist hoch entzückt, dass »Ciano und die andern Lumpen« hingerichtet worden sind. Außerdem erzählte sie mir: »Der Führer hat an England ein Ultimatum gestellt: England bekomme 5 Tage Zeit, seine Frauen und Kinder wegzuschaffen!« »Was sagen's dazu? Wenn das nöt hochherzig ist ...!«

Ach ja! Was für einen hochherzigen, edlen Führer haben wir doch! Gott erhalte ihn uns – – – nein: *denen*, die dieses Scheusal vergöttern! Nur denen!

12. Jan. 44. Man erzählte mir: dieser Tage habe man *die* Juden weggeschafft, die zwar arisch verheiratet seien, deren Ehepartner jedoch gestorben oder deren Ehe geschieden sei. Man habe ihnen 20 Minuten Zeit gelassen zum Packen. Dann ging es fort in stockdunkler Nacht. Angeblich nach *Theresienstadt.*

Mein Gesicht brennt vor Scham und Zorn.

13. 1. 44. In der ganzen Stadt orakelt man über den »Schatten«. Goebbels hat's erreicht: die Phantasie seines lieben Volkes bewegt sich in ungefährlichen Bahnen.

18. 1. 44. Der Schattenmann trägt nun quer über den Bauch die leuchtende Phosphorschrift: »Feind hört mit!«

Ha, ha, ha! Viel Lärm um nichts, also!

19. Jan. 44. Das kleine polnische Knechtlein eines Erbhofbauern flüstert mir zu: »Krieg bald aus, Frau. Meisterin gibt mir großes Wurststück!« Seine Augen strahlen. Er folgert zweifellos richtig, nämlich: die Bäuerin glaubt nicht mehr an den deutschen Endsieg, sie knüpft darum schon jetzt »diplomatische Beziehungen« zum ehemaligen Gegner an. Seht, seht! »Frauen sind doch bessere Diplomaten«!

20. 1. 44. Immer wieder grüble ich über das Rätsel, das mein Volk mir aufgibt. Wenn die Verbrechen wahr sind, die man uns zur Last legt: *wie* konnte das möglich sein? Waren nicht viele der Missetäter in ihrer Jugend von Entsetzen ergriffen, als sie die grausigen Untaten eines Nero lasen? Und heute? Ist es möglich, dass ein ganzes Volk wahnsinnig werden kann? Gibt es einen Kollektiv-Wahnsinn? Ich bin in einer furchtbaren seelischen Depression: ich kann keinem Soldaten mehr ins Gesicht blicken, ohne mich zu fragen: »War er … vielleicht auch dabei?« Dabei, als man Polinnen und ihre Kinder erschoss, als man Lidice vernichtete, war er in Oradour? In Amsterdam? Ach – – Gott sei mir gnädig! Ich versinke in *Trübsinn.*

Und die Frauenschaftsleiterinnen? Da sieht man hübsche Wesen, blauäugig, keine Spur von »Megäre« an sich. Aber – – – sie vertreten die Sache ihres »Führers«, als ob sie für einen Heiligen stritten! Deutschland hat den Psychologen, Psycho-Analytikern, Psycho-Therapeuten für Jahrzehnte hinaus »Material« geliefert, aus dem sich neue »Sätze« ableiten und beweisen lassen.

Ein Bekannter las uns einige Stellen aus der Biografie Hitlers (von Oscar *Heiler*). Ich glaube: selbst dieser Schriftsteller sieht Hitler noch zu groß. *Was* für ein erbärmlich kleiner Mensch er in Wirklichkeit ist, und wie viel »Größe« ihm von seinem Volk *angedichtet* worden ist, das wird die Zukunft lehren. Wenn einmal alle Nebelschwaden um diese Figur zerreißen und sie in erbärmlicher Nacktheit allen offenbar wird. Vielleicht – vielleicht ist das die Kur, die viele ruckartig von ihrer geistigen Erkrankung genesen lassen wird. Aber um davon genesen zu können, dazu gehört der Mut zur Ehrlichkeit und Wahrhaftigkeit gegen sich selbst. Diese ohnedies etwas seltenen Begabungen haben unsere Goebbels und Konsorten gründlich zertrampelt.

22.1.44. Zwei Damen aus meinem Bekanntenkreis erzählten mir gestern: »Mein Mann fuhr letzte Woche in der Bahn, Strecke Paris–Wien. Zwei Herren setzten sich ihm gegenüber. Bald fingen diese beiden an, lästerlich über Hitler und Göring zu schimpfen. Mein Mann beherrschte sich. Schließlich sagte er: ›Meine Herren, ich muss Sie bitten, dieses Thema fallen zu lassen. Ich bin Offizier und würde die Pflicht haben …‹

Da wendeten die beiden ihren Rockaufschlag um und zeigten ihr Abzeichen: ›Geheime Staatspolizei‹. Sie sagten: »Mein lieber Freund, es war höchste Zeit, dass Sie sich unsere Schimpfkanonade verbeten haben! Noch *eine* Minute länger, und wir würden unsererseits Sie an Ihre Pflicht erinnert haben! Und zwar unmissverständlich!« Sie standen auf und suchten sich im Abteil nebenan ihr nächstes »Versuchsobjekt«.

Diese beiden Bekannten sind überzeugt, dass der Krieg für Deutschland verloren ist. Aber das Merkwürdige ist, dass ihre Phantasie dabei »Halt« macht. Sie sagen zwar: »Der Krieg ist verloren«. Aber in der Minute hernach fahren sie fort: »Wir bekommen unser Lebtag keine Hausgehilfin mehr. Höchstens eine Polin!« (Wieso eine »Polin«, wenn wir den Krieg doch verlieren? Dann verlieren wir auch die ausländischen Sklaven.) Sie argumentieren in ihrem Trübsinn weiter: »Wenn wir 60 Jahre alt sind, bekommen wir auch keine Medikamente mehr …« usf.

Nun bedeutet aber, meiner Auffassung nach, der verlorene Krieg das radikale Ende der Nazi-Herrschaft und aller ihrer Einrichtungen. Es bedeutet Abrüstung, und Abrüstung bedeutet: es wird wieder Arbeitskräfte geben auch für überlastete Hausfrauen. Es bedeutet weiter: die alten Leute werden nicht auf den Misthaufen geworfen, sondern man wird versuchen, ihnen ihren Lebensabend so erträglich wie möglich zu machen. Es bedeutet: man wird seine Kinder wieder selbst erziehen können, und sich nicht mehr zu fürchten haben vor den kleinen irregeleiteten fanatischen Denunzianten im Schoße der eigenen Familie. Der verlorene Krieg bedeutet tatsächlich – – – alles. Er wird auch Armut bedeuten und viel Nachkriegsnot. Unsere Armut wird dann erst richtig zum Vorschein kommen! Aber – – ich höre es schon heute – – dann werden die blöden Hammel krakeelen: »Seht, kaum ist Hitler weg, sind wir wieder arm!«

Ach – – ich bin oft so müde und angewidert, und dann scheint es mir nicht der Mühe wert, für dieses Volk von phantasielosen Schafen auch nur einen Finger zu rühren, nachher! Aber dann gebe ich mir einen Ruck, und ich sage mir: »Vielleicht gibt es gleich mir Millionen Frauen – und vielleicht auch Männer – in Deutschland, die fühlen, wie ich. Und dann ist da auch wieder eine Jugend! Junge Menschen, denen man wird helfen müssen! Und wenn ich das denke, dann denke ich: ich werde doch versuchen, zu tun, was in meiner Kraft stehen mag.«

22.1.44. Die Zeitung – – – es gibt ja nur *eine* uniformierte Zeitung bei uns, auch wenn sie tausend Namen haben mögen – – – ist zurzeit eine wahre Fundgrube. Es heißt: »So oder so gehört England zu den Besiegten«. (Hm? »So« oder »so«? Oder: Hermann Hirsch wettert gegen die »Parolenhengste«, gibt aber in seinem lichtvollen Leitartikel u. a.: die »Parole«: »Von ausschlaggebender Bedeutung ist unsere Haltung!« (Also: nicht mehr unsere Stukas, unsere geheimen Waffen, unsere U-Boote, sondern »unsere Haltung«).

Die Partei ruft auf, Bettfedern, Bettstücke, Decken usf. usf. zu sammeln, um durch diese noch »nie dagewesene Sammelaktion« zu helfen, dass die Verwundeten in den Lazaretten nicht auf Stroh liegen müssen, und die Ausgebombten nicht auf dem nackten Fußboden. Der Aufruf setzt voraus, dass dieser Appell »freudig aufgenommen« werde. »Freudig aufgenommen«? Ich hoffe, die meisten Deutschen werden sagen: »Schluss! Schluss! Wenn die armen Soldaten in den Lazaretten keine Zudecke und kein Kissen haben, dann – – Schluss! Endlich Schluss!«

1. Febr. 44. Ich kam ins Gespräch mit einer Dame. Ihr Sohn sei Fallschirmjäger, werde nun aber umgeschult zum Panzergrenadier. Ihr Mann stehe auch im Feld, der junge Sohn sei Luftwaffenhelfer und die Tochter, Schülerin, mit der Schule in den Südosten evakuiert.

»Sie haben also schwere, schwere Sorgen …«, sagte ich teilnehmend. »Ach«, meinte sie und lachte, »ich denke eigentlich nie daran, dass auch mal eine traurige Nachricht kommen könnte … so kommt man am besten durch …«

Sind das nicht »Heldenmütter«? Aber man trifft auch andere. Als dieses Gespräch kaum beendet war, kam von der Ecke des Wagens plötzlich lautes, herzzerbrechendes Schluchzen. Ein altes Weiblein war eingestiegen. Beim Anblick eines im Zuge mitfahrenden Urlaubers bricht es in ein Weinen aus, das allen ans Herz greift und jäh jede Unterhaltung im Wagen erstickt. Die Frau setzt sich auf meine Bank und stoßweise erzählt sie: »Wenn ich einen Urlauber sehe, zerreißt es mir das Herz. Mein Sohn war 28 Monate nicht im Urlaub; er ist jung verheiratet und alle Tage sagte sein Weib, wenn wir auf dem Acker waren: ›Vielleicht kommt Karl heute! Ich muss schnell heimeilen, vielleicht steht Karl vor der Haustüre!‹ … Vorgestern kam nun etwas von Karl. Er war gefallen, hieß es. Bei Nikopol.« … Und sehen Sie: genau an dem Tag, da diese Nachricht kam, war der Urlaub meines andern Sohnes abgelaufen. Er hat geschrien und geweint: ›Mutter, ich kann nicht mehr fort! Mutter, behalte mich doch hier!‹ … Ich habe ihn nicht daheim behalten können. Er musste fort, sie haben ihn weggeholt. Ich weiß nichts mehr von ihm. Auch von ihm nichts mehr. Vielleicht hat er selbst ein Ende gemacht auf der Reise … ›Lieber mich selbst, Mutter, als noch einen einzigen anderen Menschen töten …‹ Nach einer Pause, während welcher nur das Schluchzen dieser gepeinigten Mutter zu hören war, sagte sie noch die paar Worte: »Und mein Jüngster ist bei Stalingrad vermisst!« Damit sank sie in sich zusammen.

2. *Febr. 44.* Auf der Friedhofsmauer des kleinen Dorfes, das mein Reiseziel ist, steht in Riesenlettern: »Tote! Stehet auf zur Musterung!«

Der Kreisleiter dieses Gebietes sagte in seiner Rede am 30. Jan. 44:

> »Nicht Waffen allein entscheiden! In weitem Maß ist die Heimatfront für die Entwicklung verantwortlich!«

(Da haben wir's! Für die nächste Dolchstoßlegende wird schon jetzt gesorgt.) Weiter:

> »Weil wir das fleißigste und begabteste Volk der Erde sind, sind wir so verhasst. Wir sind das Beste, das es auf der Welt gibt! Wir können darum ein gutes Leben beanspruchen. Wir wollen kein Paneuropa! Wir wollen niemand etwas wegnehmen! Wir wollen uns nur ausdehnen, und wenn dabei nebenher einiges *krepiert*, ist das weiter nicht schlimm!«

(Diese Sätze sind wörtlich zitiert. Der Mann heißt auch noch »Uhland«. Was würde sein Namensbruder *Ludwig Uhland* dazu sagen!) An die anwesenden Frauen gerichtet:

»Schreibt Euren Männern nichts von Euren Sorgen und Nöten ins Feld. Wenn Ihr ihnen solche Briefe schreibt, so ist das Volksverrat!« Ferner:

> »Unser Regime (Führerprinzip) ist ähnlich wie das Bolschewistische. Aber ein hervorragender Unterschied besteht: *Wir nehmen noch viel zu viel Rücksicht auf das Einzelwesen innerhalb unseres Volkes!*«

> »Wir stehen im Kampf auf Leben und Tod. Der Ernst muss in jeder *Ecke* (was für eine ›eckige Seele‹ haben wir!) der deutschen Volksseele aufwachen.... Wir werden siegen, wenn wir auch nur 2 Millimeter vor dem Feind durchs Tor gehen werden!«

Was für eine exakte Rechnung: »zwei« Millimeter!

> »Als Kinder und junge Menschen haben wir neiderfüllt von den großen Kriegen und großen Zeiten gelesen. Heute sind wir geradezu übersättigt davon! (Bravo!) Aber Kriege müssen sein ... usf. usf.«

Das sind unsere lichtvollen Edelmenschen, denen das Volk zujubelt.

Zeitungsmeldung:

> »In dem Maße nun, in dem der Termin des anglo-amerikanischen Angriffs näher rückt, muss die Ostfront zu einem Kriegsschauplatz zweiten Ranges werden ...«

Das geht denn doch übers Bohnenlied! Ob die im Osten sterbenden deutschen Jungen auch den Eindruck haben? Was für ein Jongleur, dieser Goebbels!

5. *Febr. 44.* In einem kunstgewerblichen Geschäft hängen Brandmalereien, Hitlersprüche und Derartiges zum Verkauf. Ein fragender Blick auf die Geschäftsfrau veranlasst diese zu der Antwort: »Es will sie niemand ...« »Ach?«, frage ich lakonisch. »Saison vorüber?«

Wir blicken uns an, lächeln, verstehen uns.

10. Febr. 44. Man lässt dem Deutschen nur knapp noch so viel Zeit, dass er die Schlagzeilen der Zeitungen lesen kann. Da liest er beispielsweise: »Sowjets verlieren oft zwei Drittel der Kräfte!« Er freut sich und lässt sich sein frugales Frühstück in dieser Siegesstimmung schmecken. Hätte er mehr Zeit und läse, was *unter* der Schlagzeile kleingedruckt steht, dann erführe er:

a) Die Krim ist abgeschnitten, b) Der Verlust von Nikopol ist wirtschaftlich und militärisch ein schwerer Schlag, c) der Feind besitzt ein sehr großes Reorganisationsvermögen, d) Witebsk und Lug sind gefährdet, und damit ist mit einem weiteren Vormarsch der Russen nach Westen zu rechnen.

12. Febr. 44. Es gibt Menschen, die grob und rücksichtlos sind im Austeilen von Püffen, aber wie ein schalloses Ei, wenn jemand versucht, seinerseits ihnen eines zu versetzen. Genauso scheint es mit Völkern zu sein. Jedenfalls liefert Deutschland ein klassisches Beispiel dafür: es springt mit anderen Völkern um, als hätten diese überhaupt kein Organ, körperliche Leiden wahrzunehmen, noch, als besäßen sie eine empfindsame Seele noch einen regen Geist. Aber wehe, wenn die von uns Geprügelten versuchen, zurückzuschlagen! Was für eine unerhörte Demütigung! Was für ein Zeter und Mordio!

Aus dem Brief meiner Tochter Ludowike: (Lehrerin)

»Heute wurde uns eine aufschlussreiche politische Schulung verabreicht durch den Schulleiter: Der ganze Unterricht muss politisch sein, auf keinen Fall objektiv, sondern völkisch subjektiv. Das Christentum ist unbedingt abzulehnen als rassisch nicht gemäß. Die Juden sind nicht objektiv zu verurteilen, sondern subjektiv vom rassischen Instinkt her. Wenn wir die Jugend in jeder Stunde so schulen und diesen Geist ins Volk tragen, werden und müssen wir siegen!«

Armes Deutschland!

13.2.44. Ich höre gegenwärtig häufig auch den »Soldatensender Calais«. Man erfährt manches Interessantes. Seit Neuestem spricht wöchentlich einmal eine Frau. Sie propagiert das Kinderkriegen um jeden Preis! Man wird sich diese Sibylle ansehen müssen nach dem Krieg.

Die von Männern zusammengestellten Sendungen sind weit besser. Mein Urteil? Anti-Nazis, *aber* – – Nationalisten und Militaristen! Der Inhalt der von dieser Gruppe vorbereiteten Dolchstoßlegende ist … der Führer! *Er* ist schuld an der Wende des Kriegsglücks, nicht die Unterlegenheit Deutschlands, nicht die Generale, nicht die Soldaten, nicht die Waffen!

Well! Den nächsten Krieg also – – ohne »Führer«. Dann wird er sicher gewonnen.

22.2.44. Aus der Zeitung:

> »Immer einfacher wird unser Dasein! Immer leichter wird unser Marschgepäck!«

So etwas wagen diese Burschen zu schreiben nach dem schweren Angriff auf unsere Stadt! Wo das Leben so »einfach« geworden ist, dass man weder Licht noch Gas, noch Wasser, noch Fenster, noch Türen noch … Ach Gott!

In die Fresse möchte ich diesem frivolen Lausbuben eines hauen! Und dann aufs Schafott mit mir! Das Leben hat ja doch keinen, keinen Sinn mehr.

25.2.44. Zeitungsartikel:

> »In den letzten Wochen sind im Zuge der Frontverkürzung (sic) zehntausende Deutsche aus der Ukraine in das Reich zurückgeführt worden!«

Also: »Heim ins Reich!«

12.3.44. Eine Ewigkeit, seit ich nichts mehr eingeschrieben habe! Aber das Leben, das immer »einfacher« wird, hat mich beinahe ganz verlassen. Und heute – zwei Wochen nach jener Höllennacht, erscheint es mir noch immer nicht Wirklichkeit zu sein, dass ich tatsächlich noch lebe. SSSS – – bum! SSSS – – bum! So pfiff es um unser liebes armes Häusle. Scheiben prasselten, Steine polterten, Türen stürzten, Baumstämme sausten durch die Luft, schlugen auf das Dach, Brandgeruch, Rauch, Staubwolken! Brausen, Zischen, Prasseln … Woher? Was war es? FFFF! Eine Luftmine! Platt auf die Erde liegen! Vorbei. Wir leben noch in unserem windigen Kellerchen! Schon pfeift die nächste! Herr erbarme dich unser!

Eine Stunde schon! Aber nun – – nun wird das Grollen in die Ferne getragen, es ist über uns hinweggebraust: wir leben noch. Unfassbar: wir leben! Wir können gehen, die Arme bewegen, die Beine! Uns bei den Händen fassen! Wir können weinen! Weinen! Welche Erlösung! Wir konnten unseren Keller verlassen, über Scherben, Steine, Mörtel, gestürzte Türen hinaufkriechen. Feuer! Feuer! Wohin wir blicken wüten Brände. Die Nachbarn kommen herüber, den Säugling auf dem Arm. An ihrem Haus ist die Westseite eingerissen, es besteht Einsturzgefahr. Wie ein Häuflein auseinander gestobener Küken kauern sie in unserer Stube zusammen, die einzige Stube, die noch ein Fenster hat! Verstört, zitternd, frierend warten wir auf den Tag, der das ganze Elend offenbar machen wird. Und als der Tag da war, war vieles, vieles nicht mehr. Unsere Siedlung, der nahe Wald: wie zerzaust! Grauenvoll.

Wir haben wenigstens noch die Mauern unseres Hauses und noch einen Teil des Daches.

18.3.44. Ich bin krank. Ich habe mich aufs Land zurückgezogen. Fieber. Den Angriff auf unsere Stadt habe ich mit durchlitten, dann bin ich zusammengebrochen. Auch Ludowike kam an aus Österreich, um nach uns Bombengemarterten zu sehen, ganz plötzlich. Auch sie hat es mit durchlitten. »Das kann doch kein Mensch durchhalten!«, schluchzte sie und suchte nach einer Möglichkeit, die Eltern diesem Inferno zu entreißen.

Nein – das *kann* man auch nicht aushalten, und doch *muss* man es aushalten. Der Führer befiehlt es. So bin ich – vom Fieber geschüttelt, meine paar Habseligkeiten auf einem kleinen Karren, weggegangen, stadtwärts, versuchend, einen Zug zu erreichen, um mich auf dem Land einige Tage ins Bett legen zu können, ohne Furcht vor Bomben. Baumstämme versperrten den Weg, Straßenbahn konnte nicht fahren, die Welt sah aus wie nach einem Gottesgericht.

Wie sagte doch der göttliche Führer einmal? »Alle für einen, und einer für alle!« Ich verstehe nun die Tiefe dieses Wortes. Es heißt: *alle* sterben für *einen*, und *einer* lebt für alle!

Auf dem Land, 19.3.44. Brausen! Ungläubiges Aufhorchen! Täuschung unmöglich! Schwärme von Flugzeugen – V-Formationen – im blauen Märzhimmel. In furchtgebietender majestätischer Ruhe fliegen sie über das Gebirge, auf dem ich jetzt lebe. Die Menschen strömen auf die Straßen. Sie genießen das Schauspiel. Merkwürdig: Kein Mensch scheint ernsthaft daran zu denken, dass es diesen Vögeln einfallen könnte, auf die Kinder, die ihren Sonntagskuchen zum Bäcker tragen, zu schießen. Wohin wohl tragen die Todesvögel ihre grausige Last? Arme Stadt! Ist es München? Ulm? Friedrichshafen? Augsburg?

Die Ersten kommen bereits wieder zurück. Sie haben ihr Werk getan. Gott, hab Erbarmen!

Als ich gestern mit dem Omnibus auf die Höhe hinauffuhr, stieg eine einfache Frau ein, Mutter eines Fliegers. Sie erzählte – und die Tränen liefen ihr über die Backen –, wie man über ihrem Dorf einen amerikanischen Flieger abgeschossen habe, wie alle mit dem Fallschirm heruntergekommen seien, wie einer in der Maschine hängen geblieben sei, noch einmal den Kopf gehoben habe nach dem Aufschlag auf der Erde und dann verschieden sei. Und immer versicherte sie wieder, so, als wolle sie ihre Tränen rechtfertigen, dass sie eben habe weinen müssen, und dass sie gedacht habe, so und nicht anders könnte es auch *ihrem* Jungen geschehen. Und der, der da tot vor ihr gelegen sei, sei doch auch einer Mutter Kind … Einer Mutter Kind! Wann – – wann wird man vor einer Mutter wieder den Hut abnehmen und endlich, endlich gelernt haben, dass Mütter ihre Kinder nicht gebären, um sie töten zu lassen, und damit sie töten *müssen*?

Soeben habe ich einen Soldaten getroffen. Er will heiraten, bevor er wieder an die Front muss. Ich fragte ihn, was er meine, wohin es ihn verschlagen werde?

»Nach Italien oder nach England …«

»Nach England?« Ich traute meinen Ohren nicht. Der Bursche aber sagte forsch: »Das ist doch ganz selbstverständlich, dass wir noch hinübergehen …«

Also noch immer: »… denn wir fahren, denn wir fahren gegen Engelland!«

Man könnte an Kopfschütteln über dieses Volk zugrunde gehen.

23. 3. 44. Grippe! Trotzdem habe ich eine denkwürdige Konfirmation mitgemacht. »Denkwürdig« darum:

Mein Neffe, aktiver Fliegeroffizier, abgestürzt vor zwei Jahren in Russland, jetzt Krüppel, der mühsam an Krücken geht, und der ein gänzlich verunstaltetes Gesicht hat, war dabei. Ein erbarmungswürdiger Anblick. Sein Vater erzählte mir flüsternd, welch ein Meer von Schmerzen sein Sohn während der letzten beiden Jahre im Zusammenhang mit den zahllosen Operationen habe durchschwimmen müssen.

Ich sagte: »Der Sturz Hitlers, vermutlich sein größter Schmerz, erwartet ihn noch …«

»Ausgeschlossen«, sagte der Vater. »Ich weiß Positives! Die Vergeltung kommt mit dem Augenblick der Invasion und gibt dem Krieg eine völlig neue Wendung. Mehr darf ich nicht sagen!«

Sein Sohn sagte später – nach einigen Gläsern starken Weines –: die ganzen Heere in den südenglischen Häfen werden durch unsere Vergeltungswaffe vernichtet, die ganze Küste weit landeinwärts verwüstet. Unmittelbar darauf erfolge *unsere* Landung in England usf. usf. Kurz und gut: trotz Krücken, trotz der Situation an den Fronten und in der Heimat, trotz feindlicher Fliegergeschwader, die den Himmel verdunkeln: ein gläubiger junger Deutscher.

Seine Tante sagte im Verlauf der erregten Debatte: »Dein Hitler ist der größte Abgrund, der sich je aufgetan hat, um Menschenglück zu verschlingen ...«

Eine Minute betretenes Schweigen. Dann erwiderte der junge Offizier: »Du sagtest, Hitler sei der größte Lump! Wie kommst du dazu?«

»Das habe ich nicht gesagt. Ich habe gesagt, er sei der ›größte Abgrund‹, und darunter verstehe ich etwas noch viel Schlimmeres als unter dem ›größten Lumpen‹.«

Die »Gemütlichkeit« des Familienfestes war nun auch durch den besten Tropfen Weines nicht mehr zu retten.

Am anderen Tag – ich lag wieder mit Fieber im Bett – lieferte ich mit einer anderen Verwandten das Nachspiel. Ich erinnerte sie an ihre und ihres Mannes ehemalige Auffassung, dass keinem Juden ein Haar gekrümmt werden würde im Dritten Reich, und dass es lächerlich sei von mir und meinem Mann, die Propaganda-Reden Goebbels zu glauben. Ich hoffte, die Verwandte werde, da ja die Tatsachen die »Propaganda« bei weitem übertroffen haben, ehrlich genug sein, zuzugeben, was für einem entsetzlichen Irrtum sie verfallen waren und sie werde sich mit Schaudern abwenden.

Nichts von alledem! Hochmütig, mit gekräuselten Lippen stand sie an meinem Bett. »Es leben immer noch Juden!«, sagte sie voller Spott. »In Riga« (wo ihr Mann als Offizier ist) gibt es noch ganze Judenviertel! Und aufhören? *Jetzt* mit dem Krieg aufhören? Wie kämen wir dazu! Der Front in den Rücken fallen? Ich muss schon sagen: die Soldaten sind viel tapferer als die Heimat … (Sie selbst hat »tapfer« unsere Stadt beizeiten verlassen, um den Bomben nicht begegnen zu müssen). Sie fuhr fort: »Die gemeinen, niederträchtigen Engländer! Was brauchen die uns den Krieg zu erklären? Was geht *die* Polen an, he?«

»Sie waren verbündet …«

»Quatsch! Verbündet«! Die Krämerseelen sagten sich: »Wer weiß, wann und wo Hitler Halt machen wird, wenn man ihn Stück für Stück von Europa verschlucken lässt! Sie fürchteten vermutlich für die eigene Insel! Aber keine Angst! Die Herrschaften sind *zu* überheblich! Wir wollen keine Engländer …«

»Wir *wollen* ja gar keine Tschechen!«, hat der Führer einmal gesagt, spottete ich.

»Der Führer hat seinen guten Grund gehabt, die Tschechei sicherzustellen. Das war ja seit undenklichen Zeiten ein Herd ewiger Unruhe –« Und nun kam alles zutage: Wie England zum Krieg gehetzt habe, wie es sich dunkler Hintermänner bediene usf. usf. usf.

»Ich habe einen Artikel von General v. Reichenau ausgeschnitten. Da erzählt dieser, dass England unseren Rüstungsvorsprung niemals werde einholen können. Also: nicht England, *wir* haben aufgerüstet …« »England hat schlauerweise erst während des Krieges aufgerüstet. Aber England hat ja immer nur andere Völker für sich kämpfen lassen. – – Ich erinnerte daran, dass England viele von uns verjagte Emigranten aufgenommen habe und man von deren Talenten profitiere. Ein Gelehrter beispielsweise, von uns, dessen Frau Jüdin ist, hat für England eine großartige Erfindung gemacht …«

»So ein gemeiner Lump!«, schrie die Holde. »Hätte der sich von seiner Frau getrennt und seine Fähigkeit dann in deutsche Dienste gestellt! Er wäre sicher ein berühmter Mann geworden, auch in Deutschland … Statt sein Vaterland zu verraten …«

»… hätte er besser seine Frau verraten sollen!«, meinst Du. »Die Mutter seiner Kinder – *und* seine Kinder mit – vergasen lassen – Ich sehe: Du und ich haben nichts mehr gemein miteinander. Wir verstehen uns nicht mehr …« Damit vergrub ich meinen Kopf in das Kissen und ließ meinen Tränen freien Lauf. Ich hörte noch, wie sie wegging und ostentativ die Türe hinter sich zuschlug.

Wird sie nun hingehen und mich verraten? Mag sie. Einmal muss es ja doch kommen!

28. 3. 44. »Entwurzelt«! Das ist das Wort, das meinen gegenwärtigen Zustand trifft. Was »entwurzelt« ist, welkt, stirbt. Hier in diesem Exil, in das ich geflüchtet bin, um mein Leben zu retten, bin ich »entwurzelt«. Was für ein Widersinn.

30. 3. 44. Die sechzehnjährigen Jungen des ganzen Kreises wurden in der Turnhalle versammelt, um sie für die SS anzuwerben. Alles wurde ihnen an Drohungen und Versprechungen verabreicht. Beispiel: Kein Mädchen würde sie mehr angucken, jede werde voller Verachtung ausspucken vor all denen, die sich nicht zur SS melden. Daraufhin traten 30 Burschen vor. Das aber war eine viel zu kleine Zahl. Die Menschenbeitreiber rasten. Wenn nicht sofort ein Mehrfaches an freiwilligen Anmeldungen erfolge, werde man sich zu helfen wissen, drohten sie.

Aber auch die »Hammelherde« wusste sich zu helfen. Wenigstens teilweise. Auffallend viele mussten plötzlich »austreten«. Sie traten buchstäblich aus, d. h. sie nahmen den Weg durch das Abortfenster ins Freie, in die Freiheit!

Wackere Buben.

Der Wachmann des hiesigen Gefangenenlagers – ein durchaus unkriegerischer Mensch, der »alles« satt hat, satt, satt, feierte gestern sein einjähriges Jubiläum als Wachmann. Trüben Blickes meinte er, er werde wohl die längste Zeit hier gewesen sein …

»Ich hörte, Ihr Vorgänger sei genau ein Jahr hier gewesen, ist das richtig?«

»Wenn ich nur auch schon wäre, wo er ist«, seufzte der Wachmann.

»Wieso? Ich denke, Sie werden es erwarten können, wieder an die Front zu kommen« – – –

»Er ist in Kanada ...«, flüsterte der Wachmann, blinzelte und ließ den Kopf schwer auf die Brust fallen.

5.4.44. Da sitzt man nun, fern von seinem Daheim und wartet. O dieses Warten! Es macht nervös, elend, noch unglücklicher, als man ohnedies ist. Es drängt einen in jene unselige Verfassung, in der man Gefahr läuft, den Henkern noch fünf Minuten vor zwölf Uhr in die Arme zu laufen.

14.4.44. Da bin ich nun also in einem anderen kleinen Dorf, näher meiner Heimat. Was für Situationen beschert uns Hitlers große Zeit. Ich habe einen winzigen Raum ohne Ofen, ohne Licht, in einem Haus, das schon längst sein hundertjähriges Jubiläum hat feiern können. Ich bin klein von Gestalt, aber ich kann die Decke meines Zimmers bequem mit der Hand erreichen. Die Wände sind behangen mit Engeln, Bibelsprüchen, Generalen, Bismarck, Hitler, Christus, die Decke ist verziert mit zerquetschten Schnaken, in jeder Ecke sind aufgetürmt Säcke, Schachteln, es riecht undefinierbar – Gott sei Dank schlägt der »Duft« der Miste direkt vor meinem Fenster schlimmeren Duft tot – neben meinem hoch aufgetürmten Federbett steht ein zweites, in dem die Tochter des Hauses ihren Schlaf in gründlich bäuerlicher Art heruntersägt. Ein äußerst angenehmes Schlaflied für mich!

Obwohl mir mein Mann streng eingeschärft hat und ich es mir auch selbst vorgenommen habe, hier meine Gesinnung nicht zu verraten, habe ich doch bereits wiederholt erlebt, dass das für mich gänzlich unmöglich ist. Beispielweise gestern bei dem Alarm. Ein Nachbar schrie eine Frau an, sie habe nicht auf der Straße zu gehen bei Fliegeralarm, sondern in einen Keller zu eilen …

Die Frau wehrte sich mit einem Schwertmaul. Sie sagte: das gehe ihn einen Dreck an, er sei ja übrigens auch nicht im Keller, sondern hänge sich bis zum Nabel zum Fenster hinaus … Am Abend klagte sie mir ihren Ärger über diesen und andere »Nazi-Lümmel«. Sie vertrat wieder die Auffassung, dass es keinen Menschen etwas angehe, wenn sie ihr Leben riskiere. Da lachte ich und sagte: »Sie täuschen sich. Wenn Ihnen dabei etwas passiert, wenn Sie dabei umkommen, kommen Sie ins Zuchthaus oder aufs Schafott. Denn Sie sind schuld, dass es den bösen Amerikanern oder Engländern gelungen ist, eine deutsche Arbeitskraft mehr zu töten …« Natürlich lachte alles bei der Vorstellung, dass man eine bereits Tote zu Zuchthaus oder zum Tode verurteilen könne. Aber jeder sah ein: *So* – nicht anders – ist es in Hitlers Deutscher Heimat.

25.4.44. Wie soll das weitergehen? Nachts aus den Betten, Stunden frierend und zitternd in den Kellern, tagsüber Alarm, Alarm! Ein Alarm folgt dem anderen. Wann soll der Bauer arbeiten? Die Fabriken produzieren? Die Arbeiter die notwendige Ruhe finden? Wer wird sich seine Gesundheit wenigstens insoweit erhalten können, dass er Kraft hat, *nachher* noch mitzuarbeiten. Alles hört auf, nur der Krieg geht weiter. Wenn es nach Hitler ginge, würden alle Wohnstätten zerstört werden, das Volk würde wie weiland die Nomaden durch die Welt zigeunern. Ich schlafe nachts auf dem Land, fahre aber jeden Morgen heim. So kann ich doch wenigstens BBC oder »Die Stimme Amerikas« hören. Da war dieser Tage gesagt worden, dass die Völker der von Deutschen besetzten Gebiete viel aktiver seien in der Hitlerabwehr als wir in Deutschland. Das mag stimmen. Aber man muss dabei bedenken, dass diese Menschen einander trauen können, sie sind unter sich einig in der Abwehr des Hitlerregimes, während es bei uns heißt: »... und traue keiner Wand«. Der Bruder verrät den Bruder, der Sohn den Vater, der Freund den Freund. Das ist eine zusätzliche schreckliche Bilanz der seelischen Verwüstungen, die Hitler unserem Volk zugefügt hat.

26.4.44. Heute Gespräch zweier Offiziere belauscht. Sie schwärmten von den herrlichen Zeiten vor einem Jahrzehnt, wo sie angetan mit weißen Hosen, langem Säbel, umjubelt und gehätschelt von den schönsten Frauen das Wiedererstehen der deutschen Wehrmacht zu Glanz und Herrlichkeit miterlebt und die köstlichsten Liebesabenteuer ihnen ein unerhörtes Selbstgefühl gaben. Heute nach zehn Jahren werden sie wieder in diese Stadt kommen und die und jene hübsche Frau aufsuchen. Beunruhigung sei unnötig, die Ehemänner derselben seien, weiß Gott wo – an der Front!

Ich hoffe, die »hübschen Frauen« haben diesen Maulhelden die richtige Abfuhr erteilt.

26.4.44. *In der Straßenbahn.* Eine Frau regte sich über eine ungepflegte Fremdarbeiterin (Französin) auf. Sofort fuhren ihr zwei andere deutsche Frauen über den Mund: »Diese Mädchen haben 72 Stunden Fabrikarbeit in der Woche, Unterkunft in Baracken, keine Wäsche, Stroh zum Schlafen! In keiner Weise sei für diese Mädchen gesorgt. Keine Unterkleidung! Beispielsweise die Russinnen! Wenn diese Mädchen an Bauten arbeiten, die Leiter hinaufsteigen müssen, dann stehe bestimmt ein Schweinigel von einem deutschen Mann unten hin und schiele hinauf. Warum man diesen Frauen keine Unterwäsche gebe?«

»Weil nichts da ist, meine Liebe!«, sagte die andere. »Man lässt sie schuften und verrecken!« Nur den Mund nicht so voll nehmen von wegen »deutscher Sauberkeit«!

»Wie wohl *wir* aussehen werden, wenn wir einmal in Russland Steine klopfen müssen? Haben Sie sich das schon vorgestellt, wie? Das kann uns nämlich auch noch blühen …«, fiel die erste wieder ins Gespräch.

Die – die sich über die Unsauberkeit der Französin aufgeregt hatte, war wie vor den Kopf geschlagen. »Aber – – aber – – warum sorgt das Reich nicht besser? Sie sollen dann doch die Frauen in ihrer Heimat lassen, wenn sie bei uns so elend dran sind …«

Gewiss, das sollten »sie«. Aber »sie brauchen Sklaven«.

Bemerkenswert an diesem kleinen Erlebnis ist:

a) Die Unterhaltung wurde in der Straßenbahn geführt.

b) Deutsche Frauen bekommen Mut. Sie verschmähen es, ihr Gewissen weiterhin einlullen zu lassen. Welch ein Lichtblick!

Hoffentlich geht es nicht allzu vielen von uns so, wie jener Frau in einem Nachbarstädtchen: als bei der letzten Hitlerrede alle Fenster weit geöffnet waren und aus jedem Haus das Geschrei dieses hysterischen Mannes quoll und kein Entrinnen war, hielt sie sich die Ohren zu und ging so ihres Weges. Aber nicht mehr weit. Man packte sie, verhaftete sie, schaffte sie weg. Wohin? Ich habe es nicht erfahren können, aber es lässt sich ohne allzu großen Aufwand an Phantasie denken.

13. Mai 44. Zeitungsmeldung:

> »Die gesamtmilitärische Entwicklung ist in den letzten 24 Stunden durch Eintritt einiger hochinteressanter neuer und wichtiger Momente vorwärtsgetrieben worden.«

Was bedeutet das? Mein Nachbar Apotheker grübelt. Aber er jubelt zugleich. »Denn«, so argumentiert er, »es muss ein Schlag ins Kontor der Gegner sein!«

Ich sagte: »Oder … die Invasion?«

Er: »Bah! Das wäre doch nicht ›hochinteressant‹!«

Na … mir wäre es »interessant« genug.

20.5.44. Aus der Zeitung: »Terrorflieger beherbergt.«

»Der verheiratete Landwirt und Schrankenwärter a. D. Johannes Reichart, geb. 1882 in Reusten, Kr. Tübingen, wohnhaft in Rottenburg, Brunnenmühlenweg 4, hat einen englischen Terrorflieger, der bei dem Terrorangriff auf Stuttgart am 15. März abgesprungen war, beherbergt, ihm Genussmittel in Form von Schnaps und Kaffee verabreicht und außerdem seine Frau veranlasst, dem Terrorflieger Eierkuchen zu backen und ihm ein Bett mit Wärmflasche zur Übernachtung herzurichten. Wegen seines verwerflichen Verhaltens wurde er auf Anordnung des Reichsführers SS in Schutzhaft genommen und in ein Konzentrationslager eingewiesen.«

Diese und hunderte anderer Meldungen muss man nach dem Kriege dem deutschen Volk als Spiegel vorhalten. Ich fürchte, das deutsche Gedächtnis wird auch dieses Mal wieder zu mangelhaft sein. Man wird vergessen.

Muttertag 1944. Folgendes Gedicht kam in der Zeitung:

Den Müttern.
Von Bodo Schütt.

O Mutter, in Demut bewahre
und mehre das edle Blut.
Unmäßig verschwenden die Jahre
des Schwertes das teuerste Gut.

Und Väter und Söhne erkühnen
des Todes sich, Helden gleich,
Die Knaben in kindlichem Dienen
beschwören schon Opfer und Reich.

O Mütter, ihr einzig geborgen
in Stille und fern der Schlacht
bereitet den schöneren Morgen
Aus bitter gewaltiger Nacht.

Entzündet den Stern überm Sterben
Verheißung aus reinem Schoß,
gebäret den Toten die Erben
und macht ihren Namen groß.

Wer von Euch Müttern hört diese »Beschwörung« und gebiert Kinder für »Jahre des Schwertes, die unmäßig das teuerste Gut verschwenden«?

Wenn wir diese Afterdichter endlich ausrotten könnten!

22. 5. 44. Ich habe K. H. getroffen. Dr. K. H. in der Uniform eines Leutnants. Dr. K. H. ist jener junge Mann – – nein – – ich muss es anders ausdrücken. Dr. K. H. ist der Sohn einer Mutter, die im Jahre 1933 kurz vor der Machtübernahme durch Hitler – unter Protest mein Haus verlassen hat. Sie war von mir gemeinsam mit anderen Damen zum Kaffee eingeladen. Ich hielt eine pazifistische Rede an die Gäste, sagte, der Hitlerismus bedeute Krieg, und ich hoffte doch von den Frauen, dass sie ihrer Kinder gedächten und der Nation und der Menschheit gegenüber ihre Pflicht erfüllten und gegen Hitler stimmten.

Da erhob sich jene »heldische« Mutter (übrigens ist sie klein und kugelrund) und sagte: »Das sollte mein Karl hören! Der würde Ihnen eine richtige Antwort geben!« Sprach's und verließ mein Haus.

Ich hatte K. in den zwölf verflossenen Jahren nicht getroffen, was ich über ihn hörte, genügte mir, um mein Bild abzurunden. Er hat hervorragend Karriere gemacht. Das sagt alles. Und nun traf ich ihn auf einem Bahnsteig irgendwo im Land. Wo er sei?, fragte ich ihn. In Rumänien, war die Antwort. Wie es dort sei?, fragte ich weiter.

»Das Geschmeiß!«, fauchte er. »Es wird ordentlich aufsässig. Die Bande ist vielfach französisch orientiert. Und jetzt, wo wir im Osten zurückgehen müssen, wird sie frech. Jetzt müssen wir leider kuschen, denn man braucht das Gesindel noch. Aber vorher! Na, ich kann Ihnen sagen! Vor dem blöden Rückzug, da waren wir die Herren in Rumänien. Da hatten diese lackierten Zigeuner zu kuschen! Aber nun! Nun kriegen *sie* eins aufs Dach. Amerikanische Flugzeuge über Bukarest! Russen im Anmarsch! Das gönne ich dem Geschmeiß!«

Das sind die »Helden«, die großmäuligen Patrioten, die die »Vaterlandslosen« ins KZ brachten. Oder auf das Schafott. Ausspeien hätte ich vor dem Buschen mit seinen Kulleraugen mögen! Hoffentlich darf er den Krieg auch noch in seiner »ersten Garnitur« kosten. Ein wenig Schlacht im Osten möchte ich ihm gönnen. Diese Leute werden nach dem Krieg – wenn sie ihn überleben – womöglich wieder obenauf schwimmen. Und warum sollten sie ihn *nicht* überleben? »Heldentod« ist nicht nach ihrem Geschmack, das predigen sie nur für andere.

Auch seine Frau war zu Beginn des Krieges unausstehlich überheblich. Ich debattierte einmal mit ihr. Sie behauptete kühn, die Engländer hätten keine Kultur, vor allem hätten sie keine Schriftsteller. »Sagen Sie das nirgendwo sonst«, flüsterte ich ihr zu. »Sie machen sich sonst lächerlich.« Das hat sie mir sehr übelgenommen. Ihre Auffassung, dass Deutschland England in jeder Hinsicht weit überlegen sei und dass es darum gerechtfertigten Anspruch auf Vorherrschaft habe, war nicht zu erschüttern.

28. Mai 44. »Unstet und flüchtig« ist mein Leben. Ich finde in vielen Wochen keine Minute, um Erlebnisse oder Eindrücke einzuschreiben. Dieses große, dieses ungeheure Warten auf die Erlösung zehrt mich auf. Außerdem: immer sind alle Türen offen. Wegen Alarm und Hilfesuchenden. Ich kann keine Zeile liegen lassen, keine Minute weggehen, ohne die Blätter nicht hinter Kartoffeln oder Kohlen zu verstecken.

29. *Mai 44.* Noch immer keine Invasion! Wie lange, lange noch!

4. *6. 44.* Vorgestern wurden die Fünfzehnjährigen gemustert. Sie werden *alle* gezwungen, eine Bewerbung um die Einreihung in die SS zu unterschreiben. Um die Widerspenstigen gefügiger zu machen, wurde ihnen erklärt: sie würden zur SS erst im Jahr 1947 eingezogen, während sie zu den anderen Waffengattungen schon 1945 herangezogen werden könnten.

Eine Frau, Bäuerin, deren fünfzehnjähriger Junge auch zu den »Bevorzugten« gehört, die aber eine heftige Gegnerin Hitlers ist, schrie auf der Dorfstraße: »Sie sollen doch mein Fritzle auch gleich holen! Dann *haben* sie ihn!« (Fritzle ist 4 Jahre alt.)

5. *6. 44.* Wie wird alles werden? Ich weiß nur das Eine: Furchtbares wartet auf uns. Das Schlimmste werden vermutlich nicht die Fremd-Heere sein, die in unser Land einströmen werden. Vielmehr:

a) die amtlichen und nichtamtlichen Gestapo-Leute. Jedermann wird ja täglich durch Presse und Rundfunk aufgefordert, zu denunzieren, Ungläubige (an den Sieg) oder Schwache »auszumerzen«, jedem wird das Recht gegeben, jeden um die Ecke zu bringen, von dem er annimmt, dass er am deutschen Sieg zweifelt. Die Guillotine, jetzt schon im Hochbetrieb, wird heiß laufen.
b) sind da die Millionen Ausländer. Ich möchte nach dem Zusammenbruch keinem dieser ins Reich geholten Sklaven begegnen.

Was wohl an den Zeitungsmeldungen und an Berichten und Gerüchten Wahres ist, nach denen anglo-amerikanische Flieger Passanten beschießen, Ausflügler, Autos, Bauern auf dem Feld?

Heute Nacht Alarm! In einem Bunker unten in der Stadt gewesen. Was für eine gespenstische Angelegenheit, die hastenden Menschen mit Rucksäcken, Koffern, Krankenstühlen, die sich zum Eingang drängen. Wie sie sich – ein grauer Strom des Elends, der Verzweiflung – ins Erdinnere ergießen! Wie sie in der Halle sitzen, menschgewordene Angst! Wie sie, in sich zusammengesunken, stöhnen beim Pfeifen und Bersten der Bomben! Stolze deutsche Haltung? Winzig, vergrämt, aschgrau, zertreten sitzen sie alle, die deutschen Heldenmänner und Heldenfrauen, deren Herzen bei den Goebbels'schen Fanfaren in jauchzendem Takt schlugen, und die auf seine hysterische Frage im Berliner Sportpalast »Wollt ihr den totalen Krieg?« ein jubilierendes »Ja« in die Welt hinausschmetterten. Man hat dieses »Ja« gehört, und man hat den Wunsch des deutschen Volkes erfüllt. Wir *haben* den totalen Krieg! Und noch immer – so fürchte ich – ist es des Leides und Leidens nicht genug.

6. Juni 44. So soll es wahr werden? Die Invasion habe begonnen! Wirklich und tatsächlich wahr? Ich bin ganz aufgelöst. Ich bete, bete, bete!

16. 6. 44. Die »Vergeltung« hat begonnen! *Aus einem Leitartikel:*

> »Wir haben nicht geblufft! Die große Stunde der Abrechnung ist gekommen! … Und wenn jetzt auch noch um ein Vielfaches mehr Briten ins Gras beißen müssen, so werden wir keine Spur von Mitleid haben!« Usf. usf. *(Aus der Zeitung)*

Und wie reagiert das Volk auf *V1*? Es gibt mehr, als man annehmen sollte, die *nicht* jubeln. Angst vor der »Vergeltung für die Vergeltung« lässt sie fast irrsinnig werden. Es sind auch mehr, als man annehmen möchte, die diese Art Krieg zu führen ablehnen. Die nichts *mehr* herbeisehnen als den Augenblick, da die Nachricht kommt: »Hitler und seine Spießgesellen sind gestürzt!«

Aber – ach Gott – da sind trotzdem noch immer viel zu viele, die sich in einem Rausch gestillter Rache, unbändiges Hasses ergehen, die jubilieren und aufs Neue begeistert sind. Dieses Wort ist völlig falsch benützt: mit »Geist« hat der Ungeist dieser Gefühle bestimmt nichts zu tun.

Und die Frau Apotheker? Und der Herr Apotheker?

Sie ist selig und er ist selig und sie jubeln: »Demnächst wird ganz England mit diesen Raketen zerschlagen sein ...«

»Und Russland? Und Amerika?«

»Gegen Amerika wird man die Raketen in Italien anwenden! Man wird diese Burschen vom Kontinent vertreiben! Und was mit Russland geschehen wird? Nun, das ist doch selbstverständlich!« Und hinter diesem ›selbstverständlich‹ lauerte ein grausig lüstern-schlaues Lächeln. Dieses Lächeln bedeutet – Giftgas.

Bei meiner Ankunft (ich habe die Nacht wieder auf dem Land geschlafen) finde ich in einem verabredeten Versteck ein Zettelchen meines Mannes. Er schrieb: C. (Soldatensender Calais) war nicht zu verstehen. Morrison sagte, man dürfe der Sache (V 1) keine übertriebene Bedeutung beimessen, Edens Antrag, dass bei Fliegeralarm die Sitzungen des Parlaments nicht unterbrochen werden, wurde einstimmig angenommen! Vertraue!«

Ich *will* vertrauen, ja. Aber ich muss an meine ferne Tochter denken, die jetzt durch diese neue Waffe erneut gefährdet ist mit ihrer Familie! Ich muss daran denken, wie sie seelisch leiden mag angesichts dieser Feindschaft zwischen den beiden Ländern, und wie sie sich die Frage vorlegen mag, ob das jemals wieder gut werden könne?

Aus der Zeitung:

»Der große Houston Stewart Chamberlain hat im ersten Weltkrieg geschrieben: ›Dieser deutsche Frieden wird nicht von selbst kommen, er muss erobert werden durch Fausteskraft und Willenskraft ... usf. usf.‹« Sieh mal an: es gibt also auch Engländer, die politischen Blödeleien anheimfallen können.

Hermann Hirsch über die Wirkung der Wu-Wa (Wunder-Waffe).

»Die Waffe wird ihre Wirkung haben. Unter diesen Schlägen wird England zusammenbrechen«.

(Die Wu-Wa schafft's also) Weiter:

»Das sicherste Unterpfand des Sieges ist die Tapferkeit unserer Soldaten und die Haltung des deutschen Volkes«

(Also schafft's die Wu-Wa doch nicht) Weiter:

»Festzustellen ist lediglich, dass die Briten und Amerikaner nach elf Tagen immer noch keinen Hafen besitzen, weder Le Havre noch Cherbourg.«

(Abwarten. Vielleicht besitzen sie ihn am 12., 13. oder 14. Tag)

Aber lieber Hermann Hirsch! Du hast dann trotzdem recht gehabt. Du hast gesagt: am elften. Und das stimmt. Und aufs Rechthaben kommt es Dir doch immer an. Ich glaube, Du hast Dir durch Deinen samstäglichen *Gallimathias* bereits das Denkmal verdient, nach dem es Dich gelüstet.

27. 6. 44. Meine Stimmung schwankt zwischen höchster Glückseligkeit und mutloser Traurigkeit, ja Verzweiflung. Glückseligkeit, weil ich zuweilen ganz, ganz bestimmt hoffe, ja glaube, dass dieses Entsetzen demnächst ein Ende nehmen werde, und dass ich dann alle meine Lieben – »alle meine Lieben!« – was für ein Wort! wieder werde um mich versammeln können, alle bereit, eifervoll ihr Teil dazu beizutragen, dass die Menschheit nie mehr, – NIE MEHR! Von einem solchen Wahnsinn erfasst werde. Verzweiflung aber, wenn in der nächsten Minute die Angst über Gehirn und Seele kriecht: Wer weiß, ob nicht mein Mann, der Freund meines Lebens, ob nicht das eine oder andere meiner guten, so sehr geliebten Kinder von diesem Moloch doch noch verschlungen wird.

28.6.44. (Zeitungs-Weisheit)

> »Amerikanisch ist zunächst die unerhörte Massierung des Menschen – und vor allem des Materialeinsatzes, der Schiffsgeschütze, der Landungsboote, der schweren Waffen, der Fallschirmjäger und luftgelandeten Truppen, die verschwenderische Fülle und fraglos hohe Qualität und Modernität ihrer Ausrüstung« usf. usf.

Meine Gegenfrage: Und was ist »deutsch«? Dass man den armen Landsern in dünnen Hosen, durchlässigen Schuhen, ohne genügend Unterwäsche, ohne zureichende Verpflegung und bar jedes Schutzes durch Flieger, schwere Waffen usf., aber mit gut eingepumpter Begeisterung gegen diesen widerlichen wohlhabenden »Amerikanismus« anrennen lässt.

Aus der Zeitung:

> »Wenn wir den Gegner im Westen vernichtend schlagen wollen, dann muss er sich ja erst zum Kampfe stellen. Und glücklicherweise hat er uns endlich den Gefallen getan ...«

(Was für ein netter, gefälliger Feind!)

26.6.44. Zwei Frauen, mit denen ich früher ziemlich befreundet war, haben mich aufgesucht. Unsere »Freundschaft« war allerdings etwas lose geworden, weil sich beide – wenigstens nach außen hin – ziemlich anpassten. Zunächst wurde – nicht ohne Genugtuung – festgestellt, dass viele von Deutschland ausgetriebene Juden nun ihren Erfindergeist dem feindlichen Lager zur Verfügung gestellt haben. Aber plötzlich wurde eine von Reue oder schlechtem Gewissen erfasst. Sie rief: »Das ist alles luziferisch. Das ist luziferischer Geist. Bei allem Wohlwollen, den Juden gegenüber, muss ich feststellen: solche Erfindungen sind jüdisch-luziferisch!« Es dauerte eine gute Weile, bis ich sie dazu brachte, wenigstens zuzugeben: Alle Erfindungen, die der Zerstörung dienen, seien – ob sie von Juden oder Ariern erfunden wurden – »luziferisch«. Sie war in der Folge jedoch so weit, die Technik als Ganzes zu verdammen, als Quelle allen Elends. Dabei ist sie eine Dame, die ihr Bad, ihren Kühlschrank, ihren Staubsauger, ein Auto, die Eisenbahn und andere Annehmlichkeiten *sehr* zu schätzen weiß. Was für eine Unehrlichkeit des Geistes!

Ich kann diese Phraseologie nicht mehr ausstehen. Ich bin überzeugt: falls nach dem Krieg ein Prophet mit langen Haaren, ungeschnittenen Fingernägeln, ungewaschen, bekleidet mit einem Fell, Hass gegen die Maschinen predigt: Abertausende werden ihm zufliegen und aus gänzlichem Mangel an geistiger Ehrlichkeit einwilligen, die Maschinen zu zertrümmern. Auf den Scheiterhaufen mit dem Zeitalter der Technik! Diese Wirrköpfe benehmen sich wie Kinder, die sich an einer Stuhlkante schlagen und dafür den Stuhl schlagen. Ich habe der Dame gesagt: »Wir sind nun hier drei Frauen. Ganz unter uns. Niemand belauscht uns. Haben wir doch den Mut, wenigstens hier unter uns *ehrlich* zu sein, ungeschminkt ehrlich.«

27.6.44. Mit einem Stabszahlmeister längere Unterhaltung gehabt. Er wollte wissen, wann der Krieg ausgehe. Das müsse *er* besser wissen, als ich, antwortete ich und fragte ihn dagegen nach V 2. »Ist das Giftgas?« Er tat, als wisse er es nicht, und wenn er etwas wüsste, würde er es als guter Deutscher nicht sagen, und außerdem stehe ja Todesstrafe darauf. Ich vertrat die Auffassung, dass es entsetzlich wäre, wenn tatsächlich noch Giftgas angewendet würde. Er jedoch fand es ganz in Ordnung. »Wenn schon verreckt werden muss, dann noch lieber *die*, als wir.« Er bezweifelte, »dass unsere Gegner dank ihrer Luftüberlegenheit unsere Städte vergessen könnten …« »Erstens«, so meinte er, »diese Luftüberlegenheit brauchen sie ja nicht für alle Zeit zu haben. Sie haben sie nur augenblicklich, weil unsere U-Boote nicht genügend versenken konnten. Aber das kann morgen schon anders sein. Und alles, was wir auf den Meeresgrund schicken, schadet uns nicht mehr …«

Ob er positive Gründe habe für die Annahme, dass unsere U-Boote wieder in Schwung kommen? Er zuckte die Achseln.

Aber er meint: »Mit der Tatsache, dass viele Hundertausende auch in der Heimat vielleicht den Gastod sterben müssen, müssen wir uns abfinden.« »*Ich glaube an den Sieg!*«, brüllte er hysterisch und sah mich böse und heimtückisch an, weil er offenbar den Eindruck hatte, dass ich diesen Glauben durchaus nicht habe. »Und wenn die meisten sterben müssen dafür, so kann dann doch der Rest noch leben!«, schrie er. »Sie müssen sich klar sein: wir bekommen dieses Mal keinen Frieden mehr wie 1918. Wir *müssen* den Krieg gewinnen.«

– – Da haben wir's. Der Friede von Versailles war – wenn man auch nur eine Sekunde ehrlich ist – ein *milder* Friede! Und doch! Hat man nicht mit diesem »Schandvertrag von Versailles« das deutsche Volk zu Rache und neuem Krieg aufgeputscht! Was für ein phantasieloses, denkfaules, irregeleitetes Volk sind wir doch!

28. 6. 44. Ich sagte zu einem jungen Mädchen, geistiger Typus: »Wir haben den Kriegsschauplatz noch nicht im Land, insofern kann es noch schlimmer kommen, können noch ganz andere Leiden auf uns warten.« Da lachte der junge Mensch hellauf und sagte: Kriegsschauplatz? »Daran habe ich wirklich noch nie gedacht!«

29. 6. 44. Wissen Sie, wofür wir »unserem Führer« ganz besonders dankbar sein müssen? Dafür, dass wir nun, nachdem Tausende von »Volksgenossen« unter den Bombentrümmern begraben liegen, im Schweiße unseres Angesichts Bunker graben dürfen. Vielleicht wird *unser* Bunker in einem halben Jahr fertig. Aber – auf jeden Fall – das wird uns durch Presse und Rundfunk überlaut eingetrichtert – wir haben mehr als dankbar zu sein, *dass* der Führer überhaupt Spaten und anderes Handwerkzeug freigibt, um uns zu ermöglichen, ein Loch in die Erde zu bohren.

29. 6. 44. Es ist ein beklemmender Anblick: auf allen Bahnhöfen, an allen Gleisen, überall, wo es schwer ist zu graben und zu schleppen, sind Sklaven und Sklavinnen aus aller Herren Länder.

Wenn jemand argumentiert: »Wir *müssen* siegen, weil uns die Russen sonst als Sklaven nach Sibirien oder zum Wiederaufbau nach Russland verschleppen«, so kann ich nicht umhin zu antworten: »Es wäre schrecklich, wenn sie sich ein Beispiel an uns nähmen und Gleiches mit Gleichem vergälten. Millionen deutscher Männer und Frauen müssten dann im Osten, in Frankreich, in Belgien, in Holland, in Norwegen frönen.«

Das ist eine gefährliche Antwort, aber ich *kann* es nicht lassen, den »Helden« bei solcher Gelegenheit den Spiegel vorzuhalten.

Aus einem Leitartikel, Titel: »Zwischen Furcht und Tapferkeit«

Es ist arger *Gallimathias*, was dieser Dr. Hermann Streich – ein typisch deutscher Historiker, der Geschichte lernt und lehrt, wie ein unverbogenes Gehirn sie nie erfassen kann. Aber einige Sätze seien doch zitiert. Z. B.:

> »Der Baum der deutschen Freiheit ist seit Urzeiten auf dem Schlachtfelde gewachsen« … »das gilt in noch höherem Grade für die Weltanschauung überhaupt, die als Ausdruck arteigenen Wesens für die Germanen seit alters aus dem Erleben des Krieges hervorging …«

(Was für ein Eingeständnis! Was für eine Brandmarkung unseres Volkes!) …

> »Der Feldherr, der eine Schlacht verliert, kann sich niemals vor der Geschichte damit entschuldigen, dass dieser oder jener Umstand ›widrig‹ und allzu schwierig war; immer ist *er* es, der vor der Geschichte für ein Misslingen verantwortlich gemacht wird …«

Warum – teurer Schreiberling – machen Sie dann unseren »Gröfaz« (größter Feldherr aller Zeiten), den Herrn Hitler, nicht verantwortlich für all seine verlorenen Schlachten?

30. 6. 44. Leitartikel von General v. Wülknitz:

> »Der Soldat im Osten weiß gerade jetzt, wo die Invasionsfront aus der unklaren Vorstellung ein recht handfestes Gebilde geworden ist, von seiner Aufgabe und seinen Pflichten …: er *muss* halten!« (Ein »handfestes Gebilde«! Ausgezeichnet ausgedrückt!) »Wie dieses ›Halten‹ gemacht wird, hat der Winterfeldzug gelehrt …« (Also: »Rückwärts, rückwärts. *Don Rodrigo*!«)

Hermann Hirsch im NS-Kurier:

> »... Wir brauchen Waffen und Munition, wobei auch die geistige Munition nicht übersehen werden darf ...«

(Die »geistige Munition« liefert ja ganz brillant der prachtvolle Schreiber). Beispielsweise fährt das »Hirschlein« fort:

> »Niemand kann behaupten, dass wir uns in der Härte des Kampfes in seiner letzten Phase getäuscht hätten. Und niemand kann uns kommen und könnte sagen, wir hätten versäumt, auf diese Härte hinzuweisen!«

(Wofür wir herzlich danken, denn wir hätten ohne diesen Hinweis von Härte natürlich überhaupt nichts bemerkt).

7.44. Hermann Hirsch, wieder einmal Hermann Hirsch. Er schreibt unter anderem, nachdem er die »Nachrichtenstrategie« der Feinde kritisiert hat:

> »Wesentlich wichtiger erscheint uns der Umstand, dass die westlichen Völker jenen Grad von Vergesslichkeit besitzen, der als ein Charakteristikum liberal-demokratischer Vermassung betrachtet werden muss ...«

»Volk ohne Gedächtnis!« Ich glaube, darin halten wir doch den Rekord. Wenn das nicht so wäre, ließen wir das muntere Hermann Hirschlein längst keine »geistige Munition« mehr verschießen!

30.6.44. Der Herr Apotheker hat wieder strategische Gedanken entwickelt. »Die Engländer und Amerikaner werfen wir ›demnächst‹ vom Kontinent, ja, wir boxen sie überhaupt hinaus aus dem Krieg ...«

»Und nachher?«

»Nachher? Nun, da werfen wir die 250 Divisionen, die im Westen stehen, an die Ostfront. Gelacht, wenn die Russen nicht liefen, als ob Motoren in ihre Sohlen eingebaut wären ...«

Es wird mir physisch übel, wenn ich diesen Schwätzer höre. Ihm aber ist so »kannibalisch wohl«, denn der Faulpelz hat fast nichts zu arbeiten, riskiert aber zur Tarnung immer eine große Lippe über die »Faulenzer« und (so wehleidig er selbst ist!) über die »Waschlappen« und »Weichlinge«. Ich bin wirklich begierig, wann der Tag gekommen sein wird, an dem dieser Gläubigste aller Gläubigen, dieser Hörigste aller Hörigen, dieser Eitelste aller Eitlen, dieser Mann mit dem besten *und* dem schlechtesten Gedächtnis endgültig aufhören wird, an den Sieg zu glauben und geschwollene Töne zu reden!

Aus der Zeitung:

> »Immer wieder stoßen wir beim Engländer wie beim Amerikaner auf die Tendenz, durch Einsatz von Technik und Material in übermächtigem Umfang den eigentlichen Kampf und das damit verbundene Risiko möglichst zu vermeiden!«

Was für unsoldatische Schlappschwänze von Generalen haben doch die Anglosachsen! Im Gegensatz zu den unseren sind sie abhold allen Blutorgien! Und so was will den Krieg gewinnen! Lächerlich!

5.7.44. Pakete werden nicht mehr zugestellt! Der Eisenbahnverkehr ist eingeschränkt! Omnibusse verkehren fast keine mehr. Will man eine Zahnbürste, einen Kamm, einen Nachttopf, ein Paar Schnürsenkel: so fragte der Verkäufer: »Sind Sie fliegergeschädigt?« Und wenn Sie nicht in der »glücklichen« Lage sind, Ihren diesbezüglichen Ausweis vorzeigen zu können, dann … nichts zu machen. Zähne putzen, nachts mal auf den Topf gehen, die Schuhe schnüren: Luxus, der nur Fliegergeschädigten zugebilligt werden kann.

6.7.44. Die Zeitungen zetern, der Radio schreit Mordio, und die Frau Apotheker ist zutiefst empört. Warum? Weil England nach »Vergeltung für die Vergeltung« ruft. Solch eine himmelschreiende, nein: bodenlose Unverschämtheit! *Wir* hatten das Recht, ja die moralische Pflicht, England für seine Bombenangriffe zu züchtigen, Vergeltung für die Bombenangriffe zu üben, die als »Vergeltung« für die im Jahre 1940/41 von uns auf England geworfenen Bomben ausgeführt wurden. Und nun erdreistet sich England bereits wieder und ruft nach Vergeltung für die Vergeltung der Vergeltung! (Ich bin schon ganz konfus. Aber ich glaube: es ist logisch richtig, nicht?)

6.7.44. Wir haben V1, V2, V3, V4! Heureka! Da soll's noch fehlen! Der Herr Apotheker geht mit gewölbter Brust. (Allerdings hing das Hemdenzipfelchen ostentativ zur grünen Sporthose heraus, also: vorn ein Held, hinten ein … was?) »Selbstverständlich werden unsere U-Boote alle ausfahren und den Nachschub aus Amerika gründlich unterbinden, selbstverständlich haben wir auch sonst noch allerlei geheime Sachen« (der Apotheker zwinkert schlau und wissend), selbstverständlich stehen »demnächst« Tausende von Flugzeugen bereit, wenn es vollends gelungen ist, alle englischen Soldaten auf das Festland zu locken (!!!), und selbstverständlich usf. usf.

»Ich will mir Mühe geben, zu glauben, was Sie da erzählen …«, antwortete ich kleinlaut.

»Ja – –«, fiel seine Frau munter ein. »Do geht's noch a wie beim Magnetopathen. Dort steht auch an der Wand: ›Glaube, so wirst du gesund!‹ – Also: Glaub'n mr's halt!«

8.7.44. Aus Hermann Hirschs lichtvollen Ausführungen:

> »Wir halten jedoch die feindliche Führung nicht für so dumm, dass sie alle ihre Karten auf einmal aufdeckt ...«
> »Sie (die feindliche Führung) wird vermutlich, der Reihe nach, einen Schwerpunkt um den andern zu bilden versuchen«

(»Vermutlich«, ja, lieber Oberstratege Hermann Hirsch.)

> »Uns macht es bestimmt keine Freude, unsere todbringenden Geschosse auf die britische Insel hinüberzusenden; wir empfinden auch keinen Jubel, wenn noch andere, weit schwerere Waffen eingesetzt werden. Doch nachdem man uns dazu gezwungen, gibt es kein Erbarmen ...«

(Wirklich? Es macht Dir keine Freude, lieber Hermann Hirsch? Lies doch nach, wie Du vor wenigen Wochen drüber gejubelt hast! Außerdem: Du gehörst als Undeutschester aller Undeutschen aufs Schafott! Denn nur ein wirklich vaterlandsloser Bursche freut sich *nicht* über V 1, V 2, 3, 4, 5, 6, usf. usf.)

Aber wir wissen, dass der Führer den richtigen Augenblick »erfühlt«. (Natürlich: mit »schlafwandlerischer Sicherheit«. Das wissen wir doch längst! Heil ihm!)

> »Die Antwort auf unsere Frage an die Zukunft ist eindeutig. Wenn wir in der letzten großen Schlacht die Entscheidung für uns erzwungen haben, werden wir zwar arm an materiellen Gütern sein ...«

(Arm? Ich dachte, wir seien mit Trommeln und Trompeten in diesen Krieg gezogen, damit wir auch *ham and eggs* essen und mit dröhnenden blanken Kommissstiefeln als Herren durch die Welt marschieren können. Gehört so ein »Defaitist« nicht aufs

Schafott oder an den Galgen? Aber – – es kommt immer darauf an, *wer* was sagt, nicht *was* wer sagt).

9.7.44. Dr. Goebbels fordert, »dass jeder Deutsche *den weit reduzierten* Lebensstandard in den Luftnotgebieten zum Maßstab seiner eigenen Lebensführung mache«.

Also: wer noch ein Bett hat, darf nicht mehr drin schlafen, wer noch ein Bad hat, nicht mehr drin baden, wer noch eine Küche hat, einen Löffel, ein Messer, eine Gabel, einen Nachttopf: alles darf er nicht mehr benützen, um den Neid der wahrhaft »besitzlosen Klassen« nicht zu reizen.

9.7.44. *Schlagzeile in der Zeitung:*

> *»Die Transportlage verlangt eine weitere Rationalisierung«*

Warum sagen sie denn nicht gleich: »Die Terrorangriffe auf unsere Treibstoffversorgung waren zwar völlig erfolglos, aber – – wir haben trotzdem leider keine Fabriken mehr für die Herstellung von Benzin!«

Aus Hermann Hirschs Leitartikel:

> »Schließlich werden wir auch wieder zum alten soliden Handwagen zurückkommen müssen.«

Ausgezeichnet! Sehr richtig! Bravo! Wir werden ganz bestimmt noch auf vieles andere »zurück«kommen müssen. Ist nicht vielleicht der Augenblick nahe, in dem auch Kanonen und Geschütze auf »alten soliden Handwagen« front- oder heimatwärts befördert werden müssen?

9.7.44. In unserer Stadt hat man – nach umlaufenden Gerüchten – wieder ein »Nest« ausgehoben. 38 Köpfe, die »rollen« werden oder schon »gerollt« sind. Meist Akademiker. Wir sind diesmal nicht dabei. Ein fürchterlicher Zustand, in dem wir leben! Hinausschreien in alle Winde möchte man die Menschheitsschande, dabei darf ich sie nicht mal flüstern. Selbstverständlich »flüstere« ich da und dort trotzdem vernehmlich, was zur Folge hat, dass ich jede Minute darauf gefasst sein muss, »gefasst« zu werden. Man lebt wie der arme Hund eines sadistischen Herrn, unwürdig, den Schwanz eingezogen, schleicht man durch das Gelände, keine Sekunde sicher, dass der unberechenbare Gebieter nicht in grausamer Lust seine Peitsche auf einen niedersausen lässt. Und man möchte doch bellen und beißen und die Zähne fletschen und das sadistische Ungeheuer anfallen, es zerfleischen, um endlich – – – endlich wieder einmal zu erleben, was für ein Glück »Freiheit« ist.

10.7.44. Geburtstag! Wie wäre dieser Tag ohne Krieg? Ohne Hitler? Und wie ist er heute? Nicht daran denken! Nicht daran denken!

15.7.44. *General v. Wülknitz in der Zeitung:*

> »Die Ursachen dieser sowjetischen Fortschritte sind einmal in der numerischen Überlegenheit eines Gegners begründet, der sich gegenüber seinen winterlichen Einsätzen der gleichen Front kräftemäßig praktisch verdrei- bis vervierfacht hat.«

Wie? Hat nicht der »Führer« einmal gesagt: »Ich spreche das erst heute aus, weil ich es heute aussprechen darf, dass dieser Gegner nunmehr vernichtet ist und sich nie mehr erheben wird …«

Weiter: (Herr v. Wülknitz)

> »Im Kreise der sowjetrussischen Überlegungen muss zur Stunde der Njemen (auf Deutsch: *die* Memel) einen gehörigen Raum einnehmen …«

(Spricht aus diesem Satz nicht der Wunsch, Herr v. Wülknitz, jetzt kein *deutscher*, sondern ein *russischer* General zu sein?)

»Wir dürfen nicht vergessen, dass wir eine reine *Bewegungsschlacht* sich entwickeln sahen …«

(Eine »Bewegungsschlacht«! Was für ein Herrenfressen für einen General! Nicht wahr, Herr v. Wülknitz?)

»Wenn die Schlacht ihren immer noch flüssigen Charakter bewahrt hat, so beruht das nicht zuletzt auf der noch unvollständigen Wirkung unserer Gegenmaßnahmen …«

(Wo wird die »Wirkung unserer Gegenmaßnahmen« vollständig werden, Herr General? In Berlin?)

»… noch immer Versuche, nach Westen Raum zu gewinnen …«

(»Nach Westen Raum gewinnen!« Hübsch ausgedrückt, Herr v. Wülknitz. Etwas deutlicher gesagt: die russischen Armeen marschieren flott in Richtung Deutschland. Denn Deutschland liegt in diesem Fall »im Westen«.)

Sonntag, 16.7.44. Heute früh – viele lagen wohl noch in weichem Pfühl – Alarm! Im Verlauf desselben ein kleiner Gruß von oben. Folge: Züge können nicht verkehren.

22.7.44. »In Giftgas sind wir nämlich absolut führend«, erklärte mir der Herr Apotheker stolz, und die Frau Apotheker fügte bei: »Denken's doch, da *muss* was g'schehen! Wir können doch die Russen nöt reinlassen!«

29.7.44. Was für Tage – – – nein: was für Nächte liegen hinter mir! Nahezu vier Monate lang bin ich eisern alle Abend aus der Stadt hinausgefahren, um in einem kleinen Bauerndorf zu schlafen. Und ausgerechnet diese beiden ersten fürchterlichen Angriffsnächte bin ich hiergeblieben. Nein, jetzt habe ich nicht die Kraft, das Inferno zu schildern.

2.8.44. Tagesbefehl Himmlers! Absage an den »verfluchten Etappengeist«!

> »Ich fordere, dass in Garnisonen und Stäben Tag für Tag zumindest solange ausgebildet, Dienst und Pflicht erfüllt wird, solange der Rüstungsarbeiter in seiner Fabrik arbeitet … Ich befehle – – – ich befehle – – – ich befehle – – –« Ach ja! Was gibt es nicht, das man den deutschen Schafen *nicht* befehlen kann.

3.8.44. Ich habe soeben einen Kindheits-Kameraden getroffen. Wie reizend und lieb er war zu mir! So ganz anders als damals, als er unter die »Braunen« gegangen war. Ich hatte damals keine Ahnung davon, und als ich ihn in der Straßenbahn traf, habe ich mich seinerzeit mit ihm unterhalten, wie man sich mit einem Genossen der eigenen Kindheit unterhält, von dem man »selbstverständlich« annimmt, dass er denkt, fühlt und wertet, wie man selbst. Ich musste damals aber erleben, dass in dieser verrücktesten aller Welten nichts mehr »selbstverständlich« ist.

»Wir haben uns doch einmal in der Straßenbahn getroffen vor Jahren«, begrüßte er mich zutraulich.

»Ja – ich glaube, wir haben uns damals ziemlich gestritten …«

»Gestritten? Nein, so kann man das nicht nennen«, antwortete er.

»Du hast gesagt: wenn es gegen Frankreich ginge – es war ja lang *vor* dem Krieg –, würdest Du sofort Deinen einzigen Jungen dafür hingeben, und ich habe Dir darauf gesagt, Du seiest ein Scheusal, und habe den Wagen verlassen ... Aber Du hast mich wenigstens nicht denunziert, ich danke Dir ...«

»So war er!«, fauchte seine Frau, die mit dabei war. »Immer für Großdeutschland! Für das ›Vater‹land! Es heißt nicht ›Mutter‹land, wohlgemerkt ...«

»Vielleicht«, sagte ich zögernd, »wäre es den Söhnen und Töchtern in einem ›Mutter‹land weit wohler als in einem ›Vater‹land.«

»Recht so! Sagen Sie's ihm! Übrigens: heute denkt mein Mann anders! Ganz anders! Er tut ja alles, um seinem Sohn das Leben zu retten ...« Und nun erfuhr ich von den tausend Ränken und Versuchen, den geliebten Sohn den Klauen des Militarismus zu entreißen.

3.8.44. Heim möchte ich wieder in mein Häusle! Oder in die Trümmer desselben!

4.8.44. Mein Mann ist geschwind heimgefahren. Er hat mir das ersehnte »*Ölblatt*« gebracht: Churchill habe im Unterhaus das Kriegsende vorausgesagt. Außerdem: in der Normandie scheint es endlich, endlich vorwärts zu gehen.

7.8.44. NEID! Übergroß geschrieben! Das ist tatsächlich *das* Gefühl, das alle und alles beherrscht. Neid, wenn einer die Möglichkeit hat, die Nächte außerhalb der Stadt zu verbringen, Neid, wenn einer infolge irgendwelcher glücklichen Umstände einem Angriff entgeht, Neid, wenn einer nur für eine Stunde zum Arbeiten am Bunker kommt, Neid, wenn jemand noch seine Schuhe binden, seine Unterwäsche mit einem neuen Gummiband versehen kann, noch einen Bleistift hat, zum Schreiben, einen Kamm, ein wenig Seife, Neid, natürlich aufs Essen! Unverhüllter, allerhässlichster, derbster Neid, wo man geht und steht. Es ist, als lebe man, argwöhnisch bewacht, in einem Käfig voller

Raubtiere: jedes ist bereit zuzuschnappen, wenn man auch nur die geringste Bewegung macht, die der liebe Nachbar aus irgendwelchen Gründen nicht auch machen kann. Das Leben wird zur Hölle und bald wird es so weit sein, dass der Kampf aller gegen alle die fürchterlichsten Formen angenommen haben wird.

6. 9. 44. Ich habe eine Freundin aus der Jugendzeit getroffen. Der Sohn ist aktiver Offizier, eine Tochter Stabshelferin in Bologna. Sie sitzt nun auf ihren gepackten Koffern, bereit zu fliehen.

11. 9. 44. Soldaten im Zug! Sie kommen vom Süden der Westfront. Köstlich, wie sie das gepolsterte Abteil genießen. Wie Kinder hüpfen sie mit den Popos auf und ab. Sie drehen die Fenster zu, auf, zu. Bloß aus kindischer Verwunderung, dass überhaupt noch etwas funktioniert. »Ist ja sonst alles Scheiße! Alles hin und kapporesko!« Man hört ein Flugzeug. Sie linsen hinauf an den Himmel. »Ah, schau mal an! Zufällig mal eins von uns! Wir dachten, es gibt überhaupt keine mehr!« Und sie erzählen, dass sie von der spanischen Grenze kommen, und dass sie jetzt das erste deutsche Flugzeug sehen während der ganzen Reise. Sie unterhalten sich über ihren Vorgesetzten, wiederholen dessen Kraftsprüche vom »Kämpfen bis zur letzten Granate« und lachen überlaut darüber, dass dieser tapfere Kämpe mit gutem Beispiel vorangegangen ist – – – in die – – – englische Gefangenschaft. Die Burschen sind lustig und freuen sich, ein paar Tage Urlaub zu haben, sich unter die elterlichen Obstbäume flegeln und einmal wieder sattessen zu dürfen.

22. Sept. 44. Ich bin dem Herrn Apotheker begegnet. Meine traurigen Blicke über das Trümmerfeld, das unsere schöne Heimat nun darstellt, beantwortete er mit strahlendem Lächeln: »Das hört jetzt auf!« Auf mein zweifelndes Kopfschütteln sagt er siegesgewiss: »Ich habe *ganz sichere* Nachrichten!«

Wenn sie so »sicher« sind wie jene »sichere Nachricht« von den im Nil schwimmenden deutschen Panzern, dann bleibt kein Stein unserer Stadt auf dem anderen.

[2]4. Sept. 44. Ich sitze wieder im Zug, der mich in mein Asyl bringt. Ist es ein »Asyl«? Es kann mich dort ebenso treffen, es kann mich vor allem auf der Eisenbahn treffen. Verkehrslinien sind bevorzugte Objekte englischer und insbesondere amerikanischer Flieger. Ich fahre jeden Morgen um 5:40 – also noch bei Nacht – wieder in die Stadt zurück –. Heute ein Brief aus Kanada. Zum ersten Mal schreibt Martin (15. 7. 44): »In nicht zu ferner Zeit werde ich daheim bei Euch sein!« Der Brief ist ein Lichtblick. Vieles wäre ein Lichtblick: die phantastischen Fortschritte der Anglo-Amerikaner im Westen, der Abfall Rumäniens, Bulgariens, Finnlands, die Abschnürung der V 1-Basen. Wenn man nur noch nicht so zerrüttet wäre von allem! Ich fahre nur noch diesen Monat aufs Land. Ich kann nicht mehr.

25. 9. 44. Eine lange Pause in diesen Aufzeichnungen. Wie viel Erleben liegt in dieser »Pause«. Wie viel Qual, Jammer, Sorge und – Scham. Mit schamerfülltem Spießrutenlaufen beginnt der Tag. D. h.: er beginnt beim Aussteigen aus dem überfüllten Zug, der nun wieder in den zerstörten Bahnhof unserer Stadt einfahren kann. »Überfüllter« Zug? Wie Trauben hängen die Reisenden außen an den vollgepfropften Wagen. Auf dem Bahnsteig stehen Tausende, die wieder einsteigen und aus der Stadt hinausgebracht werden wollen. Zwischen Reisenden entbrennt täglich ein Kampf aller gegen alle. Platz im Zug bekommt in der Regel nur der, der sich »deutsch« benimmt, d. h. mit Ellenbogen und unverschämtem Mundwerk darum kämpft und die Fähigkeit hat, alles niederzutrampeln, was sich ihm in den Weg stellt.

Zwischen diesen Menschenknäueln aber stehen Formationen französischer und russischer Gefangener und viele ausländische Zivilarbeiter. Freude liegt auf ihren Gesichtern, ein Zug der Genugtuung, der unbeschreiblich ist. »Nun werden sie ausgeladen, die deutschen Schweine« rief ein französischer Gefangener seinen Kameraden in der Sprache seines Landes zu. Schnauben, Entrüstung, starke Worte meiner männlichen Nachbarn beim Aussteigen. Sicher werden sie den Franzosen der »gerechten Strafe« zuführen, dachte ich. Weit gefehlt! Die »starken Worte« wechselten sie nur unter sich. Ausgestiegen machten sie sich so schnell als möglich aus dem Staub, froh, den schadenfrohen Blicken und Bemerkungen der Franzosen zu entkommen.

Aber das Spießrutenlaufen ist damit noch nicht zu Ende. Die Straßen liegen ja alle voll mit Trümmern, und überall grubeln die armen, elend aussehenden Ostarbeiterinnen und die kleinen schmächtigen Russenbuben Backsteine aus dem Schutt, reinigen sie, schichten sie auf. Wie ich mich schäme! Barfuß, bleichgesichtig, in windigen zerfetzten Röcken arbeiten diese Sklaven und blicken die Vorüberhastenden aus hohlen Augen an. Möchten sie wissen, ob sie jemals ihre Heimat wiedersehen werden? Was wird man mit ihnen beginnen, wenn die feindlichen Heere einmarschieren werden?

2.10.44. Qual des Daseins! Qual der Sehnsucht nach gesteigerter Qual! Man weiß: sie *muss* durchlitten werden um der endlichen Erlösung willen.

4.10.44. O wie ist es kalt geworden …! Sturm, Kälte, Nässe! Und doch täglich viele Male Alarm. Alarm und Angst und das Ekel erregende Erleben »deutscher Volksgemeinschaft«. Im Stollen gönnt keiner dem anderen das bisschen Luft, geschweige denn einen verhältnismäßig ordentlichen Platz. Jeder und jede ist so gereizt, dass alles objektive Denkvermögen aufhört. Man hasst! Hasst gründlich! Und weil man den oder die Schuldigen an all dieser Qual nicht bei der Hand hat, so hasst man kurzweg den, der einem gerade über den Weg läuft. Mit zuverlässigen Freunden bespricht man zwar flüsternd die Lage, und was zu tun wäre, wenn die Front ins nahe Tal rücken würde. Es besteht jedoch keinerlei Neigung, Haus und Herd zu verlassen, selbst, wenn dieses »Haus« nur noch eine Kellerhöhle und der »Herd« ein aufgeschichteter Backsteinhaufen ist.

Oktober 44. Ein Artikel in *Das Reich.* Titel:

> »*Wohlsein im Einfachsten.*«

Im Einfachsten? »Wohlsein«? Dieser Artikel ist doch der Gipfel der Frechheit! Millionen Menschen haben keine Stube, kein Hemd, keinen Schuh! Und in diesem »Einfachsten« d. h.: in dieser völligen Nacktheit und Beraubtheit soll es ihnen noch »wohl« sein? Wenn ich diesen unverschämten Lausebengel Goebbels mal zwischen die Finger bekomme …

In *Das Reich* schreibt Goebbels:

> »Man braucht sich nur die Dinge umgekehrt vorzustellen, also etwa so, dass *wir* über das Kriegspotenzial und Menschenreservoir unserer Feinde verfügten … um unschwer zu erkennen, welche Bravourleistungen wir gerade in dieser Kampfphase noch täglich vollbringen …«

Was für ein lausbubenhaftes Großmaul! Durchgebläut gehört dieser Bursche! Wann endlich erwacht im Deutschen Bürgerstolz und Bürgerwürde!

5\. *Okt. 44.* Schlagzeile in der Zeitung:

> »*Geliehenes Bügeleisen besser als keines!*«

Ha, ha, ha! Wie bald wird es überhaupt kein Bügeleisen zum Verleihen mehr geben? Und *wie* bald wird der Begriff des »Bügelns« mit so vielen anderen Begriffen zu Märcheninhalten gehören: »Es war einmal, da glätteten Frauen ihre Wäsche mit heißen Eisen …«

6.10.44. Die Zeitung bringt täglich eine Rubrik: »Kurze Frage … Unsere Antwort.«

Heutige Frage: »Womit haben wir das verdient, dass wir jetzt nach fünf Jahren Krieg diese Zerstörung erleiden müssen …« usf. usf.

Meine Antwort ist kurz und bündig:

»Nur die allerdümmsten Kälber
wählen ihre Metzger selber.«

7.10.44. Heutige Frage: »Was ist eigentlich mit unserer Luftwaffe los?«

Die Antwort spricht von der »mehr und mehr zu Ende gehenden Phase dieses Krieges«, ferner: »dass es dem Gegner in dem Augenblick, da unsere grundlegend neue, revolutionierende Art der Kriegsführung von 1939–1941 das Stadium der Überraschung hinter sich gelassen hat, gelungen ist, *in Anpassung an die deutschen Prinzipien – diese zu kopieren …*« usf. usf.

Wenn wir zugeben, dass die Gegner *unsere* Kriegsmethode kopieren, warum schreien wir dann Zetermordio, erfüllt von moralischer Entrüstung, wenn das, worüber wir uns so erbosen, doch nur die Kopie unserer eigenen Erfindung ist?

Was für ein inkonsequentes Volk, dieses Volk der Dichter und Denker. Im Übrigen: »… die mehr und mehr zu Ende gehende Phase dieses Krieges …« das nenne ich »offen« und doch »zart« ausgedrückt.

9.10.44. An den Häuserresten unserer Stadt stehen meist mit Kreide die neuen Anschriften der Ausgebombten angeschrieben oder die der unter den Trümmern Begrabenen. Zuweilen liest man: »Alles tot! Heil Hitler!«

12.10.44. Müde werden? Nein: müde werden gilt nicht, denn »Müde Gewordene« bleiben allzu leicht auf der Strecke liegen. Und das will ich nicht, will ich nicht, will ich nicht! Ich will vollends durchhalten, will den Ausgang aus dem finsteren Tal noch erreichen.

Will sich etwas wie »Revolution« tun bei uns? Die Sache ist die: alle Frauen, die nicht berufstätig sind, sollen fort. Ihre Wohnungen sollen den berufstätigen Ausgebombten gegeben werden. Hier waren nun gestern 120 Frauen auf die Partei bestellt: geschlossen haben sie sich geweigert. Man drohte ihnen mit Entziehung der Lebensmittelkarten. »Gut«, sagten sie, »dann werden wir stehlen. Wir werden Umzüge veranstalten, wir werden unseren Männern ins Feld schreiben, die, weiß Gott, doch nicht deshalb Jahr um Jahr das furchtbarste Leben ertragen, dass man in der Heimat ihre Frauen und Kinder wie räudige Hunde aus ihrem schützenden Daheim verjage!«

Werden Weiber zu Hyänen? Nimmt die dem deutschen Volk so gänzlich abhanden gekommene »Zivil-Courage« bei den Frauen wieder ihren Anfang? Werden die Männer die entsprechenden Briefe ihrer Familie wirklich bekommen oder wird die Zensur sich ihrer freundlicherweise annehmen? Wird man ein Dutzend dieser Frauen an die Wand stellen und so nach wohl bewährter Weise die »Ordnung« wiederherstellen?

14.10.44. Ein gefährliches Leben! Man wacht auf in der Nacht an einer Detonation, hört Flugzeug-Geräusch und erfährt durch den Radio die beruhigende Mitteilung, dass »nur« 8–10 feindliche Flugzeuge sich über unserer Stadt vergnügen. Alarm? Wegen so einer »Lappalie«?

Dasselbe ist es am Tage. Eigentlich sollte man Daueralarm haben. Aber – wer könnte dann noch etwas arbeiten? So entschließt man sich, »Görings Wunderhorn« (Sirene) nicht in Aktion zu setzen, so lange keine »starken Kampf-Verbünde«! angesagt sind. Acht bis zehn Flugzeuge sind nach heutigen Begriffen das längst nicht. Nicht wahr, wer hin ist, ist hin! Hauptsache: die Fabriken arbeiten eine halbe Stunde länger.

Soeben höre ich: die Partei schreibt den Männern der renitenten Frauen unserer Stadt. Ich kann mir denken, *wie* diese Briefe lauten mögen. Auf jeden Fall so, dass die Männer ihren Frauen raten werden, doch um Gottes Willen ihr Leben und das Leben der Kinder nicht durch »sinnlosen Widerstand« noch mehr zu gefährden, als das durch Bomben und Zubehör ohnedies der Fall ist.

15.10.44. Der Gang der Luftereignisse ist zurzeit folgender:

1.) Man hört Flugzeuge,
2.) Man blickt ängstlich gen Himmel,
3.) Es fallen Bomben,
4.) Man rennt in den Keller,
5.) Vielleicht schießt die Flak,
6.) Öffentliche Luftwarnung,
7.) Entwarnung, Gefahr vorüber.

16.10.44. Von gestern auf heute haben wir auf Stroh im Souterrain geschlafen. Man meint, man sei ein Quäntchen sicherer, da ja vielfach Bomben fallen ohne vorausgegangenen Alarm.

Es ist so: man wird tausendmal allerlei tun, um sich zu »sichern« – um sich wenigstens zu *suggerieren*, als sei man sicherer – und das tausendeinste Mal wird man doch untergehen. Wie es auch kommen mag: das Leben hat keinen Reiz mehr. Es ist alles so trostlos! In einen tiefen, tiefen Schlaf einsinken möchte ich und vergessen, vergessen!

17.10.44. Eilendorf mit seinem Bürgermeister! Wie sind die Menschen zu beneiden. (Eilendorf ist besetzt.) Sie haben es hinter sich, können beginnen, wieder aufzubauen. Wir aber warten noch neben den Schrecken des Augenblicks auf die noch furchtbareren der nahen Zukunft.

Was für goldenblaue Herbsttage sind das! Aber jeder Blick über den Garten, hinüber zu Feldern und Wäldern, macht traurig. Zerstört wird binnen kurzem alles liegen, Haus und Garten. Zerfetzt werden die Wälder uns angrinsen. Denn, warum sollten gerade *wir* verschont bleiben, ausgenommen von den Millionen von Bettlern? Wenn ich doch zuvor noch Zeit und Kraft fände, meinen begonnenen Roman zu Ende zu führen, die Geschichte meiner wackeren Eva-Maria und des braven Jörgl, die vielleicht nach dem bitteren Kriegsende der deutschen Jugend Leuchte auf dem dornigen Pfad heraus aus dem Gestrüpp werden können. Aber es besteht keine Aussicht, die Geschichte weiter zu spinnen. Man muss Holz suchen im Wald, um nicht zu frieren, muss Pilze sammeln, um nicht zu hungern, muss umständlich kochen, um mit seinen Marken eine Spitzenleistung der Ernährung zuwege zu bringen, muss alle halbe Stunde nach »Görings Wunderhorn« tanzen, d. h. in den Keller oder Stollen rennen. Man hat nicht Rast noch Ruh, und obwohl wir unser Häusle – wenn auch beschädigt – wunderbarerweise noch haben, leben wir immer irgendwie im Aufbruch.

17. 10. 44. Ein Schulleiter, dessen Schule evakuiert ist, schrieb heute: Geheizte Schulräume gibt es nicht diesen Winter! Eine meiner Klassen (sechzehnjährig) wurde an den Westwall abkommandiert. Die Buben haben noch ihre Sommerkleidung (kurze Höschen usw.). Ich habe versucht, ein bis zwei Tage Aufschub zu erreichen, damit die Buben zuvor nach Hause fahren, sich ihre Wintersachen holen und die Eltern noch einmal sehen könnten. Vergeblich! So, wie sie gingen und standen, mussten sie weg.

18. 10. 44. Muss ich in Schwermut versinken? Ich habe solche Angst. Wenn ich mich in eine wichtige Arbeit flüchten könnte! Aber der Tag ist völlig zerrupft, selbst die Tage, an denen zufällig mal kein oder wenig Alarm ist. Irgendwelche tatsächlichen oder vermeintlichen Notwendigkeiten sind immer zu erledigen. Es geht mir so wie den Aachenern oder meinem Kolonialwarenhändler an der Ecke vorne. Ich könnte den Engländern und Amerikanern zuweilen die Fäuste unter die Augen halten und schreien: »Warum lasst ihr Euch so viel Zeit! Es gibt genug Deutsche, die längst genug haben, im ›eigenen Saft geschmort‹ zu werden, wie Churchill es als heilsam und richtig erzieherisch für uns erkannte.«

21.10.44. Nun war unsere Stadt wieder dran. Dass man solche Nächte überhaupt lebend durchstehen kann. Fünfzig Meter von unserem Haus ging eine Luftmine nieder. Was für Verheerungen! Die armen hübschen Häuser mit dem Blick auf einen der lieblichsten Teile unseres Landes sind Schutthaufen. Weggeblasen. Grau in Grau ist die in Staub gehüllte Luft.

Unserem Haus kostete es wieder Fenster, Türen, Dach und Balken. Aber wir sind dankbar. Es lässt sich mit Mühe und Arbeit doch wieder bewohnbar machen.

Wie bescheiden der Mensch wird im herrlichen »Dritten Reich«! Ein Bekannter erzählte mir: »Ich war während des heutigen Alarms im ›Plutokratenbunker‹. *Die* Leute haben noch Sorgen! Bringen noch Staubtücher mit, um ihre Sitze abzuwischen! Und überhaupt: was für Reden! Aber einer Dame habe ich den Mund gestopft. Unverschämte dumme Frauenzimmer!« Sagt die: »Kaum hat man eine Arbeit begonnen oder sich an den Schreibtisch gesetzt, um einen Brief zu schreiben, bums: da heulen die Sirenen! Das ist doch kein Leben mehr! Das hat doch keinen Sinn, unter solchen Umständen den Krieg noch weiterzuführen! Selbstmord! Glatter Selbstmord unseres Volkes ist das!«

Wissen Sie, was ich dieser Dafaitistin sagte? »Es wäre besser, Sie würden mehr arbeiten, dann hätten Sie weniger Zeit zum Nachdenken über Dinge, die Sie doch nicht verstehen!«

Ja, ja … so ist es: Um Gottes Willen nur nicht zu denken anfangen! Und der, der der Defaitistin diese Abfuhr verabreicht hat, ist Studienrat! Wird also vom Staat dafür bezahlt, seinen Schülern das Denken zu lehren! Aber – – Gott sei's geklagt! Es ist ja so: Primus in der Schule kann heute nur werden wer – – nichts denkt.

20.10.44. »Volkssturm«! Ha, ha, ha! Was ich davon sehe, ist weit entfernt vom »Sturm« und »Drang«, d.h. von Begeisterung. Als nachts der furchtbare Angriff auf unsere Stadt war, da sagten die Menschen grimmig: »Da haben ›sie‹ (»die« Hitler) nun die Antwort auf ihren ›Volkssturm‹!« Ich konnte mir nicht versagen, einzuhaken und zu bemerken: »Geduld! Der ›Volkssturm‹ wird die anglo-amerikanischen Bomber mit seinen ›neuen Waffen‹, den Sensen und Heugabeln, leicht außer Betrieb setzen! Nur ein wenig, ein klein wenig Geduld! Der Führer weiß genau, was sein ›Volkssturm‹ zuwege bringen kann!« (Das sind gefährliche Reden! Aber man soll ja »gefährlich« leben, wie Goebbels sagt. Nur dann sei es interessant.)

24.10.44. Ein blaugoldener Herbsttag! Es ist gleich zehn Uhr vormittags. Und noch nicht einmal Alarm. Ich kann mich nicht entsinnen, je in meinem Leben alle Dinge, die lebenden und die toten, mit so inniger Liebe umfasst zu haben wie heute, da ich merkwürdigerweise ein Stündlein Muße zum Menschsein habe. Die vollkommenen paar Veilchen in dem winzigen Glas, die bunten Rosen, die mein guter Mann mir für dieses seltene Geschenk einer Mußestunde in die Stube gestellt hat, mein Buchzeichen mit dem aufgeklebten Edelweiß, ein Geschenk Ludowikens, mein lieber Flügel, auf dem ich soeben spielte »Wie schön leuchtet der Morgenstern«, meine Lupe, mein Bücherbord, die kleinen Fotos meiner Enkel, die mich anlachen, und draußen der bunte Garten, die goldüberstreute Birke, der sattgrüne Rasen und am Himmel die schaumigen Wolken. Vielleicht nehme ich in dieser Stunde Abschied von all dem bunten und oft so lieben Leben. Abschied für immer. Es wird mir immer klarer, dass wir in einem sterbenden Land wohnen, dass wir nach diesem Krieg – sollten wir, sollte ich ihn überleben, ein schmerzvoll anderes Leben werden führen müssen in Deutschland. Ein Leben ohne Theater, ohne Konzerte, ohne Musikinstrumente, ein Leben mit den wenigen Büchern, die zufällig da und dort erhalten bleiben sollten. Um Jahrhunderte zurückgeschraubt wird unser Leben sein. Ein Unglück? Das ist nicht der rechte Ausdruck dafür. Vielmehr: eine Traurigkeit und eine Schande. Das »Herrenvolk«, aufgeblasen, überheblich, unerträglich dünkelhaft, wird hinsichtlich seiner kulturellen und technischen Errungenschaften an letzter Stelle marschieren. Sein nationaler Reichtum wird sich in nationale Armut verwandelt haben. Wir werden weder zu wohnen noch zu essen haben, geschweige denn etwas, um uns zu kleiden. Wir werden so grimmig schuften müssen, um das buchstäblich Allernotwendigste wieder zu schaffen, dass es weder Künstler noch Dichter bei uns wird geben können. Alles – alles haben sie zertrampelt mit ihren aufreizenden Rohrstiefeln! Nicht nur vergangenes und gegenwärtiges deutsches Leben. Auch die Keime zukünftigen geistigen Blühens.

Volkstümliches (aus einem Leitartikel).

> *»Tauglich ist jeder!«*

(Da haben wir's!)

> »Man kann ohne weiteres unterstellen, dass es keinen deutschen Jüngling oder Mann der aufgerufenen Jahrgänge gibt, der sich als untauglich für den Volkssturm empfände …«

(Hier irrt man sich aber gewaltig.)

»Jedenfalls werden alle Männer von 16 bis 60 Jahren herangezogen!«

(Also: Tote, steht auf zur Musterung!)

»… Selbst zwölf-, fünfzehnjährige Jungen und Mädel können schon sehr Wesentliches zur Entlastung der Erwachsenen beitragen. Die an sich genannten Altersgrenzen sind darum kein Hindernis für freiwillige Meldungen zum Volkssturm …«

(Also: »Wer will unter die Soldaten …«)

»Selbstverständlich aber gelten im Einsatz auch für den Volkssturm die gleichen harten Gesetze wie für andere Soldaten …«

(O weh! Da werden der Hansl und der Fritzle und der Opa sich bald hinter Omas Schürze verstecken und weinen und sagen: »Ich tu nimmer mit! Oma, ich tu einfach nimmer mit!« Aber --- Omas – selbst die liebevollsten Omas werden dann ohnmächtig sein. Denn »die harten Gesetze« gelten für Lausbuben wie für Opas.)

»Ausrüstung des Volkssturms erfolgt im Wege der Kameradschaftshilfe. Noch manches Uniformstück und mancher Ausrüstungsgegenstand, der sich noch in Haushaltungen findet, wird hier noch nützliche Verwendung finden können. Das einzige einheitliche Bekleidungsstück des deutschen Volkssturms ist zunächst die Armbinde.«

(So wat! So wat! »Nich mal eine hübsche Uniform«, der Wunschtraum jedes Deutschen, bringt der Volkssturm ein! Phä! Nur, was Muttern irgendwo in Kisten und Kasten findet, soll man anziehen, um auszuziehen, den Drachen zu töten, bzw.: die anglo-amerikanischen Panzer aufzuhalten. Wenn es nicht so todtraurig wäre – könnte man darüber lachen! Auf jeden Fall: ich möchte mich mal hinter einem Busch verstecken und ein derart »ausgerüstetes« Volkssturm-Bataillon fotografieren. Das *muss* der Nachwelt erhalten bleiben!)

25.10.44. Ich möchte einmal wieder mich ganz ausziehen dürfen und breit und ohne jede Angst ins Bett legen. Was für eine Glückseligkeit müsste das sein! Es gab eine Zeit – da war auch schon Krieg –, wo man sich am Abend noch an das Klavier setzte und Choräle spielte, in der viele Menschen (nicht wir) gar noch Theater und Konzerte besuchten, wo man sich richtig auszog und in sein Bett legte, als sei dies das Selbstverständlichste von der Welt. Mit all diesen »Selbstverständlichkeiten« ist es längst vorbei.

28.10.44. Wenn man kein Wasser hat (und damit auch die Benützungsmöglichkeit des WC wegfällt) ist das schlimm, wenn dazuhin das Licht fehlt, ist es schlimmer. Wenn man aber keinen Strom hat, um BBC zu hören – um keine Stimme mehr vernehmen zu können von draußen, dann ist »alles dunkel um mich her, die Seele müd' und freudenleer …«

29.10.44. Ha, ha! Die anglo-amerikanischen Flieger haben sich zum »Volkssturm« angemeldet! Punkt zehn Uhr – der befohlenen Zeit zur Meldung der jüngsten und ältesten deutschen Helden – waren sie da. Sie haben vielen Volksstürmlern aus dem »Dilemma« geholfen. Weder mein Mann noch Ludowikes Mann haben sich gemeldet. Wie die Beteiligung sonst war, konnte ich noch nicht erfahren. Zwei Freunde haben uns heute besucht. Sie haben sich beide *nicht* gemeldet.

Zur aufmunternden Goebbelsrede sagte die Frau Apotheker: »Hätt der sei Gosch'n g'halt'n, nocha wären's sicher nöt kommen heut bei dem Sauwetter.« (Die Feindflieger nämlich.)

Tatsächlich: Kaum hatte Goebbels sein großes Maul aufgerissen, als – wie erwartet – »Görings Wunderhorn« tutete.

30. 10. 44. Den NS-Offizieren ist mit sofortiger Wirkung verboten worden, in ihren Schulungsreden die Worte »Partisanen«, »Heckenschützen«, »Terroristen« und »Flintenweiber« zu benützen.

(Aha! Nachtigall, ich hör dich laufen! Nämlich: weil wir selbst binnen kurzem Partisanen, Flintenweiber usf. usf. aufzurufen gedenken, d. h.: »Partisane« sein, »Flintenweib« u. a. war bislang – in Russland und in Frankreich – eine tödliche Schande. Deutsche Flintenweiber, deutsche Partisanen! Das ist natürlich etwas ganz anderes!)

Die Offiziere haben vor einiger Zeit folgende Instruktionen erhalten:

> »Es ist von nun an strengstens verboten, russische Kriegsgefangene zu schlagen oder mit Schimpfworten zu traktieren. Die russische Armee ist die vornehmste Armee der Welt!«

31. 10. 44.

Gestern war ich beim Zahnarzt. Er wollte wissen, ob mein Mann und mein Schwiegersohn sich zum Volkssturm gemeldet haben. Ich verneinte durch Kopfschütteln, denn ich hatte den Mund voller Watte. »Sie?«, lallte ich. Er schüttelte den Kopf und seine Stirne war ganz zerfurcht von Sorgen. Nach einer Weile fragte er: »Sind Ihr Mann und Ihr Schwiegersohn Parteigenossen?«

Ich schüttelte wieder den Kopf.

»Die Glücklichen!«, sagte er.

»Wieso glücklich?« fragte ich, denn nun konnte ich wieder reden.

»Weil ich unglücklicherweise Parteigenosse bin und froh wäre, heilfroh, wenn …«

»Warum sind Sie PG? Sie sind ein freier Mann, nicht Beamter wie mein Mann und mein Schwiegersohn …«

»Weil ich dumm war. Politisch dumm, meine ich.«

»Haben Sie denn *Mein Kampf* nicht gelesen?«

»Viel zu spät! Erst vor zwei Jahren …«

»Nachdem Sie rund neun Jahre Parteigenosse waren?«

»Leider dann erst. Aber ich habe den Versprechungen geglaubt, das soziale Programm, die Versicherungen Hitlers, dass nur *er* dem deutschen Volk den Frieden erhalten könne. Außerdem: ich wollte vorwärtskommen. Alle Zahnkranken liefen zur Konkurrenz. Er war Parteigenosse. Kurz: ich war dumm! Alle waren dumm, die in die Partei eintraten …«

»Späte Einsicht, Herr Doktor. Aber ich muss Ihnen widersprechen. Es waren ja gerade die Siebengescheiten, die Neunmalklugen, die, die unter allen Umständen ›vorwärts‹ kommen wollten, die scharenweise der Partei in die Arme liefen …«

Mein guter Doktor senkte den Kopf. Er war – obwohl PG – innerlich ehrlich genug, zuzugestehen, dass ich recht habe. Er murmelte düster: »Wenn man sich ›freiwillig‹ zu etwas meldet, sollte man doch annehmen können, dass man sich ebenso freiwillig wieder abmelden könnte.« Ich glaubte, er wolle aus der Partei austreten, aber er klärte mich kurz folgendermaßen auf (man sah ihm an, er brauchte unbedingt jemand, dem er sein bedrängtes Herz ausschütten konnte): er habe sich am Sonntagvormittag zum »Volkssturm« gemeldet, habe infolgedessen eine schlaflose Nacht verbracht, denn er habe nicht die mindeste Lust, von den anrückenden Amerikanern als »Terrorist« oder »Heckenschütze« aufgeknüpft zu werden, so, wie wir es in den besetzten Ländern gemacht haben. Er sei darum heute früh wieder hingegangen und habe sich *ab*gemeldet. Da habe man ihm gesagt, das bedeute seinen Ausschluss aus der Partei.

Belämmert saß der Held im weißen Doktorkittel, die Hand mit dem Zahnbohrer in den Schoß gesunken, auf seinem Drehstuhl. Kein heldischer Anblick, und der Volkssturm hat gewiss keinen tapferen Streiter verloren. Darum tröstete ich lachend: »Sind Sie froh, wenn Sie auf diese Weise mit Anstand wieder aus der Partei herauskommen!«

Er blickte mich scheu an. Nach einem bitteren, beklommenen Schweigen sagte er schließlich mit beklommener Stimme: »Die Situation ist für mich eben die: entweder hängen mich die Amerikaner, oder die Partei knüpft mich auf. Wenn ich ein Glückspilz bin, werde ich vielleicht ›nur‹ erschossen ...«

Lachen? *Wie* gerne hätte ich das getan. Aber angesichts des geknickten Volkssturmhelden war Trost am Platze. Ich sagte, dass »die Stunde nun gekommen sei, Mut zu zeigen ...«

»Was nützt mich das, wenn ich nachher dafür baumle?«, sagte er kläglich, und ich musste denken, wie viele wohl mutig wären, wenn sie nicht durch fortgesetzte Todesfurcht davon abgehalten würden.

1.11.44. Was für ein Glücksfall oder Zufall, mit dem Leben davon zu kommen! Heute beispielsweise waren den ganzen Tag Flieger über uns. Kein Alarm! Plötzlich schießt die Flak wie verrückt oder man hört von irgendwo den Einschlag der Bomber oder das Geknatter von Maschinengewehren.

Zeitungsnotiz: »*Wenn Hitler solche Jungen hinter sich hat.*«

> »Vier deutsche Jungen im Alter von acht bis 14 Jahren, die in Aachen auf amerikanische Truppen geschossen haben sollen, sollen vor ein amerikanisches Kriegsgericht gestellt werden. ›Wenn Hitler solche Jungen wie diese hinter sich hat!‹, seufzt der sie bewachende amerikanische Polizist und erzählte, dass er ihnen heute früh Mäntel in ihren Gewahrsam gebracht habe, weil es so verdammt kalt gewesen sei. ›Sie warfen mir die Mäntel ins Gesicht.‹«

Mäntel für die Lausbuben? Der Arsch hätte ihnen versilbert gehört. Ich frage mich, was *wir* mit acht- bis 14-jährigen Polen oder Russen oder Holländern oder Franzosen gemacht hätten, wenn sie auf deutsche Soldaten geschossen hätten. Ihnen auch einen Mantel gegeben, damit sie nicht frieren? Wir hätten in der Minute dafür gesorgt, dass es ihnen nie mehr kalt wird in ihrem Leben, d. h. wir hätten sie kaltgemacht für immer.

Zeitungsartikel: *»Lachende Frauen«*

> »Wo kämen wir hin, wenn es an der Tagesordnung wäre, mit heruntergezogenen Lippen rumzulaufen! ... Wir dürfen nicht vergessen, dass wir als Frauen die besonders schöne Aufgabe haben, unseren Männern die Sonne an den Himmel zu zaubern, auch wenn sie einmal nicht scheinen mag.«

Usf. usf. Also: »Lache, *Bajazzo*, lache!«

13. Nov. 44. Heute hören wir Trommelfeuer von der Westfront. Grausige Musik. Wie mag uns zumute sein, wenn das Schlachtfeld noch näher rückt.

Aber: »Lachende Frauen!«

Vereidungsformel für den Volkssturm:

> »Ich schwöre bei Gott diesen heiligen Eid,
> dass ich dem Führer des Großdeutschen Reiches,
>   Adolf Hitler,
> *bedingungslos treu und gehorsam sein werde.*
> Ich gelobe,
> dass ich *für meine Heimat tapfer kämpfen und lieber*
>   *sterben werde,*
> als die Freiheit und damit die soziale Zukunft
>   meines Volkes preiszugeben.«

Obwohl sich weder mein Mann noch mein Schwiegersohn gemeldet haben, ist der erstere, bald sechzigjährig, nun doch geholt worden. Ein Brauner klingelte und nahm ihn trotz Protest und trotz der Tatsache, dass er krank und leidend ist, zur einer Felddienstübung mit. Warum meinen Schwiegersohn nicht? Was kann mein Mann tun, um nicht noch verschlungen zu werden? Auf irgendeine Weise werden wir doch noch zugrunde gehen.

Ludowike und ihr Mann wollen versuchen, in die Schweiz zu entkommen.

16. Nov. 44. Zufällig hörte ich im Radio »Impromptu« von Schubert. Dass es so etwas gibt. Die Töne kamen zu mir aus einer fernen, fernen Welt der Märchen und vermessener Träume. Ich höre sonst nie Radio, außer den Nachrichten von BBC, den Amerikasender oder Gustav Siegfried Eins. Auch sonst kommt keine Musik zu mir. Und selbst Musik machen? Das kann höchstens mal ein Choral sein, in den ich die ganze Last, die meine Seele bedrückt, lege. Und außerdem: man lebt ja nur mit gespitzten Ohren, man horcht ununterbrochen. Wird nicht die Sirene aufheulen? Wenn … dann heißt es türmen. Alarm wird möglichst nicht oder nur sehr spät gegeben. Arbeitsverlust einsparen! Lieber das Leben der Menschen riskieren als das Entstehen einer Granate verhindern!

Nochmals Franzls »Impromptu«: Mit welch glanzvoller Herrlichkeit könnten die Menschen ihr Erdenwallen erfüllen, wenn sie nicht von Zeit zu Zeit in völlige Narrheiten versänken!

15. Nov. 44. Die Frau Apothekerin kam ganz aufgelöst zu mir: sie hat mir erzählt, dass es in der Nähe Nürnbergs ein riesiges KZ-Lager, belegt mit tausenden – zebragekleideter – Männer gebe. Sie war aufgelöst vor Entsetzen über die Scheußlichkeit, mit der diese Ärmsten der Armen behandelt und misshandelt werden, Prügel und Folter seien an der Tagesordnung. In der

Nacht, als sie von Nürnberg wegfuhr, seien ungefähr 30(!) Schwerkranke am Bahndamm gelegen, ohne Mantel, ohne Decke. Sie hätten geschrien vor Qualen. Auf ihre an den Wachmann gerichtete Frage, was mit den Leuten da sei, habe er grinsend geantwortet: »Sie kommen ins Sanatorium«. Schließlich sei auch ein Güterwagen vorgefahren, in den sie verladen worden seien. Vermutlich sei das das »Sanatorium« gewesen, das die armen Kerle ein für alle Mal von allen irdischen Qualen befreite.

Auf meine Frage, was denn das für Leute seien, antwortete sie: »Hauptsächlich Ausländer!«

»Nun --- dann dürfen wir uns nicht wundern, wenn seinerzeit gegen uns dieselben Maßnahmen ergriffen werden«, sagte ich und ging weg. Das Blut hämmerte in meinen Schläfen.

Zwei Tage später kam ich noch einmal auf ihren Bericht zurück. Ich wollte Näheres darüber wissen, denn ich hatte noch nie etwas von diesem Lager gehört.

»Wissen's«, sagte die Apothekerin da, »dös san lauter Partisanen! Also: a recht's mind's Pack!« (Sie hatte ihr Mitleid verscheucht, war ihrer empörten Regungen Herr, war wieder »deutsch« geworden.)

Da bekam ich das Kopfschütteln. Ich sagte: »Aber -- Frau Apotheker -- was sind denn wir, wenn wir nun auf die einrückenden Amerikaner schießen sollen? Unsere Männer sind wohl keine ›Partisanen‹, keine ›Heckenschützen‹, die Mädel an der Flak keine ›Flintenweiber‹?«

Gesagt ist gesagt. Nun mag sie es an der Zeit finden, an »geeigneter Stelle« auf mich aufmerksam machen.

Es ist mein besonderes Talent, mir täglich neue Widersacher zu machen. Da ist beispielsweise eine Frau: sie hat in der »Systemzeit« eine große Rolle gespielt, hat 1933 flott hinübergewechselt und überpurzelte sich nun all die Jahre in nationalem Gehabe. Dabei aber schließt sie jetzt schon wieder »Rückversicherungsverträge«, spricht *dort* antinazistisch, wo sie weiß, dass man nie »gewechselt« hat, und von welchen Leuten sie annimmt, dass diese »nachher« wieder eine Rolle spielen und sie ins Schlepptau nehmen könnten. Nun aber hat sie sich entlarvt als scheußliche Denunziantin: drüben am Wald hängt auf hohen Bäumen seit einiger Zeit ein weißes Tuch. Ein »weißes Tuch« ist aber für einen echten Deutschen wie für den Stier ein »rotes Tuch«. Spionage! Sicher Spionage! Dieses Weibsbild ging tatsächlich auf die Polizei und zeigte dort die Angelegenheit an. Und brüstete sich damit und nahm sich sehr wichtig und erzählte im Bunker ihre Heldentat. Darauf sagte ich: »Adolf hat doch noch immer tüchtige und verlässliche Gefolgsleute«. Das stieß ihr sauer auf, sehr sauer. Denn mir gegenüber legt sie den allergrößten Wert darauf, *kein* Gefolgsmann Adolfs zu sein. Ich habe mir auf jeden Fall ihren Hass zugezogen. Und sie ist skrupellos.

17. Nov. 44. *Zeitungsartikel:*

> »Ist die Bildung unserer Jugend durch den Kriegseinsatz gefährdet?«

Antwort:

> »Keine Sorge! Mit einem Wort: der Krieg wird auch in der Errichtung eines Bildungsideals zum großen Umwerter aller bisherigen Werte. Und wer in seinen Vorstellungen sich an die Vergangenheit klammert, wird auch hier nicht mehr mitkommen …«

(Was soll man dazu sagen? Am besten nichts. Gewiss ist »Bildung« ein sehr dehnbarer Begriff, und man wird nicht alle Menschen »ungebildet« nennen dürfen, die kein Gymnasium und keine Universität besucht haben. Heute aber ist *jede* Bildung völlig abgestoppt: die fachliche, die Allgemeinbildung, die seelische, die menschliche, die handwerkliche, die akademische, die Selbstbildungen, die literarische, die musikalische usf. usf. Wir sind in Deutschland auf dem absoluten Nullpunkt angekommen, und wenn der Krieg noch ein wenig weitergehen darf, so kann die Jugend mit abertausend Worten unseres Sprachschatzes überhaupt keinen Begriff mehr verbinden.)

24. *Nov. 44.* Da sitzt man nun und wartet, wartet! Die Franzosen in Straßburg! Ein Katzensprung zu uns! Obwohl: der Rhein liegt noch dazwischen. Flucht? Viele bereiten sich ernsthaft darauf vor. Wir bleiben, wenn irgend möglich. Wie sollte ich überhaupt fliehen, dreiviertel krank, wie ich bin? Und wohin sollte man fliehen? Nein, wenn mir die Nazi-Heloten nicht die Pistole auf die Brust setzen und mich so zum Verlassen meines Daheims zwingen, werde ich bleiben. Wenn doch dieses Warten endlich ein Ende nähme! Ein Ende, dem neuer Anfang folgen kann. Wie bin ich müde! Gesund müsste ich wieder werden, um diesem Anfang helfen »anfangen« zu können. Aber – – *wie* sollte man es schaffen, gesund zu werden?

25. *Nov. 44.* Was für ein Tumult des Hoffens, Angsthabens in meiner Seele! Wird sich weiterhin alles schnell genug entwickeln? Schnell genug, um die vielfältigen Nebengefahren von uns abzuwenden? Unsere Stadt als Kriegsschauplatz? Den Befehl, Haus und Heim zu verlassen? Den Befehl zur Selbstentzündung des eigenen Hauses, um es dem Gegner nicht in die Hände fallen zu lassen? Die Volkssturmsorgen? Wie viele, viele mussten schon weg! Mitten in der Nacht werden sie aus ihren Betten geholt. SA und SS sind aufgerufen! »Zur Sicherung von Ruhe und Ordnung im Innern!« Wird es meinem Mann gelingen, dem Volkssturm zu entkommen? Und der Schwiegersohn? Er bereitet seine Flucht vor. Wird sie ihm gelingen? Ludowike will sich anschließen. Berge von Sorgen und Ungewissheit. Gott sei den beiden Jungen gnädig.

Schlagzeile in der Zeitung:

»Defaitisten haben im Volke keinen Platz. Es wird ›straffes Zupacken‹ verlangt. Keine Rücksicht auf Krankheit oder körperliche Schwäche des Defaitisten!« »Ausmerzen!«

(Ach – – – wann endlich kommt der Augenblick, da man diesen Quälgeistern unseres Volkes gegenüber »scharf zupacken« darf?)

Schlagzeile in der Zeitung: »Das Heer im Schulunterricht«. Das Reichsministerium verspricht zu diesem Zwecke den Schüler- und Lehrerbibliotheken zur Verwendung im Unterricht Lesebogen mit dem Titel »Vorwärts, ran an den Feind!« zu liefern. (Es ist so und nicht anders: Wenn Deutschland diesen Krieg gewänne, alleinige »Wissenschaft« wäre das Studium und die Vergottung von Partei und Heer. Bewahre uns Gott davor und schenke uns ein rasches Ende dieses Grauens! Aber – – – nun regnet es, regnet es. Der Vormarsch der Alliierten wird bei diesem Wetter nicht weitergehen!

27. Nov. 44. So ist der Deutsche. Er glaubt konsequent nicht an Tatsachen, wenn sie seinem deutschen Ehrbegriff zuwiderlaufen. Beispiel: gestern Nacht bei der Stollenarbeit (wir graben uns einen Stollen in den Berg) sagte ein Schriftleiter lachend: »Kann überhaupt nicht verstehen, wieso der OKW-Bericht das kleine Abenteuerchen der Franzosen – ich meine ihre Stippvisite in Straßburg – überhaupt erwähnt. Sie sind doch längst wieder aus der ›wunderschönen Stadt‹ hinausgeworfen!«

Großer Beifall rundum! Es wird mir übel, täglich, stündlich. Jede Berührung mit einem »Deutschen« verursacht mir lästiges Herzklopfen, Erregung würgt mich im Hals. Ich weiß nicht, was ich tun soll, um dieser an bodenlose Dummheit meiner Landsleute grenzenden Überheblichkeit beizukommen, bzw. um nicht selbst an ihr zu zerschellen.

Vom Westen her dröhnen die Kanonen!

Aus einem Leitartikel: *»Der germanische Führungsgedanke«:*

> »Nun aber ist ›Führung‹ der typisch germanische Ordnungsgedanke.... Es ist die eigentümliche und fruchtbarste Schöpfung des nordisch-fälischen Menschentums, der spezifisch germanische Beitrag zum politischen Gedankengut der Welt... Soll Europa zur Einheit gebracht werden – und das gebietet die Lebensgefahr, in der es sonst umkommt, und soll Europa in lebender Vielfalt erhalten bleiben – und das fordert die Fülle des Lebens, das es umschließt – dann kann diese Einheit in der Vielfalt, diese ›unitas multiplex‹ nur innerhalb einer Führungsordnung verwirklicht werden, *die vom Germanentum getragen wird.*«

Was für eine Zukunftsaussicht. »Europa« – die Sehnsucht so vieler guter Menschen – unter deutschem Kommissstiefel!

30. Nov. 44. Der Plan, anschließend an unser Haus eine Höhle zu graben, die Versteck sein könnte, wenn der Räumungsbefehl kommt und SS-Horden die Häuser nach Zurückgebliebenen, Ungehorsamen durchstöbern, musste aufgegeben werden. Nachdem dieses »Grab«, das der Weg zu neuem Leben und zu dankerfülltem Auferstehen hätte werden sollen, annähernd ausgegraben war, stießen wir auf Grundwasser. Was nun? Unser verlässlicher Nachbar (nicht der Herr Apotheker) regte an, gemeinsam in einem in der Nähe liegenden Steinbruch einen Unterschlupf zu schaffen, eine Höhle in den Berg hineinzugraben und dorthin zu flüchten, wenn...

Bestechender Gedanke im ersten Augenblick! Denn der Steinbruch und seine Umgebung ist von nirgendwo eingesehen, ist eine richtige Wildnis. Aber – aber – – –

1.) Man kann nur bei Nacht graben, denn niemand darf davon wissen. Wie aber soll man bei Nacht graben ohne Laterne?

Man hat ja nicht einmal eine Taschenlampe, keinen Kerzenstummel, nichts, nichts!

2.) Wie soll man bei Alarm rechtzeitig den Stollen erreichen?

3.) Wie sollte man Kälte dort aushalten, wenn es notwendig sein sollte, mehrere Tage dort auszuhalten? Woher das Essen nehmen, Wasser?

Gottlob geht es mir gesundheitlich wieder etwas besser. Ich hoffe in wenigen Tagen wieder eine Kraft zu sein und kein Klotz am Bein.

30. Nov. 44. Mein Mann hat sich brieflich (Vorwand: Krankheit) vom Volkssturm abgemeldet. D. h. er war ja nie »angemeldet«, wurde aber eines Tages »abgeholt«.

Bis jetzt von dort keine Stimme noch Antwort.

Ludowikes Mann ist immer noch hier. Immer noch nicht erfasst vom Volkssturm. Wie wird es ihm ergehen, wenn man dahinterkommt, dass er sich nicht gemeldet hat? Wie wird es seiner Frau ergehen? Uns? Die beiden jungen Leute wohnen ja mit uns in unserem Häuschen.

Man hört heute, gottlob, den Geschützdonner wieder deutlicher.

1. Dez. 44. Weihnachtsmonat! Von fern das Rollen der Geschütze, um mich das Klirren der teilweise wieder eingesetzten Fenster und Türen, vor mir »des Sommers letzte Rose«, in mir noch die besänftigende Melodie des *Adagio cantabile* aus Beethovens Pathétique-Sonate und draußen dicker kalter Nebel, Nebel, der alle Sträucher und Gräser mit Raureif überzieht und sie dem staunenden Menschen – den paar, die solche Dinge bei uns zu Lande noch wahrzunehmen das Organ haben – als unvergleichliche Kunstwerke der Natur präsentiert.

Die Menschen hier haben keine Zeit mehr, zu staunen. Und auch keine Kraft mehr. Sie sind beherrscht von der einen alles umfassenden Frage: Was bedeutet das Schießen? Das Fensterklirren? Bereiten die Feinde den entscheidenden Durchbruch vor? Und was dann? Bedeutet das: fort von Daheim? Rucksack auf den Rücken! Hinaus in Kälte und Ungewissheit! Flüchtlingslos?

Wenn mein guter Sohn in Kanada wüsste, in welchen Nöten Eltern und Schwester sich winden! Und unsere liebevolle Tochter in England! *Wie* gut, dass sie es *nicht* wissen!

2. Dez. 44. Strahlender Sonnenschein nach einer leichten Frostnacht. Der Himmel ist übersät mit weißen, schaumigen Wolkenschafen und – – – mit anglo-amerikanischen Flugzeugen. Seit 8.30 Uhr (jetzt ist es bald elf Uhr) löst eine Luftwarnung die andere ab. Der Polizeisender meldet ununterbrochen An- und Abflüge.

Gestern im Stollen fragte eine Malerin einen Komponisten: »Können Sie eigentlich etwas schaffen?«

Kopfschütteln als Antwort.

Die Malerin: »Man kann nichts zu Ende denken!« In dem Seufzer, der dieser schlichten Feststellung folgte, lag die ganze Qual des augenblicklichen Daseins.

»Nichts zu Ende denken!« Man kann nicht nur »nichts zu Ende denken«, man kann auch während 99 % des Tages nicht einmal *beginnen*, etwas zu denken, als höchstens: Wie rette ich mein Leben? Wie werde ich satt? Wie schütze ich die Meinen vor Kälte? Wie rette ich die allernotwendigste Habe? Was nehme ich auf die Flucht mit, falls … usf. usf.

Niemals in meinem Leben hätte ich mir vorstellen können, dass mein Gehirn einmal so zerzaust sein könnte …

Wir wollen nun doch weiter zu graben versuchen an der Höhle neben unserem Haus, um bei Evakuierungsbefehl ein Versteck zu haben. Wie hätte ich denken können, dass ich mit 56 Jahren noch einen solchen Wildwest-Roman durchleben und durchleiden müsste.

Sonntag, 3. Dez. 44. Drüben im Wald ist der »Volkssturm« angetreten. Wenn es nicht so traurig wäre, dann wäre es mehr als lustig zu sehen, wie die alten Männer »Soldätles« spielen. Diese Aufmachung! Genau wie Buben! Jeder hat angezogen, was ihm – nach seiner Vorstellung – irgendwie martialisches oder kriegerisches Aussehen zu verleihen in der Lage sein könnte: Gamaschen der eine, einen Stahlhelm der andere, dieser hat ein Fernrohr umgehängt, jener eine Kartentasche. Ja – sieh mal an: Dort hat sogar einer eine Zimmerflinte geschultert! Die Filzhüte haben sie getarnt mit Tannenreis.

7. 12. 44. Mein lieber Herr Apotheker erzählt mir soeben schmunzelnd: »Wir schießen demnächst nach Amerika hinüber! Direkt nach USA! Wetten: die Yankees hören beim ersten Schuss auf!«

13. 12. 44. Der Himmel ist heute solide in dicke graue Watte verpackt. Görings Wunderhorn wird uns also kaum schrecken. Was sage ich: »Görings Wunderhorn« musiziert ja in der Regel erst *hinterdrein*! Wenn alles längst passiert ist! Das einzige, worauf man sich heute noch einigermaßen verlassen kann, ist ein scharfes Gehör. Nichts gilt mehr als »Witterung«. Wie ein Tier muss man die Ohren steifhalten! Manchmal gelingt's, manchmal nicht. Lotteriespiel!

Aus Goebbels jüngster Rede:

> »... es sinken heute nicht nur die Häuser unserer Städte so wie die Dome und Kulturdenkmäler Europas in Trümmer, mit ihnen geht auch eine Welt unter. Die einen nennen sie eine geliebte, die anderen eine verdammte Welt. Es ist jene Welt des bürgerlichen Egoismus und Überindividualismus, der sich als steril und unfähig erwiesen hat ...«

(Also: Ihr geht wohl unter, Ihr schönen und liebvertrauten Städte Deutschlands! Was für Sadisten hat unser Volk sich überantwortet.)

Heiliger Abend 1944. Das erste Weihnachten in meinem 56-jährigen Leben ohne Christbaum. Aber das ist nicht das Entscheidende. Der prächtigste Baum mit tausend Lichtern könnte meine Traurigkeit nicht durchstrahlen. Viele Deutsche jubilieren heute wieder. Vielleicht jubilieren sie nicht mehr ganz so laut wie vor einer Woche, als die »große deutsche Offensive im Westen« bekannt gegeben wurde. Da gab es wieder weit aufgesperrte Großmäuler! Da wölbten sich die Heldenbrüste wieder vor! Ein Soldat sagte zu mir: »Wenn ich jetzt wieder nach Frankreich komme, ich werde diesen Burschen mit einer Rute über ihre Schnauze hauen. Ich werde sie für ihr Lebtag zeichnen, diese Franzmänner! Das ist *meine* Rache!«

Seine Rache? Wofür? Dafür, dass er nach dem Zusammenbruch in Frankreich von der spanischen Grenze bis nach Deutschland tippeln musste, sofern ihn und seine Kameraden nicht ein »requiriertes« Fuhrwerk beförderte. Rache dafür, dass die ausgeplünderte Bevölkerung mit Schüssen auf die Flüchtenden für die erduldeten Leiden quittierte, Rache dafür, dass wir Frankreich vier Jahre lang aussaugten, es jedes Rechts, jeder Freiheit beraubten, seine Männer nach Deutschland zur Zwangsarbeit verschleppten, seine Frauen ... Ich versuchte, dem Soldaten die Gefühle der franz. Bevölkerung verständlich zu machen. Er solle sich vorstellen, wie *wir* uns benehmen würden, einem Feinde gegenüber, der in unser Land eingebrochen war und nach vierjähriger ähnlich gehandhabter Besetzung gezwungen wäre, aus Deutschland abzuziehen.

»Na ja«, meinte er, »das ist schon richtig, aber wissen Sie, die dort haben auch die Kultur nicht, wie wir, ich meine: das, was die unter ›Kultur‹ verstehen, ist ...«

Darin musste ich dem Soldaten allerdings recht geben: das,

was *wir* heute amtlicherseits unter »Kultur« verstehen, ist unumschränktes deutsches Eigentum, ist *Made in Germany*.

Was für ein Beginnen – ein mühseliges Beginnen muss das »nachher« in Deutschland geben. Ich habe gestern Nacht Lindley Fraser gehört. Er hat recht: Gebe Gott, dass sich die Alliierten nicht quer durch Deutschland kämpfen müssen! Dass die Schlacht *jetzt* entschieden wird. Aber »der Mensch ist dumm«. Insonderheit der Deutsche. Ich fürchte: Wenn man dem Durchschnittsdeutschen auf der einen Seite als erreichbares Ziel ein nettes Haus mit gesichertem Leben vor Augen zaubern würde und daneben ein bettelarmes, aber riesiges »Vaterland«, erfüllt von Herrenmenschen-Gefühlen und immerwährender Notwendigkeit, Kriege zu führen, um sich als Herrenschicht zu behaupten: er würde das Letztere wählen. Sogar dann, wenn er selbst niemals Aussicht hätte, in die Kaste der Herrschenden aufzusteigen.

Christfest 1944. Strahlendes Wetter! Sonne, blauer Himmel, kalt. Fast ununterbrochen »Luftgefahr«. Gestern, am Heiligen Abend, einen winzigen Spaziergang gemacht. Natürlich: Voll-Alarm! Bomben, Detonationen in einiger Entfernung. Rennen in Richtung »Stollen«. Eine Dame, Pelzmantel und alles andere feine Zubehör, stolperte gleich vielen anderen erbost durch den Wald dem rettenden Stollen zu. »So eine Gemeinheit! Am Heiligen Abend!«

So sehr ich selbst in atemloser Eile war, so musste ich doch eine Viertelsminute stehen bleiben und meinerseits schreien: »Gemeinheit? Das ist keine größere Gemeinheit als der ganze Krieg! Und eine viel, viel kleinere ›Gemeinheit‹ als die des ›Kriegsbeginns‹. Und *wer* hat ihn vom Zaun gebrochen? Wer? Doch nicht die, die uns jetzt in den Stollen jagen? Aber damals hat kein Mensch gesagt: ›So eine Gemeinheit!‹« Sagte es und stürmte weiter, um das Leben vor Bomben-Einschlägen zu retten, das ich soeben wieder durch die ungeschminkten Worte mehr gefährdet hatte, als es durch die Flieger im blauen Äther gefährdet war. Aber – – »der Mensch ist dumm«. Auch ich bin ein Mensch. Manches Mal *kann* ich einfach nicht widerstehen, »für fünf Pfennig« klar und nüchtern die Wahrheit hinauszuschreien, denn es ist so: meine »Volksgenossen« fressen nur Phrasen! Das aber mit einem wahren Heißhunger!

Abends. Es war ein trauriges Christfest. Zwar taten wir, »als ob«. Aber das Herz war nicht bei den Weihnachtsliedern, die wir summten – nur leise »summten«, denn man musste ununterbrochen »horchen« und aus den Geräuschen in der Luft schließen, ob die »gemeinen« Engländer und Amerikaner noch immer dabei waren, unser Weihnachtsidyll zu stören. Merkwürdig: der Deutsche findet es völlig in Ordnung, dass *seine* Heere ausgerechnet über die Weihnachtstage eine gewaltige Offensive mit allem unweihnächtlichen Drum und Dran beginnen, und dass V 1 und V 2 nach London – und, o Jubel! – nun gar nach Manchester! – schießt. Aber natürlich: das tut alles nur *den andern* weh!

Ich bin oft sehr, sehr müde. Und mutlos. Aber ich möchte dieses Grauen doch überleben, um hernach noch ein Wörtlein »deutsch« mit meinen lieben »Volksgenossen« reden zu können.

26.12.44. »Harfentöne, süß und mild …« heißt es in dem herrlichen Lied »Heil'ge Nacht, so gieße du …« Die »Harfentöne« lieferte uns »Görings Wunderhorn«. Doch hatte unsere Stadt außer den Panik auslösenden »Harfentönen« nichts zu leiden. Aber ich leide, leide, leide. Diese unvermutete deutsche Offensive! Wird sie nicht die Qual des Wartens auf Erlösung verlängern? Zuweilen gelingt es mir, den Einflüsterungen meines guten Mannes zu glauben, der sagt: »Vielleicht verkürzt dieser Streich den Krieg!«

Elf Uhr nachts. Soeben verkündet der Sender stolz: »Zur Zeit keine feindlichen Flugzeuge über unserem Warngebiet!« Was für ein Triumph! Nachdem diese silbernen Vögel sich seit dem frühen Morgen sozusagen überall über unserem Ländle vergnügten. Da die Luft nun »rein« ist, möchte ich versuchen, festzuhalten, *wie* unser Leben zurzeit eigentlich verläuft. Aber mein Geist ist so zerfahren wie die Zeit. Horch! Elf Uhr fünf Minuten: Luftgefahr 8! Also: genau fünf Minuten hat die deutsche »Luftherrschaft« angehalten.

Wie also verläuft unser Leben? *Mein* Leben? Rein äußerlich gesehen im Vergleich mit vielen, vielen Millionen ist es noch sehr bürgerlich oder üppig. Ich habe noch ein Haus, beschädigt zwar, aber es ist eine Bleibe. Nur kann ich häufig nicht in der »Bleibe« bleiben, denn ich muss in den Stollen rennen und dort eng eingepfercht Stunden um Stunden sitzen, dauernd in Ängsten, der einzige Zugang zum Stollen (der zweite ist immer noch nicht fertig) werde durch einen Bombentreffer zugeschüttet. Lebendig begraben also!

Ich habe in der »Bleibe« noch bequeme Stühle. Aber ich kann mich nicht auf sie setzen, es fehlt jede äußere Ruhe.

Ich habe auch noch einen Flügel, einen herrlichen Bechstein. Aber auf ihm zu spielen ist unmöglich, denn es gilt, den ganzen Tag – und erst bei Nacht! – die Ohren steif zu halten, um die »Luftgefahr« rechtzeitig wahrzunehmen.

Ich habe noch Teppiche und Bilder. Aber sie sind aufgerollt und eingepackt im Keller.

Ich habe noch Bücher! Viele schöne Bücher. Aber in ihnen zu lesen ist wiederum unmöglich, denn die ganze Zeit und Kraft wird aufgesaugt vom Sorgen und Hasten nach Nahrung und allem Drum und Dran. Wenn ich meine Wäsche von der Wäscherei gewaschen haben will, muss ich Seife und Kohlen mitbringen. Da ich aber keine habe, muss ich selbst waschen, wozu unser Haus in keiner Weise eingerichtet ist.

Ich muss Holz sammeln im Wald, wenn ich Feuer machen will, muss das Holz zerkleinern, trocknen usf. Ich muss auch helfen, im Stollen zu graben, wenn ich das Anrecht haben will, mich bei Alarm hineinzuflüchten.

Morgen wollen wir um fünf Uhr in der Frühe mit der Bahn (wenn sie geht) wegfahren, um unsere aufs Land evakuierten Fahrräder zu holen. Gewiss: sie können hier mitsamt unserem Häusle zerbombt werden. Aber – sie können uns möglicherweise auch das Leben retten, wenn wir in unsere Höhle flüchten, d. h.: wenn wir wegen des Herannahens der Front zwangsweise evakuiert werden. Dann wollen wir so tun »als ob«. Wir werden wegradeln – also flüchten – werden in einem unbemerkten Augenblick umkehren, einige Tage in der Höhle im Steinbruch kampieren, und wenn die Schlacht über uns hinweggebraust ist, zurückkehren und sehen, was von unserem lieben Häusle und seinem Inhalt noch vorhanden ist.

Leider, leider können wir die Höhle direkt an unserem Haus mit Zugang zu ihr vom Hausinnern doch *nicht* fertig machen. Wiederum Grundwasser! Wir hätten diese Riesenarbeit doch im Sommer beenden sollen! Aber – wer dachte damals, dass wir eines Tages bestimmt damit rechnen müssen, mit vorgehaltener Pistole von den eigenen Truppen von Haus und Besitz verjagt zu werden! An solchen Sadismus hat man wirklich nicht ernstlich geglaubt.

Zeitungsartikel: »*Das Vaterland ruft!*«

> »Es ist ein Gebot der Stunde, dass sich Frauen und Mädel freiwillig zu dem Wehrmachthelferinnenkorps melden ...«

(»Das Vaterland!«) Schönes »Vaterland«! Man hungert, friert und erduldet alle Not und Angst der Welt in ihm. Die Kinder sterben schon im Mutterleib, oder, werden sie geboren, so nur, um bald einem qualvollen Siechtum anheimzufallen oder durch eine Epidemie hinweggerafft zu werden. *So* ist das »Vaterland« durch die Schuld seiner Repräsentanten, um derentwillen nun unsere Frauen zu »Flintenweibern« werden sollen.

1945

Neujahr 1945. Was wird es uns bringen? Alles ist dunkel verhangen. Ein alter Mann sagte heute früh zu mir: »Wenn Hitler wenigstens etwas gesagt hätte darüber, wann Friede wird! Aber nix hat er g'sagt! So bin ich eingeschlafen dabei!« (Bei der Hitler-Rede zum Jahreswechsel)

Nun, Hitler hat dem deutschen Volk immerhin *die* tröstliche Versicherung mit ins neue Jahr gegeben, dass *Er!!! nie* kapitulieren werde. Wie viel Trost und Beruhigung für uns!

Man kann nicht nur keinen Gedanken mehr zu Ende denken, man kann auch kein Gefühl mehr zu Ende fühlen. Abgesehen von der unablässigen äußeren Unruhe ist man nicht mehr fähig, seine Gefühle auf den Grund zu senken. Wird man es je wieder können?

Sich das Kriegsende vorzustellen! Sich die Leere vorzustellen, den Abgrund, das Nichts, vor dem wir in Deutschland stehen werden! Es macht mich heute schon schaudern. Ein Nichts im Geldwesen, auf dem Warenmarkt, im Schulwesen, in der Literatur, ein Nichts hinsichtlich der moralischen Begriffe. Nichts, was man brauchen könnte für den Neubeginn. Wir sind unterhalb des »Nichts« angekommen. Wer schreibt beispielsweise ein gutes Kinderbuch? Schulbücher? Sie alle – vom Mathematik- bis zum Geschichts- und Literaturbuch – sind durchsetzt mit dem Anti-Geist, der Deutschland in dieses grenzenlose Jammertal gejagt hat. Wie und wann wollen wir den Anschluss an die internationale Wissenschaft wieder gewinnen?

Ich habe so gar keine Fühlung mit meinen fernen Kindern und Enkeln. Wie wohl *ihr* Weihnachten war? Ob sie sorgenerfüllt an uns und unser schreckliches Leben gedacht haben. Ich fürchte, es hat manche Träne gegeben. Besonders bei Cläre. Wenn ich doch endlich dieser Tochter wieder Liebe geben und ihr danken könnte für das, was sie Martin getan und geholfen hat.

3. Jan. 45. Ich habe (im Radio) die Verordnungen des Alliierten Oberkommandos über das deutsche Erziehungswesen noch einmal gehört. Es ist alles sehr gut und richtig. Aber – – – ist es wirklich durchführbar? Von den Volksschullehrern waren wohl 90 % Nazis. Die meisten davon schon in der Kampfzeit. Von den höheren Lehrern, den Universitätsprofessoren kann man wohl nur 5 % als Nazis *von Beginn* an ansprechen. Dafür aber waren der weitaus größte Prozentsatz der übrigen erklärte Nationalsozialisten und Militaristen. Für jeden »echten« Akademiker verstand es sich als Reserveoffizier von selbst, dass er die deutsche Überheblichkeit als eine zum Stand gehörende Verpflichtung mit übernahm, dass er unter der »Schmach von Versailles« Qualen litt, und dass er alles unterstützte, was dazu angetan schien, diese »Schmach« früher oder später zu tilgen, Deutschland wieder zu einem Machtfaktor zu machen, vor dem die Welt erzitterte, und die jedem Deutschen die Möglichkeit gab, draußen festen Schrittes und mit klirrenden Sporen aufzutreten – und Huld nach Laune und Großmut zu verteilen.

Wenn also das Programm für das Erziehungswesen dem Buchstaben nach durchgeführt werden sollte, so würde das die Schließung fast aller Bildungsstätten auf viele Jahre hinaus bedeuten, während welcher das Ausland es übernehmen müsste, geeigneten Lehrernachwuchs für unsere Schulen heranzubilden.

Wir stehen vor gigantischen Aufgaben. Möchten sich doch die Kräfte finden, die sie zu meistern vermögen.

13. Jan. 45. Der Mensch ist ein zähes Wesen. Vor allem, was das Hoffen anbetrifft. Er hofft und hofft. Und wenn er hundertmal enttäuscht wurde, so – – – hofft er doch brav immer wieder. So ich.

14. Jan. 45. Sonntag. Prächtiger Sonnenschein, glitzernder Schnee! Wann endlich wird die Stunde da sein, da man an solch einem vollkommenen Tag in köstlicher Lebensfreude Gott ein

Dank- und Loblied anstimmen kann? Der Tag, an dem wir wieder »frei von Angst« erwachen? *Jetzt* bestimmen die Engländer und Amerikaner unseren Lebensrhythmus: von spätestens elf Uhr vormittags ab ist man ununterbrochen auf dem Sprung. Denn nicht alle Insassen der uns überfliegenden feindlichen Flugzeuge sind »Edelmenschen«, die Erbarmen mit einer kleinen Siedlung oder mit einer auf der Straße wandelnden Frau haben. Die Flieger haben auch Maschinengewehre und es scheint für manche dieser feindlichen Flieger ein netter Sport zu sein, auf Menschen oder kleine Fahrzeuge zu schießen.

Mein Mann hat sein Gehalt auf ein Vierteljahr *im Voraus* bekommen. Der Herr Apotheker begutachtete diese Tatsache folgendermaßen: »Da kann man sehen, dass Geld genug da ist!« Er meint offenbar: »Krieg führen sei das beste Geschäft für einen Staat, um ihn zu Wohlstand zu führen!«

16.1.45. Eine Stadt nach der anderen sinkt in Schutt und Asche. Gestern wurde eine Nachbarstadt angegriffen. Die Ausmaße der Zerstörungen sind noch nicht bekannt. Aber ich fürchte, fürchte … Wie sagte doch unser erhabener Führer? »Gebt mir zehn Jahre Zeit, und Ihr werdet die deutschen Städte nicht wiedererkennen!« Wenn dieses große Lügenmaul *einmal* die Wahrheit gesagt hat, dann hier.

Die übergroße Mehrzahl unseres Volkes hat nun genug, mehr als genug vom Krieg! Schluss! Schluss! Gleichzeitig aber kommt immer wieder die Frage: »Womit haben wir ein solches Schicksal verdient?« Sie sind noch immer nicht genesen von ihrem Hochmut. Sie sind absolut überzeugt von »unserer Güte«, »unserer Rechtschaffenheit« und »Tüchtigkeit«. Kein Volk der Erde kann – nach ihnen – denselben Anspruch machen auf »Führung« wie das deutsche. Kein Volk auch ist so »fleißig«, so »begabt«, so »gut«, so »ordentlich«, so »reinlich«, so »strebsam«. Kein Volk der Erde hat der Menschheit so viele große Erfinder geschenkt wie das deutsche! »Das Volk der Dichter und Denker«! Was für ein verhängnisvolles Schlagwort. Jeder hält sich für einen »Dichter« oder »Denker«, zumindest aber für einen großen Feldherrn, dem das volle Recht zusteht, die andern Völker k. o. zu schlagen. Und jeder hält das, was im Namen des deutschen Volkes geschehen ist, für »gut«, zum allermindesten aber für »notwendig«. Und weil dieser Hochmut noch nicht zertrampelt ist, muss der Krieg weitergehen.

24.1.45. Aus der Zeitung: *»Der deutsche Ostraum ist zum Kampffeld geworden!«*

Wie sagte doch mein »großer Stratege«, der Herr Apotheker, vor vier Tagen? »Phä! Das im Osten hat gar nichts zu bedeuten! Bis zur Grenze ließ man die Herren Russen kommen! Aber hier: ein großes Halt!«

Aber der Herr Apotheker ist ein von der Natur glückvoll veranlagter Mensch: er weiß morgen nie mehr, was er gestern gesagt hat – vorausgesetzt, dass seine Prophezeiungen falsch waren (was die Regel ist).

26.1.45. Sich vorzustellen, dass vielleicht in wenigen Wochen doch dem ganzen Entsetzen ein Ende gemacht sein wird! Es ist wie ein Fieber in mir, und ich zittere den abendlichen Nachrichten der BBC, des Amerikasenders, der des »Soldatensenders« entgegen.

Wir haben tiefen, tiefen Schnee, es schneit und stürmt weiter. Dabei sind Hunderttausende auf der Flucht, auf der Flucht vor einem Feind, dem man das moralische Recht zu grausiger Rache in die Hand gegeben hat. Ich denke voller Erbarmen an die Mütter, die Kinder, die Greise, die im Osten … ach Gott, erbarme Dich dieses Elends!

Man soll »Strümpfe« abliefern für die »Marschierer«. Als ob die besten Socken noch etwas retten könnten!

27.1.45. Sowjet-Panzer in der Mark Brandenburg! Wie mögen da die hochmütigen Preußenherzen zittern! Wird die Offensive im Westen endlich auch losbrechen? So dass der SS keine Zeit mehr bleibt, uns aus unserer Siedlung hinauszupeitschen?

Riesenschlagzeile in der Zeitung:

»Wir werden auch diese Not überstehen!«

Wirklich? *Wer* wird sie »überstehen«? Kann man summa summarum sagen »diese« Not? Nein, man kann das nicht. »Diese« Not ist eine vielmillionenfache Not, und die qualvolle Not eines jeden innerhalb dieser vielen Millionen hat ein anderes Gesicht. *Meine* Not ist eine relativ kleine Not. Wie sieht sie aus? Ich müsste ein Maler sein wie Ludwig Richter, um die tausend Rünzelchen und Strichlein in das Gesicht *meiner* Not zeichnen zu können, die in ihrer Gesamtheit eben *dieses* Gesicht ausmachen. Eben jetzt, beispielsweise, 11.45 Uhr vormittags, erdröhnt mein Haus unter dem Bombenabwurf in dieser nicht sehr entfernt liegenden Stadt. Alarm? I wo! Vor zehn Minuten war ja erst »*Ent*warnung«. Horch, wie es dröhnt! Wie das Haus zittert! Diese Bombenangst ist eine der Grund-»Nöte«. Aber da ist noch andere Not, ist die Hungers-Not, die Kleider- und Schuh- und Wäsche-Not, ist die Kohlen-Not, die Gestapo-Not (eine riesengroße Not), die Ärzte- und Medikamenten-Not, die Not der Kranken (augenblicklich liegt mein Mann mit Halsentzündung), die Not der unsagbaren Müdigkeit, der ewigen Überarbeitung, die »Tauwetter-Not« (sie hält die Defensive im Westen auf), da ist die »Verwandten-Not« (Zerfall mit ihnen aus politischen Gründen, Angst um Schwester, der KZ angedroht ist), da ist die Kinder-Not (ich meine das Entbehren meiner Kinder in fernen Landen). Ach – – – wie viel, wie viel »Nöte« sind auch meine Nöte, obwohl, wie gesagt, ich es relativ gut habe, noch nicht auf der Flucht bin und noch Obdach und Bett habe. Aber zu »meiner« Not gehört auch die Not der Millionen, Millionen anderer, denn meine Phantasie ist noch nicht stumpf und mein Herz noch immer wach. Trotz allem.

4.2.45. Gestern klingelte eine junge Russin. Sie bat um ein Stück Brot. Ludowike schnitt ihr einen Ranken ab, gab ihr Äpfel dazu. Beglückt zog das arme Wesen ab. Wie viele Deutsche müssen jetzt ebenso von Haus zu Haus betteln? Wie lange wird es noch dauern, bis diese »Not« auch *meine* Not geworden sein wird?

Die Frau des »Sonder-Richters« war gestern da. Sie sammelte wieder mal für irgendetwas. »Nichts Neues?«, fragte ich sie. »Woher soll *ich* etwas Neues wissen? Uns erzählt niemand was«, lachte sie. »Meinem Mann gleich gar nicht. Da denken die Leute, das ist ein hundertprozentiger Nazi, wenn die wüssten! Wir sind das noch nie gewesen …«

Da schau mal einer an! Nie gewesen? Wie hat sich diese Dame vor einigen Jahren geäußert, als ihr Mann Sonderrichter in Warschau war? Es wird bestimmt so kommen, dass nachher nicht die Nazis die Nazis waren, sondern wir, das kleine Häuflein der Aufrechten, wir werden die Prügel auch für die Untaten dieser Bande einstecken dürfen. Auch nachher wieder.

Gestern kam Frau R. Ihr Mann ist Jude, Architekt, hat Straßen gekehrt, wurde aus der Wohnung hinausgeworfen, hat seine Sachen bei uns untergestellt und holt gelegentlich Trost und Hilfe bei uns. Sie brachte von der Gestapo einen Brief. Adresse: »An R. …« Er habe sich am 12. Febr. zum Zwecke auswärtiger Arbeit in B. einzufinden, fünf Tage Marschverpflegung, zwei wollene Decken, Bettzeug usf. sei mitzubringen. »Sein Todesurteil«, sagte die Frau und schluchzte verzweifelt. Sie ist davon ebenso überzeugt wie davon, dass weder das mitzunehmende Bettzeug noch die Wolldecken zu *seiner* Benutzung gedacht sind, sondern dass es eine neue Methode des Ausraubens ist.

Haben Sie das Wort: »Pluto-Bolschewisten« schon gehört? Ich nicht bisher. Aber jetzt wurde es geprägt für das, was die seitherigen »Plutokraten«, die Amerikaner und Engländer, waren.

7.2.45. Man wartet, wartet. Auf was? Dass die Front an einem vorüberrollen möge. Man weiß: die Hitlerische Giftblase ist am Zerplatzen. Warum platzt sie noch immer nicht? Tausende, Tausende müssen weiterhin sterben, Häuser, Brücken in Trümmer sinken ... immer geht der Jammer noch ein bisschen, noch ein bisschen weiter. Immer prahlen unsere Zeitungen von unserer »Einmaligkeit« und dass wir – trotz aller »scheinbaren Erfolge«« der Gegner »einen Plan als solchen« haben. Was für einen »Plan«?

Meine Schwester war da. Sie bangt um ihren sechzehnjährigen Jungen, der bei der Flak ist.

Und die andere Schwester? Soeben kam ein heimlicher Brief. Sie hält sich versteckt. Aufräumungsarbeit und KZ wurde ihr angedroht.

14.2.45. Zeitungsfloskel:

> »Durch eine veränderte Taktik suchen sie (die Anglokaner) den Anschein zu erwecken, als ob ihnen viele neue Bombengeschwader zur Verfügung stünden ...«

Ich muss sagen: dieser »Anschein« ist sehr eindrucksvoll. Gestern beispielsweise brachte ich »nur« 9 Stunden im Stollen zu. Auch während der übrigen Zeit waren dauernd Flugzeuge über uns, und erweckten »den Anschein«, als ob sie da wären.

23.2.45. Meine ganz, ganz große Sorge gehört nun meinem lieben Jungen. Der zweite Brief mit dem Aufdruck »Repatriated« kam nun zurück. Ein neuer Schrecken erfüllt mich: man wird doch nicht so grausam sein und den lieben Buben nun so kurz vor Kriegsschluss »heim« zu senden, ihn Hitler in den Rachen zu werfen, den Bomben auf der Bahn auszusetzen! Man wird ihn doch noch drüben behalten die vier oder sechs Wochen! Länger kann's doch keinesfalls mehr gehen! Guter Gott, gib dem Jungen einen Engel zur Seite!

6. 3. 45. Schneetreiben. Novemberstimmung. Das trotz alledem so vergnügte »Zizibe« der Meisen: welch ein Widerspruch! Ich hoffe dank dieses Wetters auf einige Stunden »Alarmferien« und somit auf die Möglichkeit, ein bisschen von dem vielen, das mich bewegt, ja erregt, aufzuschreiben. Denn alles, was ich erlebe und beobachte, geht ja sofort unter, wenn ich es nicht aufschreiben kann. Nichts kann haften, so eindrucksvoll das unmittelbare Erleben auch sein mag. Man hat weder Rast noch Ruh, ein Alarm jagt den andern. Und ohne Alarm fallen Bomben. Man ist noch auf der Treppe bei der Jagd in den windigen Keller und schon bersten sie. Man legt sich nur noch voll angekleidet ins Bett. Und trotzdem: wer das deutsche Volk während der letzten Jahre genossen hat und es immer noch genießt und sich täglich seinem unvorstellbaren Hochmut, seiner gottsträflichen Dünkelhaftigkeit gegenübersieht, der kann nicht mit Gott hadern, wenn er seine Peitsche erbarmungslos …

Fliegeralarm!

Später. … auch wenn man selbst unter diesen Streichen aufschreit, weil man sie *mit* empfängt. Wie war es beispielsweise gestern Abend wieder im Stollen. Überhebliches Geschwätz und hochmütiges Gelächter über die vorgestern abgeworfenen Flugblätter. »Dreck!« war die höflichste Bezeichnung für den Inhalt derselben. Ein Mann lief durch den Stollen und ermahnte noch einmal in tödlicher Feierlichkeit: »Ich hoffe, jedermann weiß, was mit diesen Flugblättern zu geschehen hat! *Ungelesen verbrennen!* Vor allem dafür sorgen, dass Kinder und Jugendliche sie nicht in die Hände bekommen!« (Beifall von allen Seiten). Ich aber konnte nicht schweigen und rief lachend:

»Diese Sorgen sind uns bald abgenommen. Die Schulen sind längst geschlossen, unsere deutschen Kinder lernen ja gar nicht mehr lesen! Wozu auch! Wäre ja doch nur vom Übel, wenn es solchen Lesestoff vom Himmel regnet, wie?« Ein Rippenstoß, verabreicht von meinem Mann, bringt mir bei solchen Gelegenheiten in Erinnerung, dass ich wieder mal Kopf und Kragen riskiere.

Fliegeralarm!

Später: Aber ich kann's nicht lassen. Der hochmütige Leichtsinn oder der leichtsinnige Hochmut meiner »Volksgenossen« und »Volksgenossinnen« verursacht mir Übelkeit. So wundere ich mich alltäglich über den Leichtsinn und das oberflächliche Geschwätz und die Witze, die anzüglichen Scherzreden, die den Stollen mit Lärm erfüllen angesichts der Tatsache, dass über unsere Köpfe Hunderte, ja Tausende der tod- und verderbenbringenden »Vögel« wegbrausen. Stille, Seufzen löst das Geschwätz ab und hysterisches Geschrei, sobald geschossen wird, Bomben herabsausen und die Erde, 18 Meter tief in ihrem Leib, erzittert und alles schwankt. Sobald man jedoch annehmen kann, dass dem eigenen Daheim nichts passiert ist, beginnt Oberflächlichkeit und Überheblichkeit und das Gewitzel über die »kulturlosen Amerikaner« und die »sturen«, »irgendwie zurückgebliebenen Engländer« wieder.

Drum sagte ich gestern Abend: »Die ›kulturlosen Amerikaner‹ und die ›sturen Engländer‹ machen ein Volk von Bettlern aus uns.«

Nach dem Krieg wird man das Folgende erleben: wenn wir dieses Ringen verloren haben, dann werden die Deutschen sagen: »Eigentlich haben wir den Krieg nicht verloren. Wir sind trotz der scheinbaren Niederlage Deutsche geblieben. Moralisch und geistig das auserwählte Volk!«

Es scheint kein Zweifel mehr möglich: Martin ist nicht mehr in Kanada, sondern auf der Insel Man, wo er auf seinen Abtransport nach Deutschland wartet. Ich bin erfüllt von Angst. Man kann ja nicht mehr reisen. Die Züge werden bombardiert und beschossen. Sollte Martin sechs Jahre Gefangenschaft durchgehalten haben, um nun, irrsinnigerweise, auf der Reise nach Hause noch untergehen zu müssen?

Zeitungsartikel: *»Kein Erbarmen mehr«!*

> »Wer seine Waffe oder Panzerfaust im Stich lässt, ist ein Verräter und muss sterben!«

Wohlan! Schlachtet doch den kümmerlichen Rest des deutschen Volkes vollends ab. Rottet euch gegenseitig vollends aus, Ihr Deutschen!

6.3.45. Der Barometer steigt. Das Bombenelend kann also jede Stunde wieder beginnen. Ich bin so übervoll von Hass, Zorn, Abscheu. Ich mache mir nun bei jeder Gelegenheit Luft, ich gefährde mich selbst, ich weiß das. Aber ich müsste daran ersticken, wenn ich es nicht täte.

Eine Frau, sechzigjährig, Brille, Bauch und anderes Zubehör ehrsamen Deutschtums holte mich auf der Straße ein und tat einen tiefen Seufzer.

»Was soll der Seufzer?«, fragte ich.

»Das Wetter wird besser. Dann kommen wieder Terrorangriffe. Bei Nacht, ich schwöre. Die letzten waren am Tag. Die Bande ändert ja immer ihre Taktik ...«

»Nun«, sagte ich und fühlte, wie bereits alle Pulse in mir rasten, ›die Bande‹ macht es eben so, wie sie denkt, dass sie den Krieg möglichst rasch beendigt ...«

»Dahin wollen die Lumpen es bloß bringen ... Jetzt steht der Hunger vor unserer Tür. Militärisch könnten sie uns ja nie besiegen, nur wirtschaftlich ...«

Da blieb ich stehen und sagte: »Aber erlauben Sie mal! Haben Sie Ihre Karte von Deutschland noch nicht angesehen? Die

Wehrmachtsberichte nicht gehört? Wissen Sie nicht, wo Frankfurt a. d. Oder, wo Stettin, Breslau, Görlitz, wo Krefeld, Köln und Dortmund liegt? Wenn *ich* richtig orientiert bin, liegen alle diese Städte und noch viele, viele andere – – – in Deutschland und sind von den Gegnern besetzt …«

»Aber das ist nur, weil sie die Übermacht haben, und der deutsche Soldat auf der ganzen Welt kämpfen muss. Wenn *wir* die Übermacht hätten! Aber – – wenn man auf so vielen Kriegsschauplätzen gleichzeitig kämpfen soll …«

»Sehr richtig. Die ganze Welt gegen sich aufzuhetzen, ein solches Kunststück bringt nur ein ›Einmaliger‹ auf …«

»Das sind dämonische Kräfte. Das ist vom Teufel …« Und schließlich beendete die Frau ihre Predigt über den Teufel mit den Worten: »Das lass ich mir von niemand nehmen: der deutsche Soldat ist der beste Soldat der Welt, und was er geleistet hat und was für glorreiche Siege er erfochten hat …«

»Ja«, sagte ich freundlich dagegen, »wenn die Russen Berlin, die Anglokaner und Franzosen Hamburg, Stuttgart, München erobern, so ist das absolut nichts, gemessen an den Siegen unserer Landser …«, und ließ sie stehen. Gegen so viel engstirnigen Hochmut kämpfen Götter vergebens. Die Angehörigen anderer Länder sind eine »Bagage«, sind »Lumpen«, »Banditen«, »Verbrecher«, »Gangster«, »Kulturbolschewiken«, »Banausen«, »Snobs« usw. usw.

Wie kann es jemals gelingen, die Deutschen aus diesem Irrgarten herauszuführen, ihnen die Scheuklappen abzunehmen. Das Schreckliche wird sein, dass man es genau so wird machen müssen, wie es die Nazis 1933 gemacht haben: Literatur und Schulbücher verbrennen usf. usf. Was für eine grausame Ironie! Das, was man als Rückfall ins finstere Mittelalter an den Nazis am meisten gehasst hat, wird man nun gegen sie anwenden müssen, um endlich, endlich den deutschen Volkskörper von diesem Krebsgeschwür zu befreien. Das alles ist so scheußlich und meiner innersten, die Duldsamkeit und Weitherzigkeit hoch verehrenden Natur äußerst zuwider. Aber -- welchen anderen Weg können wir hernach gehen?

Häufig überfallen mich auch andere Sorgen: *wie* kann es überhaupt möglich werden, für die Überreste des deutschen Volkes *neben* den Reparations-Verpflichtungen, wieder aufzubauen, den Ausgebombten für Wohnungen und Ersatz der Habe zu sorgen, die Fabriken in Gang zu bringen, wo doch kein Nagel, kein Stück Draht, nichts, nichts mehr vorhanden ist? Was die finanzielle Seite anbetrifft, so wird man den Schaden auf das *ganze* deutsche Volk übertragen müssen. D.h., es darf nicht sein, dass die Ausgebombten Bettler sind und die, die ihre Habe gerettet haben, ungerupft davonkommen. Andererseits wäre zu erwägen, ob man die »Aktiven Kämpfer« voll entschädigen sollte? Ich wäre nicht dafür, denn um ihrer Aktivität willen mussten Millionen Unschuldiger Bitterstes leiden. Außerdem wäre zu erwägen, ob man die Parteimitglieder nach dem Zusammenbruch nicht noch längere Zeit ihre an die Partei geleisteten und zur Zerrüttung Deutschlands verausgabten Beiträge zum Wiederaufbau des Landes sollte weiterzahlen lassen.

Alarm!

9.3.45. Rhein-Übergang bei Remagen! Endlich sieht man ein Lichtlein blinken am Ende der von Grausen erfüllten Schlucht, in die unsere Peiniger uns hineingepeitscht haben. Mein Mann wünschte sich zur Feier des Rhein-Übergangs den Choral: »Herr, dir ist niemand zu vergleichen!« Wir haben ihn gespielt und gesungen. Meiner inneren Verfassung entsprach er nicht ganz. Ich hätte »Eine feste Burg ist unser Gott ...« angepasster gefunden, denn: noch sind wir nicht über alle Berge, noch nicht durch alle schreckvollen Schluchten hindurch.

9.3.45. Mein Herz ist allmählich waidwund. Jedes Erschrecken – und deren gibt es so viele am Tag und in der Nacht, ihre Zahl und Heftigkeit steigert sich mit dem Näherrücken der

Front – empfinde ich als einen Schnitt in das ohnehin kranke Herz. Es wird nicht leicht sein, sich »hinüber« zu retten.

10.3.45. Die Frage: »Flucht in die Schweiz« wurde dieser Tage wieder unter uns erörtert. Unser Schwiegersohn will in den nächsten Tagen die Möglichkeiten an Ort und Stelle untersuchen. Aber wir beiden Alten können nicht gehen. Abgesehen von den damit verbundenen Strapazen einer solch abenteuerlichen Flucht: wie, wenn mein lieber Junge nach sechs Jahren heimkäme und weder Vater noch Mutter vorfände?

In den Augenblicken, während welcher weder Alarm noch Sorge für des Lebens Unterhalt mich in den Krallen hält, lese ich Paul *Dombey* (O Du, mein lieber, lieber *little friend*!) und: Albert Schweitzer, *Verfall und Wiederaufbau der Kultur.* Little Paul Dombey bewahrt mich, dass ich nicht völlig in Menschenhass versinke, und Albert Schweitzers klare Ausführungen überzeugen mich, dass ich mit meinem Denken, Werten und Fühlen auf dem rechten Weg bin. Wie klar hat er schon vor zwanzig und mehr Jahren gesehen, und wie überzeugend hat er seine Erkenntnis formuliert! Ich habe mich oft instinktiv dagegen aufgelehnt, dass man »abgestempelt« sein soll, je nachdem man zu einer Kaste gehört. Gehörte man zu dem Kreise der Akademiker – wie beispielsweise mein Mann –, so setzte dies »selbstverständlich« eine ganz bestimmte Denk- und Urteilsweise in allen Fragen menschlichen Wesens und menschlicher Beziehungen voraus. Man war vor allem nationalistisch-militaristisch nach außen und reaktionär nach innen. Wer sich dieser »Selbstverständlichkeit« nicht fügte, wie wir, war *outcast.*

11.3.45. Sechs Jahre! Sechs volle Jahre waren es gestern, als wir unserem Sohn auf dem nächtlichen Bahnhof »Lebewohl« sagten und ihn nach »Engelland« fahren ließen. Welche Fülle von Leiden, welches Unmaß Angst hängt als Gewicht an jedem Glied dieser Kette von Jahren! Sechzehneinhalb war der Junge damals! Nun ist er bald 23, also ein Mann. Wie wird er *uns*, wie werden wir *ihn* wiederfinden? Werden sich – nach dieser langen, langen Zeit – unsere Gedanken wieder auf halbem Wege begegnen, wie einst? Werden wir noch immer so innig verbunden sein? Wird unsere Art zu denken und zu werten noch lebendig sein in ihm, oder wird er als Fremder, als gänzlich Verwandelter zurückkehren? Wird ihn der Krieg beim Heimwärtseilen schnell noch erschlagen? *Wenn* er kommt – das fühle ich – dann wird er *so* kommen, wie er uns vor 6 Jahren verlassen hat. Natürlich ist er älter, reifer. Manche seiner Eigentümlichkeiten wird eine Variation erfahren haben, die ich noch nicht kenne. Aber im Grunde wird er derselbe geblieben sein: logisch denkend, anständig – – – gerecht!

Ob *ich* das Wiedersehen erlebe? Das ist noch viel fraglicher, als ob der Krieg in seinen letzten fürchterlichen Minuten nicht noch meinen Sohn verschlingt.

13.3.45. Ich hörte, Dr. B. sei durch einen Tief-Flieger ums Leben gekommen. Das ist erschütternd, denn er war nicht nur ein ausgezeichneter Arzt, ein »menschlicher« Arzt, er war auch ein heftiger Gegner unserer deutschen Menschheitsbeglücker.

Man fragt sich: *muss* es sein, dass feindliche Flieger Passanten und kleine Fahrzeuge auf der Straße beschießen? Ich glaube: dies müsste nicht sein, und das ist etwas, das es uns schwer machen wird zu beweisen, dass Grausamkeit *nur* auf deutscher Seite geübt worden sei.

Abends. Was ich mir wünsche? Nachts wieder ausgezogen und ohne Angst in mein Bett sinken zu dürfen, bei den Mahlzeiten ruhig sitzen bleiben und mich satt essen zu können. Außerdem möchte ich mir einen Kamm kaufen und mich auf der Landstraße ohne Angst vor Beschießung aus Flugzeugen bewegen können, … Ferner …

Fliegeralarm! Bombeneinschläge!

20.3.45. Sich zu Tode hetzen, um am Leben zu bleiben: Was für ein törichtes Benehmen! Das jedoch ist augenblicklich unser Los. Man gräbt und wühlt und rackert sich ab während der Alarmpausen. Diese Pausen sind jedoch so kurz und so selten, dass es unmöglich ist, etwa ein Bad zu nehmen oder BBC in Ruhe abzuhören. »Viel schlafen! Das Wenige in Ruhe essen: damit sparst du Kalorien!« Das ist der Rat in Zeitungen und im Rundfunk. Man könnte denken, die Burschen veräppeln einen, sie machen noch grausame Scherze mit unserer Not. Das Essen – sofern man was hat – muss man hinunterschlingen, »schlafen« – sofern die »Luftlage« ein Sich-Niederlegen überhaupt gestattet – tut man in Kleidern und höchstens mit einem halben Auge. Die *Ohren* dürfen ohnedies nie mitschlafen. Man muss sie steifhalten, sonst hört man das Nahen von Flugzeugen nicht. Unser ganzes Warnsystem ist ja völlig aus den Fugen. Kein Verlass mehr drauf. Vorgestern Nacht beispielsweise. Kein Alarm zu gewohnter Zeit! (Zwischen 19einhalb und 21 Uhr) Das konnte man nicht fassen. Wir blieben auf, es war ja undenkbar, dass kein Luftbesuch kommen wird. Schließlich um Mitternacht legten wir uns nieder. In voller Ausrüstung, natürlich: Skistiefel, dicke Kleidung, den prallen Rucksack neben dem Bett. Um zweieinhalb Uhr wachte ich auf. Ein Blick auf die Uhr! Ah! Sicher ist für diese Nacht die Gefahr vorüber! Raus aus den Kleidern also – wohlig ausgestreckt im Bett! Da! Fünf Minuten später. Vollalarm! Raus aus den Federn, hinein in die »Rüstung«, Fenster lösen! Türen öffnen! Rucksack auf! Koffer in die Hand! Hinaus in die stockdunkle Nacht, meinen nachtblinden Gatten dicht hinter mir in Tuchfühlung, Rennen in den Stollen! Schon hört man das aufregende Brummen und Brausen ganz nah! Der Radio meldet: Rückflüge aus Nürnberg! Aber … wie oft haben diese Rückkehrer noch »ein bisschen was« für »unterwegs« zurückbehalten und es als Gruß gelegentlich abgeworfen. Dreieinhalb Uhr! Dankbare Rückkehr ins Häusle. Blitzartig wieder raus aus den Kleidern, hinein ins mollige Bett! Nun wird für dieses

Nachtrestchen keine Überraschung mehr auf uns warten! Da – – – es brummt schon wieder – – – brummt – – – brummt – – Kein Zweifel: Feindflieger! Meinetwegen! Ich ziehe die Decke über's Ohr, komme, was kommen mag! Aber – – – es brummt und brummt, kreist, kommt immer tiefer, tiefer. Nächstens wird es mein Dach noch mitnehmen! Raus also! Ich rufe meinen Mann! Die Jungen unten im Haus stürzen ebenfalls aus ihrer Stube! In den Keller, alle! Stollen ist unmöglich! Das Flugzeug ist über uns. Zitternd vor Angst und Kälte, den Mantel über das Nachthemd gestreift, schreckensbleich, lautlos stehen wir vier Menschen da und warten auf unser Ende, horchen, horchen. Es scheint ein einzelnes Flugzeug zu sein! Endlich muss es doch weiterfliegen! Aber mit konstanter Bosheit kreist und kreist es wohl zwanzig Minuten über unserer Siedlung. Endlich! Es ist fünf Uhr. Bis acht Uhr wird man sich nun um nichts mehr kümmern! Schlafen! Nur schlafen!

Da! Alarm! Ein Blick auf die Uhr: sechs Uhr!

So ist augenblicklich »unser Los auf Erden«. Und bei all dem ist man erfüllt von heißer Dankbarkeit, wenn man wieder zu *seiner* Haustüre hineingehen darf, »heim« kommen, auch wenn dieses »Heim« Sprünge und Risse und kein Dach und anstelle von Fenstern Bretter hat.

21.3.45. Aus der Zeitung:

> »Wir müssen auch weiterhin standhalten, bis der Führer den richtigen Augenblick für den Gegenschlag gekommen hält ... Die entscheidende Schlacht wird von unserer Initiative bestimmt werden ...«

(Nichts bleibt diesen Scharlatanen als ihr Großmaul! Dies aber reißen sie auf bis zuletzt!)

22.3.45. Man wird nervös hier. Sogar unser Herr Apotheker! Was werden die Amerikaner tun? Werden sie übersetzen über den Rhein und gleich bei uns sein? Werden wir Kriegsschauplatz werden? Soll man oder *muss* man fliehen? Wohin fliehen? Wird die Frau Apotheker auf der Landstraße gebären müssen?

Was für Überlegungen mit einem Mal, wo der Herr Apotheker doch vorgestern noch triumphierte darüber, dass wir nun eine V-Waffe haben, mit der wir nach New York hinüber pfeffern können!

27.3.45. Wie das Gesicht der Welt sich wandelt: die Amerikaner bei Karlsruhe über den Rhein! Panzer in Heidelberg! In Bretten! Augenblicklich in ... Heilbronn. Kann man das glauben? *Darf* man es glauben? Man hört nichts, sieht nichts, dichter Nebel schließt Fliegerbesuch aus. Ein Ruhetag also nach den vorausgegangenen Strapazen? Dem nervösen Horchen auf Flugzeuggeräusch! Kein Papier durfte rascheln. Kein Wasserhahn laufen! Keine Nase laut geschnäuzt werden! Horchen! Horchen!

Nein, man *will* nicht ausruhen! Sich nicht gehen lassen! *Warten* will man! Mit ganzer Inbrunst warten auf die Erlösung. *Wie* wird sie für unsere Stadt kommen? Unter Kanonen- und Bombendonner und nach vorausgegangener fürchterlicher Not und Angst? Oder -- wird man eines Morgens erwachen und erfahren, dass das Sternenbanner und der Union Jack und die Trikolore ...?

Aber *dass* das Ende in Sicht ist, beweisen die »Verwandlungskünstler«. Wie viel Anti-Nazis wir haben! Das ist fabelhaft! *Nie* haben sie gejubelt bei deutschen Siegen! *Nie* die Judenverfolgung gebilligt! Nie dem »Anstreicher aus Braunau« getraut! Stets waren sie gegen die Eroberungssucht! Immer haben sie sich empört über die Art, einfach einen Krieg zu provozieren! *Wie* haben sie sich aufgeregt über die Versklavung von Fremdarbeitern! Stets hat man das Ende mit Schrecken vorausgesagt ... usf. usf.

Ach ja! *Das* ist der deutsche Mensch. Er zeigt sich heute genau wieder so, wie er sich 1933 gezeigt hat: würdelos, charakterlos, unehrlich, unterwürfig, hündisch! Oder nennt man das … »anpassungsfähig«?

29.3.45. *Zeitungsblüten:*

> »Wenig Gepäck in diesem Endstadium des großen Ringens ist dienlicher als unser ganzer zivilisatorischer Ballast« …

Weiter:

> »Es gibt kategorische Imperative, die nur für begrenzte Zeit gelten, und die nur einen Zwischenakt lang dauern, etwa der Ruf: ›Ohne Gepäck, Marsch!‹ *Bewiesenermaßen* hört das großdeutsche Volk, wann immer es sein muss, auf diese Parole, aber es weiß zugleich, dass sie nur der Ruf für den Schwimmer ist, der am andern Ufer wieder aufbauen wird, was er an diesem im Stich lassen musste …«

(Ja: »bewiesenermaßen« gibt es für Deutsche nichts Höheres, als »sich Ausrichten« können nach einer Parole! *Wie* wird es *diese* Parole deuten? »Am andern Ufer« das nationalsozialistische »Gedankengut« wieder aufbauen, das es jetzt »im Stiche lassen muss«? Man wird sehr aufmerksam oder wachsam sein müssen. Die »Krankheit« ist noch nicht überwunden, selbst nicht durch die Kur dieses Krieges.)

Osterfest 1945. Die Zeitung schreibt pathetisch von »den Stunden der Entscheidung«. Wie werden sie für uns vorübergehen? Der offizielle Befehl lautet: Verteidigung jedes Backsteins! Weg mit der Zivilbevölkerung! Vernichtung alles dessen, was etwa der Zerstörung durch Kriegshandlung entgehen sollte! Alle Lebensmittel! Alle Maschinen! Alle Bücher! Alle Brücken! Alle

Bäckereien! Alle Schlächtereien! Gaswerk! Elektrizitätswerk! Wasserversorgung: alles soll in die Luft gesprengt werden! Panzerfallen, Panzersperren werden errichtet. Nun erhebt sich die bange, bange Frage: Werden sich Männer und Frauen finden, die diese Wahnsinnsbefehle ausführen? Alles, was man gerüchteweise hört, scheint das Gegenteil anzukündigen. Jeder sagt: »Ich bleibe, und wenn ich die, die mich wegtreiben wollen, mit der Axt ›wegräumen‹ muss.« Die umliegenden Dörfer haben sich geschlossen zur Wehr gegen diese SS-Befehle gesetzt.

Mein Mann wurde gestern wieder vor den Volkssturm zitiert. Schreibarbeit soll er wenigstens machen, wenn er auch nicht ausrücken könne. Das Problem, wie wir die beiden Männer vollends vor dem Zugriff des »Volkssturm« bewahren, wird akut.

Wie vielfältig sind die Sorgen! Gestern habe ich Lebensmittel versteckt – ein bisschen nur und doch: ein Reichtum. Jetzt muss ich zusammenpacken, was wir etwa bei Evakuierungszwang mitnehmen sollten. Wir haben in diesem Fall noch immer die Absicht, nur zum Schein wegzugehen und uns auf Umwegen zum eigenen Haus zurückzuschleichen.

Wie wird Cläre in England am Radio hängen und zitternd horchen, bis sie endlich erfährt, dass unsere Stadt vom Kriege überrollt ist.

Geheimbefehl: Wer nicht kämpft, wird erschossen!

Schnell, schnell muss der Vormarsch gehen! Sonst …

Ostermontag. Die ganze Nacht »gehorcht«. Schießen, dumpf und schwer, wie fernes Donnergrollen. Leider immer noch *zu* fern.

Der Kamin im Nachbarhaus raucht, der Wind weht verkohlte Papierfetzen durch die Luft. Der Herr Apotheker verbrennt, was ihn belasten könnte.

Unser Nachbar gegenüber hackt und gräbt in seinem Garten und pafft dazu seine kurze Pfeife und sieht in seinen mächtigen Rohrstiefeln aus wie ein böser Zwerg. Er ist abergläubisch. Er glaubt ernsthaft an Geister und andere »feindliche Mächte«. Er macht kein Testament, weil er glaubt, er müsse dann sterben. Und er tut, als habe er keine Angst, wenn die Bomben niederdröhnen, weil er glaubt, dass er dann gefeit ist gegen ihre vernichtende Wirkung. Er steckt voll merkwürdiger Ideen und sieht die Welt erfüllt von Teufeln. Nur die uns so nahen Teufel, die Nazis, hat er nie erkannt.

Ein anderer Nachbar, überzeugter, glühender Nationalsozialist, ein »Edel-Nationalsozialist«, schleicht als gebrochener Mann am Haus vorbei. »Alles ist zusammengebrochen, alles«, klagt er. »Ich habe in einem großen Irrtum gelebt! Wir sind betrogen! Betrogen!«

»*Mich* kann ich umbringen. Und tue es gerne. Aber meine beiden Enkel? Womit? Wie? Mit Gas? Wir haben keines im Haus. Wir haben keine Schusswaffe … kein Gift …«

3.4.45. Ludowikens Mann ist verschwunden. Wohin ist er geflohen?

Der »Volkssturm« fragt nach ihm. Ich weiß von nichts, Ludowike ist auch verschwunden. Gott sei den beiden gnädig.

Geschützdonner, Flieger, Tiefflieger!

Ein fremder Mann bringt einen Zettel von Ludowike. Sie sei »irgendwo« in Sicherheit, schreibt sie. »Ich habe keine Lust, in den letzten Stunden durch Gestapo oder Volkssturmrache aufgeknüpft zu werden, noch mich von den einrückenden Soldaten vergewaltigen zu lassen.« Sie ermahnt uns, auf uns achtzugeben. Wenn alles vorüber ist und man wieder einigermaßen sicher ist, werde ich wieder auftauchen …

Solange: »Gott mit Euch, liebe Eltern!«

3.4.45. Nun ist der Vorhang zerrissen: man *soll* fort, aber man *muss* nicht. Wer hier bleibt, trägt die Verantwortung dafür selbst. Es wird kein Wasser geben, kein Licht, Bäckereien und Fleischereien werden zerstört werden, es wird keine Milch geben, Lebensmittelgeschäfte werden in die Luft gesprengt werden. Die neue V-Waffe werde eingesetzt werden und werde die Zurückgebliebenen mitsamt den Feinden vernichten. Kinder von 12 Jahren ab werden mit der Hitlerjugend weggeschafft. Sie dürfen weder mit den Eltern fliehen noch mit ihnen zurückbleiben. Alle Männer vom Jahre 1884 ab müssen mit dem Volkssturm weg …

So weit eine offizielle Bekanntgabe in unserem Bunker.

Mittlerweile hört man das Donnern der Geschütze näher und näher kommen. Flugzeuge laden während des ganzen Tages Bombenlasten ab. Trotz allem, was die nächsten Tage an Angst und Not auch bringen mögen: ich fühle etwas wie Feierlichkeit durch mein Herz ziehen. Bald, bald werden wir das »tausendjährige Reich« hinter uns gelassen haben. Wie mögen meine fernen Kinder um unser Schicksal zittern!

Ludowikens Mann scheint nach R. gekommen zu sein. Er halte sich in einer kl. Höhle im Wald verborgen, ließ er uns mitteilen.

3.4.45. Detonationen! Sprengungen! Aber kein feindlicher Luftbesuch bis zum Abend. Auch kein Artillerie-Dröhnen. Erst gegen Abend setzte beides ein. Am frühesten Morgen deutsche Radio-Nachricht: »Alle Waren sind ab sofort ohne Marken abzugeben!« Sturm auf die Geschäfte! Mord und Totschlag! Der Neid feiert Orgien. Banken werden gestürmt. Jeder will so viel als irgend möglich von dem »guten deutschen Geld« bar in der Tasche haben. Ich zahlte Geld ein. Was soll ich damit? Die Leute sehen mich an, als sei ich dem Irrenhaus entsprungen. Immerhin: sie dankten Gott, dass er granitene Dummköpfe, wie ich offenbar bin, wachsen ließ. Mein Mann und ich entschlossen, alles, was kommen mag, hier durchzustehen.

Alles, was kommt! Was wird kommen?

4.4.45. Wir haben schlafen dürfen. Wir haben nun wieder Kraft für das, was heute durchlitten werden muss! Bis drei Uhr in der Nacht habe ich den Radio eingeschaltet gehabt, um bei der ersten Meldung über sich nähernde Flugzeuge meinen Mann zu alarmieren. Gestern wurde er zum Volkssturm befohlen. Er ging nicht. Ich sagte, er sei krank. Um Mitternacht höre ich schwere Schritte unten am Fenster vorbeistampfen. Vermutlich abrückende Volkssturm-Männer.

5.4.45. Wieder ein Tag hinab. Kann man diese Spannung noch ertragen? Drüben am Waldrand liegen Soldaten, sie warten auf ihre Gefangennahme.

Russinnen waren heute bei mir. Sie bettelten [um] Kartoffeln. Kann man Hungrigen Hilfe versagen, auch wenn man selbst Mangel hat?

6.4.45. Wir warten. Qual. Viele warten. Die armen Tiroler Soldaten, die drüben am Waldrand die Amerikaner erwarten und ganz privat für sich den Krieg beendigen wollten, sehe ich heute nicht mehr. Es hat zu lange gedauert für sie. Für viele dauert es zu lange. Eine Bekannte flüsterte mir heute mit angstvoll aufgerissenen Augen zu: »Kommen ›sie‹ heute?«

»Ich fürchte ›nein‹.«

»Dann muss mein Mann noch fort. Dass Gott erbarm!«

»Verstecken Sie ihn! Er soll verschwinden …«

»Sie werden ihn zu finden wissen …« Mutlos ging die Frau weg. In meinem Leben werde ich den Gesichtsausdruck dieser Frau nicht vergessen.

Aber mein Nachbar zur Rechten »freut« sich wieder. »Ein Vakuum wird geschaffen«, jubilierte er. »Ganz Frankreich, Belgien, Holland werden vernichtet. Die alliierten Truppen vor diesem Vakuum sind dann abgeschnitten. Alles zugedreht! Großartig! Einfach genial, dieser Plan!«

6.4.45. (Nachts) Knapp 30 Kilometer vor unserer Stadt stehen amerikanische und französische Truppen. Seltsam, dass ich mich da noch zu Bett lege. In den Kleidern allerdings. Was werden die nächsten Tage bringen? Werden wir sie überleben?

Heute sind Freunde dagewesen. Viel besprochen über Zukunft und notwendige Arbeit.

7.4.45. Ein unerträglicher Zustand! Wie viele, die sich verborgen haben, können sich nicht mehr halten. Es dauert zu lang, viel zu lang. Ich weiß: nur noch wenige Tage, und alles liegt hinter uns. Aber ich weiß gar nichts über die Schrecken, die Angst, die Qual, die diese wenigen Tage in sich begreifen.

Ich habe einen feierlichen Choral auf unserem herrlichen Flügel gespielt. Ist es das letzte Mal, dass seine reinen Klänge meine Seele erquickt haben?

Mittags. Ich setze mich faul in meine Stube. Zwar hatte ich viel zu werken. Aber – – – wer bürgt mir dafür, dass ich morgen oder übermorgen auch noch eine Stube habe? Dass nicht alles zusammengeschossen, zerbombt einen der vielen, vielen Trümmerhaufen bildet?

Die meisten Nazis haben nun Angst und wedeln wie geprügelte Hunde. Was für begehrte Nachbarn sind wir plötzlich geworden! Aber es gibt noch immer Fanatiker. Sie wollen aus den Fenstern auf die einrückenden Truppen schießen und wollen die, die dies nicht beabsichtigen, anzeigen. Ein Glück, dass die Parteistellen, die bis jetzt derartige Denunziationen entgegennahmen, offenbar bereits getürmt sind.

Eine unheimliche Stille draußen. Stille vor dem Sturm? Fast kein Alarm. Auch fast kein Schießen an der Front. Was bedeutet das? Gutes? Schlimmes? Das Allerschlimmste? Noch immer ist der Volkssturm nicht abgerückt zur Front.

Man hat viel Angst, denn – so hört man – nicht die Amerikaner werden unsere Stadt besetzen, sondern die Franzosen mit viel mehr Grund zu Rachegefühlen.

Die Leute vergraben Juwelen und Silber.

8.4.45. Kartoffelland bearbeitet. Viel Alarm und Schrecken. Ludowike und ihr Mann sind gestern Abend heimlich geschwind bei uns aufgetaucht. Sie wollen heute ebenso heimlich wieder verschwinden. Hoffentlich gelingt es.

9.4.45. Dem Kriegsende so nahe, und doch steht alles noch in Frage: Leben, Hab und Gut. Beides ist von zwei Seiten bedroht, von »Freund« und »Feind«. Der »Freund« bedroht es, weil wir nicht »feindlich genug sind« den »Feinden« gegenüber, die in Wirklichkeit unsere »Freunde« sind.

Man hört wieder Artillerie.

10.4.45. Ein wunderbarer, wunderbarer Frühlingstag. Wenig Alarm, aber – – – das erste Artilleriegeschoss sauste in die Stadt, Ludowike kam geschwind angeradelt. Sie wollte sehen, wie es uns gehe. Sie ist wieder fort. Ich bin in Sorge, ich hätte sie nicht gehen lassen sollen. Alles ist so unsicher. Ich bin so todtraurig und voller Sorgen und Kummer heute Abend.

11.4.45. Eine bange Nacht. Artillerie. Der Nacht folgte ein Tag – vollkommen schön, warm, strahlend, die Luft erfüllt mit Blütenduft und – Flugzeug-Gebrumme. Das Artilleriefeuer steigert sich. Es ist mir angst auf die Nacht. Wie lange noch? Alles, was man tut, ist ohne Hoffnung. Vielleicht ist mein Lebenslichtlein in der nächsten Minute schon ausgeblasen.

Nachts. Werden wir, werde ich wieder einmal teilnehmen dürfen an dem bunten, ach so schönen Leben! Einem Leben ohne – Krieg und Diktatur. Meine fernen Kinder wieder in die

Arme schließen? Wie wird die Nacht werden? Schon steigert sich Geschütz- und Bombendonner. Schrecklich.

Gedicht, abgedruckt in der heutigen Zeitung:

»Und dennoch …«
Und dennoch – dennoch wirst du siegen,
Du heißgeliebtes deutsches Land!
Denn deine Heere lenkt der Führer,
der uns wahrhaft von Gott gesandt …
usf. usf.

12.4.45. Ich möchte, – – – ach, was möchte ich doch? Ich möchte morgen früh erwachen und weit ausgebreitet wichtige Arbeit vor mir sehen und Zeit dazu haben, ans Werk zu gehen. Ohne Angst vor Bomben und Narren. Die letzteren sind noch gefährlicher. Die machen sich wieder mausig, denn es geht viel zu langsam. So sagte soeben unser »Herr Sonderrichter« (derjenige, der in Warschau war und seit längerer Zeit wieder hier bei uns seine gesegnete Tätigkeit ausübt): »Pfui! Pfui!« zu einem wackeren Mann, der den Königsberger General verteidigte, weil er kapituliert hat.

13.4.45. Roosevelt tot! Diese Botschaft wühlt mich im Innersten auf. Aber es ist nicht eigentlich Gram, was mich bewegt, es ist Trauer, abgrundtiefe Trauer. Gram hätte mich dann gemartert, wenn dieser große Mensch hinweggerafft worden wäre, *ehe* er seine weltrettende Mission hätte vollbringen können. Sein Tod ändert heute nichts mehr, Roosevelt hat sein Werk im Wesentlichen schaffen dürfen. Um Deutschland willen hätte er wohl noch länger leben sollen, obwohl dieses heutige Deutschland ein längeres Wirken dieses edlen Menschen in der Tat nicht verdient. Es gibt so viele, die heute triumphieren und sich von dem Ableben Roosevelt Gewinn versprechen für die »deutsche

Sache«. Was für Narren! Ich weiß nichts über Präsident Trumans Menschlichkeit und Großmut. Aber ich weiß: der Verblichene würde Deutschlands unausbleibliche Nachkriegsnot nach Möglichkeit gelindert haben, sobald unser verirrtes Volk zu den wirklichen Idealen der Menschheit zurückgefunden haben würde.

13. April 1945.

»Wichtige Bekanntmachung des Reichsverteidigungs-Kommissars«.
»... Ebenso wird mit dem Tode bestraft, wer eine weiße Fahne zeigt. Die Familie der Schuldigen hat außerdem noch drakonische Strafen zu erwarten« ... usf. usf.

Unsere Nachbarn rundum vergraben ihre Kostbarkeiten, verbrennen Hitler-Bilder, Partei-Korrespondenzen, Uniformen aller Art. Was ich mit meinen Gartengeräten mache? Ob ich glaube, dass Hacke und Spaten als »Waffen« gelten und die Besitzer von den einrückenden Amerikanern deshalb erschossen werden?, wurde ich heute gefragt.

Schlagzeilen aus der Zeitung:

»Niemals im Leben dem Feinde sich beugen!«
»Frauen! Stark bleiben!«
»Verflucht sei, was schwach macht!«
»Standhaftigkeit das Gebot der Stunde« u. a. m.
»Tod den Verrätern!«
»Mit männlichem Mut der Gefahr begegnen!«
»Jetzt noch einmal alle Kräfte zusammenreißen«
»Uns trägt der Glaube an den Führer«

Und so fort – und so fort.

17.4.45. Tage voll atemberaubender Spannung. Wird man in zwei, in drei, oder in vier Tagen noch leben? Die ganze Nacht böllerte Artillerie, zwischendurch oder dazuhin Alarm, Sitzung im kalten, nassen, windigen Stollen.

Bekannte, die uns vor wenigen Monaten erklärten, *falls* wir den Krieg verlieren würden, würden sie freiwillig aus dem Leben scheiden, sind nun schon in Feindeshand. Ich bin überzeugt, sie haben ein Weiterleben unter der »Knute« der Amerikaner der Begegnung mit Gott im Jenseits vorgezogen.

Gestern Nacht im Stollen beklagten sich die Frauen über die deutsche Soldaten-Einquartierung: sie demolieren alles, seien brutal und sagen, in wenigen Tagen sei ja doch alles kaputt.

17.4.45. Wieder ein Tag hinab! Nichts ist geschehen als das Übliche: Alarm, Artillerie, Angst. Heute Abend meldete der engl.-amerikan. Radio: in unserer Stadt hätten Anti-Nazi gemeinsam mit franz. Kriegsgefangenen die Verwaltung übernommen. Sollte das wahr sein?

20.4.45. Es ist alles so unwahrscheinlich. Blauester Frühlingshimmel, Flugzeug-Brausen, Artillerieschießen rund um die Stadt. Ich trotzdem in glückvoller, erwartungserfüllter Stimmung im Liegestuhl auf unserem Balkon. Ich habe mir unsere letzten Kriegstage – denn diese durchlebe ich jetzt zweifellos – völlig anders vorgestellt. Furioso, Entsetzen! Und nun liege ich in einer fast festtäglich-feierlichen Stimmung auf dem Balkon! Merkwürdige Welt!

Seit gestern schlafen wir im Keller. Gefahr des Artilleriebeschusses.

Die Soldaten drüben am Waldrand (österreichische Gebirgsjäger) hauen ab. Jeder auf eigene Faust. Sie wollen Zivil-Kleider. Als Erbschaft hinterließen sie ein Fass Sauerkraut. Willkommene Gabe! Sie hofften auf Gefangennahme. Arme Kerle.

20.4.45. Aus der Zeitung: »Ein standhaft Herz. In diesen Stunden wurde der Großraum unserer Stadt durch die Operationen der feindlichen Verbände im Wesentlichen umschlossen … In dem Augenblick, in dem der Feind die Gauhauptstadt besetzt hat, wird auch unsere Zeitung in einem anderen Raum des Gaues erscheinen …«

Ich aber weihe Dir folgenden Nachruf:

»Während zwölf langer banger Jahre
hast du Schandblatt, Du aufgeblasenes Ungetüm,
Du Lügenmühle ohne Konkurrenz,
Du Sprachrohr scheußlichster Drohungen,
Du schmählichste Vertreterin deutschen Wesens,
deutschen Stils und deutscher Orthographie,
Du unerträgliches Großmaul,
Du Organ zur Verkündung gefährlichster After-Ideale,
Du verkehrt angesetzter ›Nürnberger Trichter‹,
Du Betäubungsspritze! Du ›Blutegel‹ angeheftet an die
Börse der Bevölkerung – – –
ein voll Jahrdutzend hast du Dein gräulich Unwesen
unwidersprochen und ungestraft treiben dürfen!
Schwärzer als Druckerschwärze war Dein Ungeist!
So fahre endlich dahin!«

22.4.45. Nun ist es geschehen. Erstarrt, benommen, noch nicht fähig, das unerhörte Erleben, die Fülle des Glückes ganz zu fassen, will ich doch versuchen, die Ereignisse kurz aufzuzeichnen.

Am 20., spät abends nach den englischen 8-Uhr-Nachrichten schlenderten mein Mann und ich noch hinüber in den Wald, ein paar Schritte ins Maiengrün hinein, und auch um nachzuschauen, ob die »Panzer-Sperren« wohl schon geschlossen seien, und ob man daraus vielleicht Hoffnung schöpfen könnte, dass der Krieg mit all seinem Grausen nun vielleicht doch ganz bald über uns hinwegstürmen werde.

Da: Schüsse! Maschinengewehrfeuer! Ganz nah! Jemand lachte mich aus, dem ich zurief: »So hören Sie doch!« Mein Mann und ich durchquerten das schmale Waldstück bis zur Straße. Da sauste ein voll beladener Lastwagen mit Militär in rasender Fahrt an uns vorbei. Eine Frau, die mit einem Kind auch spazieren ging, erzählte uns, dass die Soldaten ihr zugerufen hätten: »Heim! So schnell wie möglich Deckung suchen!«

So rannten auch wir heimwärts, Herzklopfen bis zum Hals. Das Gewehrknattern ging weiter. Ein Mann mit Rucksack begegnete uns, verstörten Blickes. »Sie stehen vor dem Dorf! Marsch, heim!« flüsterte er. SSS! FFF! Die erste Granate pfiff über uns hinweg. Schnell, schnell: Alles gerichtet für eine lange Nacht im Stollen! Bücher in den Keller geschleppt, Noten, Kleider, um sie vor Artilleriebeschuss zu retten. SSS! FFF! Dieser ungemütliche Pfeifton reißt den wacker-gläubigen Apotheker aus seinen Sieges-Träumen. Er rannte in den Stollen, vergaß Frau und Säugling! *Sauve qui peut!*

Gut verproviantiert huschten auch wir gegen elf Uhr nachts in den Stollen, in den *shelter for civil population*, wie er nun auf dem eine Stunde zuvor angebrachten Plakat hieß.

Qualvolle Stunden! Schießen! Aufgeregte Menschen, alle zitternd vor Angst um das bisschen Obdach und Leben! Wie wird alles vorbeigehen? Von Zeit zu Zeit wagten wir uns heraus, einmal sogar beschlossen wir, den Rest der Nacht in unserem Haus zu verbringen, denn wir froren entsetzlich. Kaum jedoch waren wir ungeachtet des Schießens und der Feuersäule rundum und des Aufblitzens der Abschussstellen heimgekeucht, als eine fürchterliche Detonation unser Häusle in seinen Grundfesten erschütterte. Entsetzt sprangen wir auf und wieder in Richtung Stollen. Bei Tagesanbruch eilten wir rasch wieder heraus. Gottlob: Das Häusle stand noch. Schnell Feuer gemacht! Tee gekocht! (Gas und Strom gab's nicht) Eilends gefrühstückt und – wieder in den Stollen. Am Vormittag rasch zurück ins Haus. Jemand rief mir zu: »Hören Sie? So hören Sie doch!« Ich blickte mich um. Am Waldrand stand ein junges Mädchen, das bislang von fürchterlicher Angst verzerrte Gesicht war wie verklärt. »Das sind Panzer! Die feindlichen Panzer! Sie rollen drüben auf der Straße stadtwärts! Alle Qual hat ein Ende!«, jauchzte sie mit ihrer Botschaft und rannte zurück in den Stollen.

Feuer geschürt! Kartoffeln aufgesetzt! Rasch zurück in den Stollen! Unser liebenswürdiger Stollenkommandant fauchte uns Stollen-Insassen an: »Was treibt ihr Euch da unten herum? Raus! Alles raus! Frauen haben Putzeimer zu holen, den Stollen zu putzen, statt da faul herumzulungern! Was haben Sie hier eine Bank wegzunehmen? (Das galt mir, denn ich hatte eine der überzähligen Bänke neben die unsere geschoben, um ein wenig liegen zu können.) Die Bänke bleiben stehen, verstanden! Raus!«, brüllte er.

»Aber es schießt doch draußen?«, wagte jemand einzuwenden.

»Wenn was schießt, dann ist es *unsere* Artillerie, deutsche Artillerie, verstanden?«

»Dann wird die feindliche Artillerie vielmals so frei sein und *auch* schießen«, rief ich erbost. »Im Übrigen ist der Stollen für uns da und nicht wir für den Stollen und seinen Kommandanten! Der unverschämte Kommisston von all den kleinen Gernegroßen hört nun auf! Endgültig, hoffentlich!«

Jemand kam in den Stollen und rief: »Gebt Zivilkleider für die versprengten deutschen Soldaten drüben im Wald! Sie wollen doch heim! Nicht in Gefangenschaft! Gebt!«

»Sie sollen ihre Waffen ablegen und in unserem Stollen Sicherheit und Deckung suchen vor dem Beschuss«, rief ich. Aber sie kamen nicht.

Offenbar ließen sie Pferde, Bagage, vollbeladene Wagen, Autos, Motorräder im Stich und versteckten sich im Wald. Das war unser Glück, denn wenn sie auch nur *einen* Schuss abgegeben hätten, wäre der ganze Waldrand mitsamt der sich an ihn schmiegenden Siedlung zugedeckt worden mit Artilleriefeuer. Kein Stein wäre auf dem andern geblieben.

Dieser ist eine traurige Mitteilung einzufügen: als die Soldaten sich am Abend zurückschlichen zu ihren verlassenen Sachen, hatte inzwischen die »ehrliche« Zivilbevölkerung *alles* heimgeholt. Pferde und Wagen, sich die privaten Tornister ausgepackt und herausgenommen, was ihnen wertvoll erschienen war. Übrig geblieben sind – inmitten der Maschinengewehre und der Munitionsberge – gerettete Liebesbriefe und Fotografien und – – zahllose Bände *Mein Kampf.* Ich habe einen Band *Mein Kampf* aufgelesen. Er steht nun in meiner Bücherei. Die Spenderinnen – eine »Jugendgruppe der NS-Frauenschaft« schrieb die Widmung hinein: »Des edlen Mannes wahre Feier ist die Tat.«

Auf die andere Seite schrieb ich:

> »Dieses Buch habe ich am 21. April 1945 im Wald inmitten Tausender im Stiche gelassener Patronen, Handgranaten, Gewehren, Seitengewehren, Maschinengewehren, Tornistern, Helmen, Wehrpässen usf. usf. – – – *gefunden.*«

Es beweist: »*König Ottokars Glück und Ende.*«

Und nun? Nun werde ich in den Garten gehen. Ich werde ein paar Narzissen schneiden. Ich werde mich an ihnen freuen. Ich werde die blaue Frühlingsluft in mich trinken – ganz ohne Angst, dass es aus ihrer Reinheit todbringende Geschosse regen könnte. Ich werde ein kleines Lied summen, und alles Menschenglück wird wieder mein sein. Und ich werde versuchen, meinen Schwur zu halten, nämlich: an der Gesundung meines Volkes von geistig-seelischer Erkrankung und an seiner Errettung aus namenloser materieller Not mitzuarbeiten, so viel Gott mir Kraft dazu geben wird.

Zu dieser Ausgabe

Die vorliegende Buchausgabe beruht auf dem Typoskript, das Anna Haag im Sommer 1945 erstellt hat. Darin hat sie Auszüge ihrer handschriftlichen Aufzeichnungen, die insgesamt 20 Hefte umfassen, für eine mögliche Publikation zusammengestellt. Der Text wurde unverändert übernommen, lediglich die Rechtschreibung und Zeichensetzung sowie die Schreibweise von Namen wurden behutsam modernisiert sowie gegebenenfalls korrigiert. Unterstreichungen werden *kursiv* wiedergegeben.

Der Reclam Verlag bedankt sich beim Stadtarchiv Stuttgart und dem Anna-Haag-Nachlass für die Erlaubnis, das dort aufbewahrte Exemplar des Typoskripts zu digitalisieren.

Anmerkungen

17,6 f. *Ach wie nichtig, ach wie flüchtig:* Kirchenkantate (BWV 26) von Johann Sebastian Bach (1685–1750), die auf dem Kirchenlied (1652) von Michael Franck (1609–1667) basiert.

17,29 *Himmelstoß:* Anspielung auf Erich Maria Remarque, *Im Westen nichts Neues (1928).* Unteroffizier Himmelstoß wird zum Soldatenschinder, nachdem dem ehemaligen Briefträger und körperlich benachteiligten Mann die Macht zu Kopf gestiegen ist.

18,12 *Franco:* Francisco Franco (1892–1975), von 1936 bis 1975 spanischer Diktator.

19,7 *Goebbels:* Anna Haags unterschiedliche Schreibweisen des Namens wurden für diese Ausgabe vereinheitlicht.

19,28 *Molotow:* Vjačeslav Michajlovič Molotov (1890–1986), von 1930 bis 1941 sowjetischer Regierungschef und von 1939 bis 1949 sowie 1953 bis 1956 sowjetischer Außenminister.

23,20 *Schweitzers:* Albert Schweitzer (1875–1965), deutsch-französischer Pazifist, Arzt, Philosoph und Theologe.

26,5 *Churchill:* Sir Winston Leonard Spencer-Churchill (1874–1965), britischer Premierminister während des Zweiten Weltkriegs.

27,2 *Lindley Fraser:* 1904–1963, Radiomoderator und Kommentator des deutschsprachigen Dienstes der britischen Rundfunkgesellschaft BBC.

28,25 *Roosevelt:* Franklin Delano Roosevelt (1882–1945), 32. Präsident der Vereinigten Staaten, gehörte der demokratischen Partei an.

35,26 f. *Wilkies:* Wendell Lewis Willkie (1892–1944), US-amerikanischer Jurist und republikanischer Gegenkandidat von Amtsinhaber Roosevelt bei der Präsidentschaftswahl im Jahr 1940.

38,28 f. *Bessarabiendeutschen:* deutsche Volksgruppe, die zwischen 1814 und 1940 in Bessarabien (heute: Republik Moldau und Ukraine) lebte; Bessarabien wurde im Sommer 1940 von der Sowjetunion militärisch besetzt. Ende 1940 folgten die meisten Bessarabiendeutschen dem Aufruf der Umsiedelung ins Deutsche Reich.

42,23 *Beromünster Sender:* Radio Beromünster, öffentlich-rechtlicher Schweizer Sender, der in weiten Teilen Europas empfangen werden konnte und deshalb zur wichtigen Informationsquelle während des Zweiten Weltkriegs wurde.

48,33 *Wavell:* Archibald Percival Wavell (1883–1950), Oberbefehlshaber der britischen Armee im Nahen Osten, Indien und Befehlshaber des US-amerikanisch-, Britisch-, Niederländisch-, Australischen Kommandos im südostasiatischen Raum während des Zweiten Weltkriegs.

49,3 *Grazianis:* Rodolfo Graziani (1882–1955), führender italienischer Militär während der Herrschaft des italienischen Faschismus. Zählt zu den Hauptverantwortlichen des Genozids in der Cyrenaika (1929–1934).

56,4 *Pétain:* Henri Philippe Benoni Omer Joseph Pétain (1856–1951), französischer Militär, Diplomat und Politiker; zwischen 1940 und 1944 Staatschef des Vichy-Regimes.
Darlan: Jean Louis Xavier François Darlan (1881–1942), französischer Admiral und Politiker während des Vichy-Regimes.

60,3 *Halifax:* Edward Frederick Lindley Wood, 1. Earl of Halifax (1881–1959), ab 1938 britischer Außenminister, seit Ende 1940 für die Dauer des Zweiten Weltkriegs Botschafter in Washington.

61,2 *Keren, Harrar:* Keren: zweitgrößte Stadt von Eritrea. Harar (auch Harrar): Stadt im Osten Äthiopiens.

61,15 f. *»Peter« ... jungen Serbenkönig:* Peter II. (1923–1970), letzter König in Jugoslawien und letzter regierender Nachkomme der Karađorđević-Dynastie.

61,22 *Tucholsky:* Kurt Tucholsky (1890–1935), Journalist, Schriftsteller und Autor u. a. von *Das Vaterland.*

64,30 *Neger:* Übliche Bezeichnung von People of Colour zur Zeit von Anna Haag. Sie schrieb zu diesem Thema am 22. Dezember 1940 den folgenden Absatz, strich ihn aber bei der Vorbereitung für eine etwaige Publikation direkt nach dem Krieg wieder heraus: »Ludowike und ich haben uns halb im Scherz, halb im bitterschmerzlichen Ernst ausgemalt, wie wir uns bei so sehnsüchtig gewünschten Auslandsreisen nach dem Kriege werden tarnen müssen: schwarz bemalt das Gesicht, Ring durch die Nase usf. Jede Rasse wird nach diesem Krieg höher geschätzt sein als die Angehörigen des deutschen Volkes.«

68,18 *Sefton Delmer:* Denis Sefton Delmer (1904–1979), britischer Journalist und Radiomoderator beim deutschen Dienst der BBC.

70,28 *Zulukaffer:* Kaffer, von arab. Kāfir ›Ungläubiger‹ abgeleiteter Name, den ursprünglich Muslime nichtmuslimischen Völkern gegeben hatten. Wurde unabhängig davon von den Christen später als Schimpfwort für südafrikanische Völker (*cafre* portugiesisch und spanisch für ›Barbar‹) verwendet.

73,28 *»Danziger Freiheit!« (ein Platz in unserer Stadt):* heute der Charlottenplatz in Stuttgart.

79,3 *Shaw:* Bernard Shaw (1856–1950), irischer Pazifist, Dramatiker und Musikkritiker.

82,1 *Häuser:* Gemeint sind die Häuser des Lebensborn e. V., eines staatlich geförderten und von der SS getragenen Vereins, der »arische« Kinder vor allem an Familien von SS-Angehörigen vermittelte. Der Verein Lebensborn trägt Mitverantwortung für die Verschleppung von Kindern aus besetzten Gebieten.

86,29 *Wilhelm II:* Friedrich Wilhelm Viktor Albert von Preußen (1859–1941), letzter Deutscher Kaiser und König von Preußen.

92,30 *Quislinge:* Jemand, der mit dem Feind kollaboriert, benannt nach dem Norweger Vidkun Quisling (1887–1945), der mit den Nazis kollaborierte.

93,22 f. *wargeln:* schwäbisch für ›rollen‹.

97,26 *Richard Crossman:* 1907–1974, britischer Autor und Politiker. Der Name Crossman wird von Anna Haag unterschiedlich geschrieben. Für diese Ausgabe wurde die Schreibweise vereinheitlicht.

104,2 *Fritzsche:* August Franz Anton Hans Fritzsche (1900–1953), Rundfunkjournalist, bekannt für die Sendung *Hier spricht Hans Fritzsche,* Funktionär im Reichsministerium für Volksaufklärung und Propaganda (RMVP).

109,3 *Richardson:* General Sir Charles Leslie Richardson (1908–1994), hochrangiger britischer Armeeoffizier.

109,19 *E. K. I:* Das Eiserne Kreuz 1. Klasse, ein militärischer Orden.

133,3 *(1939):* Im Typoskript stand irrtümlich 1933.

133,18 *Bartholomäusnacht:* Pogrom an französischen Protestanten in der Nacht vom 23. zum 24. August 1572.

136,30 *Grafeneck:* Gemeint ist die Tötungsanstalt Grafeneck im baden-württembergischen Landkreis Reutlingen.

158,16 *Brauchitsch:* Walther von Brauchitsch (1881–1948), deutscher Generalfeldmarschall, von 1938 bis 1941 Oberbefehlshaber des Heeres.

159,9 *Mölders:* Werner Mölders (1913–1941), hochdekorierter Offizier und Jagdflieger der deutschen Luftwaffe.
Udet: Ernst Udet (1896–1941), bekannter deutscher Jagdflieger im

Ersten Weltkrieg, stieg ab 1933 bei den Nationalsozialisten schnell die Karriereleiter hoch, als Generalluftzeugmeister war er ab 1939 im Reichsluftfahrtministerium verantwortlich für die technische Ausrüstung der Luftwaffe.

182,24 *Gsell:* Johann Silvio Gesell (1862–1930), deutsch-argentinischer Finanztheoretiker und Begründer der Freiwirtschaftslehre.

191,24 *Richardson:* Marius Goring (1912–1998), britischer Schauspieler, ab 1941 Supervisor der deutschsprachigen BBC-Sendungen, machte Sendungen unter dem Namen Charles Richardson, ab 1944 Mitglied des Geheimdienstes der SHAEF (Supreme Headquarters Allied Expeditionary Force).

217,32 *Plan »Suez-Kanal«:* Der Afrikafeldzug von italienischen und deutsch-italienischen Truppen vom 9. September 1940 bis 13. Mai 1943 wurde von den Briten zurückgeschlagen, die die Kontrolle über den Suezkanal behielten.

218,5 *Tobruk:* Die Belagerung von Tobruk unter dem Kommando von Erwin Rommel dauerte vom 11. April bis 27. November 1941.

219,7 *Darré:* Richard Walther Darré (1895–1953), Reichsminister für Ernährung und Landwirtschaft von 1933 bis 1942.

227,11 f. *Les Anglais font toujours de:* ›Die Engländer machen immer …‹; *Maintenant il faut travailler pour l'Europe:* ›Jetzt muss man für Europa arbeiten‹.

227,16 *Laval:* Pierre Etienne Laval (1883–1945), französischer Faschist, der im Gegensatz zu Staatschef Pétain forderte, mit dem nationalsozialistischen deutschen Reich zu kollaborieren.

262,1 f. *Lentement, messieurs, lentement:* ›Langsam, meine Herren, langsam‹.

267,25 f. *Keitel:* Wilhelm Bodewin Johann Gustav Keitel (1882–1946), ab 1940 Generalfeldmarschall und von 1938 bis 1945 Chef des Oberkommandos der Wehrmacht.

271,18 *Green:* Hugh Carleton Greene (1910–1987), britischer TV-Journalist und späterer Generaldirektor der BBC.

281,11 *Bäumers:* Gertrud Bäumer (1873–1954), deutsche Frauenrechtlerin und Politikerin, die anfangs gegen Hitler war.

291,11 *Die Studenten in München:* Hans und Sophie Scholl, Alexander Schmorell, Christoph Probst, Willi Graf sowie der Universitätsprofessor Kurt Huber leisteten gegen den Nationalsozialismus Widerstand und sind als »Weiße Rose« bis heute bekannt.

302,3 *Biserta:* eine Hafenstadt im Norden Tunesiens, etwa 57 Kilometer von Tunis entfernt.

314,20 f. *Messieurs, vous avez été ici avant moi!:* ›Meine Herren, Sie waren vor mir hier!‹

322,14 *Pucelle: La Pucelle d'Orléans* ist eine unvollendete Satire von Voltaire (1694–1778) aus dem Jahr 1730.

329,12 *Badoglio:* Pietro Badoglio (1871–1956), italienischer General.

338,12 *C'est la guerre...:* ›Das ist der Krieg...‹

340,15 *4 Klopftöne:* Der deutsche Dienst der BBC eröffnete die Sendungen stets mit vier Paukenschlägen.

346,19 f. *Die größte Industrie am Ort:* Gemeint ist der Automobilkonzern Daimler.

351,11 *Smuts:* Jan Christiaan Smuts (1870–1950), britischer Feldmarschall und jeweils von 1919 bis 1924 und 1939 bis 1948 Premierminister der Südafrikanischen Union.

357,15 *Roß:* Colin Ross (1885–1945), populärer österreichischer Reisejournalist.

360,23 *Theresienstadt:* Das KZ Theresienstadt wurde ab 1941 von den Nazis als Lager für tschechische Gefangene, später Gefangene aus ganz Europa genutzt. Die Tatsache, dass Anna Haag den Begriff ›Theresienstadt‹ ohne weitere Erläuterung verwendet, zeigt deutlich, dass der Bevölkerung durchaus bewusst war, dass es dieses Lager gab und für welchen Zweck es errichtet worden war.

361,14–19 *Ich bin ... Trübsinn:* Dieser Abschnitt wurde von Anna Haag erst bei der Erstellung des Typoskripts im Sommer 1945 eingefügt. Das Massaker von Oradour fand erst ein halbes Jahr später, am 10.6.44, statt.

361,27 *Oscar Heiler:* 1906–1995, Schauspieler und Komiker. Weiteres über seine hier genannte Biografie über Adolf Hitler ist nicht bekannt.

365,20 *Ludwig Uhland:* Hier bezieht sich Anna Haag erst auf den SA-Führer Ludwig Adolf Gustav Uhland (1888–1945), dann aufden Dichter Johann Ludwig Uhland (1787–1862).

383,28 *V1:* V ist die Abkürzung von Vergeltungswaffen, V1 die vermeintliche Atombombe.

385,22 *Gallimathias:* ›Kauderwelsch, Unfug‹.

390,25 *Don Rodrigo:* Anspielung auf Johann Gottfried von Herder (1744–1803), Dichter und einflussreicher Schriftsteller. Das Zitat »Rückwärts, rückwärts, Don Rodrigo!« stammt aus der Geschichte *Der Cid.*

399,18 *Ölblatt:* Bezug auf 1. Mose 8.11 (Lutherbibel 1912): »Die [Taube] kam zu ihm zur Abendzeit, und siehe, ein Ölblatt hatte sie abgebrochen und trug's in ihrem Munde. Da merkte Noah, dass das Gewässer gefallen wäre auf Erden.«

416,14 *Bajazzo:* Anspielung auf Thomas Manns (1875–1955) Novelle *Der Bajazzo* (1897), die sich im Titel auf die italienische Clownsfigur ›Bajazzo‹ bezieht.

443,12 *Dumbey:* Charles Dickens' Roman *Dumbey und Sohn* aus dem Jahr 1848.

459,20 *Sauve qui peut!:* ›Rette sich, wer kann!‹

459,22 *shelter for civil population:* ›Schutz für die Zivilbevölkerung‹.

461,22 *König Ottokars Glück und Ende:* Franz Seraphicus Grillparzer (1791–1872) schrieb 1825 das Trauerspiel *König Ottokars Glück und Ende*, in dem es eigentlich um Napoleon ging. Da er Angst vor Zensur hatte, nahm er den Böhmenkönig Ottokar II. Přemysl (um 1232–1278) zur Vorlage.

Nachwort

Wie aus Anna Haags geheimen Notizen ein Buch wurde

»Hast du schon einmal von Anna Haag aus Stuttgart gehört?«, fragte mich Edward Timms (1937–2018) im Frühjahr 2013. Ich arbeitete damals als Studentin für den Germanistikprofessor, der das Centre for German Jewish Studies an der Universität Sussex in Südengland gegründet hatte. An diesem Tag stand ein geheimnisvoller roter Karton auf seinem Schreibtisch. Seine gute Freundin und Kollegin Sybil Oldfield (*1938) hatte ihm das Typoskript mit 500 hauchdünnen Durchschlagsseiten ihrer Großmutter Anna Haag anvertraut. Fortan begannen unsere Arbeitssitzungen mit dem feierlichen Akt, den roten Deckel abzunehmen und das rund 75 Jahre alte Konvolut behutsam herauszuheben. So lernte ich Anna Haag (1888–1982) kennen.

Ein Leben als Hausfrau, Mutter, Journalistin und Politikerin

Anna Pauline Wilhelmine Schaich wird am 10. Juli 1888 in Althütte geboren, in einer kleinen Gemeinde rund 40 Kilometer von Stuttgart entfernt. Bildung wird in dem Lehrerhaushalt großgeschrieben, zu Hause wird viel musiziert, und alle sechs Kinder lernen Klavierspielen. Die drei Söhne dürfen aufs Gymnasium, und selbst Anna als älteste Tochter besucht nach der Volksschule die höhere Töchterschule in Backnang, allerdings ohne ihre Ausbildung abschließen zu dürfen – die Eltern Jakob und Karoline Schaich fordern ihre Hilfe, wie zu dieser Zeit ganz üblich, schlussendlich zu Hause ein. Im Alter von 21 Jahren heiratet sie 1909 den Mathematikstudenten Albert Haag, einen

Freund ihres Bruders Emil. Da Albert dort eine Stelle als Lehrer bekommt, ziehen er und Anna erst nach Schlesien, dann nach Pommern. Das Paar bekommt drei Kinder: Isolde (1910), Sigrid (1915) und Rudolf (1922) – diese Namen ändert sie in ihren Tagebüchern und im Typoskript in Ludowike, Cläre und Martin.

Anna ist nie ›nur‹ Mutter und Hausfrau. Als das Paar mit den älteren beiden Kindern während des Ersten Weltkriegs in Bukarest lebt, leitet Anna eine Flüchtlingsunterkunft und später ein Arbeiterinnenheim. Zurück in Deutschland beginnt sie ab 1922, sehr erfolgreich Romane und Kurzgeschichten zu schreiben. Ihre Bücher und Zeitungsartikel sind zunächst völlig unpolitisch, wie auch das »Tagebuch einer Mutter«, das sie in mehreren Zeitungen veröffentlicht, als Rudolf geboren wird. Ihr autobiografischer Roman *Die vier Roserkinder* erscheint 1926; Anfang der 1930er Jahre publiziert sie die Serie »Ursula macht Inventur« in den *Leipziger Neusten Nachrichten. Renate und Brigitte* erscheint 1937 im Berliner Otto Uhlmann Verlag.

Während des Zweiten Weltkrieges erhält Anna Haag zwar kein offizielles Publikationsverbot, ihre Texte finden allerdings immer weniger Abnehmer, da sie durch ihr Engagement als baden-württembergische Vize-Präsidentin der 1933 verbotenen »Internationalen Frauenliga für Frieden und Freiheit« (IFFF) als Pazifistin bekannt ist. In ihrem Tagebuch schreibt sie am 15. November 1941, dass bei ihr ein Drehbuch für einen UFA-Film angefragt worden sei. Auch wenn sie dies nicht explizit ausführt, hätte sie für einen UFA-Auftrag der NSDAP beitreten müssen – das Geschäft kommt nicht zustande. Einer der wenigen Artikel, die sie trotz allem publizieren darf, wird am 4. April 1943 von der Presseabteilung der Reichsregierung als zu unpatriotisch kritisiert, woraufhin ihr mitgeteilt wird, dass der Text unter keinen Umständen erneut abgedruckt werden würde.

Anna Haag kommentiert dies in ihrem Tagebuch nicht weiter, zu sehr ist sie mit dem Überleben im Alltag beschäftigt. Aber für sie ist Überleben nie allein die kopf- und rastlose Bedürfnis-

Anna Haag mit ihren Kindern

befriedigung in Notlagen, sondern auch eine moralische Haltung. Ein geistiges Überleben, das davon abhängt, das Wahre, wenn man es schon nicht gefahrlos aussprechen darf, immerhin doch schreibend denken zu können. Am 13. September 1943 notiert sie:

> Aber ich kann nicht »nichts« sagen, ich kann es nicht, und wenn Himmler jeden Tag droht: »Wer am Sieg zweifelt, wird den Ausgang des Krieges nicht erleben!« [...] Aber ich weiß, meine Tage sind gezählt. Ich gehe – sozusagen – bereits mit dem Kopf unterm Arm durch die Straßen. Ich will das Schicksal nicht absolut herausfordern, nein, das will ich nicht. Ich will vorsichtig sein, wo es angeht, aber ich will nicht zum Verräter an meinen Werten und Denken werden.

In diesem Zusammenhang muss man wissen, dass selbst enge Familienangehörige wie etwa Annas Bruder Adolf sich mit Leib und Seele zum Hitlertum bekannt haben, weshalb sie sich nicht einmal innerhalb ihrer eigenen erweiterten Familie auf Rückendeckung verlassen kann. Gleichwohl schreibt Anna Haag fünf Jahre lang, von 1940 bis 1945, ihre Gedanken nieder, für die sie von der Gestapo ohne Zweifel ins Gefängnis oder KZ gebracht worden wäre. Die Gefahr, die in die sie sich immer wieder begibt, ist ihr bewusst. So notiert sie beispielsweise am 23. Juni 1941:

> Acht Tage lang habe ich nicht gewagt, meine Aufzeichnungen aus ihrem Versteck im Kohlenraum hervorzuholen. Viel hat sich ereignet inzwischen, viel, viel! Mir sitzt die Gestapo im Genick (dank den lieben Nachbarinnen!). Mein guter Mann sah mich bereits im KZ.; er bat, er weinte, er beschwor mich, doch »klug« zu sein. Nun, die schwarze Wolke zog noch einmal über mich hinweg. Das bedeutet natürlich nicht, dass die Gefahr für immer vorüber ist! Aber vielleicht lässt sie sich bannen.

Vom Tagebuch zum Typoskript zum Buch

Kaum ist der Zweite Weltkrieg vorüber, erstellt Anna Haag im Sommer 1945 mit Unterstützung ihres Mannes Albert eine 500-seitige Auswahl der Einträge aus ihren insgesamt 20 Tagebuchheften, um daraus eine Publikation zu machen. Das Desinteresse der Verleger an einer Veröffentlichung ihres Tagebuchs als Ganzes muss Anna Haag im Herzen getroffen haben. Nach vergeblichen Versuchen, einen Verlag zu finden, verschiebt sie das Projekt zugunsten ihrer politischen Karriere auf später – Anna Haag wird 1946 als eine der ersten Frauen Abgeordnete im Landtag von Württemberg-Baden. Erst 1968 publiziert sie in ihrer Autobiografie *Das Glück zu leben. Erinnerungen und Begebenheiten aus neun Jahrzehnten* (Adolf Bonz & Co, 1968) auf etwa zwanzig Seiten Auszüge ihres Kriegstagebuchs.

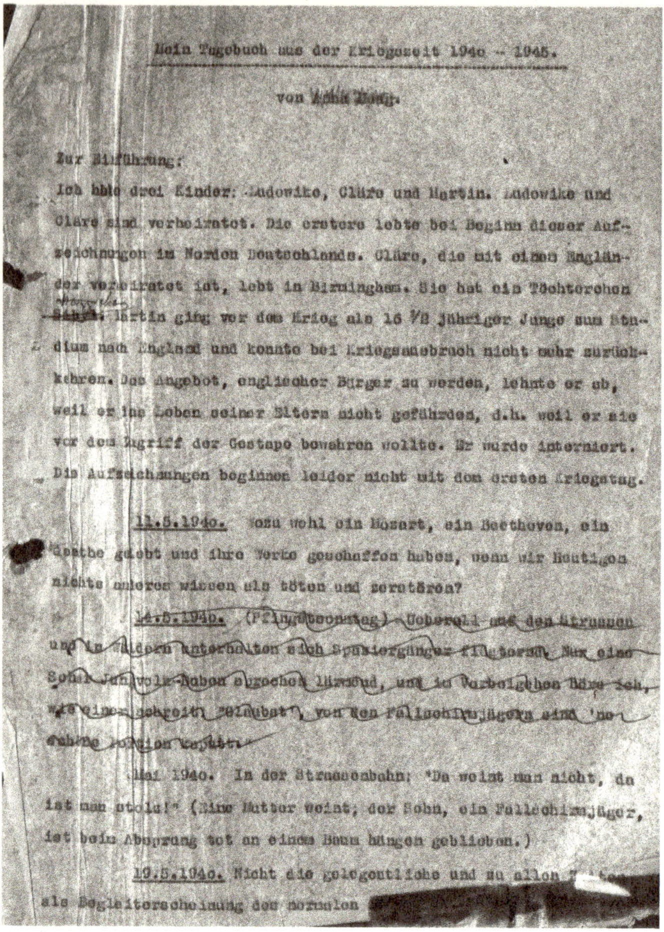

Mein Tagebuch aus der Kriegszeit 1940 – 1945.

von Anna Haag.

Zur Einführung:
Ich habe drei Kinder: Ludowike, Clära und Martin. Ludowike und Clare sind verheiratet. Die erstere lebte bei Beginn dieser Aufzeichnungen im Norden Deutschlands. Clära, die mit einem Engländer verheiratet ist, lebt in Birmingham. Sie hat ein Töchterchen [illegible]. Martin ging vor dem Krieg als 16 1/2 jähriger Junge zum Studium nach England und konnte bei Kriegsausbruch nicht mehr zurückkehren. Das Angebot, englischer Bürger zu werden, lehnte er ab, weil er das Leben seiner Eltern nicht gefährden, d.h. weil er sie vor dem Zugriff der Gestapo bewahren wollte. Er wurde interniert. Die Aufzeichnungen beginnen leider nicht mit dem ersten Kriegstag.

11.5.1940. Wozu wohl ein Mozart, ein Beethoven, ein Goethe gelebt und ihre Werke geschaffen haben, wenn wir Heutigen nichts anderes wissen als töten und zerstören?

14.5.1940. (Pfingstsonntag) Ueberall auf den Strassen und in Wäldern unterhalten sich Spaziergänger flüsternd. Nur eine Schar Jungvolk-Buben [illegible] lärmend, und im Vorbeigehen höre ich, wie einer schreit: „Erlaubt“, von den Fallschirmjägern sind 'ne schöne Portion kaputt.

Mai 1940. In der Strassenbahn: „Da weint man nicht, da ist man stolz!“ (Eine Mutter weint; der Sohn, ein Fallschirmjäger, ist beim Absprung tot an einem Baum hängen geblieben.)

19.5.1940. Nicht die gelegentliche und zu allen Zeiten als Begleiterscheinung des normalen [illegible]

Die erste Seite des hauchdünnen Typoskripts auf Durchschlagpapier, das Anna Haag mithilfe ihres Ehemanns Albert nach Ende des Kriegs angefertigt hat.

Ebenjene 500-seitige, noch unveröffentlichte Zusammenstellung aus Tagebucheinträgen, die im Folgenden als »Typoskript« bezeichnet werden soll, war im eingangs erwähnten roten Karton enthalten. Die wichtigste Frage, die wir uns im Arbeitszimmer von Professor Timms nun stellen mussten, lautete: Hat Anna Haag den Inhalt der Tagebucheinträge im Nachhinein redigiert, verändert oder kompiliert? Im Frühjahr 2014 flog ich im Auftrag von Professor Timms nach Deutschland. Das Typoskript bedurfte einer quellenkritischen Untersuchung, denn je intensiver wir uns damit beschäftigten, desto klarer wurde, dass wir uns die Originale ansehen mussten – die ihm zugrundeliegenden zwanzig handschriftlichen Tagebücher der Anna Haag.

Mit diesem Anliegen und einer langen To-do-Liste von Edward Timms begann meine Recherchereise quer durch Deutschland: In Hamburg scannte ich mehrere von ihr publizierte Bücher und Zeitungsserien, etwa »Paul fliegt raus« (erschienen 1937 in »Der kleine Nazi«, der Kinderbeilage der *Baseler Nationalzeitung*). In Stuttgart verbrachte ich eine ganze Woche im Stadtarchiv, in dem die 20 Tagebücher von Anna Haag sowie ein Durchschlag des Typoskripts aufbewahrt sind. Ich scannte – mit Genehmigung der Verwalterin des Anna Haag Nachlasses – alle Tagebücher mit insgesamt rund 2000 Seiten Text, in die Hunderte Zeitungsausschnitte integriert sind.

Von Stuttgart aus fuhr ich ins Münchner Umland, wo ich Einsicht in den Nachlass von Anna Haag erhielt und mich mit Anna Haags Sohn Rudolf traf, der 2003 einen kleinen Auszug des Typoskripts in *Anna Haag – Leben und gelebt werden* (Silberburg Verlag) herausgegeben hatte. Dazu schreibt Babette Heusterberg in ihrem Artikel »Unkonventionelle Wege« in der *Frankfurter Allgemeinen Zeitung* (24. August 2004):

> Ihre nur in Auszügen veröffentlichten Tagebuchaufzeichnungen – zwischen Mai 1940 und Mai 1945 entstanden – stellen den bedeutendsten Abschnitt des Buches dar. Frau Haag

soll diese Notizen im Sommer 1945 zu einem 500 Seiten umfassenden Typoskript ausgearbeitet haben. Ob sie nachträglich Veränderungen vornahm, bleibt offen. Die Auswahl enthält Eintragungen über besondere persönliche Ereignisse und streift nahezu alle wichtigen Themen aus der Geschichte des »Dritten Reiches«: die Mythen um die Rolle des »Lebensborns«, Euthanasie, Judenverfolgung, Sondergerichte, Widerstand, Luftkrieg gegen die Zivilbevölkerung, Schuld und Sühne. Orientiert am Verlauf des Krieges, beobachtet sie Veränderungen in der Gesellschaft und bei sich selbst, welche sie behutsam, mit wachem Geist und Zwischentönen aufzeichnet. Man möchte mehr davon lesen.

Sobald uns beide Tagebuchversionen vollständig vorlagen, machten Professor Timms und ich uns an die Arbeit. Ich war inzwischen in der Lage, Anna Haags Handschrift relativ flüssig zu lesen – zumindest in der Regel. Denn während der fünf Jahre waren die Umstände, unter denen Anna Haag ihre Gedanken niederschrieb, sehr unterschiedlich: Je nach Gemüts- und Sicherheitslage verliefen die Zeilen mal fein säuberlich (sei es mit Tinte oder mit Bleistift), mal hektisch abgekürzt und nach unten abrutschend. Wir glichen akribisch ab, inwiefern sich das Typoskript (TS) von den handgeschriebenen Tagebüchern (HA) inhaltlich unterschied. Nach monatelanger Analyse stand fest: Anna Haag hat nicht versucht, im Nachhinein ihre politische Haltung zu beschönigen oder ihre Handlungen besser darzustellen, sie hat weder ihre Gedanken nachträglich zugespitzt noch ihre Positionen verschärft. Sie hat ihre Tagebücher für das Typoskript lediglich im Hinblick auf den Umfang komprimiert und Situationen verkürzt, um eine publizierbare Länge von rund 500 Seiten zu schaffen. Die Abschnitte, die sie wegließ, bezogen sich praktisch immer auf private Belange und wiederkehrende Gedanken. Indem Anna Haag den Text straffte und vielmehr ihre Beobachtungen zur Gesellschaft und der politischen Lage in den Mittelpunkt stellte, erweiterte sie den Bedeutungsradius ihrer Aufzeichnungen erheblich.

Aus dieser Forschungsarbeit heraus entstand Edward Timms Buch *Anna Haag and her Secret Diary of the Second World War: A Democratic German Feminist's Response to the Catastrophe of National Socialism*, das am 29. Januar 2016 erschien und 2019 in einer um Tagebuchauszüge erweiterten deutschen Fassung unter dem Titel *Die geheimen Tagebücher der Anna Haag: Eine Feministin im Nationalsozialismus* (Scoventa Verlag) herauskam. In der vorliegenden Buchausgabe *»Denken ist heute überhaupt nicht mehr Mode«. Tagebuch 1940–1945* wird Anna Haags Tagebuch-Typoskript nun erstmals vollständig veröffentlicht.

Widerständige Gedanken schwarz auf weiß

Für Professor Timms war jeder Tagebucheintrag ein Beweis für Anna Haags Widerstand gegen die Nationalsozialisten, zumal sie sich dem Regime auf unterschiedliche Arten widersetzte: Ihr war es zunächst einmal eminent wichtig, so viele Informationen wie möglich über den wahren Zustand der Welt zu erhalten und so die NS-Propaganda zu unterlaufen. Dafür bezog sie Wissen aus mitunter lebensgefährlichen Quellen und hörte verschiedene verbotene Radiosender. Daraus erwuchs eine soziale Komponente ihrer Auflehnung, denn sie lud regelmäßig und verbotenerweise »Tankgäste« zum gemeinsamen Hören des verbotenen deutschen Senders der BBC ein, um anschließend gemeinsam mit ihren Vertrauten das Gehörte zu diskutieren.

Das Aufschreiben ihrer widerständigen Gedanken zeugt davon, dass Anna Haag nicht bereit war, sich dem System zu beugen. Gleichzeitig diente es auch dem Selbstschutz: Oft genug schrieb sie, dass sie platzen müsse, wenn sie sich nicht äußere. Da sie inständig hoffte, dass Deutschland den Krieg verlieren würde, schuf sie sich mit dem Tagebuch einen geheimen Rückzugsort, an dem sie ihre Gedanken für die Zeit nach Ende des Kriegs ordnen konnte. Schließlich hatte sie sich geschworen, dass sie beim Aufbau eines demokratischen Deutschlands mithelfen wollte.

Im Unterschied zu anderen Tagebuchschreiber*innen der NS-Zeit, von Anne Frank über Victor Klemperer bis hin zu Luise Solmitz oder Mascha Rolnikaite, hat Anna Haag ihre Aufzeichnungen durch Hunderte von Zeitungsausschnitten, offiziellen Aufrufen, Plakaten und Listen ergänzt. Damit untermauert sie nicht nur ihre Beobachtungen und die wiedergegebenen Dialoge, sondern ermöglicht auch die Rekonstruktion der Ereignisse oder der Entscheidungen von Verantwortlichen. Hunderte kleinere Meldungen und Artikel hat Anna Haag in den Tagebüchern an den entsprechenden Stellen eingeklebt und handschriftlich kommentiert. Größere und längere Artikel sind zusammengefaltet zwischen den Seiten befestigt. Insbesondere Kommentarspalten hat Anna Haag akribisch ausgeschnitten und Namen unterstrichen.

Sie wollte dadurch um jeden Preis verhindern, dass sich Personen nach dem Krieg »reinwaschen« konnten, um verantwortungsvolle Positionen in der Gesellschaft einzunehmen und unter Umständen erneut braunes Gedankengut zu verbreiten. Denn so häufig sie sich selbst, ihren Kindern und ihrem Tagebuch versprach, sich nach dem Krieg für den Aufbau eines demokratischen, gesunden Deutschlands und die Aufarbeitung des Geschehenen einzusetzen, so sehr war sie sich im Klaren darüber, dass die Mehrheit der Bevölkerung und insbesondere die Institutionen des Bildungswesens versuchen würden, ihre Verfehlungen in der NS-Vergangenheit zu verschleiern.

Ist aber das Führen eines regimekritischen Tagebuchs bereits als »Akt des Widerstands« anzusehen? Darüber habe ich mit dem Historiker Wolfgang Benz gesprochen. Er betont: »Nicht jedes Tagebuch macht den Schreiber zum Widerstandskämpfer, es kommt auf den Inhalt und die Gefährlichkeit des Inhaltes an.«

Bei Anna Haag konstatiert Benz deutlich erkennbare oppositionelle Gedanken. Kein Zweifel: Wäre dieses Tagebuch entdeckt worden, hätte das NS-Regime es als feindseligen Akt gewertet und eine entsprechende Strafe eingeleitet – Benz zufolge wäre das Tagebuchschreiben dadurch zu einem Akt des Widerstands geworden. Solange es jedoch – wie in Anna Haags Fall durch das Versteck im Kohlenkeller und dann auf dem Land – unentdeckt bleibe, sei es eine Privatangelegenheit.

»Eine innere widerständige Haltung, die sich nicht durch Taten bemerkbar macht, macht es schwierig, diesen Menschen in den Bereich Widerstand einzuordnen«, argumentiert Benz, weshalb er Anna Haag eher eine Emigration in den »inneren Widerstand« bescheinigt. »Aber ich würde diese Frau aus einem ganz anderen Grund auf einen Sockel stellen«, sagt er. Seiner Meinung nach sei Haag eine außergewöhnliche, hellsichtige Frau gewesen, die ihre demokratische Haltung nicht aufgegeben habe, als fast alle anderen in den Hitlertaumel geraten seien. »Sie hat festgehalten an demokratischen und humanitären Tugenden, wie dem Menschenrecht des Anderen und der Gültigkeit des Rechts.«

Diese Einordnung des Historikers wird dadurch untermauert, dass Anna Haag ihr vielfaches Versprechen, sich nach dem Krieg für ein demokratisches Deutschland einzusetzen, in die Tat umgesetzt hat. Ihre Broschüre »Und wir Frauen?« war die erste Veröffentlichung, die 1945 von der baden-württembergischen Militärregierung genehmigt wurde. Er begann mit den Worten »Denken wieder erlaubt!«. Zudem wurde Anna Haag 1946 Abgeordnete der SPD im ersten Landtag Württemberg-Badens. Die SPD hatte ursprünglich Albert Haag angeworben, der jedoch ablehnte und sagte: »Aber Annerle, *du* könntest das machen.« Sie konnte – und brachte 1947 den Initiativgesetzentwurf »Niemand darf zum Kriegsdienst mit der Waffe gezwungen werden« ein. Ihr Entwurf ist als Artikel 4, Absatz 3, etwas erweitert ins Grundgesetz der Bundesrepublik eingegangen. Bis heu-

Anna und Albert Haag

te gilt: »Niemand darf gegen sein Gewissen zum Kriegsdienst mit der Waffe gezwungen werden«. Die Tatsache, dass Deutschland den Pazifismus in seiner Verfassung verankert hat, ist Anna Haag ebenso zu verdanken wie die Tatsache, dass Millionen Männer seitdem die Möglichkeit hatten, anstelle des Wehrdienstes Zivildienst zu leisten.

1951 starb Albert Haag an Kehlkopfkrebs. Anna und Albert waren über 40 Jahre verheiratet gewesen. Seine letzten Worte waren: »Ich danke für alles. Weißt, Annerle, für das wunderschöne Leben. Gut Nacht.« Nach seinem Tod verstärkte Anna Haag ihr soziales und politisches Engagement. Sie gründete in Stuttgart unter anderem das bis heute bestehende Mehrgenerationenprojekt »Anna-Haag-Haus«, ursprünglich eine Wohn- und Arbeitsstätte für junge Frauen. Sie reiste vielfach nach Amerika, um amerikanisch-deutsche Verbindungen zwischen den Frauen aufzubauen, und erhielt 1958 das Bundesverdienstkreuz 1. Klasse. Viele weitere Auszeichnungen folgten, bis sie 1982 in Stuttgart starb.

Ihrer Enkelin Sybil Oldfield, der oben erwähnten Freundin von Professor Timms, die 2013 den roten Karton mit dem Originaltyposkript vorbeigebracht hatte, ist besonders die Warmherzigkeit von Anna Haag in Erinnerung geblieben, aber auch die Resolutheit, mit der sie den Ereignissen in ihrem Leben – und im Leben ihrer Familie – entgegentrat. Sybil Oldfield, Autorin der Bücher *Frauen gegen den Krieg* (Fischer Verlag, 1992) und *The Black Book – Britons on the Nazi Hit List* (Profile Books, 2020), die beide stark durch Anna Haags Gedanken beeinflusst sind, hat in ihren noch unveröffentlichten Memoiren ihre erste prägende Begegnung mit »Oma Anna« wie folgt festgehalten:

> Jetzt war es das Jahr 1947, und mir wurde erzählt, dass meine Großeltern unter den ersten Deutschen waren, die aus privaten Gründen von Westdeutschland nach Großbritannien reisen durften. Sie galten offiziell als Anti-Nazi-Pazifisten, da sie ihren gefährdeten jüdischen Freunden geholfen hatten […]. Es folgten drei unvergessliche Wochen. Ich habe mich schlichtweg in meine Großmutter Anna verliebt. Sie war so lebendig und rund und warm, fast niemals böse, und lachte viel mit meinem jüngeren Bruder Mike und mir. Sie roch nach interessantem fremdem Parfüm und spielte Klavier und sang für uns.

Anna Haag wollte nie dadurch in Erinnerung bleiben, schön, lieb und angepasst zu sein. Stets wollte sie die Dinge durch ihre Gedanken und Taten verändern. Anna Haags persönliche Erinnerungen werden posthum zum sozialen Akt, indem sie nun allgemein zugänglich gemacht und diskutiert werden können. Durch die Publikation dieses Buches erfüllt sich nicht nur Anna Haags langgehegter Traum, sondern auch der ihres inzwischen verstorbenen Sohnes Rudolf Haag und des Wissenschaftlers

Edward Timms. Beide haben Anna Haag mit ihrer außergewöhnlichen Beobachtungsgabe, ihrem Schreibtalent und ihrer gedanklichen Unabhängigkeit sowie ihrem Widerstand gegen faschistische Entwicklungen als herausragendes Vorbild angesehen. Anna Haags Denken ist so aktuell wie selten zuvor, und Menschen mit antifaschistischer Haltung sind heute auch in Deutschland wieder mehr vonnöten denn je.

Jennifer Holleis

Zeittafel

1888 Am 10. Juli wird Anna Pauline Wilhelmine Schaich in Althütte als erstes von sechs Kindern von Jakob und Karoline Schaich (geborene Mergenthaler) geboren.

1901 Umzug der Familie nach Dettingen, wo sie bis 1913 im »Schlössle«, dem heutigen Rathaus, wohnt. Eine Zeitlang besucht Anna die Volksschule, die höhere Töchterschule in Backnang und die Frauenarbeitsschule in Reutlingen, vorrangig soll sie aber im Haushalt helfen. Ein höherer Bildungsweg ist nicht vorgesehen.

1905 Anna lernt durch ihren Bruder Emil den Mathematik- und Philosophiestudenten Albert Haag kennen. Verlobung einige Monate später.

1909 Hochzeit von Anna und Albert, Umzug nach Lähn in Schlesien für Alberts Pädagogium.

1910 Geburt der Tochter Isolde, Umzug nach Treptow an der Rega in Pommern.

1912 Umzug nach Rumänien aufgrund Alberts neuer Position als Mathematiklehrer an der internationalen deutschen Schule. Anna verfasst hier für deutsche Zeitungen zahlreiche Berichte über Rumänien.

1915 Geburt der Tochter Sigrid. Aufenthalt bei Annas Mutter in Württemberg, während Albert als Soldat im Ersten Weltkrieg dient.

1916 Rückkehr nach Bukarest, Albert repräsentiert als Lehrer die deutschen Interessen in Rumänien. Ab Dezember, während der deutschen Besatzung Bukarests, übernimmt Anna erst die Leitung eines Flüchtlingsheims, dann die Leitung einer Unterkunft für deutsche Arbeiterinnen.

1919 Rückkehr nach Deutschland, zunächst nach Nürtingen, Württemberg, wo Albert als Mathematiklehrer arbeitet. Anna tritt der Internationalen Frauenliga für Frieden und Freiheit bei.

1922 Geburt des Sohns Rudolf. Annas *Tagebuch einer Mutter* wird in mehreren Tageszeitungen sehr erfolgreich veröffentlicht. In den kommenden Jahren verfasst sie zahlreiche Romane und Zeitungsartikel in Deutschland und der Schweiz.

1926 Umzug nach Stuttgart. *Die vier Rosenkinder*, ihr erster Roman, wird veröffentlicht.

1932 Der Roman *Renate und Brigitte* erscheint als Serie in einer Stuttgarter Zeitung.

1935 *Ursula macht Inventur* (Roman, ebenfalls als Zeitungsserie veröffentlicht). Aufgrund ihrer offen pazifistischen Einstellungen wird Albert strafversetzt und Anna mit einem Publikationsverbot belegt.

1940–45 Abfassung von 20 handgeschriebenen Kriegstagebüchern.

1945 Aufbereitung des Typoskripts für eine Veröffentlichung. Anna gründet die Württembergische Sektion der Frauenliga neu und wird deren Vorsitzende.

1946–50 Abgeordnete der SPD im Landtag Württemberg-Baden. Hier setzt sie sich u. a. für die Aussetzung von Strafverfahren wegen Abtreibung und für die Anerkennung von Hausfrauenarbeit als voll- und gleichwertige Arbeit ein. Die Möglichkeit der Kriegsdienstverweigerung im deutschen Grundgesetz geht vor allem auf ihre Initiative zurück.

1949 Herausgabe der Zeitschrift *Die Weltbürgerin*, Motivationsschrift für politisches Engagement von Frauen.

1951 Tod Albert Haags. Gründung des Anna-Haag-Hauses in Stuttgart-Bad Cannstatt als Wohn- und Arbeitsstätte für junge Frauen. Vortragsreise durch die USA.

1958 Verleihung des Bundesverdienstkreuzes 1. Klasse.

1967 *Zum Mitnehmen: Ein bißchen Heiterkeit*, die erste von

mehreren Publikationen, die sich vor allem mit Erinnerungsarbeit beschäftigen.

1968 *Das Glück zu leben. Erinnerungen an bewegte Jahre*, eine Autobiographie, in der erstmals Auszüge aus ihren Kriegstagebüchern veröffentlicht werden.

1975 Verdienstmedaille des Landes Baden-Württemberg.

1982 Am 20. Januar stirbt Anna Haag in Stuttgart. Sie wird auf dem Birkacher Friedhof beigesetzt.

Inhalt

Anna Haag
Tagebuch 1940–1945

Anhang

Aktualisierte Neuausgabe

RECLAM TASCHENBUCH Nr. 20696
2021, 2023 Philipp Reclam jun. Verlag GmbH,
Siemensstraße 32, 71254 Ditzingen

Umschlaggestaltung: Kuzin & Kolling, Büro für Gestaltung
Umschlagabbildungen: Anna Haag am Schreibtisch, 1930er Jahre,
und Handschrift / © Anna-Haag-Nachlass;
Abbildung unten: Schwäbisches Liederfest 1938 / © akg-images
Umschlagmaterial: peyvida puro 270 g/m2, peyer graphic gmbh
Druck und Bindung: GGP Media GmbH,
Karl-Marx-Straße 24, 07381 Pößneck
Printed in Germany 2023
RECLAM ist eine eingetragene Marke
der Philipp Reclam jun. GmbH & Co. KG, Stuttgart
ISBN 978-3-15-020696-6

Auch als E-Book erhältlich

www.reclam.de

MIX
Papier aus verantwortungsvollen Quellen
FSC® C014496